历史新阅读丛书

唐朝那些事儿

伍

藩宦祸乱卷

冬雪心境 著

中国工人出版社

唐朝疆域图

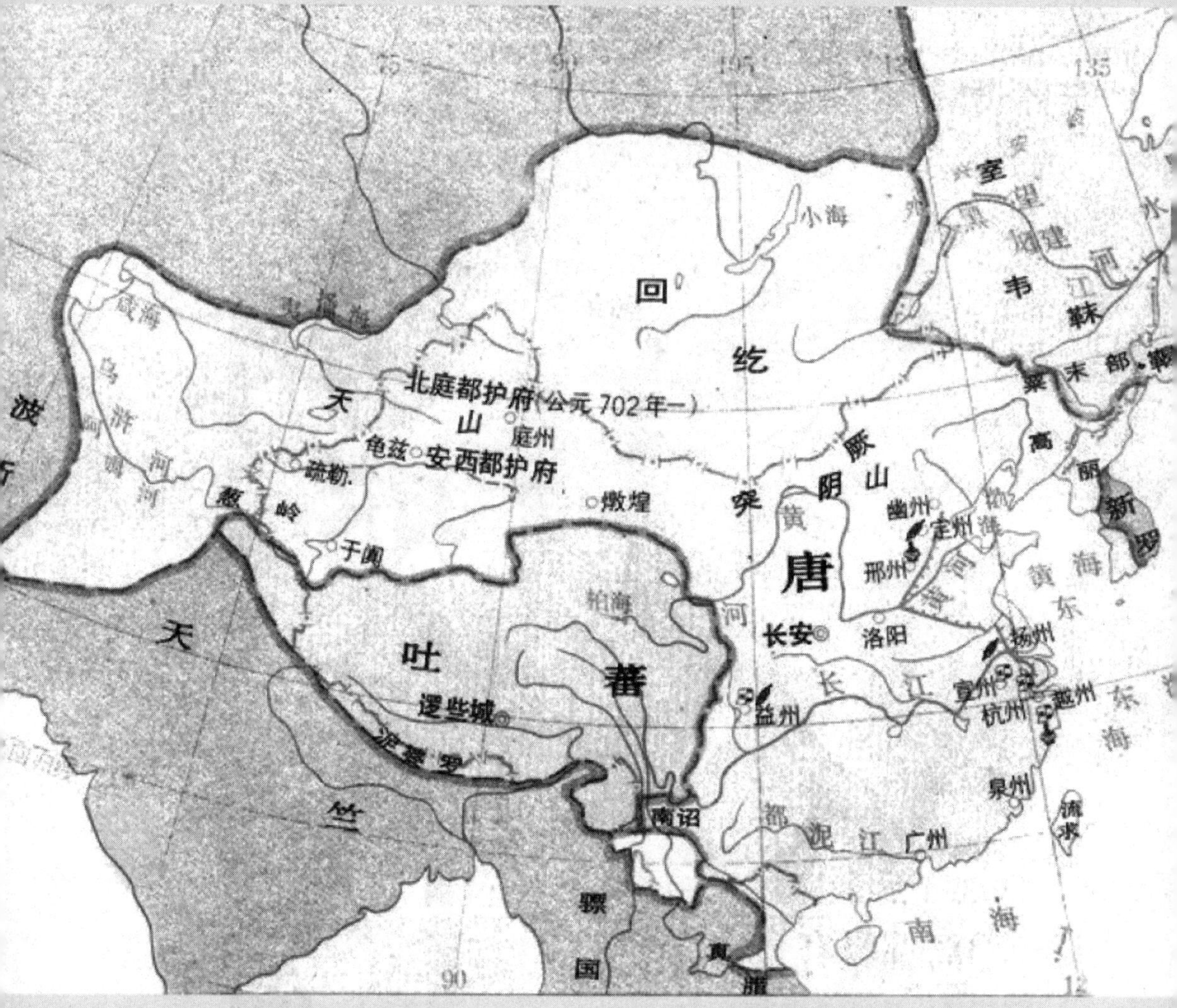
回纥
小海
北庭都护府(公元702年一)
天山
庭州
龟兹
安西都护府
疏勒
葱岭
于阗
敦煌
突厥
阴山
黄河
唐
幽州
定州
邢州
长安
洛阳
扬州
宣州
杭州
越州
益州
长江
吐蕃
柏海
逻些城
泥婆罗
天竺
南诏
骠国
广州
泉州
流求
南海
东海
黄海
新罗
高丽
室韦
靺鞨

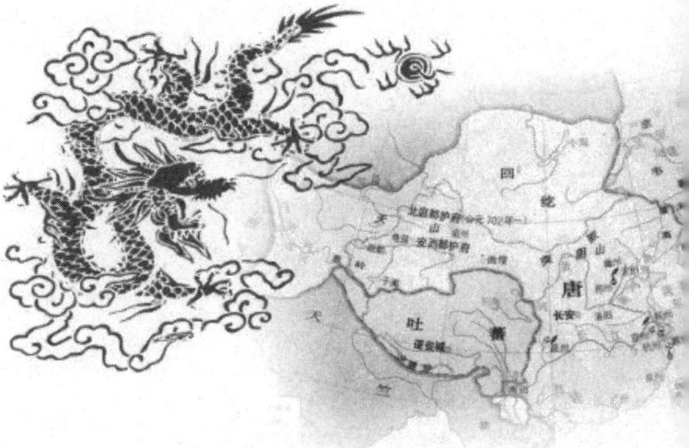

目录

引子 001
第一章 天下惊变 003
第二章 灵武称帝 024
第三章 重整河山 057
第四章 光复两京 081
第五章 烽烟再起 107
第六章 二皇之死 135
第七章 安内攘外 161
第八章 平息宦乱 193
第九章 平乱之后 215
第十章 初示天威 240
第十一章 走向灾难 266
第十二章 动乱余波 290
第十三章 贞元治乱 316

引　子

大唐天宝十四年（755 年）十一月初九，经过长时间的精心准备和周密的策划，安禄山认为举兵反唐，取而代之的条件与时机已经成熟，于是发动所辖兵马连同奚、契丹、室韦等大唐北部少数民族部落人马十五万人，以“奉密旨入朝讨伐杨国忠”为名，蒙骗三军将士在范阳公然发动叛乱。

当时所有人都未曾想到，安禄山发动的这场叛乱居然会改变大唐帝国的命运，正所谓“渔阳鼙鼓动地来，惊破霓裳羽衣曲”，这场叛乱犹如一股强台风，它惊破了李唐皇室的轻歌曼舞，也冲破了千家万户的祥和之景，国泰民安瞬间破碎，帝国山河顿时陷入一片腥风血雨。

安禄山在范阳城门前慷慨激昂地检阅兵马时，李隆基正沉醉在华清宫内杨贵妃带给他的温柔乡里，七天后当安禄山叛乱的消息传到华清宫时，李隆基居然不相信。

准确地说，长时间对国事的厌倦与慵懒，使他不愿直面这场命运的挑战。

第一章
天下惊变

应对

“这一定是厌恶安禄山的人在造谣生事！”

这是李隆基听到安禄山叛乱的消息后，抛给所有人的第一句话。这种心存侥幸的天真想法，很快就被站在一旁的高力士否定。

“陛下！安禄山有野心已经很长时间了，这一点陛下并非不知道，依老奴看来，安禄山叛乱是迟早的事儿，现在传来他叛乱的消息，还是希望陛下能够早日定夺！”

当时朝堂之上没有人比高力士更能说服李隆基，当高力士说完后，李隆基的脸上开始显出忧虑之色，虽然他知道安禄山野心十足，但局势变化如此之快，还是出乎他的意料。

残酷的事实无情地击碎了李隆基的幻想，高力士的话语让他极不情愿地正视安禄山发动叛乱的现实，于是他面对朝臣开始发问：

“众爱卿可有良策？”

事实上早在朝臣听到安禄山挥师南下的消息后，很多人已经吓得目瞪口呆、相顾失色，所以李隆基的问话基本等于是白问，这些锦衣玉食的大臣们很多已经犹如行尸走肉一般过着寄生虫似的生活，身在官场整天打打嘴仗、搬弄是非绰绰有余，但对于突生的变故根本没有能力去应对。

大家都面如死灰地低着头不说话，但此时有一人例外，这个人就是先前不断逼安禄山造反的杨国忠。

此时杨国忠非但没有惊慌，脸上反现扬扬得意之色，因为他不厌其烦地向李隆基上奏安禄山必反的“天才”预言终于成为事实，从而证明了自己的远见卓识。就在朝臣们忧心忡忡、手足无措时，杨国忠为了显示自己卓然的才能，故意装出一副处变不惊、泰然自若的“大将”风度，开始站出来为皇帝陛下解忧：“陛下不必忧虑，我估计现在只有安禄山想反叛，士兵们未必愿意跟着他，请陛下放心，凭借着陛下的天威，过不了几天，必定会有人献上安禄山的首级。”

在我看来，杨国忠所说的话虽然很能振奋人心，却是实实在在的废话。

不过，李隆基似乎很认同杨国忠所说的话，对于杨国忠这种浅薄无知之徒的痴人说梦及满嘴的胡言乱语，李隆基居然不住地点头，这真成了“君臣默契，异体同心”。

杨国忠说完后，李隆基并没有过多地进行深入思考，就立即指派特进（退休官员）毕思琛前往东都洛阳、金吾将军程千里前往河东，命二人各自在当地招募士兵，共同抵御安禄山的大军。

从李隆基的这个安排来看，他显然低估了事态的严重性，试图用临时招募拼凑的乌合之众，来抵御安禄山的斗志旺盛、训练有素、久经沙场、骁勇善战的精兵劲旅，无异于螳臂当车、以卵击石。不过，从另一方面也反映出了天宝年间大唐武备内轻外重的真实隐忧，如此安排，也算是此时关中地区无兵可调的无奈之举。

李隆基内心没有真正重视安禄山这个可怕的对手，但在毕思琛和程千里走后，他的内心又很忐忑，因为在此之前，从河北地区又传来了最新消息，安禄山此次前来一共带了将近二十万人。

这下，李隆基真的坐不住了。

此时，安西节度使封常清恰巧入朝奏事，李隆基犹如抓住了救命稻草一样，在见到封常清后第一句话就是询问讨贼方略。

李隆基之所以如此看重封常清，是因为他不仅是和安禄山官职一样的节度使，更是一员名震西北边陲、久经沙场的猛将。天宝元年曾跟随夫蒙灵簪远征至碎叶城（今俄罗斯伏龙芝市）平定达奚诸部的叛乱，天宝六年（747 年）又跟随高仙芝击败了依附吐蕃的小勃律国，可谓战功赫赫。

按说这样一位久经沙场并深受皇帝陛下信任的战将，在皇帝陛下询问讨贼方略时，其回答应该是严谨负责任的，然而封常清却犯了兵家大忌，那就是在对战局毫无所知的情况下头脑发热、盲目轻敌；或许是他多年来在战场上少有败绩，使他逐渐自大起来，在面对皇帝陛下的发问时，他居然不假思索地说出了下面一段话：

“陛下不必忧虑，现在天下太平已经很久了，所以人们都害怕安禄山大军前来。但在臣看来，事情逆顺，形势总会有变化，臣愿意前往东都洛阳，打开府库取出金帛武器，招募骁勇善战的勇士，然后渡过黄河去征讨安禄山，臣保证过不了多长时间就能将安禄山的首级送来长安城。”

封常清说得信誓旦旦，李隆基听得心潮澎湃。然而在我看来，正是封常清这番不负责任的话语，导致了他日后的悲剧下场。

李隆基听后龙颜大悦，当即任命封常清为范阳、平卢节度使，将守卫东都洛阳的重任悉数托付于封常清。

不可否认，封常清对于皇帝陛下的重托，还是十分努力的，他当日就动身启程，晓行夜宿赶赴洛阳，在那里他很快就征兵六万，并拆毁洛阳北面的黄河要津河阳桥，以加强洛阳城的防御。

封常清虽然是久经沙场，但李隆基在听到叛军不断攻城略地的消息后，还是对时局流露出了担忧之情，所以在封常清走后，他并没有继续留在华清宫，而是立即星夜兼程返回长安重新进行部署。

回到长安后，李隆基召见的第一个人是郭子仪。

郭子仪，祖籍山西，华州郑县（今陕西华县）人，时任朔方节度右兵马使、九原太守。自幼研读兵书，学习十八般武艺，身材魁梧，相貌俊秀。十八岁时以优异的成绩考中武举，开始了他的戎马生涯。

后世史家称郭子仪是“天下以其身为安危者殆二十年”“再造王室，勋高一代”，从他后来指挥平定安禄山的叛乱和保卫大唐边疆的一系列战斗中可以看出，史家的评论绝非虚言。不过，更让郭子仪本人想不到的是，李隆基对他的这次召见，居然会拉开他可歌可泣、辉煌灿烂的人生序幕。

“朕决定任命爱卿为朔方节度使，为朕去前方讨贼，万望爱卿勿负朕之重托。”

事实上李隆基在此之前，早已经看出了郭子仪是个难得的帅才，担任一方节度使绰绰有余，只是由于安禄山始终兼任朔方节度使，所以郭子仪没有机会上位。

现在好了，安禄山已经变成了大唐的敌人，所以李隆基这次决定重用郭子仪，让他到战场上去实现他真正的价值。

“臣当竭尽所能，拼上这条老命也要保住大唐的基业。”当郭子仪听到李隆基的任命后，立刻跪在地上叩头。

“爱卿的心意朕明白，不过此次安禄山叛乱，朕觉得其人马众多，恐怕需要动用全国的力量才能平定，仅是爱卿一人担当恐怕力不能及啊！”

“臣愿听陛下调遣，让臣去哪里，臣就去哪里。”

“爱卿暂且整顿兵马，在京城待命，容朕再仔细思量。”

……

就在李隆基和郭子仪对话的转天，即他回到长安的第二天，就得到了叛军攻克博陵（今河北定县）的消息，至此李隆基终于下定决心，动用全国的力量来平定这场叛乱。

针对安禄山的行军路线，李隆基决定在长安与河北之间划分三个战区，将朔方节度使郭子仪放在北路，同时任命李光弼为河东节度副使，在中路形成屏障，防御太原扼守井陉，伺机出击河北。河南节度使，率领陈留等十三郡兵马，任命卫尉卿张介然为节度使，以程千里为潞州（今山西长治）长史，统管诸郡前线防御使。

为了使这三路大军形成合力，李隆基特意任命六皇子荣王李琬遥领三军统帅，高仙芝为副元帅，率领大军东征。十二月初在高仙芝的带领下，大军离开长安，进驻陕郡（今河南陕县）。

当时安禄山率领叛军已经攻克河北大部分州县，即将进入河南地界直逼东都洛阳。从李隆基的部署来看，唐军主要设了三道防线，第一道防线在陈留（张介然负责，兵力一万人），第二道防线在东都洛阳（封常清负责，兵力六万人），第三道防线在陕郡（高仙芝负责，兵力五万人）。

通过李隆基的部署我们可以看出，唐军围绕长安大致确定了一个总的防御体系，那就是京东以高仙芝、封常清为主力，京北以郭子仪、李光弼为主力。

应该说，从战略角度而言，李隆基的部署还是比较妥当的，然而实际上，李隆基犯了一个致命的错误，那就是本来就少得可怜的政府军，又是临时招募“赶鸭子上架”的军队，居然被他分散得不成样子，这势必影响士气。

洛阳失陷

安禄山亲率十五万大军（号称二十万）自范阳起兵南下，乘着铁甲战车，步骑精锐，浩浩荡荡，烟尘千里，鼓噪震地。由于安禄山发动叛乱很突然，加上大唐本土已近百年没经历过战争，以至于各地武备废弛，战斗器械严重老化，叛军每到一处，守城官兵不是开城投降，就是望风而逃，叛军一路南下所过河北诸州县，几乎没遇到什么抵抗，兵不血刃地横扫了整个河北地区。

十二月初二，叛军在攻克河北博陵后，进至河南灵昌郡（今河南滑县）的黄河北岸，时值隆冬，天寒地冻，黄河的水位正好下降至一年之中的最低点，安禄山下令让士兵用长绳将老化的船只系在一起，然后和草木等横在黄河之上。经过一夜的冰冻，黄河之上呈现出了一座“人工浮桥”，次日清晨叛军轻而易举地渡过了黄河。

黄河的对岸就是灵昌郡，当时灵昌郡守错误估计了形势，他认为如此天寒地冻的时节，安禄山的叛军要渡过黄河至少要在转年三月河水开化以后方可成行，所以他没有认真地进行守城的准备，结果安禄山只用了一天的时间就渡过了黄河，大大出乎他的意料，在叛军的突然袭击下，灵昌宣告失陷。

至此，安禄山的叛军已经进入了河南道的地界。准确地说，叛军距离东都洛阳已经很近了。

十二月初五，安禄山以迅雷不及掩耳之势包围了陈留（今河南开封）。此时距离河南节度使张介然上任时间刚刚三天，由于时间仓促，张介然在闻听叛军已至的消息后，匆忙率兵登上城楼，坚守要害之处抵御叛军，但由于时间实在有限，当时根本容不得张介然认真准备和仔细部署，加上他本来就没有在战场上摸爬滚打过，而且守城的士兵全是临时招募而来的，他们在听到叛军那震天动地的吹角鼓噪之声后，吓得胆战心惊，浑身发抖。张介然是李隆基十分宠信的内侍，没有上阵杀敌的经验，此时看到叛军声势浩大，早已吓得魂飞魄散。

可想而知，在这样一种状态下，陈留还能有多少抵抗力，所以叛军一攻城，守城的兵士立刻作鸟兽散，顷刻间土崩瓦解，陈留太守郭纳见叛军兵临城下，知道难以与之抗衡，遂打开城门献城投降，张介然及上万名士兵被俘。

安禄山进入陈留后，本不想为难张介然，但此时他得到了远在长安的儿子安庆宗被杨国忠诛杀的消息，安禄山禁不住捶胸顿足、恸哭不已。

"杨国忠！我与你势不两立，不打进长安将你碎尸万段，我安禄山誓不为人!"

此刻安禄山借着丧子之痛发下毒誓，为了发泄自己对杨国忠的愤恨，在陈留进行了惨无人道的血腥报复，他下令将被俘的张介然和上万名士兵全部杀害。

残酷的杀戮极大地满足了安禄山那嗜血的征服欲，不过在他看来，张介然等人的鲜血依然不能平复他的丧子之痛，现在唯一能平复他丧子之痛的做法就是将杨国忠碎尸万段。

所以，他不在陈留过多地停留，必须快速地向前、向前、再向前!

经过两天的休整后，安禄山留下部将李庭望镇守陈留，自己则挥兵继续向西。

前方所到之处就是东都洛阳的门户——荥阳（今河南荥阳）。

荥阳距离洛阳只有二百七十里，所有人都知道荥阳对于东都洛阳的战略意义，荥阳失守，东都洛阳则门户洞开。当时荥阳太守崔无波为了以防万一，除了荥阳守军，又自行招募了两万人御敌，但正所谓"兵贵精不贵多"，荥阳的守军和陈留的比起来几乎一模一样，绝大部分士兵是南郭先生吹竽——滥竽充数。

所以，荥阳最后的结局也和陈留几近相同，安禄山指挥叛军攻城的时候，守城的士兵是中看不中用，唯一不同的是，陈留的守军望风而逃，而荥阳的守军则是吓得如雨点般地坠落城下（自坠如雨）。

十二月初九，叛军攻陷荥阳，太守崔无波自杀殉国，自从起兵以来，叛军连战连捷，士气大振，这也让安禄山十分兴奋。所以攻下荥阳后，安禄山以部将武令峋镇守荥阳，自己在荥阳没有片刻休整，带领大军继续向西，迅速向洛阳挺进。

事实上在安禄山围攻荥阳的时候，身在洛阳的封常清，就已经预感到荥阳是支持不了多长时间的。虽然和张介然一样，到任的时间并不长，但封常清的临敌经验显然要比张介然丰富很多，他除了下令切断河阳桥，还亲自带领三万人主动在洛阳城东二百里的虎牢关，凭借险要的地势进行防御。

虎牢关可谓有“一夫当关，万夫莫开”之势，为历代兵家必争之地。当年李世民就是强攻虎牢关从而打败窦建德的，现在安禄山虽然势头不小，但在封常清看来，凭借着自己的御敌经验，加上手上的三万人马，安禄山想要跨过虎牢关势比登天。

不可否认，封常清是很有信心的，但打仗不是打架，有的时候确实是“将熊熊一窝”，但有的时候兵熊能把将领也熬熊了。

封常清手中的部队正是由这样一群“㞞人”组成的。

这支仓促之间组建起来的新军，由下层民众组成，或为市井之徒，或为无业游民，悉数都没有受过任何训练，战斗力极差，平常在街上挽起袖子打打群架或许还是一把好手，但要是真刀真枪地上战场，这些人还是趁早洗洗睡吧。

所以，封常清即使有天大的能耐，也不可能在如此短的时间内，将这些人训练成一支可以战斗的部队，正所谓“巧妇难为无米之炊”。

十二月十一日，当叛军和封常清的这支新军在虎牢关交手时，在安禄山铁骑的冲击下，这支新军当即阵脚大乱，溃不成军。封常清实在没有想到自己辛苦组建起来的军队，就这样一哄而散，万般无奈之下，他只得“收拾”自己从长安带来的少部分亲兵，撤出虎牢关，占据葵园（今洛阳城郊）以图再战。

然而安禄山并没有给封常清喘息的机会，十二月十二日，叛军又强攻葵园，封常清再败，只得领着残兵败将退入洛阳城内，然后关闭城门誓死守卫洛阳。

坦率地讲，直到现在为止，封常清依然没有丧失信心，作为多年来败绩极少的名将，封常清不是那种遇到挫折就退缩的人，但现在手中这些人马实在不争气，这让他很是头疼。

事实证明：某支男子足球队即使请来世界水平最高的教练，也难有回天之力。封常清现在就如同那位主教练。

十二月十三日，决战的时刻终于到来，作为守卫洛阳的主将，封常清虽然还可以继续向西撤退。但那样实在对不起多年得来的名将头衔，而且在此之前封常清已经在皇帝面前夸下海口，用不了多长时间就会将安禄山的首级送到长安。

不过现在洛阳的局势，情况似乎正好相反，无论从哪个角度讲，封常清都不能再退，他现在必须做的就是守住洛阳。

当叛军从四面八方攻城的时候，封常清始终身在城头指挥作战。但他看到的却是自己的军队不是逃跑，就是被叛军轻而易举地射杀，到最后他只能跑下城头，在洛阳城中与叛军展开巷战。

从某种角度而言，一个指挥千军万马的名将，当沦落到和敌人进行巷战的时候，他的作用往往不及那些在市井上打群架的混混儿。

“将军！赶快撤吧！这样打下去恐怕咱们都得交待在这里，到陕郡和副元帅高仙芝一起联手抵抗叛军吧！”在激烈的巷战过程中，一个部将为提醒封常清如是说道。

此时的封常清已经浑身沾满血污，连续的奋战已经使他筋疲力竭。但他依然尽力地砍杀冲过来的叛军，他并不甘心就此低头认输，此前不久在皇帝面前说的话，他依然记忆犹新。

叛军越聚越多，封常清且战且退，不知不觉中已经撤到了洛阳城宫苑的西墙之下。

“将军！再不走就来不及了，您应该明白留得青山在，不怕没柴烧的道理。”部将继续劝说。

最终，封常清在几个部将的保护之下，从宫苑西墙的残破之处突围出来，一路向西直奔陕郡而去。

洛阳至此沦陷于安禄山叛军之手！

封常清一路之上，回想着身在洛阳激战的场景，他实在没有想到安禄山的叛军兵锋如此之盛，不由得为自己先前在皇帝面前夸下海口而自责，现在他能做的就是将先前的战况报告给驻守陕郡的东征副元帅高仙芝。

此时的高仙芝已经知道洛阳失陷，他将手中的兵马绝大部分集结在陕郡，准备坚守在这里，打一场持久战。

错杀

十二月十五日，封常清率领残部进入陕郡，太守窦廷芝闻听洛阳失陷，吓得连夜逃到河东去避难，封常清马不停蹄地去面见高仙芝。

见到高仙芝后，封常清详细汇报了先前洛阳的战况，以及他对未来战局的看法。

“属下连日血战，叛军势头很盛，现在元帅将人马聚集在陕郡，但潼关却防守薄弱。属下建议将军暂时放弃陕郡，退到潼关据守，这样长安才可以安全。”

封常清不愧是名将，虽然在洛阳遭遇惨败，但到底是瘦死的骆驼比马大，此刻思维丝毫不混乱，并且敏锐地点出了存在的问题。

封常清的建议，高仙芝采纳了。

在经过怛罗斯之战的惨败后，很长时间以来，高仙芝心里一直郁闷着，先前的自负似乎收敛了很多。怛罗斯之战的惨败对他影响极深，成了他心中挥之不去阴影，以至于有些畏首畏尾。

在高仙芝看来，封常清作为久经沙场的战将，是有资格对战局提出自己的看法的，而且先前和叛军的较量中，唐军将领中只有封常清的腕儿最大，连封常清都惨败而退，那目前的形势的确是万分危急。

应该说封常清的建议没有错，高仙芝采纳他的建议也没有错。但两个人在决定退守潼关的方针后，犯了一个致命的错误，那就是没有进行周密的安排和部署，甚至连为什么退守潼关也没有和士兵讲清楚，就匆忙命令军队急速向潼关撤退。

事实证明：由后队变前队容易，但必须让后队明白，前队并不是战败溃逃。

由于高仙芝和封常清的疏忽，唐军在撤退的时候，居然出现了混乱的情况，说是急速溃退一点也不为过，士兵丢盔卸甲，狼狈逃窜，互相踩踏，甚至出现了踩踏致伤致亡的情况。

就是在这样一种混乱的局面下，高仙芝和封常清急急如丧家之犬般地终于将部队带到了潼关。在他们进城的第二天，安禄山的叛军便尾随而至，随后叛军展开攻城战，由于潼关城墙高大，加上高仙芝和封常清带领部队拼死抵抗，所以叛军一时没能攻下潼关。

或许是因为先前的连续作战也让安禄山感到疲劳，或许是因为攻下东都洛阳，让安禄山迫不及待地做起了皇帝美梦，总之在进攻潼关未果之后，安禄山命令叛军暂时停止一切战事，而他自己在洛阳开始计划称帝事宜。

面对渐渐撤去的叛军，高仙芝和封常清不禁长舒一口气，现在他们终于有时间可以重新整顿兵马，认真筹划一下接下来的战事了。但就在他们认真准备的时候，让他们想不到的是，潼关将是他们两个人生命的最后一站。

导致他们最终悲剧结局的导火线恰恰是这次混乱不堪的撤退。

自古以来将帅在外掌握重兵，都会为皇帝所忌惮，因为将在外君命有所不受，可以说这是个敏感的问题。对于这个问题皇帝们所采用的方法是，除了让将军们掌握重兵出征，还经常派宦官监军，其实所谓的监军，不过就是监视那些带兵的将军们。

这次高仙芝挂帅东征，李隆基就派了宦官边令诚前去监军。而边令诚恰恰是一个多事的人，在军中随便发号施令，将高仙芝冷落在了一旁。他的这种举动让高仙芝十分不满，加上高仙芝骨子里本身就很自负，所以两个人经常当着众人的面，吵得面红耳赤。

高仙芝采纳封常清的建议退守潼关，边令诚本身是不同意的，当然他的这种想法谈不上有什么深谋远虑，完全是一种站着说话不腰疼的态度。在高仙芝带着人马撤退的时候，边令诚借机离开了高仙芝，但在临走之前，他看到了撤退时混乱的那一幕。

于是，一个恶毒的计划在边宦官的头脑中瞬间形成了。

回到长安后，边令诚立即向李隆基汇报自己先前在潼关看到的溃退场景，并添油加醋地谗说高仙芝自作主张放弃陕郡，私自贪污军饷；封常清故意在洛阳战败，有意纵容扩大叛军的声势，希望皇帝陛下能够警觉。

在经历了家奴顶撞、宰相混战后，李隆基对宦官更是信任有加，居于深宫之中的他，本身就对封常清的战败和高仙芝的退守有所怀疑，加上又想起了高仙芝在怛罗斯之战中的惨败，让大唐在西域威信扫地。尤其是封常清先前的大话此刻依然在他的耳畔回响，但实际战况却是封常清如此不禁打，现在边令诚点出了全部奥秘所在，这让李隆基很是恼怒。

事实上，一个已经很久不问国事的皇帝，是不可能在面对一团糟的局势时，依然保持清醒的头脑的，所以高仙芝和封常清的结局已经注定。

“你带着我的诏书，立即回到潼关，将高仙芝和封常清斩首，以防有变。”

“老奴遵旨！”

随着李隆基下达的一纸诏书，边令诚终于体会到了复仇的快感，不过李隆基一定想不到，他这次的一时冲动，会是致命的错误。

事实上，就在边令诚再一次从长安启程，还没有到达潼关的时候，高仙芝和封常清已经得到了边令诚又回来的消息，对此高仙芝倒是没什么过多的想法，但封常清则不同。

自从洛阳战败后，封常清内心一再自责，他曾经派人到长安汇报洛阳的战况，却被李隆基拒绝。他隐隐觉得边令诚二次来到潼关，很可能是带着某项任务而来，甚至他觉得自己可能性命难保。终于，对自己前途的绝望以及对大唐未来命运的担忧，促使封常清满腔衷情地给李隆基写了一封奏表。令他没想到的是，这居然成了自己的遗表。

在这封奏表中，封常清详细陈述了安禄山叛军的情况，以及洛阳之所以这么快失陷的根本原因。针对当时朝廷上下普遍轻敌的情绪，封常清情真意切地提醒李隆基切不可轻视安禄山，要做好打持久战的准备：

仰天饮鸩，向日封章，即为尸谏之臣，死做圣朝之鬼，若使没而有知，必结草军前，回风阵上，引王师之旗鼓，平贼寇之戈鋋，生死酬恩，不任感激，臣常清无任永辞圣代悲恋之至。

封常清在奏表的最后，仍然没有忘记表达自己的忠心，可谓字字带血，催人泪下。

十二月十八日，于潼关驿南西街之上，边令诚首先召见了封常清，当封常清迈着沉重的步伐缓缓走到他的面前时，边令诚的脸上浮现出了一丝诡异的微笑。

而与之相对应的却是封常清那无助的眼神流露出的一丝迷茫。

“封常清守卫洛阳不力，致使大军惨败，贼兵势盛，更有在皇上面前口出狂言，扰乱圣心，其罪难免，皇上有旨将其处斩以正军法。”

边令诚说完后，在场的所有人都大吃一惊。在他们看来，封常清率领着临时拼凑起来的乌合之众，在很多人望风而逃的情况下，不畏强敌拼死守卫东都，而且在叛军攻入洛阳后，依然能够身先士卒和叛军展开巷战，实属难能可贵，无论从哪个角度来讲，洛阳失陷责任都不在封常清。

但现在边令诚已经宣读了圣旨，即使众人心中不服，也无法为封常清开脱，所以都低着头沉默不语。

“讨逆无果，死乃甘心！”

封常清跪在地上仰天长叹，他的声音已经沙哑，虽然他早已预料到这一天会到来，但当边令诚宣读完圣旨后，他依然流露出了悲愤不甘之情。

作为多年在战场上摸爬滚打的名将，坦白地讲，封常清并不怕死，然而他并不甘心就这样死在自己人的手里。

“臣常清虽死无憾，请边公公将这封奏表带给皇上，以表臣之忠心！”

言罢，封常清拿出了先前写好的奏表，转交给了边令诚。

很多人目睹了封常清被斩的全过程，他们的心在滴血，他们希望今天这一刻早些过去，但让他们想不到的是，接下来的一幕更加出乎他们的意料。

就在封常清刚刚被斩之时，高仙芝带着人马匆匆赶来。在此之前，他得到了封常清即将被斩的消息，所以他快马加鞭地赶了过来。但没等他高喊“刀下留人”四个字，他便看到了封常清的尸体。

高仙芝此刻浑身犹如电击一样，僵在了原地！

然而在边令诚看来，高仙芝此时来得正好，因为皇帝陛下圣旨上写得明白，封常清之后就是高仙芝。

“元帅来得正好，皇上让老奴为元帅带来了恩命。”边令诚阴阳怪气地说道。

高仙芝恍惚之中回过神来，他立即走向边令诚，然后跪在地上。

“高仙芝擅自放弃陕郡，致使大军溃退，死伤无数。又私自贪污军饷，其罪当诛！”

边令诚在宣读这封圣旨的时候，语气明显加重，很长时间以来，他认为高仙芝对他的蔑视使他在众人面前颜面扫地，今天他终于体会到了复仇的快感。

如果说先前见到封常清的尸体让高仙芝犹如电击一般，那此刻在听到圣旨的内容后，高仙芝几乎要昏厥过去，还好旁边的几个兵士急忙将他扶住，才没让他倒在地上。

半晌过后，高仙芝终于缓过神来，他咬紧牙关用力地说道：

“如果说因为放弃陕郡致使大军溃退死伤无数，仙芝死不足惜。但是，上有苍天，下有黄土，说仙芝贪污军饷，实乃诬陷之词，仙芝死不瞑目！”

此刻，高仙芝的眼睛死死地盯住边令诚，这不禁让边令诚有些毛骨悚然。

“不要辩解了，来人！行刑！”边令诚连忙催促。

“哈哈哈！”霎时间高仙芝发出了凄厉的惨笑，然后他环顾众人拱手抱拳，高声说道：

“仙芝如果真的贪污了军饷，你们就说个‘有’字，如果没有的话，仙芝恳请众将士还仙芝一个清白，说个‘冤’字！仙芝并不怕死，但大丈夫光明磊落，仙芝并不想走得如此冤枉！”

在场的所有人都被此情此景所感动，终于在刽子手的刀头即将落在高仙芝的脖子上时，共同喊出了那个字。

“冤！冤！冤！”

那一刻，声震天地，苍茫之间久久回响。

高仙芝可以瞑目了！

……

边令诚终于完成了他的复仇计划，心满意足地回去向他的皇帝陛下复命。但对于李隆基来讲，将高仙芝和封常清斩首，完全是“自毁长城”的表现。因为在他们之后，防守潼关的重任落在了另一个将领哥舒翰的肩上，和高仙芝、封常清比起来，哥舒翰虽然也算是名将，但终不如高、封二人强强联合有利。

此时安禄山的叛军在第一次进攻潼关未果后，并没有立即发动第二波进攻，安禄山的兵锋似乎有所减弱。不过，这也可以理解，因为此时腰肥肚大的安禄山正在洛阳做着他的皇帝美梦。

当然这也给了唐军极为有利的喘息之机。

事实上，就在唐军和安禄山的叛军在中原腹地陷入胶着状态时，已经沦陷于叛军之手的河北、河南地区掀起了声势浩大的反抗运动。反抗的义士们用热血之躯和赤胆忠诚谱写了名垂青史的“惊天地，泣鬼神”的壮丽诗篇。

扯旗举兵

安禄山在范阳公然发动叛乱之后，一路势如破竹，所向披靡，仅一个多月便攻下河北、河南诸多州县，一直到攻陷洛阳后，才稍稍停止前进的脚步。

不可否认叛军南下的速度极为惊人，但安禄山或许因为过多地考虑战场因素，而对自己所攻占州县的治理工作做得一塌糊涂。叛军每占领一个地方，并不是进行有效的治理，而是采取杀戮政策，导致很多老百姓家破人亡，从整个战略来看，安禄山叛军可谓“狗熊掰棒子”——掰一个丢一个。

叛军这种倒行逆施的做法，很快激起了河北、河南很多州县民众的反抗，在山河破碎的危急之秋，很多人自发组织起来，勇敢地肩负起了救亡图存的重任。

其中声势最大、最有成效的当数河北常山颜杲卿、颜真卿兄弟组织的反抗斗争。

颜氏兄弟出身名门望族，是北齐年间儒家学者、经学家颜之推和唐朝初年儒学大家颜师古的后人，兄弟二人品行出众，居官政绩突出，多获赞誉。当时颜杲卿担任常山（今河北正定）太守，颜真卿担任平原郡（今山东陵县）太守。

安禄山举兵叛乱后，很快进至藁城（今河北藁城）。当时颜杲卿深感以常山的守备力量，是无法对抗安禄山叛军的，但常山地处要冲，非但是安禄山叛军进退的咽喉之地，其西南又有土门之险，实为河东通往河北的重要门户。在颜杲卿看来，以安禄山的兵锋之盛拿下常山易如反掌，与其以卵击石做无谓的牺牲，不如忍辱负重从长计议。

于是，颜杲卿便同长史袁履谦商议决定为了保存有生力量，暂时放弃对叛军的抵抗，并一同前往藁城面见安禄山。

安禄山早已耳闻颜杲卿的大名，在得知他献出城池后，不禁喜出望外，遂任命颜杲卿仍为常山太守，并赐其金紫鱼袋。

值得一提的是，在安禄山叛军铁蹄的践踏下，当时河北地区只有常山一地因为颜杲卿忍辱负重的计策，而暂时免遭战火，自此颜杲卿和长史袁履谦私下不断密谋积蓄力量，等待时机，伺机举事。

就在颜杲卿在常山紧锣密鼓地筹划反戈一击的时候，他的从父弟颜真卿率先在平原郡举起抗击安禄山叛军的义旗。对比颜杲卿，颜真卿更加刚烈和果敢。

颜真卿，字清臣，汉族，唐京兆万年（今陕西西安）人，祖籍琅琊（今山东临沂）。唐代杰出书法家。他创立了“颜体”楷书，与后世的赵孟頫、柳公权、欧阳询并称“楷书四大家”。和柳公权并称“颜筋柳骨”。

颜真卿的书法堪称一绝，但在我看来他这一生能够真正实现其不朽价值的，却是在河北聚兵二十万与安禄山的叛军做殊死搏斗的壮举。

颜真卿原本身在长安担任侍御史、武部（兵部）员外郎，因为看不惯杨国忠的所作所为，被杨国忠排挤出长安出任平原郡太守。到达平原郡没多久，他就发现安禄山谋反的迹象越来越明显，于是他暗中加紧了防备。

由于平原郡处于安禄山老巢范阳的眼皮底下，为了减少安禄山的怀疑，他以防止降雨水灾为理由积极修筑城防工事、储备粮草。同时颜真卿也明白安禄山是个多疑的人，自己的举动未必能够瞒住他，为此他故意和诸多当地的文人天天泛舟于湖上，充分营造出一种不理政务的假象来麻痹安禄山。

就在颜真卿暗中准备一切时，安禄山在范阳率兵大举南下，河北诸多州县纷纷陷落，而平原郡由于不处在战略要冲，所以叛军没有经过这里。但安禄山本着不放过任何一个地方的原则，虽然没有攻占平原郡，却让颜真卿以平原、博平两郡共计七千人马防守河津。

颜真卿明白，这既是安禄山的战略，也是他对自己的一种试探和考验。

颜真卿毫不犹豫地立即执行，不过这也为他带来了极大的益处，那就是打着防守河津的旗号，公开招募兵士。

据史料记载，颜真卿招兵的文书一经散发到各地，河北沦陷的州县多有响应，短短十天之内，就招募了将近五万人。很多地方官带领人马前来投奔，这其中包括济南太守李随、清河长史王怀忠、景城司马李炜、邺郡太守王焘等人。这些人虽然在各自的属地没能抵抗住叛军的进攻，但此时各自手下依然有五千至一万人不等的军队，在听到颜真卿招兵买马的消息后，这些人杀掉安禄山委任的官员，义无反顾地去投奔颜真卿。

因为在这些人看来，以颜真卿的性格和对大唐的忠心来看，他是不可能就此甘心投降安禄山的。

随着颜真卿兵力的不断增长，以及各地伪官接连被杀的消息传到叛军那里，此时身在洛阳的安禄山终于意识到自己原来一直被颜真卿玩弄于股掌之间。愤怒的安禄山想让部将李庭望率军东征颜真卿，无奈从起兵以来由于战线拉得过长，兵力分散，已经不能再抽调更多的人马出来，不得不放弃东征的想法。

此时饶阳太守卢全诚忽然反戈一击，杀掉饶阳的伪官据城反抗。在兵力捉襟见肘的情况下，安禄山只好派部将张献诚在上谷、文安临时招募了几千人前去围攻饶阳，同时意图切断颜真卿西进的道路，以缓解自己紧张的局势。

由于安禄山无暇顾及颜真卿，给了颜真卿极大的发挥空间，在很多州县官员到来后，颜真卿的兵力急速增长，应该说通过颜真卿的努力，进而开辟了敌后第二战场。

天宝十四年（755 年）十二月二十五日，在平原郡的城门之南，所有人共推颜真卿为反抗叛军的盟主。在如此危急的局势下，河北、河南地区对叛军的反抗终于形成了体系，由星星之火渐成燎原之势。

安禄山一定想不到自己会陷入如此窘境，当他回味过来时，前方等待他的将是一片晦暗的景色。

安禄山！你的血腥屠杀换回来的终将是不屈不挠的反抗！

气节

颜真卿在河北的大动作不仅惊动了安禄山，同时也让远在长安的李隆基大为惊讶。自从安禄山发动叛乱以来，河北诸多州县陷落于叛军之手，让李隆基感到十分失望，他曾经无奈地发出“河北二十四郡，岂无一忠臣乎？”的感叹。现在颜真卿的横空出世，让李隆基的精神为之一振，虽然他早已经忘记了颜真卿的模样，但他知道颜真卿起兵后，还是兴奋地对朝臣说了一句话：

“朕不识颜真卿形状何如？所为得如此！”

一个曾经在朝为官被排挤出去的人，一个让自己没有什么印象的人，居然会为自己尽忠到底，当李隆基知道颜真卿在河北的举动后，他终于明白了什么叫真正的忠臣。

感慨良久的李隆基在经过慎重的思考后，决定尽自己最大的努力去支持颜真卿，为此他派出了郭子仪率领朔方军从山西东下河北作战。郭子仪受命出征后，先是在单于都护府的振武军（今内蒙古托克托南）击败了前来进犯的安禄山手下大同军使高秀岩的叛军，继而攻克了河东道的静边军（今山西右玉），又在河曲（今山西永济）第二次打败高秀岩，最终一直打到军事战略要地云中（今山西大同）与马邑（今山西朔县）等地，进而打通了东进河北的道路。

当颜真卿知道郭子仪在山西连战连捷之后，他的自信心进一步提升，在安禄山无暇东顾的情况下，颜真卿果断向西急速收复领土，试图与在山西的郭子仪会合。

但就在此时，从东都洛阳传来了噩耗，他的哥哥颜杲卿被安禄山无情杀害了！

颜杲卿在常山虽然经过一段时间准备，但因时间仓促仍不具备公开举兵的条件与时机。鉴于安禄山准备西进潼关直指长安、颜真卿在河北公开举兵以及郭子仪在山西连战连捷的战局，为了牵制与阻滞安禄山西进的速度，配合颜真卿在叛军后方的作战，颜杲卿决定提前举兵。

此时恰巧安禄山派遣手下的部将高邈回到幽州去征兵，以解决河南境内兵源不足的问题，颜杲卿决定举兵的时候，高邈已经完成了征兵的任务，正在返回洛阳的路上。

在颜杲卿看来，这是一个绝好的突袭机会。

当即，颜杲卿任命部将冯虔率领五千人马在藁城设伏，突袭半路经过的高邈。

突袭高邈的过程十分顺利，顺利得甚至有些出乎颜杲卿的意料，在将高邈押进牢房的同时，颜杲卿又得到了一个消息，安禄山的部将何千年从东都洛阳回范阳督粮，于是又一举擒获何千年。

擒获高邈并没有为颜杲卿带来什么，但擒获何千年却为颜杲卿带来了两个结果。

何千年是个贪生怕死的人，在面对颜杲卿的时候，他为了保住性命，向颜杲卿献上了自己的计策：

"现在太守想要效忠大唐，开始计划的时候一切都做得很好，现在更应该谋求一个好的结局，我看太守的人马都是临时招募的乌合之众，叛军真要是打过来，恐怕难以应对。您应该把城外的河沟挖得深深的，城墙的壁垒筑得再高一些，不要同叛军硬碰硬，等到郭子仪的朔方军来到后，合力一同进攻叛军。现在我建议您发檄文到赵、魏之地，让他们切断通往范阳、幽州等地的要道，对外宣扬李光弼率领的大军很快就会通过井陉，并游说正在攻打饶阳的张献诚，明确告诉他，他手下的那些人都是地方的民兵，根本抵挡不住即将到来的朔方军，这样饶阳之围即可解除。"

何千年一番长长的话语，让颜杲卿不住地点头，于是他采纳了何千年的计策。

事实证明，何千年的计策确实是个好计策，张献诚在听到朔方军即将到达的消息后，顿时大为惊恐，立即解散了人马，饶阳之围顿解。

不仅如此，当时河北诸多郡县，除范阳、卢龙、渔阳、密云、汲、邺六郡仍效忠安禄山之外，十七个郡县全部宣布归顺朝廷，至此河北地区反抗叛军的人马已经达到二十万以上。

应该说颜杲卿采纳何千年的计策，一度使得河北的战局发生了实质性的变化。因为河北不仅是安禄山的老巢和兵源、军需补给的战略大后方，同时又是安禄山的发迹之地，颜杲卿在河北搞出这么大的动作，对于准备西进攻打潼关的安禄山来讲，无疑增添了诸多困难，从某种角度而言牵制了叛军。

话复前言，何千年的计策为颜杲卿带来了两个结果，前边说的是有利的结果，接下来要说说不利的结果，而这个不利的结果恰恰是让颜杲卿送掉了性命。

叛军西进潼关的时候，安禄山正在洛阳筹划他的登基大典，当他听到颜杲卿在常山居然连续捉住他的两员大将，并大有光复河北的意图时，心中十分恐惧。为了解除后顾之忧，安禄山决定派部将史思明、李立节统领蕃、汉混合步骑攻打常山，又派部将蔡希德统兵一万从河内（今河南沁阳）出兵增援史、李二人，共同形成对常山的重兵合围之势。

这里着重提一下，历时八年之久的“安史之乱”，其中的“史”指的就是史思明。

史思明，初名窣干，宁夷州突厥人，与安禄山为同乡。天宝初年，累功至将军，知平卢军事。跟随安禄山讨契丹，任平卢兵马使。安禄山发动叛乱后，他作为先锋平定河北，被安禄山任为范阳节度使，占有十三郡，手下拥有八万人马。

既然这场叛乱被称为“安史之乱”，就说明史思明和安禄山是不相上下的。虽然在叛乱的最初阶段，史思明算是配角，但随着时间的推移，他逐渐由配角变成了主角，这一点在后边我会详细说到，暂不赘述。

事实上，史思明和李立节围攻常山并不可怕，问题的关键是颜杲卿由于匆忙暴露了自己，还未来得及加固城防，史思明和李立节就已经兵临城下。无奈常山城中兵寡将少，难以抵抗，颜杲卿不禁心急如焚，急忙之中派人杀出重围前往太原向太原尹王承业求救。然而王承业拒不出兵，他的理由是太原的局势也十分紧张，自己现在自顾不暇。

就这样，颜杲卿丧失了最后的一点希望，但颜杲卿刚烈的性格，让他绝不甘心就此投降，他率众坚守危城，在势单力孤、寡不敌众的情况下浴血奋战几昼夜。终于，在天宝十五年（756 年）正月初八，常山城破，颜杲卿与袁履谦巷战力尽，不幸被俘。

颜杲卿被俘的消息很快传到了安禄山那里，安禄山并不理解自己如此优待颜杲卿，为什么这个人依然反水。所以他下令将颜杲卿押解进洛阳，自己要亲自审问这个人。

“你本来是范阳一个小小的户曹（官名），我提拔你当了判官（官名），没过几年又提拔你当太守，我可是待你不薄，你为什么要背叛我?”安禄山看到五花大绑的颜杲卿时，怒气冲冲地开口问道。

“为什么要背叛你？你个杂胡！皇上如此恩宠你，你又为什么背叛皇上?”虽然被五花大绑，但颜杲卿并不屈服，怒目圆睁高声对安禄山喊道。

安禄山本想用气势压住颜杲卿，但颜杲卿这突如其来的反问，让安禄山瞬间哑口无言。但还没等他反应过来时，颜杲卿继续向他开炮：

“安禄山！你本来不过是营州放羊的杂胡，皇上提拔你为三道节度使，对你恩宠至极，皇上有什么对不起你的地方？你居然兴兵作乱，涂炭生灵。我家累世为唐臣，官位都是大唐所赐，绝不是你安禄山提拔的功劳，怎么可能跟你这个乱臣贼子为伍？我为国讨贼，只恨未能亲自切下你的脑袋！杂胡狗！为什么还不赶快杀我?”

颜杲卿越说越激动，说到最后以至于眼睛已经血红。

安禄山此时已然气急败坏，在颜杲卿骂完后，他气得从座位上站起来，然后指着颜杲卿恶狠狠地说道：

“你不是想死吗？那我就成全你，我会让你死得很难看！来人！将他绑在柱子上，给我一刀一刀割他身上的肉!”

顿时，士兵将颜杲卿从地上架起，拖着他向殿门外走去。

“狗贼！我做了鬼也要找你索命！哈哈哈!”

“一定要将他割上三千六百刀，解我心头之恨……”

……

天宝十五年（756 年）正月初八是非常寒冷的一天，冻彻人心骨，一个忠义气节之士的灵魂在寒风中傲然不屈，苍茫大地间飞舞的雪花，仿佛在为他悲号哀叹。

值得一提的是，与颜杲卿一同赴死的还有长史袁履谦，以及颜氏一门忠烈三十余人。

四百多年后，另一个铁骨铮铮之人文天祥用一种近乎膜拜的情感来抒发对颜杲卿的怀念，一句“人世谁无死，公死千万年”，让世人对颜杲卿的气节深深折服：

常山义旗奋，范阳哽喉咽。
胡雏一狼狈，六飞入西川。
哥舒降且拜，公舌膏戈铤。
人世谁无死，公死千万年。

有的人活着却已经死了，有的人死了却还活着。

想到此处，不禁悠悠我心悲，苍天曷有极。

……

当知道其兄颜杲卿以及颜氏一门三十余人被安禄山残酷地杀害后，颜真卿几乎昏厥过去。但颜真卿是一个比颜杲卿性格更加刚烈的人，那一刻他握紧拳头，强忍住悲痛，努力地让自己的情绪恢复平静。在他看来，悲痛绝不是反击安禄山的方法，将河北义军的势力无限扩大，才是对哥哥最好的告慰。

颜真卿已经做好了准备，让河北变成埋葬安禄山叛军的坟墓。但就在他化悲痛为力量，领导河北义军风起云涌之时，一个消息犹如晴天霹雳般传来。

长安的门户——潼关，不幸失守！

第二章 灵武称帝

胶着

天宝十五年（756 年）正月，安禄山在洛阳迫不及待地称帝。这个腰腹肥硕的杂胡，此时终于圆了他多年的皇帝梦。称帝后的安禄山虽然兴高采烈，但他并没有忘记曾经在范阳起兵时许下的诺言，那就是打进长安城清除杨国忠。安禄山十分明白这是他能聚拢人心的必要手段，无论如何这个口号不能丢。

所以在首次进攻潼关未果之后，安禄山虽然忙于应付河北的混乱局势，但他依然没有放弃对潼关的进攻。经过持续的进攻，叛军终于在天宝十五年六月初九攻陷潼关。

事实上，潼关作为长安的门户，城防十分坚固。当时李隆基对于潼关的防守也十分重视，调派名将哥舒翰承担潼关防守的重任。之所以潼关最终不幸失陷，完全是由于大唐高层的内耗所致，这其中有李隆基的昏庸偏执与自以为是，也有杨国忠的弄权固位与排斥异己，更有哥舒翰的公报私仇与因小失大。

在此之前，高仙芝和封常清被冤杀，大唐的确是损失了两员良将，此举可谓亲者痛仇者快，致使李隆基一时之间无将可派。但潼关的战略地位十分特殊，李隆基明白叛军绝不会放弃这个目标，而其他骁勇善战的将领一时间来不及征调，所以李隆基想到了时任河西、陇右节度使的哥舒翰。

哥舒翰本是西突厥哥舒部落人。按突厥的习惯，他们常常以部落的名称为姓氏，他的父亲是哥舒部落的首领，叫哥舒道元，曾经做过唐安西都护府的副都护。哥舒翰的家族世居安西，而哥舒翰也生在安西都护府的所在地龟兹（今新疆库车县一带）。

天宝五年（746 年），战功赫赫的大唐名将王忠嗣兼任河西节度使，很快发现了哥舒翰这个人才，对他十分欣赏，提升他为衙将。哥舒翰自幼就通读《左氏春秋》《汉书》，所以极富智谋。天宝八年（749 年）六月，哥舒翰统领陇右、河西及突厥阿布思之兵，向石堡城发起进攻。吐蕃凭险据守，唐军进攻多日，伤亡惨重。哥舒翰大怒，限三日内破城，否则斩杀攻城先锋官副将高秀岩、张守瑜。三日后，唐军占领石堡城。哥舒翰功拜特进、鸿胪员外卿。

天宝十二年（753 年），哥舒翰兼任河西节度使，进封凉国公，食实封三百户，不久，进封西平郡王。天宝十三年（754 年），再拜为太子太保，加食实封三百户，兼任御史大夫。

不可否认，哥舒翰兼具智慧与军事谋略，而且当时都流传着赞颂哥舒翰的诗歌："北斗七星高，哥舒夜带刀，至今窥牧马，不敢过临洮。"但这位在战场上让敌人闻风丧胆的名将，却始终沉湎于酒色。

李隆基想到哥舒翰的时候，这位曾经威震边陲的名将因为长期沉湎酒色，导致身体瘫痪，已经在家休养了十个月之久。

按说哥舒翰这种身体状况，李隆基本不该再让他强行带兵。但此时情况危急，最关键的是哥舒翰和安禄山素来不睦，在李隆基看来，目前情况下，只有哥舒翰是最好的人选。

可是哥舒翰经过十个多月的精心调养，身体状况仍无多大起色，只能站起身来慢慢行走，更别说行军打仗。因此对于皇帝陛下交给的重任，哥舒翰坚辞不受。

哥舒翰上疏李隆基请求皇帝陛下从实际出发，切身考虑一下他这个半残废之人的身体状况。但李隆基似乎不为所动，而且抛给了哥舒翰一句狠话：

"高仙芝、封常清叛逆，卿不可效仿！"

哥舒翰在听到这句话后，如果还不识趣儿，那就是典型的没事儿找抽。

万般无奈之下的哥舒翰只得接受了皇帝陛下的任命。天宝十四年（755 年）岁末，哥舒翰率领河西、陇右、朔方、奴刺等十三部兵马十余万人，号称二十万大军浩浩荡荡地开赴潼关。临行前，李隆基在勤政楼亲自为哥舒翰送行，并让文武百官到长安城郊为大军壮行，可以说李隆基对哥舒翰寄予了厚望，京师长安的安危休戚，至此全部系于哥舒翰一身。

大军进入潼关后，哥舒翰基于敌我双方的整体分析，决定依然采用先前高仙芝、封常清定下的重兵聚关坚守的策略来与叛军对抗。

当时哥舒翰虽然拥有十余万大军，但真正经过战场上血与火洗礼、灵与肉考验以及生与死较量的士兵并不多，只有少数来自河西、陇右等一直跟随哥舒翰征战的士兵训练有素。最关键的是，哥舒翰此次是硬着头皮来到潼关，以他的身体状态来看，纯粹是赶鸭子上架，根本无法料理繁忙的军务。

无奈之下，哥舒翰准备将军务托付给他比较信任的御史中丞兼行军司马田良丘全权处理。然而田良丘是个对军事一窍不通、处事优柔寡断的文弱书生，如此危急的局势之下，这么个扶不起来的“阿斗”，让哥舒翰实在放心不下。于是他只得将军队分开，令部将王思礼统领骑兵，另一个部将李承光掌管步兵。

事实上，从哥舒翰到达潼关的那一天开始，守军的内部就展开了派系之争，王思礼是哥舒翰带去的，算是自己的亲信，但李承光却是高仙芝的部下。

高仙芝被冤杀让李承光一直耿耿于怀，哥舒翰虽然功勋卓著，但李承光并不服气。这是因为哥舒翰到达潼关后，治军不能保持公正，对待自己带去的部下十分宽厚，但对待高仙芝先前的部下则十分严厉。这样一来，潼关的守军就不再是铁板一块，不能在大敌当前完全形成一股合力，同心同德，全力对付叛军，搞得将帅不和，军队没有斗志。

天时不利加上人和不谐，如此一来，唐军所能仰仗的只有地利了。潼关素有“一夫当关，万夫莫开”之险，考虑到潼关守军的实际情况，应该说哥舒翰采取坚守的策略还是十分得当的。

哥舒翰的设想是，利用潼关的有利地势，固守待援。或者说让郭子仪、颜真卿的各路人马在各自的战区消耗叛军的有生力量，待出现有利时机出关给予叛军致命的一击。

为了让李隆基充分了解潼关的局势，不至于像猜忌高仙芝和封常清那样猜忌自己，哥舒翰上疏李隆基，详细说明了闭关固守的原因，得到了李隆基的充分理解。

从天宝十四年（755 年）岁末一直到天宝十五年（756 年）六月，半年多的时间，哥舒翰始终没有主动出战过。这期间安禄山在洛阳称帝后，曾经率领叛军再次来犯潼关，甚至运用计谋让部将崔乾祐仅带不到五千老弱病残之兵驻扎在陕郡，以“示弱”造成一种假象，暗中却在陕郡周围部署精锐部队，想诱骗哥舒翰贸然出关作战。然而哥舒翰也是身经百战，具有极其丰富的实战经验，面对安禄山的诱骗，他来了个死猪不怕开水烫，任凭你风吹雨打，我自岿然不动。

就这样哥舒翰在潼关与安禄山形成了胶着状态，其实谁都明白，随着各地反抗叛军的声势愈演愈烈，这种胶着状态无疑对唐军是有利的，随着时间的推移，哥舒翰一定会有机会和叛军一决高下。

然而正当两军在潼关处于紧张的对垒之时，唐廷内部开始出现内讧的局面。而最终内讧的结果是让李隆基做出了一个错误的决定，而这个决定又直接影响了后来很多事件的走向，这一切都源于哥舒翰的自私自利。

哥舒翰的错误

天宝十五年（756 年）正月，李隆基加封哥舒翰为尚书左丞（左仆射），同平章事。这样哥舒翰成为抗击安禄山叛乱以来第一个获得“出将入相”殊荣之人，这足以说明李隆基对哥舒翰的信任。

但大敌当前，作为身系抵御强敌，确保京师长安绝对安全的哥舒翰，在坚守潼关的时候，虽然因为身体的原因，不能料理军务，但他的心中始终没有忘记打击异己，尤其是在皇帝陛下加封他之后，哥舒翰公报私仇的想法更加彰显无遗。

由于很长时间和安禄山的矛盾无法调和，使哥舒翰将目光瞄向了安禄山的族兄、时任户部尚书的安思顺。

在安庆宗被杀之后，安禄山在长安的亲戚只剩下了安思顺及其弟安元贞。安思顺最初兼任朔方节度使，和安禄山不同的是，安思顺还是十分忠于唐朝的。但即使是这样，由于和安禄山有血缘关系，李隆基还是罢免了他的节度使之职，将他招进朝廷改任户部尚书，置于自己的严密监控之下。

由于和安禄山素来不睦，所以哥舒翰对安思顺也没有什么好感。哥舒翰“出将入相”之时，为了报复安禄山，想出了一个借刀杀人之计。

他所借的这把刀就是李隆基！

天宝十五年（756 年）三月，哥舒翰秘密遣人前往长安密奏李隆基，说在潼关关口外捉住了安禄山派来的奸细，并从奸细身上搜出了安禄山写给安思顺的密信。因而指控安思顺和安禄山内外勾结，恐怕对皇帝陛下不利，并列举了安思顺的七大罪状，请求李隆基处死安思顺。

如果放在太平日子，哥舒翰这种捕风捉影没有真凭实据的上报，李隆基一定是置之不理的，甚至可能还会训斥哥舒翰。但大敌当前，安思顺和安禄山的关系，让李隆基不得不怀疑。

宁可错杀一千，不可放过一个！

在我看来，这是李隆基当时的唯一想法。所以在未经过任何核实的情况下，李隆基下令将安思顺和其弟、时任太仆卿的安元贞一并处死，其家眷被流放岭南。

安思顺被杀让身在潼关的哥舒翰体会到了复仇的快感，但同时他复仇的举动，也在潜移默化地影响着手下人。当时在哥舒翰手下的很多人看来，哥舒翰似乎具备呼风唤雨的能力，哥舒大帅想干掉的人，只要跟皇帝陛下打声招呼，他的脑袋就会搬家。

当时持这种看法的人还不少，而王思礼就是其中的一个。

这个头脑简单、四肢发达的人在安思顺被杀后，出于表现自己的目的，向哥舒翰提出了一个“蒋干式”的计谋：

“现在天下人都十分憎恨杨国忠，安禄山起兵造反也是打着清除杨国忠的旗号，将军不如诛杀杨国忠，以平天下之乱。”

王思礼虽然头脑简单，但哥舒翰显然没失去理智，他没有采纳王思礼的计策。王思礼见哥舒翰不为所动，又主动请缨带领本部精兵，前往长安将杨国忠劫持到潼关来再清除掉。

哥舒翰冲着自己手下这个头脑简单的将领笑了笑，然后说了一句话：

"如果按你说的那样去做的话，那就不是安禄山造反了，而是我在造反。"

王思礼的计策虽然十分幼稚，但哥舒翰理解手下人的心情，所以他并没有斥责王思礼。按说这件事情也就到此为止了，但天下没有不透风的墙，远在长安的杨国忠很快得到了消息。

事实上，在哥舒翰被加封之后，杨国忠的内心就已经开始不安起来。很长时间以来，进位宰相的人，都必须经过杨国忠这道关，现在哥舒翰居然被皇帝陛下轻而易举地提拔，这是杨国忠所不能接受的。

安思顺被杀的时候，杨国忠并不知情，等他知道的时候安思顺和安元贞早已经人头落地，这让杨国忠开始对哥舒翰产生了恐惧。因为在杨国忠看来，哥舒翰在皇帝陛下心中的地位，可能已经超过了自己，这对他来讲是十分不利的。

因为杨国忠清楚地知道，安禄山起兵造反打出的旗号是清除自己，鉴于潼关现在胶着的局势，哥舒翰很有可能想出除掉自己以平息安禄山叛乱的计策。

所以，当杨国忠知晓潼关有人有清除自己的动向后，他本能地认为这是哥舒翰的意图。

杨国忠看来，朝廷的重兵现在都掌握在哥舒翰的手中，如果他帅旗一挥统兵西进，自己将死无葬身之地。本来就忐忑不安、惶惶不可终日的杨国忠因为这个问题始终寝食难安，如芒在背。

现在他必须想出万全之策，化解未来有可能出现的对自己不利的局面。

于是，他向李隆基建议，说潼关虽然有二十万守军，但京师长安却守备空虚，潼关一旦出现什么闪失，则长安没有后继之师，现在应该在皇宫内选出三千个年轻的监牧官加以训练，以防不测。

训练三千个没有任何作战经验的小屁孩，用以应对安禄山的叛军，鬼都知道杨国忠的葫芦里卖的什么药，这哪里是在提防安禄山，明显是在提防哥舒翰。

不久，杨国忠又亲自招募了一万新兵，让自己的亲信杜乾运统领，屯师于灞上，和京师长安互为犄角。

杨国忠在长安的动作，也很快传到了潼关，当时有人将杨国忠的真实目的告诉了哥舒翰，这引起了哥舒翰的警觉。因为担心受到杨国忠的迫害，哥舒翰上疏李隆基，请求将灞上的军队划归自己管辖。

出于稳定以及增强潼关防守力量的考虑，李隆基同意了哥舒翰的要求。

应该说哥舒翰这个四两拨千斤的策略十分得当，再一次借着皇帝这把刀，将杨国忠苦心想出来的招数轻松化解。但接下来哥舒翰所做的事情，却是名副其实的败笔。

六月初一，当灞上杜乾运的一万人马正式编入哥舒翰的麾下后，哥舒翰竟以杜乾运督军不力为借口将其杀掉。

哥舒翰或许是不想留什么后遗症，欲使灞上这一万人马完全为自己所拥有。但他显然忽略了一个至关重要的问题，那就是远在长安的杨国忠知道他的所作所为后，会作何感想。

很快，杨国忠得到了消息。

此时的杨国忠实在是哑巴吃黄连，其心理状态十分复杂，既恐惧又想报复哥舒翰。但哥舒翰远在潼关，这让杨国忠有些鞭长莫及。

但报复心极强的杨国忠还是孤注一掷，铤而走险祭出狠招，虽然他知道接下来他所祭出的招数，极其阴险狠毒，甚至置整个大唐帝国的利益于不顾，但他依然决定迈出这一步。

因为在杨国忠看来，个人利益远在国家的利益之上。而事实上，在我看来这也是导致杨国忠悲剧结局一个至关重要的原因。

经过缜密的思考后，杨国忠决定要通过自己的努力，迫使哥舒翰带兵走出潼关，与叛军正面交锋。因为杨国忠清楚地知道，目前的局势下，潼关的二十万人马颇有些哥舒翰私人武装的味道，如果想削弱哥舒翰的势力，就必须借叛军之手，唯一的方法就是让他们互相残杀、互相削弱。

杨国忠想到了哥舒翰出关作战可能会失利，但他一定想不到哥舒翰未来会败得那么惨，甚至会间接导致送掉了自己的性命。

“叛军似乎实力并不强，可哥舒翰只知道等待，臣觉得应该让哥舒翰带兵出潼关，去主动寻找叛军进行决战。如果只是这样等下去，恐怕会丧失很多机会。”

当杨国忠在李隆基面前说出自己的想法后，李隆基就知道杨国忠所说的叛军实力并不强，指的是安禄山在陕郡驻扎的那四千人马。

其实在军事上，李隆基还是十分信任哥舒翰的，毕竟是驰骋沙场多年的老将，哥舒翰坚持不出战必然有其道理。而近半年叛军在攻下洛阳后，始终没有向西再迈进一步，也是很有力的证明。

所以，杨国忠说完后，李隆基只是点点头，然后平淡地说了一句话："打仗的事儿还是交给哥舒翰这样的将领吧！"

"臣明白陛下的心思，但俗话说得好，'将在外君命有所不受'，何况潼关拥有二十万守军，时间一长怕会生出变故，而且陛下一定要防止以战养战的局面出现。"

以战养战！这四个字犹如电击一般，瞬间让李隆基警醒过来。

而这四个字，也是杨国忠最后的撒手锏。

"陛下可以命哥舒翰出潼关作战，一来是为了尽快平叛，二来也可以试探下哥舒翰到底是个什么想法。如果他毫不犹豫地出战，就说明他没有异心，如果他推三阻四，臣觉得此人绝不能留，而且即使出战不利，大军还可以退回潼关继续坚守。"

不可否认，杨国忠已经观察到了李隆基面部表情的变化。所以他最后说的这些话，语气十分柔和，他明白要想让皇帝陛下接受自己的意见，必须给皇帝陛下充分的回旋空间。

"嗯，听你这么一说，朕觉得可以让哥舒翰出潼关主动御敌。"

此刻，在李隆基的头脑中始终回荡着"以战养战"这四个字。在他看来，没有什么比这个更严重，所以他终究摆脱不了"猜忌"这个词的局限性，轻而易举地相信了杨国忠的话。

杨国忠达到了自己的目的，心满意足地走了，但接下来李隆基那里却接到了雪花般的奏疏。

很多人知道李隆基决定让哥舒翰出潼关作战的消息后，立即上疏表示反对，其中典型的代表莫过于在山西、河北地区鏖战的郭子仪和李光弼。

"请引兵北取范阳，覆其巢穴，质贼党妻子以招之，贼必内溃。潼关大军，唯应固守以弊之，不可轻出。"

坦白地讲，郭、李二人作为多年征战沙场的名将，比没有军事经验的李隆基更加知道潼关的重要性，两个人在得知李隆基的想法后，立即上疏李隆基提出了上述意见。

应该说，郭、李二人所说的话既是建议，更是为李隆基制定了战略方向。

可惜的是，李隆基没有重视。

当然，没有人比身在潼关的哥舒翰更加着急。他在知道李隆基想让自己出潼关御敌的消息后，差点没背过气去，联系前边发生的很多事情，哥舒翰明白这一定是杨国忠从中作梗。

他深切地知道，皇帝陛下已经开始怀疑自己。

不过，此时哥舒翰找不出更好的办法改变皇帝的想法，他唯一能做的就是耐心地为皇帝陛下分析潼关目前的局势。在给李隆基的奏疏中，他指出了陕郡所驻扎的叛军是安禄山的诱饵，安禄山的目的是想速战速决，因为时间长了，安禄山会担心军心涣散。如果现在出潼关御敌，势必会落入安禄山的圈套。如果就这么和他耗下去，随着时间的推移，叛军的内部一定会出现内乱，到那个时候自己再带领大军出潼关即可一击制胜。

在奏疏的最后，哥舒翰特别写出希望皇帝陛下能够信任自己，不要受任何人的干扰。

奏疏递上去，换来的却是前来督军出战的宦官。

据史料记载，当时李隆基为了让哥舒翰尽快出潼关御敌，派出督军的使者将近五十人，这在大唐的历史上，是十分罕见的。

在看到源源不断前来督军的宦官后，哥舒翰终于明白，这件事情并不是自己用语言解释就能解决的问题。要想让皇帝陛下彻底相信自己，唯有率领大军走出潼关。

“臣竭尽所能，愿陛下洪福齐天！”

在落日的余晖下，哥舒翰向着长安的方向拜了三拜，再抬起头时，已经泪流满面。

此刻，他似乎已经预料到了什么，只是他无力改变结果，身为大唐的臣子，他不能违抗皇命。

天宝十五年（756 年）六月初四，哥舒翰率领大军走出了潼关。

前方等待他的将是万丈深渊！

潼关失陷

六月初七，哥舒翰的先头部队进至距离灵宝以西五十里的西原，在那里他们与安禄山的部将崔乾祐所部相遇了。

西原地带南靠首山，北临黄河，中间是一条约七十里长的狭长隘道，从地势上讲，对叛军极为有利。

哥舒翰虽然已经领兵走出潼关，但他并没有拼死冒进，当即将进入那条狭长的隘道时，哥舒翰下令，大军停止前进就地驻扎。

身经百战的哥舒翰已经看出了前边的隘道是绝境之地，如果就此贸然进去，恐怕是凶多吉少。为此，他在大军驻扎安稳后，便同部将田良丘乘船在黄河中游观察地势。

事实上，在哥舒翰仔细观察、运筹帷幄的同时，崔乾祐也在积极准备，在崔乾祐看来，哥舒翰此番出潼关实在是迫不得已，迫于皇帝的压力，哥舒翰是只能前进，不能后退。现在崔乾祐所要做的，就是要让哥舒翰不能在皇帝那里找到后退的理由。

基于这种情况，崔乾祐决定继续采取先前安禄山在陕郡的“示弱”策略，在那条长约七十里的隘道上，零零散散地布置了些许守军，在外人看来，崔乾祐布置的守军全然没有军队的样子可言，不仅人数少得可怜，而且散如列星，忽合忽离。

其实，没有人比崔乾祐更明白，他布置的这些人不过是诱饵，只要哥舒翰走进这条隘道，那些零零散散的守军，就会迅速像兔子一样后撤，引诱哥舒翰一步步地走向深渊。

哥舒翰在黄河中游的船上，将隘道中的情形全部看在眼里，坦白地讲，崔乾祐的“障眼法”瞒不过哥舒翰。但哥舒翰此时已经不再是那个身在潼关之中“将在外君命有所不受”的将军，现在他只有向前才能重新赢得皇帝的信任，向前才会有胜利的希望。但是，如果后退或者原地不动，对于哥舒翰来讲只有死路一条。

人世间的悲哀，莫过于知道结局，而却无力改变。

六月初八，哥舒翰做出了具体部署，命令部将王思礼率精兵五万为前军，部将庞忠统兵十万紧随其后，鱼贯进入那条隘道。为了防止中叛军的埋伏以至于全军覆没，哥舒翰特地留下三万人马，由自己亲自统领在黄河北岸的高地上擂鼓助战。

当王思礼和庞忠领兵即将进入隘道的时候，哥舒翰叮嘱他们一定要试探着前进，一旦遇到风吹草动，不要过多地纠缠其中，立即引兵退出隘道。

哥舒翰的叮嘱不能不说是切中要害，但十五万人全部涌进狭长的隘道中，正应了那句俗语：老猪进篱笆——进退两难。

事实证明，当王思礼和庞忠领兵进入隘道没多久后，哥舒翰先前的预料全部应验，只是王、庞二人早已将哥舒翰的叮嘱抛在脑后。

王、庞二人带领十五万大军在隘道中缓缓前行的时候，崔乾祐立即命令那些零零散散的守军偃旗息鼓，迅速向后撤退。而王、庞二人就像被人拴着一样，跟在对方的身后长驱直入。

军事经验极少的他们并不知道，崔乾祐已经为他们挖了一个很大的坑。

王思礼带领的先头部队没过多久便遇到了埋伏。当他进入隘道十里后，只见隘道两旁的山上，忽然擂起战鼓，并从山上不断投下滚木檑石。

“不好，两边有埋伏！快撤！”王思礼高声喊道。

虽然他想起了哥舒翰的叮嘱，但为时已晚，就在他刚要指挥人马回撤时，一根檑木正好砸中他的头部，王思礼顿时落马吐血而亡。

顿时王思礼的先头部队就像没头的苍蝇一样不断向后拥挤着撤退。但庞忠的后续部队此时还不知道前边发生了什么事情，在看到先头部队的人马忽然拥挤着后撤时，他们由于来不及转身，被挤倒在地马踏身亡的不在少数，一时间十五万大军像一团麻绳一样，堵塞在隘道之中难以展开，死伤惨重。

十五万唐军在隘道中遭遇埋伏，站在黄河北岸高地上的哥舒翰全看在眼里，情急之下他命令手下人推着毡车进入隘道中，以期能够打开一条通道，让大军撤出。

应该说哥舒翰的反应已经很迅速。但崔乾祐的反应也丝毫不慢，他命令士卒用早已经准备好的数十乘草车堵在隘道口前，然后纵火焚烧。

由于火势太旺，哥舒翰的毡车根本无法靠近隘道，而且当时浓烟滚滚，火光冲天，庞忠的人马以为隘道口被封死，所以大批人又急速向隘道深处涌进，可以说十五万唐军真正死在叛军檑木之下的并不多，绝大多数都死在自己人来回拥挤踩踏之下。

此情此景，黄河北岸高地上的哥舒翰看得一清二楚，在如此危急局势下，他不得不亲自出马，必须将隘道口清理出来一条通道。但就在他整顿人马走下高地的时候，驻扎在首山脚下的崔乾祐，以迅雷不及掩耳之势从首山脚下迂回到黄河北岸，等待哥舒翰走下高地，然后发动突袭。

前面说过，从地势角度而言，对叛军极为有利，这是因为崔乾祐驻扎的首山脚下，可以展望全局。哥舒翰虽然站得高，但他只能看见隘道中的情形，而崔乾祐的本部兵马是个什么情况，哥舒翰则是一无所知。

当哥舒翰带领人马走下高地时，他压根儿就没有想到崔乾祐居然会在高地下的平原地带等待自己。他刚一露头，崔乾祐就下令骑兵部队进行猛烈的冲击，哥舒翰部猝不及防，顿时阵脚大乱。很快哥舒翰的三万人马溃不成军，有的丢盔弃甲逃往首山之中，有的被挤进黄河溺水而死。

局势到了这一步，哥舒翰纵使有天大的能耐也不可能挽回败局。当时他完全顾不得依然被困在隘道中的唐军，慌乱中只带领数百骑亲兵仓皇逃回潼关。

至此，哥舒翰所统率的号称二十万的大军，经过这一战几乎全军覆没。然而崔乾祐并没有因为这一战的胜利而放过哥舒翰。六月初九，崔乾祐率领大军进攻潼关，哥舒翰的残兵败将抵挡不住叛军的猛攻，坚守半年的潼关最终还是被攻陷。

哥舒翰无奈之下只能继续西逃，逃到灵宝外围的关西驿时，他并不甘心就此失败，便张贴榜文继续招募兵勇，争强好胜的哥舒翰坚信只要招募到兵马，自己依然有重新夺回潼关的希望。

不过，让哥舒翰想不到的是，他虽然贴出去了募兵榜文，但并没有招来自己的希望，相反自己却即将陷入绝境。

晚节不保

在哥舒翰张贴募兵榜文的一天后，一名番将带领着百余骑兵包围了哥舒翰所在的驿站，这名番将的名字叫火拔归仁。

火拔归仁是哥舒翰亲手提拔起来的将领，在此之前他一直跟在哥舒翰的身边。他包围驿站的时候，哥舒翰正在自己的房内查看地图，火拔归仁等人急匆匆的脚步声，打断了哥舒翰的思绪。

“将军！听说崔乾祐带领叛军已经到了！”火拔归仁见到哥舒翰后，慌张说道。

火拔归仁的话顿时让哥舒翰大吃一惊，他迅速站起身来，抽出佩带的宝剑说道：“来得正好，反正早晚我还得杀回去，你们先跟我出去和他拼个鱼死网破。”说完后，哥舒翰就冲出了房间。

然而哥舒翰走出驿站左右环顾时，并没有发现叛军的影子。他心中颇感疑惑，正要回身问火拔归仁是怎么回事时，只见火拔归仁等人伏地叩头说道：

“将军以二十万大军和叛军交战，不想全军覆没，有何面目再见皇帝陛下，将军难道没看到高仙芝、封常清的下场吗？我等建议将军随我们一起东行吧！”

哥舒翰万万没有想到自己的亲信居然会将自己玩弄于股掌之间，他更明白火拔归仁所说的“东行”是何意。

此时，哥舒翰虽然内心十分恼怒，但坦白地讲，他能理解火拔归仁所说的话，所以火拔归仁说完，他没有当场大发雷霆。

火拔归仁的话没有错，哥舒翰十分清楚如果不夺回潼关，自己死罪难逃，即使夺回了潼关，自己也会被治罪，况且是否能够夺回潼关，哥舒翰没有十足的把握。但身为大唐的臣子，这么多年来哥舒翰对大唐可谓忠心耿耿，如果让他投降叛军，哥舒翰宁可现在一头撞死。

面对着跪在地上的火拔归仁等人，哥舒翰缓缓地闭上了眼睛，然后仰天长叹道：

“我身为大唐的臣子，怎么能投降叛军呢？”

言罢，再睁开眼时，哥舒翰已经是泪流满面。

“既然如此，将军不要怪我们无情无义了。”火拔归仁说这句话的时候，他的几个随从已经从身后用绳子套住了哥舒翰，然后很多人一拥而上将哥舒翰扑倒在地，可以看出火拔归等人是有备而来，意图是就是能劝降最好，劝降不了就拿下。

哥舒翰就这样以一种很悲屈的方式，被火拔归仁擒拿后投降了叛军。当安禄山在自己的“皇宫”内见到这位昔日的宿敌后，从前的敌意与仇恨，在一瞬间被一种难以用语言表述的欣喜与得意所替代。安禄山用一种轻蔑的语气对跪在他面前的哥舒翰问道：

“将军以前经常轻视我，今天感觉怎么样啊?”

面对安禄山讽刺式的发问，哥舒翰的内心产生了恐惧之情，但此时他依然并未屈服，朗声说道：

“我成为你的俘虏，你想怎么样就怎么样吧!”

“哈哈！杀你易如反掌，朕绝对不会保留你的全尸，只是可惜你再也喝不到好酒，玩不到漂亮的女人了。”

安禄山的语气虽然不重，但他知道酒和女人是哥舒翰的死穴所在，只要抛出这两个撒手锏，哥舒翰立即就会服软。

事实果然不出安禄山所料，此时从前那个骁勇善战、叱咤疆场的哥舒翰在听到“酒和女人”后气节立即丧失，居然变成了一个贪生怕死、苟且偷生的人。为了保住性命，为了得到他想要的“酒和女人”，他立刻摇尾乞怜般地说道：

“臣肉眼不识圣人，今天下未平，郭子仪、李光弼在山西，颜真卿在河北，希望陛下留下臣的性命，臣愿意以尺书招降他们，过不了多长时间，他们就会投降。”

“好！这么做就对了!”安禄山听哥舒翰说完后大喜过望，亲自为哥舒翰松绑，然后加封他为司空、同中书门下平章事。

在安禄山看来，有了哥舒翰这面大旗的号召，唐朝的那些能打的将军们就会立即投奔自己。

然而事实证明，不仅哥舒翰过高估计了自己的名望，安禄山也过高估计了哥舒翰的作用。身为唐臣哥舒翰名望甚高，但现在变节成为安禄山任命的“伪官”，哥舒翰已经声名扫地。他发出招降信后，没有一个人愿步其后尘自辱清名。相反，郭子仪、李光弼、颜真卿等人却纷纷回信斥责哥舒翰贪生怕死，鲜廉寡耻。

哥舒翰招降失败，让安禄山不禁大失所望。看到哥舒翰没有了利用价值，他立即罢免了哥舒翰的所有官职，然后将他软禁起来。总的来说，安禄山对待哥舒翰还是不错的，没有要哥舒翰的性命，但安禄山的儿子安庆绪就不同了。

一年后，安庆绪兵败逃离洛阳前，将没有任何利用价值的哥舒翰杀掉了。哥舒翰一世的英名与功业，只因一念之差而晚节不保，毁于一旦，不禁让人为之惋惜。

当时由于潼关失守，致使河东、华阴等潼关附近的郡县尽皆望风而降。至此，唐朝苦心经营和构筑多年的潼关防线顷刻间烟消云散，土崩瓦解。

对于安禄山而言，就在潼关防线失守的时候，几乎已经穷途末路的叛军，犹如柳暗花明绝处逢生，获得了长驱直入关中，继续扩大战果的有利时机，同时也使逐渐陷入绝境的河北，战局迅速为之转变。

刚刚取得山西、河北大捷的郭子仪和李光弼闻听潼关失守后，感到本部孤立无援，所以迅速退出河北战场，率部据守太原。而颜真卿虽然坚持在河北抵抗，但已然成为孤军，因此唐朝于潼关失守前在河北所取得的优势很快就丧失殆尽。

最关键的是，潼关的失守致使京师长安门户洞开，完全暴露在叛军的直接威胁之下，身在长安的李隆基以及诸多朝臣完全没有防备。

仓皇出逃

六月初九，夜。

就在潼关失守后的整整一个时辰内，京城长安始终没有看到“平安火”，所有人都生出了一股不祥的预感。所谓“平安火”原指边境报警的烽火，开元二十五年（737 年），因为大唐帝国边境无事，所以李隆基下令停止烽火。安禄山叛乱后，为了解各地区的战况，恢复烽火设置，用烽火报平安，每天初夜的时候，放烟一炬，站站传递，表示前线太平无事。

可是六月初九这一天，潼关方向的平安火始终没有点起，很多人觉得潼关可能出了大问题。李隆基每天最关心的就是潼关方向的平安火，今天没有平安火，让他的心中不禁七上八下。

事实上，早在六月初九的下午，哥舒翰已经提前派特使向李隆基告急，不过在特使还没到长安的时候，潼关已经失陷。所以李隆基下午接见哥舒翰特使的时候，虽然知道潼关已经危在旦夕，但并不知道潼关已经落入叛军之手。

一直到夜里平安火始终没有点起，李隆基开始不安起来。在他看来，潼关很可能已经被叛军占领，焦急之下的李隆基立即召集宰相杨国忠等人商议对策。

“臣认为哥舒翰无能，抵御叛军不力，致使潼关战况不明，现在京城防务空虚，为了以防万一，臣建议暂请陛下巡幸蜀中。”

杨国忠没等在场的人开口，便第一个站出来发表意见。事实上他早有前往蜀中的想法，一来因为他出身蜀中，二来因为安禄山起兵打着清除他的旗号，为此他必须考虑自己的退路，现在京师长安岌岌可危，杨国忠此时将让皇帝陛下巡幸蜀中之计说出来，他坚信李隆基一定能够同意。

“嗯！朕觉得此计可行，力士你说呢？”李隆基缓缓地点点头，然后征求站在一旁的高力士的意见。

“老奴也觉得杨相说的计策有道理，老奴全听陛下做主！”高力士躬身回应道。

如果抛开杨国忠的私心不谈，单从安全角度考虑，李隆基决定前往蜀中，并非下策。因为当时长安守备空虚，如果坚持固守，李隆基恐怕会像后世的宋徽宗一样做了俘虏，而蜀中物阜人丰，表里江山，内外险固，是块避难的好地方。

但需要指出的是，在李隆基决定前往蜀中的同时，他并没有决心留下有生力量组织官民反击叛军，以期未来能够收复长安，只是后来在半路上突发的那场兵变，改变了客观结果。

皇帝已经和宠臣达成了一致，接下来就该通知百官了。可是在转天的朝会上，当杨国忠通知前往蜀中的事宜时，有人提出了反对意见：

“臣不同意就这样放弃长安，应该即刻招募长安城内的勇士联合朝官率家僮坚持守城抵抗叛军。”

当时百官听到潼关失陷，皇帝陛下决定前往蜀中时，都乱了方寸，不敢发表意见，上百名朝臣全都站在原地低着头，唯唯诺诺地不敢应对，只有一个人站出来高声表示反对。

说话的人时任监察御史，名字叫高适。

世人知道高适，大多认为他是唐代边塞诗人的领军人物，世称“高常侍”，其诗作笔力雄健，气势奔放，洋溢着盛唐时期所特有的奋发进取、蓬勃向上的时代精神。

事实上，高适的经历颇为曲折，尤其是仕途之路更是布满荆棘。年少孤贫，喜欢交游，有游侠之风，并以建功立业自期。二十岁西游长安，功名未就而返。开元二十年（732 年）去蓟北，体验了边塞生活。其后漫游梁州、宋州等地。

天宝三年（744 年），高适与李白、杜甫结识，三人同游梁园，结下亲密友谊，成为文坛佳话。天宝八年（749 年），经睢阳太守张九皋推荐，五十岁才应举中第，授封丘尉。天宝十一年（752 年），因看不惯张九皋鞭挞无辜的老百姓和不愿意逢迎权贵而辞官，之后再次返回长安。次年担任陇右、河西节度使哥舒翰的幕僚、掌书记，这是他生活的转折点，以后仕途较为顺利，但诗文创作逐渐减少。

在高适提出反对前往蜀中之前，他一直跟随在哥舒翰的身边，哥舒翰领大军出潼关作战的时候，没有让他跟着一同出战，而是让他回到了长安。

在略显寂静的朝堂之上，高适的反对声显得十分刺耳，让李隆基和杨国忠以及诸多朝臣感觉十分不悦。

“叛军即将入关，已经来不及筹划任何事了。”杨国忠立即驳回高适。

“今日的局面又是谁之过呢？”高适依然不屈服，厉声反问道。

面对高适的反问，杨国忠沉默了。很长时间以来，人们将安禄山叛乱的一部分原因归结在杨国忠那里，毕竟安禄山是公开喊着清除他的口号的。但杨国忠凭借皇帝的庇护，虽然不至于到被众人兴师问罪的地步，但脸再大的人也会有羞愧之心。自从安禄山发动叛乱以来，杨国忠一直活在尴尬中，现在高适不留情面的反问让他顿时觉得有些不好下台。

于是，他将目光投向了李隆基那里，希望皇帝陛下能够出头庇护自己。

但此时的李隆基精神状态颇显颓废，虽然依旧端坐在那个宝座之上，但长期以来对国事的懈怠，使他很想逃避大臣们之间的论战，大臣们之间的这种争吵他已经听了几十年，此刻要不是碍于皇帝的尊贵身份，李隆基恨不能抬起屁股躲回自己的寝宫。

所以，当杨国忠看他的时候，李隆基将眼睛闭上，显然他不想为杨国忠辩护，也不打算处理高适。

杨国忠终于愤怒了，在他看来，皇帝陛下是不应该袖手旁观的，毕竟去蜀中的决定是皇帝陛下最终决定的，现在李隆基居然将自己晾在了这里，这让杨国忠十分不爽。

所以接下来他只有靠自己来圆这个场。

“人人都说安禄山要造反已经很多年了，陛下也是知道的，但陛下从前并不信，今天这种局面并非宰相的过错。”

一时间，朝堂之上一片哗然，所有人全都想不到杨国忠居然将责任推到了皇帝那里。

现在所有人的目光全集中在李隆基那里，很多人猜想皇帝陛下一定会龙颜大怒。但出人意料的是，李隆基只是淡淡地说了一句：

“还是赶快筹划去蜀中的事情吧！再晚了恐怕就走不了了。”

皇帝陛下这种慵懒的反应，似乎让朝臣们很是茫然。从皇帝陛下那懒散的神态中，所有人都感觉出这个帝国已经开始江河日下。

据史料记载，天宝十五年（756 年）六月十一日的这一天，长安城内市井萧条，人心惶惶，不知所以，人们已经预料到这个繁华的城市很快将会为叛军所有。

但让所有人都想不到的是，拥有无上权威、威风凛凛的大唐皇室虽然决定巡幸蜀中，但他们离开长安的方式，却是那么让人匪夷所思。

六月十二日，李隆基登上勤政楼，百官上朝者仅十之一二，朝堂之上清冷无比，李隆基正式下诏巡幸蜀中。虽然这天晚上长安兴庆宫内依旧花团锦簇，灯火辉煌，但是在宫内除了巡防的金吾兵、当值宦官、各院嫔妃，却看不到皇帝陛下、杨贵妃、杨国忠以及高力士等人的身影。

此时太极宫后的玄武门城楼上，宰相杨国忠、龙武大将军陈玄礼以及高力士、太子李亨等人悄无声息地守候在卧于楼堂中凉榻上的李隆基身旁。而在玄武门与西苑重墙宽阔的石坪上，近两万名羽林军融于夜幕之中，他们在等待着皇帝陛下的命令。

今夜李隆基决定悄无声息地离开长安。

夜！伸手不见五指！从禁苑内传来寅时三刻的报时梆子声，高力士向杨国忠、陈玄礼等人一一颔首，三人一起领着众人跪下，杨国忠向李隆基低声奏道：“臣等恭请圣驾幸蜀！”

“启驾！”李隆基的声音依旧显得那么慵懒，在听到皇帝陛下的命令后，众人搀扶起李隆基，走下玄武门城楼，三军早已经跪伏道旁，等待皇帝上马，贵妃乘舆。

……

六月十三日，黎明。

皇城兴庆宫内外上朝的百官，依旧按着宫内报时的梆声，纷纷吹灭手中的烛火，将残烛交给收烛的工役，然后从笏袋中取出朝笏来，微拂袍脚靴尖上的尘埃，准备在宫门开启时依班入宫。

当、当、当……

三声景云钟响，打断了朝堂门前众人的寒暄声，朝官们再度正冠捧笏，面向宫门方向肃立，一队金吾兵手执金瓜玉斧走向宫门，又默默散开守卫宫径。

在朝官们很长时间的盼望后，宫门终于打开了。走在最前边的导引金吾兵及上朝的百官们却发现了让他们着实惊讶的场景。

没有皇帝，没有贵妃娘娘！

终于，有人听清了呼喊声：“平安火不至，陛下不在南内受朝！”

这句话说得通俗一点，其实就是，皇帝陛下早已抛弃你们这些无用的大臣，逃之夭夭了。

于是，人群开始大乱！

当时从宫内涌出的惊慌逃命的人流，眨眼之间窜到大街之上，惊动了长安城南北大街、五条东西大街几万户人家，男女老少立即奔出房门，人们拥挤着、哭闹着。

一时间，大唐京城天翻地覆！

就在六月十三日清晨长安城乱作一团的时候，以李隆基为首的李唐皇族以及众多近臣在两万名羽林军的护卫下，已经悄无声息地逃离了。身后那伟岸的城墙已经让他们无暇去追忆曾经繁华的过去，此刻他们只想逃离这即将布满战火硝烟的是非之地。

所有人的脸上都带有一丝愁云，但有一个人例外，这个人就是杨国忠。

此刻，大唐帝国前途与他无关，皇帝老儿是个什么状态，他并不关心，他最关心的是到了自己的出生之地蜀中后，如何摆出自己的威风，让蜀中父老知道他胡汉三威风八面地回来了。

然而，命运最终让杨国忠的生命定格在了一片荒山之下，在长安城陷入一团糟的时候，行走在前往蜀中道路上的李唐皇族，即将要面对一场突如其来的风暴。

马嵬驿兵变

六月十四日，李隆基的大队人马到达了马嵬驿（今陕西兴平县西）。

两天来，三军将士随从护驾，一路上晓行夜宿，忍饥挨饿，疲惫不堪。很多人已经是满腹牢骚、怨气冲天。

这次李隆基前往蜀中，虽然名曰“幸蜀”，事实上谁都知道是在逃跑，所以一路上不可能再像从前那样威风八面，走到哪吃到哪。但风尘仆仆的长途跋涉使许多平时养尊处优的人，在充满艰辛、危险、苦难甚至吉凶未卜的征途面前望而却步，甚至是偷偷地离去，当时就连李隆基身边很是信任的宦官头目袁思艺也是不辞而别。

所以，出现牢骚、产生抵触情绪并不足为奇。

据史料记载，当一行人马到达马嵬驿的时候，很多士兵实在忍无可忍，甚至有的士兵已经刀剑出鞘，气氛剑拔弩张。在他们看来，这场灾难本来是可以避免的。他们可以死在战场，但如此窝囊地逃跑，让他们觉得颜面尽失。

事实上，连日来士兵们的不满情绪，有一个人始终看在眼里，而正是这个人最终利用了士兵们不满的情绪，在幕后导演了马嵬驿兵变。

在说出那个人的名字之前，我们先来看事情的走向。

当士兵们不断发着牢骚，甚至即将出现哗变的时候，并没有人主动出来安抚。相反有一个人却此时站出来，进一步煽动禁军士兵那狂躁的情绪。

这个人就是曾经率领禁军跟随李隆基出生入死，发动“唐隆政变”和诛灭太平公主集团的陈玄礼。自从葛福顺因为王毛仲事件倒台后，陈玄礼便成为禁军中唯一具有崇高声望的人。和葛福顺不同的是，陈玄礼是个十分低调的人，生活纯朴节俭，为人笃厚诚实，深得禁军将士的拥戴，而且颇受李隆基的信任。

陈玄礼的性格以及为人注定让他不可能和杨国忠沆瀣一气。很长时间以来他对杨国忠的专横跋扈、擅弄威权深恶痛绝，尤其当安禄山打着“清除杨国忠”的旗号发动叛乱时，陈玄礼的心中甚至本能地产生出一丝复仇的快感。在他看来，大唐帝国陷入今天这种混乱的局面，完全是杨国忠一手造成的。

“今日天下分崩离析，国家动荡，都是奸臣杨国忠祸乱朝纲造成的，他的所作所为朝野震怒，大家说如果不杀杨国忠以谢天下，能够平息四海之内的怨恨吗?”

在禁军将士群情激奋而欲有所作为时，陈玄礼站出来对众人高声说出了上述话语。

“必杀杨国忠以谢天下!”人群中有人跟着高声喊道。

“必杀杨国忠以谢天下！我们有这个想法已经很久了，如果成功了，我们死也甘心!”此时，禁军将士终于找到了可以发泄怨恨的对象，跟随着那洪亮的声音，所有人都跟着高声喊道。

“既然将士们决心已下，现在就跟我冲出去诛杀杨国忠。”陈玄礼不失时机地说道。

当陈玄礼煽动禁军将士情绪的时候，杨国忠正在李隆基下榻的驿站之外接待吐蕃的使者。由于山高路远加上此时李唐皇族实在拿不出什么像样的食品来招待吐蕃使者，很多人正在围着杨国忠七嘴八舌诉苦。就在杨国忠和吐蕃使者耐心解释的时候，陈玄礼带着禁军士兵从驿站中忽然冲出。

对于忽然而至的禁军士兵，杨国忠很是诧异，但还没等他开口，陈玄礼敏锐地意识到，杨国忠和吐蕃使者在一起，这是一个可以发挥的题目。

“杨国忠和胡虏意图谋反，赶快杀死他!”陈玄礼一边用手点指杨国忠，一边命令跟在身旁的禁军士兵。

“嗖……”就在陈玄礼刚刚说完后，一支冷箭从人群中射出，直冲杨国忠而去，只是准头稍差，射中了杨国忠坐骑的马鞍。

面对这突如其来的变化，杨国忠的头脑还是很好使的，他瞬间明白了禁军发生了哗变，所以他二话没说立刻跨上坐骑准备向马嵬驿的西门逃去。

但就在杨国忠刚刚跨上坐骑，意图鞭打坐骑的时候，禁军士兵已经蜂拥而至，没等杨国忠反应过来，数十把长刀同时砍向他的身体。

在一片怒骂声中，杨国忠从坐骑上跌落下来，陈尸血泊之中。等到陈玄礼将众人分开时，杨国忠已经全身血肉模糊，人们早已看不清他的本来模样。

陈玄礼虽然分开了围在杨国忠尸体旁的禁军士兵，但此刻士兵们并没有因为杨国忠被杀而平息愤怒的情绪，他们又迅速包围李隆基所在的馆驿，将杨国忠之子、时任户部侍郎的杨宣以及韩国夫人和秦国夫人一并杀死。

这些士兵们认为，凡是杨国忠的亲戚，都是祸国殃民的角色，必须将他们置于死地。

到那时为止，和杨国忠有亲属关系的只剩下杨玉环了。而由于杨玉环时刻在李隆基身边，所以士兵们一时间大有冲进皇帝陛下所在的房间，解决掉杨玉环的架势。

然而陈玄礼的头脑是颇为清醒的，他明白士兵们一旦惊扰了圣驾，后果是不堪设想的，所以他拦下了众人。

“杨国忠虽然该死，但大家绝不能惊了圣驾。现在陛下还不知道生出了变故，大家暂且等候在这里，容我进去和陛下详细说明。”

陈玄礼凭借着在禁军的崇高威望，暂时遏制住了事态的继续升级。看到禁军士兵情绪逐渐平静下来，他快步走向李隆基所在的房间，然后请求面见。

禁军士兵突生哗变杀死杨国忠，李隆基虽然并不知道事情的整个过程，但外边喊声震天，人声鼎沸，他还是意识到外边可能出现了变故，所以陈玄礼面见他的时候，没等陈玄礼开口，便主动问道：

“外边是不是有人作乱啊？”

“陛下！杨国忠不断辱骂禁军将士，大家实在忍无可忍，一时冲动将杨国忠杀死。臣等知道时，已经来不及解救了。”陈玄礼在奏报的时候，显然将责任推给了杨国忠。

出乎陈玄礼意料的是，李隆基听到杨国忠被杀死的消息后，并没有显得过于激动，他长叹一声，然后自言自语说道：

“杨国忠有今天的下场，看来是老天爷为他安排好的啊！唉……”

当陈玄礼听到皇帝陛下说这句话时，他已经清楚地知道皇帝陛下是不会追究这件事了。

“陛下圣明！”

“很多天来大家跟着我风尘仆仆，长途跋涉，现在朕要出去亲自慰劳他们。”

在陈玄礼和高力士等人的搀扶下，李隆基拄着拐杖，迈着沉重的步伐走出房间，看到手持刀枪的禁军士兵立在他的面前。

和往常相反的是，士兵们见到皇帝陛下，并没有立即下跪。

目前这种特殊局势下，李隆基知道不能过多在意这些礼数，所以他没有责备士兵们无礼，反而开口好言抚慰这些人。

“众位禁军将士辛苦了，连日来跟随朕受了不少苦，朕甚感愧疚。今日之事朕已经知道是杨国忠咎由自取，所以诸位不必将此事挂在心上，就此退下歇息吧。”

李隆基说这番话的时候，脸上始终带着笑意。虽然笑得有些勉强，但身为九五之尊，能够做到这种地步，已实属不易。

然而士兵们似乎并不买账。

此时没有一个人就此退去，他们都站在原地一动不动，似乎在用无声的语言向李隆基施压。

李隆基脸上的笑容渐渐消失了，他不知道接下来会发生什么，于是他本能地将目光转向了站在身旁的陈玄礼。

现场的聚焦点也就随之转到了陈玄礼那里。

“陛下！杨国忠谋反，以目前士兵们的情绪来看，杨家的人似乎不宜再留，尤其是……杨贵妃，希望陛下能够割恩正法！”

陈玄礼终于还是说出了这些话，他知道今天如果不杀杨玉环，事情将无法收场。

李隆基惊呆了！

自从杨玉环来到自己的身边后，十七年来集“三千宠爱于一身”。虽然两个人最初结合时，动机都不是那么单纯，但这么多年来早已经磨合成两心相知的亲情关系，尤其对于李隆基来讲，杨玉环已经成为他生活中最重要的组成部分。但现在士兵们居然要夺走他心爱女人的生命，李隆基当然不答应。

“杀！杀！杀！”李隆基出神儿的一刹那，他的耳中便灌进了士兵们那如雷般的怒吼。

“陛下！赶快做决定吧，如果迟疑不决恐再生祸端啊！”陈玄礼催促道。

李隆基！你此刻不再是那个高高在上的帝王，落魄失意的你丢掉了半壁河山，如丧家之犬疲于奔命，虽名为皇帝，但如此危局之下生杀大权丧失殆尽，所以你只有认命。

面对眼前这群杀气腾腾、凶相毕露的禁军士兵，李隆基平生第一次明白了什么叫爱莫能助，他更明白了权力在某种程度上不过是水中花、镜中月。

他缓缓地闭上了眼睛，努力保持着镇定，但他的心已经在滴血。

片刻后，他忽然怒目圆睁，然后拄着拐杖，用尽平生的最大力气高声喊道：

“朕当自处之！”

说完这句话后，他转身走进了自己的房舍，回身之时已是泪流满面。

忽然，一个尖亮的声音从李隆基的房舍里传出来，然后李隆基便看到了一个满脸泪水的女人向他冲过来。

“不！陛下！臣妾不愿意死，臣妾还要侍奉陛下，还望陛下保护臣妾啊！”

是她，杨玉环！

此前她听到了外面的所有对话，当李隆基向禁军士兵妥协的时候，这个百媚丛生的女人终于再也忍耐不住，她发疯似的跑出房舍，扑通跪在李隆基的面前，用一种歇斯底里的哭腔向李隆基哀求。

“陛下！今日众怒难犯，安危只在片刻，望陛下速决！”

说话的人是时任京兆司录参军的韦谔。他担心李隆基下不了决心，故而立即上前跪倒进言。

“贵妃长居深宫，她怎么会知道杨国忠谋反呢？”李隆基依旧不甘心地说道。

显然，透过李隆基的话语来看，他今天想力保自己心爱的女人。

一时间，韦谔被问得无话可说，只是跪在地上不起来，试图用肢体语言向李隆基施压，局面貌似陷入了僵持状态。

站在一旁的高力士看出了李隆基似乎有些执迷不悟，于是他果断地站出来，继续劝说李隆基。

“陛下！贵妃娘娘虽然无罪，但众将士已经杀了杨国忠，而贵妃娘娘在陛下左右，众将士岂能觉得安稳。希望陛下能够认真考虑，陛下现在应该明白只有将士们觉得安稳了，陛下才能安稳的道理。”

其实，促使李隆基最终下定决心赐死杨玉环的，正是高力士的这最后一句话。

李隆基早已是泪流满面，知道此刻说什么都已经无济于事，与其说今天的局面是杨国忠造成的，毋宁说罪魁祸首是他。

“爱妃啊！朕不能再保护你了，你走好吧！”李隆基一边抚摩着杨玉环的脸蛋，一边哽咽地对他心爱的女人说道。

这时的杨玉环也终于知道了如此危局之下，高高在上的皇帝亦不能保护自己。于是她缓缓地站起身来，擦干脸上的泪痕，平静地说道：

“臣妾有负国恩，死而无恨，只希望能够在临死之前礼佛一次。”

值得一提的是，杨玉环说这句话的时候，脸上努力地勉强挤出笑容。

李隆基痛苦地点点头，然后他转身吩咐高力士：

“力士啊！这件事情交给你办吧！朕只有一个要求，希望不要用刀剑。”

“请陛下放心，无论如何老奴也不能用刀剑损坏娘娘玉体。”

“嗯，嗯……”李隆基努力不让自己脸上的泪水再流淌下来，最后他挥挥手转身走进了自己的房舍。

“陛下！臣妾走了，愿陛下洪福齐天！”

走进房舍的李隆基，耳边依稀听到杨玉环的声音。

……

天宝十五年（756年）六月十四日，杨玉环被高力士用帛带缢杀于马嵬驿佛堂前，年仅三十八岁。

千百年来，人们对杨国忠的死有余辜拍手称快，但对杨玉环的死却充满了怜惜之情。而原因正是在于，杨玉环虽然是李隆基最宠爱的女人，但她并没有祸乱朝纲，说她是红颜祸水似乎有失偏颇。

女人美丽不是错，错的是这种美丽在主观意识上被当成一种通向成功的资本。

当杨玉环开启和公公李隆基这段不伦之恋时，她的命运也就不在自己的掌控之内了。恐怕连杨玉环自己也不会意识到，无论是什么投资，从来都是机遇与风险并存。

坦白地讲，杨玉环虽然智算警颖，但她却是个没有政治城府的人。她没有武则天那样的政治谋略，甚至没有太平公主那样的政治欲望，她只是一个爱好唱歌跳舞、爱好享乐、虚荣心极强的女子，试图通过荣登后位来达到世间女人最高的生活享受。如果能够始终和李瑁生活在一起，她本来可以过一种平凡而幸福的生活。

但是，她始终难以把握自己的命运。从最初暴露欲望到最后横死马嵬驿，杨玉环的一生只说明了一点，那就是她本来不是一个政治人物，却因为自己的欲望和贪婪，最后被裹挟在政治的旋涡中，让暗流吞没。

幕后之人

马嵬驿兵变表面上看起来是一桩偶然事件，禁军将士因为连日的饥饿疲劳导致怨声载道，陈玄礼利用这种不满的情绪，因势利导地继续煽动情绪，最终导致禁军兵变，杨国忠被杀，杨玉环被赐死。

但整个事件又显得过于突然，甚至陈玄礼的身份让人怀疑他是否有能力、有魄力在没有任何人的支持下，贸然煽动禁军士兵的不满情绪，进而导致兵变的发生。要知道陈玄礼虽然在禁军中享有崇高的声望，而且对杨国忠极为不满，但假设无人支持他的话，他应该清楚发动兵变，可能会为自己带来什么样的后果。

最关键的是，马嵬驿兵变整个过程自始至终我们都没看到一个很重要的人出现。

这个人就是太子李亨。

马嵬驿整个地方并不大，当时李亨应该是在李隆基身边的，兵变的整个规模堪称壮观，要说李亨不知道这件事儿那是不可能的，但为什么身为太子的李亨从始至终都未曾出现呢？即使是兵变结束后，他也没有立即前来为自己的父亲压惊，还是李隆基派专人前去请他来的，这是极不正常的现象，不能不让人生疑。

通过很多史书的记载，我们可以清楚地看到这场兵变和李亨有着千丝万缕的联系。

《资治通鉴》记载：

丙申，至马嵬驿，将士饥疲，皆愤怒。陈玄礼以祸由杨国忠，欲诛之，因东宫宦官李辅国以告太子，太子未决。

《旧唐书·韦见素传》记载：

翌日，次马嵬驿，军士不得食，流言不逊，龙武将军陈玄礼惧其乱，乃与飞龙马家李护国（后改名李辅国）谋于皇太子，请诛国忠，以慰士心。是日，玄礼等禁军围行宫，尽诛杨氏。

《旧唐书·杨贵妃传》记载：

及潼关失守，从幸至马嵬，禁军大将陈玄礼密启太子，诛国忠父子。

上述的三条记载无论从哪个角度来看，太子李亨都是知道即将要发生兵变的。前面我们曾详细介绍过李林甫和杨国忠是如何排挤打击太子李亨的，可以说从李亨被立为太子的那一天起，一直到马嵬驿兵变之前，十八年来他一直都如履薄冰，生怕哪一天会被杨国忠栽赃陷害，然后被糊涂的老爹无情地废掉，最重要的是这么多年他一直未得咸鱼翻身的机会。

走到马嵬驿时禁军将士爆发不满的情绪，对于李亨来讲是个至关重要的转折点与契机，而对于陈玄礼来讲更是一次难得的政治投机的机会，因为他们都有一个共同的敌人——杨国忠。

当时老迈的李隆基早已经雄风不在，这一点所有人心知肚明，显然未来这个帝国是太子李亨的。对于陈玄礼来讲，如果得到了太子的支持，发动兵变的结果肯定会为自己带来政治利益，那就是未来他将成为太子党，因为他让李亨真正实现了咸鱼翻身，而李亨也可以就此摆脱十八年来委曲求全的日子。

就此看来，马嵬驿兵变虽然不一定是李亨幕后一手导演的，但他一定是支持陈玄礼的，因为李亨清楚地知道对觊觎东宫者一味地采取被动的守势绝非长久之计，唯一的出路在于寻找有利时机，付诸武力解决。

值得一提的是，在安禄山兴兵反唐的最初阶段，李隆基曾经有意让太子李亨监国，这一方面反映出李隆基当时已经是身心俱疲，另一方面也反映出他对李亨能力的认可。但李隆基的这个想法很快被杨国忠否定，杨国忠甚至让杨玉环口含土块向李隆基施压，最终迫使李隆基放弃让李亨监国的想法。

这件事其实是李亨与杨国忠矛盾的焦点所在，杨氏作梗，粉碎了李亨监国的幻想，也就是从那时起，李亨对以杨国忠为首的杨家，心中已经动了杀机。

李亨不是冒险主义者，如果草率行事，未必能够得到朝臣的支持，而且身在戒备森严的皇城内贸然发难，也很难稳操胜券。

所以当时的李亨只能等待，直到这次来到马嵬驿，李亨终于等来了机会。

他当然不能错过，但他的身份又决定了他必须学会规避责任，以借刀杀人的方式实现心中那不可告人的目的。

说这次兵变是一场正义之举也好，或是一次实现个人政治目的的事件也罢，无论如何，对于太子李亨和陈玄礼等人来讲，他们都是最大的受益者，因为政敌的清除意味着在未来的道路上，他们可以有更多的选择。

事实上或许就连李亨当时也没有想到马嵬驿兵变的成功，不仅仅是让他顺利清除了杨国忠，摆脱了十八年来胆战心惊的生活，更是为他带来了更大的利益，因为此后不久，他终于得到了梦寐以求的皇位。

分道扬镳

六月十五日，即马嵬驿兵变的第二天，惊魂未定的李隆基勉强压抑住心中的悲痛与愤怒，决定率众继续西行。但就在他刚刚下令启程的时候，禁军将士再一次公开发难。

当时禁军将士在听到继续前往蜀中的消息后，绝大多数人又重新聚集在驿站门口，齐声呼喊："国忠谋反被诛，他的根基都在蜀中，无论如何不能去蜀中。"

我们有理由相信，禁军士兵的这种态度依然有太子李亨背后的支持。不过，从发动兵变者的角度来看，他们说得确实有道理，只要进了蜀中，这些人基本上将是有去无回。

既然大多数人不同意前往蜀中，那接下来何去何从就成了最大的问题。

当时有人建议前往河西、陇右，有人主张北上朔方直奔灵武，有的则认为应该直接奔赴太原和郭子仪、李光弼会合，甚至有的请求返回京城长安。总之一句话，马嵬驿兵变虽然没有引起更大的政治波动，但以李隆基为首的李唐皇室对于该往何处去这个问题，一时间众说纷纭，各执一词。

面对如此混乱的局面，李隆基也没了主张。因为虽然经历了马嵬驿兵变，但李隆基内心依然没有改变前往蜀中的决定，但此时的他知道自己无法再像以前那样牢牢地将局面掌控在自己的手中，周围的声音逼迫他必须打起十二分的精神去倾听，并且给予足够的重视。

在众人你一言我一语不断打嘴架的过程中，李隆基发现有一个人始终没有发言，这个人就是时刻跟在自己身边的高力士。

"力士啊！说说你的想法吧！"李隆基对高力士开口说道。

高力士在众人纷纷发表意见的时候，虽然没有参与其中，但他也没有表现出事不关己高高挂起的态度，相反高力士始终在揣测李隆基的心理，凭借长时间以来他对李隆基的了解，以及皇帝陛下急于寻找到安宁之地的心理，高力士拿准李隆基八成是想继续前往蜀中，所以当李隆基开口问他的时候，他说出了早已设计好的话语：

"陛下！老奴认为大家说得都很有道理，但太原虽固，可是那个地方距离叛军实在太近，很是危险；朔方之地靠近边境，那里有很多胡人，如果没有足够的力量，很难驾驭他们；而西凉距离咱们这里实在太遥远了，如果没有充足的准备，是到达不了那的；蜀中虽然地方狭小，却是块富庶之地，表里山河，内外险固，所以老奴认为还是应该前往蜀中。"

当高力士缓缓说着上边这段话时，虽然李隆基没有给予任何的肯定，但从他那逐渐露出笑容的脸上看，他还是十分认可高力士所说的一切，只是当时众怒难犯，所以高力士说完后，李隆基依然保持沉默，不言所向。

“高力士说得不错，可是蜀中虽然是理想的避难之地，但您能保证昨天参加兵变的将士们到达蜀中后能够绝对安全吗？高力士能保证杨国忠的旧部不清算这些人吗？”

说话的人是韦谔。

“更何况……是您亲手帮助杨贵妃自缢的啊，无论如何您是跑不了的！”

韦谔的话虽然难听，却是实情，这一点恐怕连高力士也未必能够想到，前往蜀中有可能将他自己的性命也卷进去。所以韦谔说完后，高力士没有反驳，而是低下头默默不语。

“依臣看来，如果真想回长安，必须有御敌之策，我们这样慌张地出来，现在重新回去不是好办法，不如立即前往扶风，然后再做打算。”

扶风（今陕西宝鸡东）地处关中与蜀中交界，西行可进蜀中，东行可退关中。韦谔事实上是采取了一个折中的方法来统一众人的意见，因为如果在马嵬驿耽误过多的时间，叛军有可能从背后追过来。

韦谔的话一出口，便得到了李隆基和众多大臣的同意，在他们看来，眼下也只能是走一步看一步，但就在李隆基决定起驾就道时，忽然被一群当地的百姓拦住去路。

于是，一场“遮道请留”的大戏就此上演。

“草民听到陛下要前往蜀中，这可万万不能啊！长安的宫阙那都是陛下的家居，陵墓都是陛下祖先的陵墓，如今陛下舍弃了这些东西，前往蜀中要做什么啊？”那些老百姓跪在李隆基面前，不断叩头说道。

不过，在李隆基听起来，百姓们说的话有些讽刺的味道，让他顿时感觉惭愧至极。

面对百姓们挽留外加讽刺式的话语，李隆基沉默良久，那一刻他觉得无论说什么，其言语都显得十分苍白无力，所以他决定选择逃避，让太子李亨等人留下来安抚百姓，而他自己则带领禁军飞驰而去。

让李隆基想不到的是，他的这个决定不仅成全了太子李亨的皇帝之梦，也让处在危机之中的大唐帝国开始重现生机。

李隆基的离去让百姓们很是失望，现在太子留下了，他们当然不能错过这最后的机会，于是众人趁势围住太子李亨继续哀求道：

“既然至尊不愿意留下，恳请殿下留下吧，我们愿率子弟跟从殿下杀回长安，如果殿下和至尊都前往蜀中，谁做中原百姓之主？”

坦白地讲，这场“遮道请留”的大戏是否也是李亨安排的，我们不能完全从史书中找到答案，但《旧唐书·李辅国传》记载：

至马嵬驿诛杨国忠，辅国献计太子，请分麾下兵，北趋朔方，以图兴复，辅国从至灵武，劝太子即帝位，以系人心。

也就是说，东宫太子党当时已经有了抛却李隆基的意志，可以说李辅国的建议也是符合李亨心意的，毕竟蜀中是杨国忠的发迹之地，到了那里之后前途未卜，而且十八年始终在委曲求全中生存的李亨也肯定想摆脱桎梏。

“遮道请留”事件并不一定像马嵬驿兵变那样，是一场精心谋划的事件。它很可能是一件偶然出现的事件，但这恰恰给了东宫太子党机会，正所谓踏破铁鞋无觅处，得来全不费工夫。而李隆基不失时机地留下太子李亨安抚百姓，很可能他已经看出了东宫太子党的心思，要知道李隆基此时虽然已经老迈，但还不至于糊涂得一无所知。

当李隆基留下太子李亨后，百姓们的劝说虽然正中李亨的下怀，但十八年来那充满危机与险恶的生存环境，早已经使李亨学会了如何保护自己，在没有十足的把握下，他是不可能过早暴露自己的意图的。

所以，当他听完百姓们真挚的话语后，并没有表现出过分的欣喜与激动的神情，反而以一种诚惶诚恐的姿态对百姓们说道：

“至尊冒险远行，我这个太子怎么能够离开他呢？况且我也没有向至尊当面请辞啊！我还是将大家所说的话禀告至尊，我也尽量挽留他。”

言罢，李亨准备策马前行。

没想到李亨刚刚说完，三皇子建宁王李倓和宦官李辅国死死地抓住缰绳不放，同声相劝道：

“安禄山谋反以来，四海分崩离析，今天殿下如果和至尊一同前往蜀中，叛军一旦烧毁栈道，中原地区从此就是叛军的天下了，现在殿下应该立即想着该如何平叛，使江山社稷重归于安，这才是最大的孝道啊！不必在意儿女情长那点区区的温情。”

显然，当李亨回绝百姓们的劝说时，李倓和李辅国已经明白李亨的意图所在，作为东宫太子党的骨干成员，此时他们必须做好配角儿。

“建宁王说得很有道理，儿臣还是希望殿下能够以大局为重，不要违背良策，不要辜负百姓们的期望啊!”

忽然间，一个响亮的声音从人群中响起，这个人说完后立即跪倒在李亨的马前，说话的人是李亨的长子广平王李俶。

顺便说一句，李俶就是后来大唐第九代皇帝唐代宗李豫。

李俶跪在马前的举动，让百姓们更加坚定了挽留李亨的决心，于是众人纷纷效仿李俶也都跪倒在马前拦住李亨的去路。

“既然大家执意让我留下，我必须先禀明至尊，俶儿你去办这件事吧!”李亨见时机已经成熟，终于亮出了自己的底牌。

在众人挽留太子李亨的时候，李隆基虽然一直在前行，但他让众人放慢了脚步，等待李亨等人一同赶上来。可是他最终等来的却是长孙李俶，当他听完李俶的禀告后，这个垂垂老者不禁仰天长叹，感叹天意如此，自己只能顺势而为。

随后，李隆基将禁军两千人及飞龙厩良马五百匹拨给了李俶并叮嘱道：“太子仁孝，希望你们能够好好辅佐他，不要挂念我，西北很多胡族部落，我待他们不薄，必要时可以引为外援。”至此，李隆基和李亨两个人分道扬镳。

从马嵬驿兵变到“遮道请留”事件，就李亨的初衷来看，时刻是为了满足对最高权力的渴望，但他决定与李隆基分道扬镳在当时从客观结果上对处在风雨飘摇、生死存亡的大唐帝国来讲却是一件幸事，从此以后李亨的身份决定了他必须担负起平定叛乱、重整河山的重任。

天宝十五年（756 年）六月十五日，在建宁王李倓的建议下，李亨带领众人前往自己曾经担任过朔方节度使的朔方镇。七月初十，经过将近一个月的充满危机和艰辛的长途跋涉后，李亨终于抵达了朔方重镇灵武。

七月十三日，李亨在灵武城南称帝，改元至德，成为大唐帝国的第八代皇帝。

直到现在为止，李亨才真正有一种挣脱枷锁的快感，如愿圆了十八年的皇帝梦，从而结束了那惶惶不可终日的不堪回首的日子。

是日，李亨下制书以告天下，在那篇长长的制书中有这样一句话：

孝莫大于继德，功莫盛于中兴。

这既体现了李亨的一种决心，更像是一个预言，因为在此之后，李亨正是按照这句话的标准，努力使这个帝国重新回归正途。

第三章
重整河山

故人出山

从李隆基率领一行人长安仓皇出逃到李亨灵武称帝，大唐帝国的最高决策者在转瞬之间完成了角色转换，李亨顺应人心走向前台，而李隆基则避居蜀中退居二线。

马嵬驿兵变虽然酿成了一场杀戮，但客观上也实现了大唐帝国新老交替任务。当然这要得益于安禄山在攻陷潼关后，并没有立即攻打长安，从而给了大唐帝国高层以喘息的机会。然而就在李隆基走出长安的十几天后，安禄山的大军最终还是打进了长安。

所以，接下来留给李亨的将是十分艰巨的任务。

当了皇帝固然让李亨十分兴奋，但接下来他必须动用全国的力量迅速平定叛乱收复失地，重振昔日大唐帝国的雄风。曾经征战过沙场的李亨在完成皇位继承大典后，并没有过多地沉浸在喜悦中，而是立即以皇帝的名义首先将郭子仪和李光弼召至自己的麾下，任命郭子仪为兵部尚书、同中书门下平章事；任命李光弼为户部尚书，同中书门下平章事，兼北都（今山西太原）留守；任命长子广平王李俶为天下兵马大元帅，统率三军，身肩平定叛乱、收复两京的重任。

而正是李亨的这个任命，也让后来的大唐第九代皇帝唐代宗李豫正式登上历史舞台，开始不断创建军功。

在李亨紧锣密鼓地调兵遣将、筹划部署的同时，他并没有忘记自己不仅仅只是一位统领兵马的将军，除了做好军事部署，作为皇帝的他还必须统筹好全局，而要做到这一点仅仅依靠他从马嵬驿带来的这些人是远远不够的。

所以，李亨想到了一位故交，他坚信只要这个人来到自己的身边，自己将万事无忧。

李亨想到的这个人名字叫李泌。

李泌，字长源，京兆（今陕西西安）人，《新唐书·李泌传》记载：李泌七岁那年曾当面批评名相张九龄不该喜欢“软美者”（带有娘娘腔的文人学士），让张九龄佩服地连呼他为“小友”。

天宝初年，李泌曾在嵩山上书论施政方略，深得李隆基的赏识，令其待诏翰林，为东宫属官，就此与太子李亨结下深交，后来为杨国忠所忌，被迫归隐颍阳。

李亨虽然已经很多年没有见到李泌了，但年轻时代结下的友谊还是让李亨对这位才子颇为挂念，所以他决定派人前往颍阳请李泌出山辅佐自己。

当李泌接到李亨的邀请后，他感受到了李亨的诚意，而且现在是李亨的天下，他不用再担心受到排挤，所以他义不容辞，欣然应征就道。

至德元年（756年）八月，李泌晓行夜宿、风尘仆仆地来到了李亨身边，开始了一段崭新的仕途之旅。不过，让他想不到的是，在不远的将来他居然会像姚崇、宋璟等那样，成为大唐帝国的中兴宰相。

李泌的到来，让李亨感到无比欣慰。事实上在李泌到来后，当时的局势迫使他没有立即投身于平定叛乱中，而是积极协助李亨协调平衡李唐皇室成员的关系。

当时摆在李亨面前的首要任务当然是平叛，但以李亨为核心的李唐皇室如果不能形成合力，平定叛乱无异于痴人说梦，李泌以其敏锐的洞察力深刻地看到了这一点。

李亨即位后很想立张良娣为后，便让李泌制书准备册封事宜。而李泌坚持要让李亨亲自下诏册封。

张良娣的祖母是李隆基生母昭成皇后的亲妹妹，当年昭成皇后被武则天所杀，七岁的李隆基失去母爱，张良娣的祖母勇敢承担起了抚养李隆基的义务，关怀备至视同己出。

李泌认为如果李亨亲自下诏，无疑是一次缓和长期以来李隆基和李亨之间因为权力斗争所产生矛盾的机会，这对于接下来的平叛大有益处。李隆基虽然已经退居二线，但太上皇的特殊身份还是决定了他在任何时候都会成为一个不可忽视的人。

不可否认，李泌的初衷是好的，但张良娣的性格决定了她是个唯我独尊的人，她的所作所为也为刚刚到来的李泌出了不少难题，但作为政治家、战略家的李泌却很好地化解了所有难题。

张良娣清楚地知道自己如果被立为皇后意味着什么，她在刚刚到达灵武后便为李亨产下一子，取名为“佋”，在得知自己即将被立为皇后的消息后，她恃宠生骄竟然想要把刚出生的儿子立为将来的储君。这样一来不可避免地就同广平王李俶和建宁王李倓在未来最高统治权力归属问题上产生了尖锐的矛盾。

广平王李俶性格温和，对于深处动乱之中以及刚刚经历马嵬驿兵变的李唐皇室来讲，李俶明白此时此刻退让是理想的选择，然而性格耿直的建宁王李倓却选择了硬碰硬的对抗。

对于张良娣而言，这场斗争本来并不占优势，是一场一对二的对抗。但无数的事实证明，在每一次政治斗争中，都会有政治投机分子夹杂其中，当时宦官李辅国就是其中的一个。他看到张良娣受到皇帝的宠爱，所以选择和张良娣联手对抗李倓，而李俶因为选择了退让，所以这场斗争形势变成了只有李倓一个人在战斗。

李倓并不在乎自己是否孤军奋战，在他看来，只要自己坚持的，就一定要达到目的。为此他亲自找到李泌密谋清除张良娣和李辅国，但被李泌所制止，李泌告诉李倓目前这种局势下，尽量不要再为自己的父皇添乱，暂且隐忍，不要率先出手。

不久后张良娣和李辅国知道了李倓有清除他们的想法，便率先出手，他们的策略是离间李倓和李俶的关系，来达到一石二鸟的目的，但由于招数过于低级，被李泌识破，李泌在李亨面前仔细分析利害关系，才让两位皇子成功渡过危机。

李泌本以为一场危机在自己的周旋之下已经过去，但李倓显然不想就此善罢甘休，在知道张良娣和李辅国的阴谋后，他勃然大怒，将李泌的忠告与叮嘱抛诸脑后，贸然晋见李亨揭露张良娣和李辅国的阴谋。

事实证明，纵使你握有万般真理，但不合时宜的真理就是谬论。

张良娣是李亨最宠爱的人，李辅国有拥立之功，两个人在李亨那里红得发紫，怎么可能指望李亨相信李倓一个毛头小子的话。所以李倓说完后，立刻受到了李亨的怒斥，他受到的评价是任意妄为，祸乱人心。

这样一来就给了张良娣和李辅国机会，这两个人知道李亨的态度后，立即联手出招在李亨面前陷害李倓，说他之所以如此任意妄为是因为皇帝陛下没有让他做天下兵马大元帅，而且意欲谋害广平王李俶。于是，大唐帝国的又一位皇子在皇帝的猜忌之下被无辜地冤杀了。

李倓被杀当时最受触动的当数广平王李俶，很长时间以来，他和弟弟李倓的关系十分和睦，现在弟弟无端死在张良娣和李辅国的手中，这让李俶很是愤怒，出于为弟弟报仇以及自保等多种原因的考虑，李俶决定不再选择退让，决定主动出击除掉张、李二人。

当李泌得知李俶的愤怒及其计划时，他急匆匆地赶来制止李俶，由此两个人开始了一番充满玄机的对话：

“广平王不可莽撞，难道不见建宁王之祸吗？我和陛下有约定，等到收复京师后，就重新回到深山隐居，成为平民，远离祸患。”

“先生如果离开了，那我就更加危险了啊！”

“广平王不必忧虑，只要尽心尽孝就可以了，张良娣一个妇人只要顺从她，让她开心，她是成不了什么大事的。”

“但愿能像先生说的那样，我尽力而为吧。”

通过李俶和李泌的对话来看，李泌固然有保护李俶的意思，但也有不愿意惹祸上身的味道。可以说李倓被杀让李俶陷入了孤立，事实上李泌告诉李俶的方法并不是就此妥协，而是一种变相的积蓄力量，人要跳得更高时，必先下蹲然后再跳起。

正所谓留得青山在，不怕没柴烧！

这段对话也蕴含了李俶有意拉拢李泌的意味，因为李倓死后，李俶明白自己有可能会成为太子，而李倓被杀事件，对于李俶来讲有利有弊。从后来的事实来看，是利大于弊，首先因为他的隐忍，张良娣和李辅国逐渐忽视了李俶这个对手，而且通过和李泌的对话，他隐约觉得李泌未来可以成为自己的嫡系。

应该说由于李泌的平衡和化解，使得广平王李俶免去了祸端，这也让李泌开始崭露头角，逐渐成为大唐的肱股之臣。但正是从此时开始，李唐皇室的高层开始出现新派别的政治斗争，而其中的核心正是李俶与张良娣、李辅国之间的矛盾。

直到多年后，当李俶成为皇帝，他终于可以施展拳脚，对曾经的政敌挥以重拳！

初战受挫

李泌的到来使李亨有了得力的助手，待度过最初的稳定期后，马上提到日程上的就是如何平叛的问题。在李亨看来，如果仅凭自己手中人马这点力量是不足以抵抗叛军的。当时在灵武的军队除朔方军五万之外，加上河西、陇右等地临时征的兵，总数不过六七万人。在这种兵力捉襟见肘的现实面前，李亨想起了父皇李隆基对他说过“待西北诸胡不薄”的话语，于是他决定借助西北少数民族的强兵劲旅来帮助自己光复两京平定叛乱。

为此，李亨特意封豳王李守礼的儿子李承寀为敦煌王，责他与朔方军将领仆固怀恩一起去回纥借兵。与此同时，又征发拔汗那的兵众，并让他们转告西域各国，许以重赏，请他们和回纥兵一起入援。

当时李泌建议李亨为了更好地掌控西北各部来到的援兵，也是为了表现出大唐皇帝的诚意，应该从灵武首先到彭原（今甘肃镇原）等待各部援兵的到来，等到援兵快到时，再前往扶风去迎接。

李亨采纳了李泌的建议，他率领众人十月初三到达彭原，在那里他热切地盼望仆固怀恩等人能够成功借兵而回。然而就在他等待的那些日子里，由于一个人的不断忽悠，使李亨在援兵还没到达的时候，头脑发热、急不可耐地与叛军进行了交战，当然结果也是可以预料的——惨败而归！

这个忽悠李亨的人，名字叫房琯。

房琯，字次律，河南人，少年时聪颖好学，开元十三年（725 年）作

《封禅书》念给宰相张说听，使张说大为惊叹，被举荐为校书郎，授卢氏令，拜监察御史，由此开启了仕途之旅。

房琯在李隆基退居蜀中后，担任文部侍郎、同平章事，是宰相班子的成员之一。李隆基在蜀中听到李亨称帝的消息后，派左相（左仆射）韦见素和房琯一起前往灵武主持传位仪式，并让他们辅佐李亨。由于韦见素以前和杨国忠关系紧密，所以受到了李亨的冷落，而房琯当时属于学士型的官员，在经历了杨国忠乱政之后，当时人包括李亨在内很是怀念张九龄类型的官员，所以房琯受到了李亨的礼遇和信任。

房琯博学多闻，经常和李亨探讨国家大事，有的时候谈及时事时慷慨激昂，这让李亨不禁为之动容，因此在李亨的眼中，房琯成了一个无所不能的奇人。

在我看来，房琯如果仅仅是停留在嘴上功夫的话，或许还可以在李亨这里混口饭吃，但他千不该万不该的，本是手无缚鸡之力的文人却干抄起家伙上战场厮杀的事情，那就叫枪打出头鸟——露多大脸，现多大眼。

在李亨抵达彭原不久，西北少数民族各部的援兵还没到达时，房琯建议李亨立即率兵收复两京，并毛遂自荐担当收复两京的重任。坦白地讲，李亨的内心也有想迫切证明自己的愿望，至少要向身在蜀中的老爹证明自己的能力。尽管当时李亨兵力不足，而且郭子仪正在北部边境镇压闹事的怛罗胡族诸部，但房琯的信誓旦旦以及那毋庸置疑的决心，还是让李亨动了心，于是他决定听从房琯的建议，加授房琯为持节、招讨西京兼防御蒲潼两关兵马节度使。

事实上从李亨加封房琯的官职来看，等于将当时所能掌控的地区和绝大部分人马都托付给了房琯。

不仅如此，李亨为了表现出对房琯的信任，还让房琯自己搭建辅佐班子，但房琯选中的人大多都是文人出身的官员，如御史中丞邓景山、户部侍郎李缉、右司郎中魏少游、给事中刘秩等人。

十月初十，李亨为房琯等人举行了盛大的出征仪式，当他看到房琯选中的人都是文人学士之后，隐隐约约地生出了一丝担心，于是他特意让曾经久经沙场、能征善战的老将，时任兵部尚书的王思礼协助房琯。但出征之后，王思礼受到了房琯的冷落，原因是房琯认为王思礼过于粗鲁，与他们这些文人出身的官员实在有些不搭。

房琯当时或许并不知道，上战场并不是写诗作画，那是刀光剑影的血拼，是一场生死仅一线之隔的角逐。

房琯当时命大军分三路向长安进发，由部将杨希文率领南军从寿宜（今陕西周至）东进；由部将刘哲贵率领中路军自武功（今陕西武功西北）东进，由李光弼的弟弟李光进率领北军自奉天东进，尤以中军和北军为先锋，房琯及他亲自挑选的辅佐班底随中军同行。

十月二十日，中军和北军进至长安西北的西渭桥驻扎，房琯本想在这里补充粮草然后讨论接下来的作战计划，可是没想到转天便在陈陶斜同安守忠率领的叛军不期而遇。由于应对匆忙，房琯照搬古人设计的车战法，想以两千辆牛车，辅以骑兵、步兵护卫冲击叛军，但就在房琯刚刚准备完毕时，安守忠便率领叛军冲了过来。

事实证明，房琯对于牛这种动物的习性了解得并不彻底，叛军突然擂鼓呼喊，大面积地冲杀过来，让这些没有见过如此阵势的老牛们闻声震骇，最为不利的是，当时房琯的大军是顶风对敌，这一点正被临敌经验丰富的安守忠所利用。

“点上火把，扔进牛群里！”安守忠见有机可乘，遂下令道。

霎时间，房琯布置的牛车阵里浓烟滚滚，火光冲天，那些老牛见到火光立即吓得四处乱窜，只片刻工夫房琯精心布置的牛车阵瞬间土崩瓦解。步兵和骑兵由于阻止不住，阵形也纷纷散乱，很多士兵被蛮牛踩踏致死，眼见得人畜大乱，安守忠趁机率军掩杀过来，唐军丢盔弃甲，损失惨重。

如此混乱的局面之下，房琯率领残兵败将立即退出西渭桥，向西撤退五十里安营扎寨，此役唐军损失了将近三万人，李亨手中的家底已经被房琯折腾进去了一半。

按常理，房琯此时真的应该仔细反省自己，本来他上战场就属于赶鸭子上架，而且对手实战经验丰富，房琯在人家面前那绝对是小巫见大巫。但房琯并不这么认为，此时书生意气在房琯身上体现得最为明显，他认为第一仗的败因在于三路大军少了南路，故而造成兵力不足，他发誓等南军到来后一定狠狠地还击叛军。

然而，房琯或许想不到的是，当第二天南军到达时，他不仅将李亨手中家底的另一半也交待了进去，甚至自己亲手挑选的人也都成了对方阵营的人。南军主将杨希文、中军主将刘哲贵因为本来就是贪生怕死之辈，在转天的交战中，竟然临阵畏怯投降了叛军，一时间房琯不仅失去了南军的支持，而且自己所在的中军因为刘哲贵的临阵倒戈，陷入了极其危险的境地，更让整个唐军陷入叛军的重围之中。要不是李光弼的弟弟李光进冒死杀入重围，经过浴血奋战殊死相搏，力保房琯等人安全突围，恐怕房琯的性命就会交待在陈陶斜。

是日，房琯战后经过清点人数，发现人马所剩不到三千人，李亨托付给他的家底，基本让他全部打光。

房琯惨败而归，让李亨勃然大怒，甚至有些欲哭无泪，好不容易积攒起来的家底，居然在两天之内让房琯全部套了进去，而且熊市到底，不知道什么时候还能牛市，这让李亨有些接受不了。如果不是李泌从中斡旋营救，房琯即使没有死在陈陶斜战场，也会死在李亨的刀下。

不过，房琯虽然活了下来，但自此之后，李亨彻底将他“打入冷宫”，不仅将他罢相，不久后又将他贬到偏远地区。

房琯之败非但损兵折将，葬送了李亨惨淡经营起来的数万军队，而且为刚刚称帝的李亨的前途蒙上了一层厚重的阴影，因为远在蜀中的李隆基始终在看着李亨如何将平叛这场大戏唱好，可是陈陶斜之战让李亨首秀失败，也让当时已然十分复杂的局势更加严峻。

其实陈陶斜之战的惨败房琯作为主帅理所应当地负有主要责任，但李亨作为掌控全局的人亦难辞其咎。正如后世北宋史学家范祖禹在他的著作《唐鉴》中说的那样：

房琯有高志虚名，而无实才。肃宗（李亨）既疏之，而犹以为将帅，倚其能成克复之功，是不知其臣也。

不过，对于李亨当时急于收复长安的心情，我们可以理解。虽然他在灵武实现了期盼十八年的皇帝梦，但他毕竟没在京师长安举行过朝祭宗庙的隆重大典。换句话说，李亨即位没有得到大唐列祖列宗的承认，这在李亨的心中始终存有一种“名不正、言不顺”的心结，更何况远在蜀中的父皇李隆基依旧具有号召力，虽然已经年迈，但不想就此退出政治舞台，而派房琯、韦见素前往灵武辅佐李亨，也是带有监控的意味。

事实证明，房琯在陈陶斜的惨败，在当时不仅是军事上的失利，更对政治局势造成了影响。李隆基在蜀中知道房琯打了败仗后，认为凭着李亨的能力，可能无法实现平叛的重任，所以他发出了“诸王分镇节制”的诏令，而正是这个诏令，使得当时身在江陵的李隆基的第十六个儿子永王李璘找到了实现其政治野心的机会。

永王割据

陈陶斜之败使得李亨基本打光了自己的家底，不仅如此，它更像个魔咒一样，让各地的唐军陷入了极其被动的局面，尤其是以河北的颜真卿为最。

几乎就在房琯进行陈陶斜之战的同时，安禄山派大将尹子奇围攻河间（今河北河间），一连四十多天没有打下河间城。史思明闻讯前来支援，颜真卿急忙让部将和琳率领一万人驰援河间，但半路遭到了史思明布下的埋伏，结果全军覆没，河间城终因孤立无援而被叛军攻陷。紧接着叛军一路势如破竹地攻克景城，进逼颜真卿所在的平原，在叛军还没到达时，颜真卿感觉自己势单力孤，于是被迫撤出河北，于十月二十二日渡过黄河南撤，然后绕道投奔李亨。

颜真卿的到来暂时缓解了李亨无兵可用的压力，但就在他刚刚准备筹划反击叛军时，就听到了永王李璘准备割据江南，意欲称雄一方，与李亨分庭抗礼的消息。

作为李隆基的第十六个儿子，李璘是不可能继承皇位的，幼年丧母的他曾经被哥哥李亨抚养过一段时间，小时候的李璘是个聪敏好学的好孩子，只是他有个生理缺陷——眼睛斜视。

开元十三年（725 年）三月李璘被封为永王，开元十五年（727 年）五月遥领荆州大都督，开元二十年（732 年）七月加封开府仪同三司。在李亨和李隆基分道扬镳北上朔方不久后，李隆基在汉中诏令李璘为山南东路及岭南、黔中、江南西路四道节度采访使兼江陵大都督。

从李隆基对李璘的任命来看，李璘应该还是有些才能的，但李隆基由于子嗣太多，或许当时没有看出李璘的政治野心。

李璘到达江陵后，倚仗着父皇的诏令开始招兵买马。不能否认李璘这么做是为了平叛做准备，但也不能排除他有积蓄实力，以图实现政治野心的目的。尤其当他看到富庶的江淮地区所征收的租税都聚积于江陵时，李璘的政治野心不仅开始暴露，甚至是日渐膨胀。

据《旧唐书·李璘传》记载，他在至德元年（756 年）九月到达江陵后，招募士卒数万人，并将聚积在江陵的赋税全部封存，重用手下的幕僚薛谬、李台卿、蔡埛等人。李璘的儿子李瑒甚至建议李璘应该不失时机地占领金陵（今江苏南京）保有江东，效仿东晋的司马睿割据江南，称雄一方。

在众多人的蛊惑下，加上李璘自身野心的不断膨胀，当时的江陵地区甚至成为比叛军更加威胁李亨的一股强劲势力。而李亨在获悉李璘意欲割据江南的消息后大为不安，可当时的局势和自己的实力让李亨无法采取强势的方法来平息这件事。

他只能采取四两拨千斤的方式，在无形之中消解李璘的权力，尽量避免事态的升级。为此他下诏让李璘火速前往蜀中朝见父皇李隆基，意欲借此将李璘调离江陵，但出乎李亨意料的是，利令智昏的李璘居然拒不从命。

为了以防不测，李亨立即召时任谏议大夫的高适商议对策，高适仔细分析了江东的局势，认为李璘之所以势力能够急剧膨胀，完全是因为江东地区的人不了解李璘的意图，随着时间的推移，李璘的不轨图谋一定会被人揭穿，所以结论就是李璘必败。

为此，高适建议李亨增设淮南节度使，由自己兼任，统领广陵（今江苏扬州）十二郡兵马，增设淮西节度使官职，以来瑱为节度使，管辖汝南周围五郡兵马，两路兵马与江东节度使韦陟共同牵制身在江陵的李璘。值得一提的是，三个节度使所在的地理位置，正好对金陵形成了一个包围圈。

李亨采纳了高适的建议，于当年十二月部署完一切后，准备调遣郭子仪回来，暂时兼任平叛大元帅，自己准备转年春天御驾亲征和三位节度使平定江东李璘之乱。但就在李亨筹划之时，李璘进一步的过分招摇行为使他惹来了众怒，当然这也让他即将走向覆亡。

十二月二十五日，李璘擅自率兵东行顺长江而下，扬言要顺江入海，然后从海路北上平叛，一路上李璘耀武扬威，声势浩大，颇有些舍我其谁的感觉。虽然他没有公开打出割据江南的旗号，但谁都看得出来，李璘的行为是一种挑衅，说是北上平叛，如果真的想平叛，难道必须走水路吗？

时任吴郡（今江苏苏州）太守兼江南东路采访使的李希言看到李璘的嚣张行为后，便写信责问李璘擅自引兵东下意欲何为。没想到李璘收到书信后勃然大怒，派部将浑惟明突袭吴郡，如果说突袭吴郡李璘尚且有些道理，毕竟李希言一个做臣子的无论如何也不能责问皇子，那派另一个部将季广琛偷袭广陵长史、淮南采访使李成式，进而自己亲率大军进攻当涂（今安徽当涂）就实在不该了。

这就是典型的没事儿找抽了！

面对李璘的突袭，吴郡太守李希言派部将元景曜与当涂太守阎敬之共同率兵抵抗，李成式亦派部将李承庆支援，但由于兵力悬殊以及迎战仓促，元景曜、李承庆战败投降。

李璘终于打响了第一枪，他的行为等于宣告与李亨彻底决裂，所以接下来他面对的就是三大节度使的无情围剿。

至德二年（757 年）二月初十，淮南节度使高适、淮西节度使来瑱和江东节度使韦陟奉李亨之命在安陆（今湖北安陆）结盟誓师，共同讨伐永王李璘。

二月二十日，李成式率先联合河北招判判官李铣向江陵进军，李铣将数千兵马驻扎在扬子（今江苏邗江南），李成式让部将裴茂率兵三千驻扎在瓜步（今江苏六合东南），然后广树军旗于长江北岸虚张声势，以迷惑李璘。

李璘登上城楼看见军旗如林，以为大兵压境，内心有些恐惧，不想他的这种恐惧心理，迅速传染给了手下的部将。其中季广琛就看出了如果不开溜，等到李璘被镇压后，自己就会被钉在叛臣的耻辱柱上，所以带领自己的人马出走广陵，当时和季广琛有同样想法的李璘部将不在少数，例如，浑惟明出走江宁（今江苏南京），冯季康出走白沙（今江苏无锡）。

还没有真正开打，手下人已经是树倒猢狲散，这让李璘对自己先前的莽撞行为十分后悔，但这个世界上是没有后悔药卖的。就在李璘冥思苦想应对之策时，二月二十四日夜晚长江北岸的唐军开始准备渡江进攻李璘，当时由于北岸火炬如林，李璘误以为唐军已经悉数过江，所以匆忙携带家眷与部下逃往晋陵（今江苏常州）。

李成式在北岸获悉李璘已经逃走，遂统率江北的唐军渡过长江追击李璘，不等李璘的屁股在晋陵坐热，李成式的先锋部队即已抵达晋陵外围的新丰。

李璘听到消息后，立即让儿子李瑒与部将高仙琦领兵应战，没想到刚一交锋便中了埋伏，结果被打了个惨败，李瑒被乱箭射中肩膀，不得不退回了晋陵城内。李璘见大势已去，便继续带着家眷和部将连夜逃往了鄱阳（今江西鄱阳）。

在鄱阳李璘终于悟出了一个道理，那就是自己必须坚定不断逃跑的策略，鄱阳只是其中的一站，绝不是最后的终点。

为此李璘立即收聚鄱阳府中的兵器物资，准备继续向南逃向岭表。但就在这时江西采访使皇甫侁得到了李璘进入辖区的消息，于是他派兵以迅雷不及掩耳之势包围了鄱阳府，最终李璘被俘。皇甫侁将李璘秘密杀死，李璘子李瑒也死在了乱军之中。

李璘的割据江南之梦就此终结，皇甫侁虽然平乱有功，但由于擅杀皇子，被李亨罢官且永不叙用。

这场叛乱虽然就此平定，但李亨似乎不想就此终结这件事儿，李璘虽然死了，但李亨始终不放心那些早已经外逃的李璘部将，所以接下来将是大规模的清洗。

在这场清洗中，被李璘株连的人不在少数，如季广琛、浑惟明、冯季康等人都没有逃过惩处，但这些人和接下来要登场的这个人相比简直就是小人物。

在李璘做着割据江南的美梦，顺长江东下的时候，有一个人就在李璘的身旁，由于长期不受朝廷的重用，所以他投靠了李璘担任其幕僚。

李璘兵败后，这个人由于怕受牵连一路逃到彭泽（今江西彭泽），但依然被地方官发现后捉了起来，投入了浔阳（今江西九江）狱中。

这个人就是始终怀揣“天生我材必有用”信念的大诗人李白。

天才诗人

李白，字太白，号青莲居士，史上最伟大的浪漫主义诗人。

李白祖籍陇西成纪（今甘肃秦安），他的家世和出生地至今依然成谜，一种说法是出生于剑南道之绵州（今四川绵阳），另一种说法是出生于西域碎叶城（今吉尔吉斯斯坦托克马克），五岁随父迁至绵州的昌隆县（今四川江油县）。

《新唐书》记载李白为兴圣皇帝（凉武昭王李暠）九世孙，如果按照这个说法，李白与李唐诸王实际上是同宗，应是唐太宗李世民的同辈族弟。但也有说其祖是李建成或李元吉，因为被灭族而搬至西域，但这种说法并没什么翔实的证据。

二十五岁之前的李白一直没离开过蜀地，年少时博览群书，喜作辞赋，尤其喜好道教的神仙传说。当时他家附近的紫云山是道教圣地，而青城山更是道教的十大洞天之一，李白经常到这些深山之中去寻师问道。大约在十八岁时，他隐居在蜀中大匡山读书，跟着山中的隐逸道士学习纵横之术，并游历剑阁、梓中等地，由于蜀中多崇尚任侠之风，所以青年时期的李白是在漫游求仙和任侠中度过的。

值得注意的是，年轻时期的蜀中游历以及自身崇尚神仙传说的缘故，使李白在年轻时期形成了一种狂傲不羁的性格和飘逸洒脱的气质，这种性格对于他后来的诗歌创作产生了极其重要的影响，同样也让他在政治道路上充满坎坷。

二十五岁时，李白只身出蜀，开始了广泛漫游，他西出三峡，南到洞庭湘江，东至会稽（绍兴），登庐山、游越州、历襄阳，大河南北都留下了他的足迹，当时他也结交了不少名流，创作了大量优秀诗篇，不久便在湖北安陆定居，与故宰相许圉师的孙女完婚。

此后的十年中，李白以安陆为中心，又展开了将近十年的漫游与干谒之旅，所谓“干谒”，是古代的一种诗体，是古代文人为推销自己而写的一种诗歌，类似于现代的自荐信。

李白的性格使他不屑与那些十年寒窗的书生同场竞技，他希望依靠自身才华，通过他人举荐走上仕途。但遗憾的是，李白的干谒之路并不顺畅，一直未得人赏识。其中比较著名的是他曾给当朝名士韩朝宗写过一篇《与韩荆州书》来推荐自己，但诗文是递上去了，结果却石沉大海。

十年不成功的干谒之旅，让自负的李白对这个世界越来越失望。由于备感前途黯淡，失望之下的李白举家迁居山东任城，与当时的名士孔巢父隐居于徂徕山。李白本以为他的一生会就此隐居下去，不会再有成就功名的机会，但这个世界往往是山重水复疑无路，柳暗花明又一村，在李白隐居没多久后，或许因为他曾经在各地留下的名声，或许因为某些人不经意的举荐，李白曾经写过的干谒诗被李隆基的妹妹玉真公主看到，玉真公主对李白的诗文相当崇拜，因此，当时四十二岁的李白得到了玉真公主的引荐。

天宝元年（742 年）从长安传来一纸诏书，宣李白进京朝见皇帝陛下。

在接到诏书的那一刻，李白兴奋得手舞足蹈起来，他甚至在告别妻儿准备进京时，也没有表现出过多的留恋之情，而是现出了“仰天大笑出门去，我辈岂是蓬蒿人”的得意之情，在他看来，求取功名对于自己是最重要的，甚至是独一无二的想法。

但后来的事实证明，李白低估了走政治道路的凶险，求取功名对于他来讲颇有些“行路难”。

李白到了长安后，李隆基给予了他很高规格的接待，对于这一点李白的族叔李阳冰在《草堂集序》中有过记载：降辇步迎，如见绮皓，以七宝床赐食，御手调羹以饭之。

应该说李隆基对于李白这样一位压根就不了解的平民百姓，能够给予这样规格的接待已经完全可以用礼遇隆重来形容，而李白也正是凭借李隆基超乎自己想象的接待规格，从而认为自己能够得到李隆基的重用。

不过，李白或许过于自信了，不可否认的是李隆基对李白诗文的欣赏，但这么高规格的接待，其实也是看在妹妹玉真公主的面子上，换句话说，李隆基其实是在给玉真公主面子，和李白并没多大的关系。

事实证明，高规格的接待过后，李隆基只让李白做了个翰林待诏。所谓翰林待诏，就是待在翰林院里没有什么具体的工作职责，如果皇帝陛下高兴想起您老人家了，把你叫来写写诗文，让皇帝陛下娱乐一下，仅此而已。

如果皇帝陛下能够天天想起，让陪在身边撰写诗文，这对于李白来讲，倒不失是一份合适的工作。问题的关键是，皇帝这个工作不能只是娱乐，尤其对于李隆基而言，缔造“开元盛世”绝不是写写诗文、听听戏曲就可以成功的。

所以渐渐地，李白对自己翰林待诏这份工作产生了厌倦之情，在他看来，以自己的才能干这么个差事，实在有些大材小用。

然而李白并不是李林甫那种实干型的人，甚至连张九龄那种能够认真干事的作风也不具备。他在翰林院里一共待了三年，因为性格的原因，除了表达不满，丝毫没有任何想要通过自己的努力改变命运的想法，即使是在李隆基有限的几次宴请时，他也没有抓住机会让皇帝陛下重用自己，而是表现出了桀骜不驯、目空一切的态度。

所以，李白的才能只能算是文才，他实在不具备政治才能，李隆基还是颇为识人的，他知道李白这种人也就是仅供娱乐，让他去独当一面干实事儿，那还是洗洗睡吧。

李白就是在这样一种苦闷、怀才不遇的境遇中度过了每一天，三年后他终于因为自己那狂妄的性格得罪了朝中权贵，被李隆基赐金放还。

就这样，李白收拾行囊，抱着一种“此处不留爷，自有留爷处”的心态离开了长安城，他坚信自己的未来依然是“长风破浪会有时，直挂云帆济沧海”。或许李白不会想到在李隆基给予他诸多金钱让他离开长安时，身在长安的这三年居然是自己人生的顶点，自此之后他的人生境遇开始每况愈下。

天宝三年（744 年）的夏天，李白到了东都洛阳。在这里他遇到了同样不得志的杜甫，于是中国文学史上最伟大的两位诗人见面了。唯一不同的是，李白的诗文已名扬全国，而杜甫虽然风华正茂，却依然默默无闻。

李白比杜甫年长十一岁，但他并没有因自己的才名在杜甫面前倨傲；而“性豪业嗜酒，结交皆老苍”的杜甫，也没有在李白面前一味低头称颂。两人以平等的身份，建立了深厚的友情。在洛阳时，他们约好下次在梁宋（今开封商丘一带）会面，访道求仙。

同年秋天，两人如约到了梁宋。两人在此抒怀遣兴，借古评今。他们还在这里遇到了诗人高适，高适此时也还没有禄位。三人畅游甚欢，评文论诗，纵谈天下大势，都为国家的隐患而担忧，李白希望凭借诗文扬名立万然后得到重用，杜甫希望致君尧舜上，而高适则是希望求取高官厚禄。

三人虽然各有大志，却理想相同。这也注定了他们的友情不会长久，这年的秋冬之际，三人分手告别，各自向着自己的理想之路前进。李白只身前往齐州（今山东济南）紫极宫请道士高天师如贵授道箓，从此他算是正式履行了道教仪式成为道士。

其后又赴德州安陵县，遇见这一带善写符箓的盖寰，为他造了真寰。此次的求仙访道，使李白得到了完满的结果。

天宝四年（745 年）秋天，李白与杜甫在东鲁第三次相见。短短一年多的时间，他们两次相约，三次会见，知交之情不断加深。他们一道寻访隐士高人，也偕同去齐州拜访过当时驰名天下的文章家、书法家李邕。

就在这年冬天，两人分手，自此之后终生再未相见。

和杜甫分别后，李白准备重访江东，他离开东鲁，便从任城乘船，沿途到了会稽，首先去凭吊过世的贺知章。不久，孔巢文也到了会稽，于是李白和元丹丘、孔巢文畅游禹穴、兰亭等历史遗迹，泛舟镜湖，往来剡溪等处，徜徉山水之中，即兴书写了这一带的秀丽山川品味了这里的历史内蕴。

离开会稽后，李白前往金陵，在那里遇见了崔成甫。由于两人都是政治上的失意者，所以更加意气相投。每次游玩时，都尽情畅游，不计早晚。他们泛舟秦淮河，通宵达旦地唱歌，引得两岸人家不胜惊异，拍手为他们助兴。两人由于性格相投、遭遇相似，所以比之一般朋友更为默契，友情更深厚，因而李白把崔成甫的诗系在衣服上，每当想念，便吟诵一番。

从离开长安到游历江南，李白的人生道路又经历了第二个十年的漫游生活。虽然在此期间他有时居无定所，有时困顿潦倒，但他从未对自己失去信心，相反在和众多友人的聚会游玩中，他更是对大自然产生了深深的眷恋之情。可以说虽然此时的李白有些落魄，却是他一生中最为休闲和欢乐的时光。

这种生活状态一直到他投奔永王李璘为止。

天宝十四年（755 年）“安史之乱”爆发后，李白为了躲避北方的战乱，南下江西在庐山隐居起来。由于当时庐山永王李璘的管辖范围之内，当李璘听到李白来到江西的消息后，立即派人前往庐山请这位自己早就仰慕已久的大诗人出山来辅佐自己。

李璘的盛情邀请让李白充满了感激之情，尤其是对于李白这样的性情中人来讲，在自己不得志的时候，居然有人能够欣赏重用自己，所以他毫不犹豫地接受了李璘的邀请，连夜赶往江陵面见李璘。

坦白地讲，对于李璘的野心，李白全然不知，而且李璘邀请李白出山也是以平叛为理由。当李璘率兵东巡、坐船顺江而下的时候，李白就站在李璘的旁边，他本以为这次远行一定会在李璘这里实现自己平生的抱负，为此他甚至在船上望着百舸争流、千帆竞进和旌旗蔽日，不禁喜极而泣，诗兴大发，一口气即兴地写下了《永王东巡歌》等十一首诗，其中最为著名的是第二首：

三川北虏乱如麻，四海南奔似永嘉。

但用东山谢安石，为君谈笑静胡沙。

在诗中李白自比东晋的宰相谢安，希望自己能够在国家危难时刻，协助李璘积极平叛，力挽狂澜。但遗憾的是，随着李璘的兵败，李白才如梦方醒，然后连夜慌慌张张地逃到了彭泽，却被地方官抓住投进了监狱。

李白当时虽然不是什么高官，但由于他早已经名声在外，算是个文化名人，所以他被捉的消息很快传到了皇帝李亨那里，当然他的那句“为君谈笑静胡沙”也传到了李亨的耳朵里。而正是因为这句诗，李亨决定不赦免这个自己老爹曾经礼遇隆重的天才诗人，原因在于从李白的这句诗中，李亨感受到了李白对于李璘的忠心。

而事实上，那不过是李白一时兴起的即兴之作，甚至连李白自己可能也没有当回事。

李白就这样被当成了李璘的同党受到处置，要不是因为他曾经在长安待过三年，结交过一些官场上的朋友，恐怕早已经人头落地。时任宣慰大使的崔涣和御史中丞宋若思等人在李亨面前极力为李白开脱，更有传说称郭子仪也从中斡旋，总之在众多人的全力营救下，李白被免除了死刑，乾元元年（758 年）被判为长期流放夜郎。

乾元二年（759 年），李白行至巫山，当时李亨立广平王李俶为太子宣布大赦，规定死者从流，流以下完全赦免。这样，李白经过长期的辗转流离，又重新获得了自由。他随即顺着长江疾驶而下，而那首著名的《早发白帝城》最能反映他当时的心情：

朝辞白帝彩云间，千里江陵一日还。
两岸猿声啼不住，轻舟已过万重山。

重获自由身的李白首先回到了江夏，没过多久应友人之邀，再次与被贬谪的贾至泛舟赏月于洞庭之上，发思古之幽情，赋诗抒怀。不久，又回到宣城、金陵旧游之地，他往来于两地之间，仍然依人为生。

上元二年（761 年），已六十出头的李白因病返回金陵。在金陵，他的生活相当窘迫，不得已只好投奔了在当涂做县令的族叔李阳冰。上元三年（762 年），李白病重，在病榻上把手稿交给了李阳冰，赋《临终歌》而与世长辞，终年六十一岁。

后世的人们或许认为李白的一生实在过于充满传奇色彩，但他最后的死法却过于平淡，所以虚构了李白是因为醉酒后，看见水中那皎洁的明月，一时兴起想要捞起水中的月亮，然后溺水而死的故事。

上述这种死法固然与诗人性格非常吻合，但李白最终病死的确是事实，无论哪种死法，我们都不能否认与永王李璘谋反作乱有着直接的关系。因为李白流放夜郎，遇赦得还后不久，就结束了他传奇而坎坷的一生。

李白这一生虽然没有实现自己的政治抱负，但正所谓东边不亮西边亮，在中国文学史上，唐诗永远都占有一席之地，而唐诗中李白这个名字无论如何是永远不能绕开的。

杜甫对其诗歌有“笔落惊风雨，诗成泣鬼神”之评，赞其“白也诗无敌，飘然思不群；清新庾开府，俊逸鲍参军”。

李白，唐代最伟大的浪漫主义诗人，以其天才般的想象力形成纵横恣肆的文风，那排山倒海的气势，让世人为之惊叹，从而更加衬托出他独有的浪漫、狂放和倨傲达观的性格。

但不无遗憾的是，李白一生未能获得重用，他的政治生命没能被激活，这让他的心中始终存有苦闷之情，而他那豪迈的诗句终究掩饰不住一颗绝望的心。

坊间至今还流传着很多关于李白的故事，他如何不将那些达官显贵放在眼里，总是显得那么超凡脱俗；众多美女对他倾心仰慕，然而他总是将高傲的头颅扬起，不屑理睬那些庸脂俗粉。

很多故事都将李白描绘成了一个圣人，但真实的李白其实并不是这个样子，他是一个意气风发的年轻人，一个怀才不遇的中年人，一个心灰意冷的老年人，一个一生都在无奈中挣扎、宣泄的灵魂。

只有他那首《将进酒》中的诗句，让我们看到了他从未放弃希望的信心：

君不见，黄河之水天上来，奔流到海不复回。
君不见，高堂明镜悲白发，朝如青丝暮成雪。
人生得意须尽欢，莫使金樽空对月。
天生我材必有用，千金散尽还复来。
……

坚守太原

永王李璘的叛乱虽然被迅速平定，但在其发生的过程中牵扯了李亨不少精力，使他不能专心致志地对付安史叛军，甚至让其找到了可以利用的机会。

至德二年（757年）正月，在李亨集中精力对付李璘的同时，身在博陵的叛将史思明联合上党（今山西长治）的蔡希德、大同的高秀岩和范阳的牛廷，四路大军共计十万人马一同进攻太原，企图占领河东地区，进而打通通往朔方、陇右的道路。

驻守太原的李光弼由于精兵强将已经被抽调到李亨那里，所以手下的人马并不多，仅剩下团练（地方武装）不足万人。面对史思明等人四路大军十万之众，当时太原守城的士兵极为恐慌，唯恐城池不保，纷纷向李光弼建议要加固城防，试图据城死守。

面对众人的要求，李光弼并没有正面肯定或是否定，但他心里明白，加固城防并不能解决全部问题，因为太原城方圆四十里，加固城防不仅工程浩大，而且时间紧迫，劳师动众非朝夕可成，估计还没等开工，叛军就已经拍马杀到。

身经百战的李光弼明白，若想守住太原城，单纯的防守一定是死路一条，应该在防守的同时，选择合适的战法，积极主动地捕捉战机进攻叛军，由被动防御变为主动防御。

经过慎重的思考后，李光弼决定除了加固城防，再利用太原当地多黄土的优势，动员城中所有人制作土坯数十万个。对于李光弼的这个想法，当时没有人能理解其中的深意，可是等到叛军大举攻城后，他们才对李光弼的想法钦佩不已。

十万叛军很快就到达了太原城下，在此之前史思明等人已经摸清了李光弼的底细，所以上来二话没说就开始猛烈地攻城。太原城城墙虽然高大，但在攻城叛军的兵燹中，难免会出现破损，这个时候那数万个土坯起了关键作用，哪里有损坏的地方，李光弼让人立即用土坯堵上，由于土坯结实耐用并且运送方便，叛军虽然进攻猛烈，但太原城依然稳如磐石，十万叛军围攻太原城足足将近一个月，但就是破不了城。

随着时间的推移，叛军那“三板斧”的气势开始削弱，双方陷入了拉锯战中。

李光弼明白，太原之围虽然暂缓，但叛军已经将太原围了个水泄不通，自己手中这点人马只有招架之功而无还手之力，时间长了太原城早晚会被叛军所攻占。可是目前又无法指望外部增援，他现在所能做的就是利用目前掌握的资源，使其实现最大化的价值来尽可能地逼退叛军。

在所有的资源中，李光弼最为看重的还是“人”，为此他在军中张榜招贤，哪怕只会雕虫小技的也被选中做自己的参谋，然后根据他们的能力予以适当的使用。在这些人中有擅长制造投石机的，每发射一次巨石能击毙二十多个叛军，攻城的叛军被巨石击中而死伤的达到十之二三。

不过，在这些人中，对李光弼帮助最大的还是三个擅长铸钱的工匠，当然李光弼并不是看重了他们的铸钱本领，而是因为这三个人除了铸钱，还擅长挖掘地道。

随着这三个工匠的出现，李光弼的灵光一现，中国战争史上一种全新的战法出现了，名曰——地道战！

史思明看到太原城屡攻不克，而李光弼更是死守不出战，无奈之下只能派人使出了老得不能再老的方法——骂战，试图激怒李光弼出城与自己决战。

面对史思明的挑衅，李光弼让士兵们协助三个擅长挖地道的工匠，将地道一直挖到城外，那些在城下辱骂挑衅的叛军士兵，在没有任何征兆下，忽然被脚下伸出的一双手硬生生地拖进了地底，叛军中所有人全傻了眼，很快他们就看到太原城头上那些人被斩首示众。

于是，叛军之中开始流传唐军中出现“土行孙”的传闻，许多人走路时都盯着脚下，唯恐被伸出的双手拽进地底，渐渐地搞得人心惶惶。

当史思明得到这个消息后，他的第一反应是大吃一惊，在他二十多年的征战中，从来没见过这种打法，所以一时间有些手足无措，但史思明明白一点，那就是要尽快攻克太原城，否则还会节外生枝。

所以，在第一波猛攻沉寂了一段时间后，史思明下令掀起第二波攻势，这次他甚至让人制造出了一种叫“飞楼”的攻城器械，然后蒙上木幔，修筑土山，试图居高临下攻城。

史思明虽然准备充分，但李光弼似乎并不为所动。就在史思明开始修筑土山的同时，李光弼干脆让三个工匠带领士兵挖一条直通史思明土山工程的地道，结果是史思明的土山工程竣工之日，也是这个工程的崩塌之时。

据史料记载，当时死于崩塌者将近万人，最关键的是由于李光弼的地道战法作战隐蔽，史思明完全找不到唐军的影子，这让他十分郁闷。久攻不下，损失惨重，史思明有些黔驴技穷，只好下令将围城部队后撤几十里，以减轻在军中逐渐蔓延的恐慌心理。

从开始的猛烈围攻到现在叛军的后撤，李光弼的地道战发挥了巨大作用。太原城中的老百姓对李光弼的足智多谋佩服得五体投地，但李光弼却始终保持头脑清醒，他知道太原之围如果不彻底解除，叛军虽然后撤，但时间长了还是难以坚持。

李光弼的地道战虽然让叛军恐慌至极，但并没有产生致命的一击。如何能在地道战的基础上给予敌人致命的一击，或者是利用地道战创造出给予敌人致命一击的机会，这是摆在李光弼面前亟待解决的问题。

事实证明，名将之所以能够成为名将，除了作战勇敢、足智多谋，很重要的一点就是能在战局完全被动的情况下，在看似没有任何翻盘的机会中，寻找出有效的办法，变被动为主动，直至最后的胜利。

李光弼就是这样的人。

在李光弼看来，地道战已经发挥了作用，接下来是要利用地道这个出其不意的通道，来实现主动进攻的机会，为此他想到了诈降。

李光弼的计划是，继续将地道向前挖至叛军后撤之后驻扎的营地地底，在上面留下一层薄薄的土层，从表面看上去和普通的地面没有任何区别，然后以木支撑作为陷坑，派几千人出城诈降吸引叛军的注意力，而城中则埋伏准备出击的几千名士兵，利用叛军准备受降的机会，让敌人纷纷陷落坑中，然后利用叛军营地大乱的机会，迅速出击一举击垮叛军。

当李光弼实施这个计划时，史思明看到李光弼这段时间似乎没有什么动作，他并没有进攻太原，而是在中军大帐仔细思考先前的失败原因，以及未来攻克太原的方法，他距离蔡希德所率的前军还有几里的距离，所以前军准备接受投降的事情，史思明并不清楚。

直到史思明得到前军校尉的急报，说前军大部分士兵纷纷陷落坑中，李光弼率领人马已经杀出太原城时，史思明才知道原来李光弼为自己挖了一个巨大的坑，而自己却浑然不知。

由于李光弼突袭的速度实在过快，等到史思明想组织反击时，前军和中军已经被冲得七零八落，尤其是蔡希德所率的前军基本上已经失去抵抗力量，所以史思明已经没有时间再采取任何应对之策。

他目前只有一个选择，那就是继续撤退。

至德二年（757年）二月十七日，在前后经历了五十余天的艰苦卓绝的战斗后，李光弼取得了太原保卫战的辉煌胜利。在这期间李光弼只在太原城内东南的一个角落里搭了一个小帐幕稍事休息，如果有紧急情况他马上赶去处理，几次路过自己的家门而不入，一直等到彻底打败叛军后的第三天，将各项公务处理完毕后，他才回到自己的家中。

应该说除了英勇善战和足智多谋，李光弼的人格魅力也是太原能够坚守到底的一个重要原因。

太原保卫战可以说是中国战争史上的一个奇迹，李光弼及太原军民的壮举，是中国古代城邑守卫战中“以寡击众，以弱胜强”的著名战例。

李光弼以就地组建的劣势兵力守城，采取加固城防、顽强坚守、创造新型战法和不断寻找战机出战相结合的灵活多变的策略，不仅使十万叛军始终无法攻破太原，最终更给予叛军歼灭性的打击，前后共击毙叛军六万人，扼守住了河东通往朔方、河西、陇右的通道，有效掩护了李亨身在的朔方战略基地。

由于太原一战实在太过重要，当李亨得知李光弼的胜利后，他亲自下诏褒奖，以示荣宠，进封李光弼为魏国公，食实封八百户。

就在李光弼坚守太原的同时，另一位名将郭子仪利用李光弼牵制十万叛军的机会，从洛交出发，一路攻取了冯翊（今陕西大荔），继之挥师向东，直逼河东。

二月二十一日，郭子仪率兵渡河进至河东城下，河东司户韩雯打开城门投降，叛将崔乾祐连夜奔逃到马邑（今山西运城西北）。但马邑守军已经归顺唐廷，崔乾祐没能入城，急急如丧家之犬般地一路向北逃窜，河东地区就此收复。

如果说李光弼坚守太原是为守住通往朔方的要道，那郭子仪进兵河东则是为了清除攻取两京道路上的障碍，更主要的是截断身在长安的叛军退路。

平定河东后郭子仪并没有停止脚步，立即让儿子郭旰及兵马使李韶光、大将王祚率兵南渡黄河攻取潼关。由于当时叛军疏于防守，唐军破关斩将，重新夺回潼关，但安禄山之子安庆绪听到潼关失守后，立即重兵增援潼关，使得郭旰等人大败而回，潼关再次落入叛军之手。

不过，从整体的战局来看，唐军当时虽然还没完全掌握主动，但因为没有丢掉太原和郭子仪不失时机地收复河东，使得唐军不再像最初那样被动，至少和叛军形成了相持局面，甚至大有反攻之势。

就在李亨厉兵秣马，重新集结兵力准备全线反攻，以光复两京时，占据洛阳的安禄山，其内部发生了严重的内讧。

值得一提的是，这是“安史之乱”的一个分水岭，因为在这场内讧中，元凶安禄山落得个身首异处的下场。

第四章

光复两京

元凶授首

自从安禄山占领洛阳之后，在很多人看来他似乎不再是那个最初站在范阳城楼上意气风发的人，从自封皇帝到延迟进攻长安，安禄山似乎有些满足现状不求进取，从客观结果上也给唐朝政府以喘息的机会。李亨正是利用这样的机会，才得以在压力不那么大的情况下，积极重整兵力试图反攻。

然而很多人不知道的是，事实上安禄山迟迟不进兵长安，反而在洛阳做起了“临时皇帝”，并不是因为他没有进取心，而是因为他占领洛阳后，身体状况出了问题。

安禄山早年患有眼疾，自从起兵以来，由于日夜操劳加上精神紧张，使他的眼疾越来越严重，视力亦随之大幅减退，进入洛阳后加上纵情声色过度，使他自至德二年（757 年）开始，双目逐渐失明。

安禄山本就是个性格暴躁的人，无奈因眼疾失明使他的性情变得越来越古怪，不久他又患上了痈疽，发作起来疼痛难忍，这让他更加凶狠暴躁，左右侍从稍不如意，就立即被他辱骂鞭打，甚至被无故残杀，致使人人自危忧惧不安。

由于身体的原因，安禄山在洛阳称帝后，逐渐怠于政事，手下的将领很难见其一面，所有的军国大事悉数委托给他最为信任的谋士严庄。

严庄本是范阳一介书生，后来安禄山招募有才之士充当自己的谋士，严庄应征前往，由于才学俱佳，得到了安禄山的重用。安禄山起兵之前，严庄是力主安禄山起兵反唐的，而且出了不少好计策。安禄山称帝后加封严庄为宰相，虽然严庄深得安禄山的信任，但由于安禄山生病后变得异常暴躁，所以严庄有时也逃不过一顿皮肉之苦，长此以往不仅使严庄与安禄山开始离心离德，而且也让严庄产生怨恨之心，甚至产生杀死安禄山的想法。

很快，严庄找到了机会。

安禄山有个小妾段氏看到安禄山病魔缠身恐有不测，遂想趁安禄山活着的时候，立亲生儿子安庆恩为太子，以图日后把持朝政。安禄山为了讨段氏的欢心，欣然同意了段氏的请求，可问题的关键是安庆恩此时尚且是个襁褓中的婴儿，这让安禄山的另一个儿子安庆绪大为不满。

安庆绪是安禄山的次子，当时已过而立之年，被封为晋王，跟随安禄山起兵反唐一路南下，立有诸多战功，是安禄山所有儿子中最为能干的一个，也是安禄山手下的重要将领和得力助手，他继承了安禄山身上的特质，却是个比他老爹更加心狠手辣的主儿。

安禄山决定立安庆恩为太子，让安庆绪不满之下又生出一种恐惧之情，他不甘心就这样被人取而代之，甚至坐以待毙，而且对手尚且是一个婴儿，安庆绪实在不明白老爹安禄山的脑子里到底少了哪根筋。

安禄山的决定让他和安庆绪之间的矛盾陡然尖锐起来，《新唐书·安禄山传》记载当时其内部是“虽腹心雅故，皆为仇敌”，也就是说看似风平浪静之间，实则蕴含着一场严重的危机。

而这一切当然全被精明的严庄看在眼里。

所以，严庄利用可以利用的一切机会，采取借刀杀人的策略泄私愤，怂恿安庆绪莫失良机除掉自己的父亲，自己取而代之。当然严庄之所以有把握这么做，正是看出了安庆绪是个狼子野心的主儿，为了得到权力，他可以将自己的老爹杀掉。

从后来发生的事实看，严庄的预判十分精准。虽然最初安庆绪有些犹豫不决，但在严庄那“大义灭亲之举”等慷慨激昂言辞的忽悠下，安庆绪最终下定决心干这桩不成功便成仁的买卖。

决心已经下定，接下来则是如何实施的问题，当时安庆绪和严庄一致认为由他们亲自动手不是上策，应该找一个安禄山身边的人充当杀手，这样可以掩人耳目，对外宣称安禄山是暴毙而亡。

想来想去他们共同想到了一个人，这个人是安禄山的贴身宦官，名叫李猪儿。

李猪儿应该不是本名，但谁也不知道这位宦官本来的名字，他从十岁起就开始服侍安禄山，颇受宠信。安禄山因为腹大过膝，每次都是李猪儿用头顶住安禄山的大腹，然后帮他系衣带。或许正是因为过于亲近的缘故，在安禄山失明后性情越来越暴躁时，李猪儿是所有人当中被安禄山鞭打次数最多的人，正所谓记仇不记恩，李猪儿也成为最怨恨安禄山的人。

李猪儿作为一个下等人，本来是不可能有什么非分之想的，杀死安禄山更是他想都不敢想的事情，直到严庄和安庆绪向李猪儿表明了态度，才燃起了李猪儿心中复仇的怒火。

于是一场争权夺利的父子相残、同室操戈的政变由安庆绪、严庄、李猪儿三人发起。

至德二年（757 年）正月初五子夜，在万籁俱寂之时，安庆绪、严庄、李猪儿三人各执兵器悄悄地来到了安禄山的寝宫之外。在此之前为病痛与暴躁的情绪折磨得痛苦不堪的安禄山已经进入梦乡，而且不时发出震耳欲聋的鼾声。把守寝宫的士兵在看到安庆绪等三人到来后，没有提防的心理，放三人进了寝宫，就这样三个人顺利地来到了安禄山的床边。

安庆绪俯身仔细端详安禄山，很长时间以来他都十分敬重自己的父亲，尤其是安禄山决定起兵反唐的时候，他简直对自己的父亲产生了一种近乎于对神的崇拜。但是，今天他为了维护自己的利益，必须不择手段杀掉躺在床上已经奄奄一息的生身之父，虽然此前安庆绪已经下定决心，但当这个时刻真的到来时，他的心不禁猛烈地跳了起来，手心开始出汗。

“晋王！别再看了，我们出去放风，让李猪儿赶快动手吧，如果陛下醒来麻烦可就大了！”严庄低声说道。

安庆绪依旧出神地看着自己的父亲，似乎并没听见严庄说的话，直到严庄拽着他往外走，安庆绪方才回过神来。

就这样安庆绪和严庄携带兵器站在安禄山的帐外以防不测，李猪儿则留在帐内充当杀手。

“啊!”随着帐内的一声惨叫，安庆绪和严庄在帐外清楚地知道李猪儿已经得手，不过正待他们要进去的时候，只见李猪儿满身血污地跑了出来，严庄一把抓住李猪儿低声问道：“怎么样？成功没有?”

“成，成，成功了！不过……”李猪儿一边说着，一边用手指向帐内，严庄顺势望去，只见安禄山摇摇晃晃地走了出来，鲜血和肠子不断从他那肥大的腹中流出，或许是因为李猪儿力道不够，或许是因为安禄山腹部实在过于肥大，以致安禄山在挨了刀后，居然没有立即死亡。

“这一定是家贼所为!”安禄山不愧是曾经的一员猛将，在中刀之后疼痛难忍的情况下神志依然清醒，甚至还不断用手左右摸索，试图寻找兵器以自卫。

面对此情此景，安庆绪和李猪儿已经吓得不知所措，只有严庄依旧保持清醒的头脑，他快步走到安禄山的面前，抽出身上的佩刀，狠狠地向安禄山的脖颈砍去，霎时间鲜血迸出，安禄山犹如一摊软泥，顷刻间倒地身亡。

脸上被溅满鲜血的严庄丝毫没有慌乱，他将佩刀重新插回腰间，回头对安庆绪和李猪儿说道：

“咱们赶紧在他的床下挖个深坑，将他的尸体先埋进去，然后擦干这里的血迹，后边的事情我来办。”

在严庄的组织下，安庆绪和李猪儿协助严庄以最快的速度在安禄山的床下挖了个巨大的坑，然后用毡子包裹好安禄山的尸体，连夜掩埋在坑中，严庄尤其叮嘱内宫的人不要走漏风声，否则格杀勿论。

转天清晨，朝官们依然像往常那样上朝，而严庄也像往常一样率先出来和官员们见面，不过今天和往常不同的是，严庄为大家带来了一个惊人的消息——“大燕”皇帝安禄山病危。

“陛下病危，已经下诏书立晋王为皇太子监国。”严庄一边说着，一边拿出那封他昨天夜里伪造的诏书开始高声宣读起来。

读完后他一把拉过安庆绪坐上了那个宝座，然后带头跪下行礼。

在严庄的妥当安排下，安庆绪就这样坐上了太子宝座，三天后又在严庄的策划下，宣布安禄山驾崩，安庆绪成为“大燕”第二代皇帝。

面对朝臣们的庆贺，安庆绪终于长舒一口气，而严庄在君臣一片欢呼声中，也体会到了复仇的快感。但是在叛军集团内部，或许谁也想不到安禄山的死亡会是一个标志，它仿佛隐约预示着叛军终将败亡的命运，正像王夫之所说的那样：“安史之灭，自灭也，互相杀而四贼夷，唐不能俘馘之也。”

事实上，当李亨听到安禄山死亡的消息后，的确信心倍增，在此不久后，他即开始将自己收复两京的计划付诸实施。

再图进取

几乎就在安禄山内部发生内讧的同时，身在彭原的李亨终于迎来了各路援兵，其中包括陇右、河西、安西以及西域诸胡等数路人马，而且从江淮地区征集的军需物资也从汉水源源不断地运来，如此局势下，李亨决定从彭原移兵离长安更近的凤翔进行最后的反攻准备。

二月十九日，在李亨到达凤翔的第十天，传来了安禄山死亡的消息，这让身在凤翔的所有人击掌相庆，当然最兴奋的人当数李亨。现在军需物资均已齐备，前来增援的人马精神饱满、斗志旺盛，李亨接下来要做的事情就是制订好反攻的战略计划。

当时李泌建议先派安息诸军向东北方挺进，从归州、檀州（今北京密云）南取范阳，以达到直捣叛军黄龙断其后路的目的，然后再集中兵力包围长安、洛阳两京，围而歼之。

从当时整个战局来看，李泌的策略虽然不算最好的策略，但确实可行，因为在援军到来后，唐军首先在兵力上弥补了缺陷，而且安禄山刚刚死亡，这也让守卫两京的叛军人心惶惶，如果切断其归路，定会让两京的叛军更加恐惧，进而削弱抵抗力。

但李泌的策略却遭到了李亨的反对，他认为李泌的策略过于保守，而且也是舍近求远。李亨认为，自己兵力充足，趁着安禄山新亡，不失时机地直接收复两京，会极大激发全国抵抗叛军的信心。

事实上，就李亨个人而言，他提出的这个策略虽非妙计，却能理解。

要知道李亨能够登上皇帝宝座，可以算是临危受命，也可以算是他争取来的，但无论如何这里边都有一个重要的前提，那就是随着李亨登上了帝位，人们也就对李亨产生了很高的期望值。坦白地讲，从李亨灵武即位一直到安禄山死亡这段时间，李亨除了成功平定李璘的叛乱和坚守住太原，似乎没做多少有利于平叛的事情。虽然这里边有种种客观原因，但对于李亨自身来讲，他是要急于证明自己的，之前的陈陶斜之战就是个很好的例子。

那一次李亨因为选错了主将，所以遭到了惨败，当然也有兵力不足的客观原因，而现在援兵已到，在当时来讲，收复两京是证明李亨能力的最好途径，所以他坚持不采取李泌的策略是可以理解的。

或许是李亨太想证明自己了，他并没有静下心来仔细思考李泌为什么会提出这样的策略。

据《资治通鉴》记载，李亨反对李泌的策略后，李泌曾有一大段论述，其大意是，现在唐军主要依靠的力量是西北诸胡的兵力，以他们的能力收复两京不成问题，但西北诸胡人马有个致命的弱点，那就是生性耐寒、畏惧炎热。现在已经进入暮春时节，等到收复两京后就会进入夏天，如果那个时候叛军反攻，西北诸胡人马的战斗力将大大削弱，两京未必能够守住，不如让他们先到北方作战，切断叛军的后路。

应该说李泌思考得很细致，可是在李泌分析之后，李亨只说了一句话，就将李泌的策略彻底否定，他的理由是，朕之所以要先收复两京，是想急着迎回太上皇奉养。

表面看起来，李亨的话很是冠冕堂皇，是一个任何人都无法反驳的理由，但事实上当时李亨的心中隐藏着一个不为人知的秘密。

后世的王夫之曾经一语道破天机，说李亨之所以拒不采纳李泌的建议，是因为他当时迫切想利用收复两京来巩固自己的地位。而产生这样的想法是因为他意识到父皇李隆基虽然退居蜀中，但似乎威信并没有降低，在朝廷和民间都隐藏着重新拥戴李隆基的苗头，并且虽然永王李璘之乱已经平定，但李隆基那个“诸王分镇节制”的命令并没有取消，换句话说，李亨急于赶时间收复两京迎回李隆基，是想将李隆基控制在自己手里，从而达到挟天子以令诸王的目的。

从后来李亨迎回李隆基的表现来看，王夫之的评论还是十分准确的。我们不能否认李亨当时的算盘拨得实在叮当响，不过李亨或许想不到，若干年后正是因为他没有采纳李泌的建议，而致使大唐帝国一直到灭亡为止，河北地区的藩镇之乱一直没有解决，从中我们也可以看出李泌作为战略家的独到眼光。

李亨的反对使李泌不再言语，虽然他当时嘴上并没说什么，但是他心里明白这一次李亨的确丧失了全歼安史叛军、永绝后患的最佳时机，正所谓机不可失，时不再来。也就是从这一刻起，李泌隐藏在心中很长时间的那种功成归隐想法再次涌现出来。

先行收复两京的计划就在李亨的坚持下确定下来，但就在李亨决定反攻之时，叛将安守忠率部进攻武功（今陕西武功西北），兵马使郭英乂与叛军交战不利被流矢射中脸颊败退而归。关内节度使王思礼看到叛军来势凶猛，不得已退守扶风（今陕西扶风）。叛军一路西进至大和关驻扎，距李亨所在的凤翔仅有五十里的距离，李亨得知消息后，命令立即对凤翔城进行戒严。

幸运的是，在安守忠准备继续西进的时候，郭子仪打通了通往河东的要道，安守忠不得已立即回兵自保，才缓解了凤翔方面的压力。

四月初二，李亨任命郭子仪为司空、天下兵马副元帅，让他回师凤翔，准备反攻一起收复两京。不过，让李亨想不到的是，他的想法虽然很好，但因为郭子仪的轻敌，致使李亨一直到至德二年（757 年）八月，才真正开始实施反攻的计划。

郭子仪在接到命令后，于四月十二日率军急速返回凤翔，转天走到三原（今陕西三原）时与叛将李归仁所率领的五千铁骑遭遇。李归仁的这点人马当然对郭子仪形成不了什么威胁，郭子仪当时命令部将仆固怀恩、王仲昇等人率领人马在白渠留运桥（今陕西泾县）设下埋伏，结果将李归仁打得大败，几乎全军覆没，但郭子仪取得胜利后，并没有接着返回凤翔，而是与王思礼会师于西渭桥，旋即进驻橘水西岸，大有直接收复长安之势。

显然，郭子仪对自己的实力过于自信了，甚至没有征得李亨的同意。

安庆绪在看到郭子仪突然到来后，下令让安守忠以及败退而归的李归仁集结人马驻扎在长安西门外的清渠来抗拒唐军，当时双方可谓麻秆打狼

——两头怕，双方相持七天没有战事，可是到了第八天，安守忠率先变招。

第八天的清晨，郭子仪忽然得到安守忠撤退的消息，在郭子仪看来，很可能是长安城内发生了某些变故，犹如先前安禄山的死亡一样。所以在没经过慎重思考的情况下，郭子仪下令全线出击，趁势收复长安。可就在唐军刚刚过了清渠后，发现自己的四周全是叛军，而且是很有规律地不停移动，直到这时郭子仪才意识到自己可能陷入了重围之中。

不过，郭子仪只想对了一半，而另一半却是安守忠当时设计的包围圈很特别，名为九曲长蛇阵。

安守忠在撤退之前，早已经让手下最精锐的九千铁骑盘成长蛇阵形，但这个阵形从平面看上去，丝毫看不出什么端倪，只有坐在直升飞机上向下才能俯瞰到全貌，显然郭子仪做不到这一点。

郭子仪带领唐军钻进了长蛇阵的中心地带，虽然他带领唐军奋力想从四周突围而出，随着叛军长蛇阵的不断变化，唐军往往是顾此失彼，最终安守忠令旗一挥，叛军首尾忽然变成两翼夹击唐军，结果唐军大败，溃不成军，郭子仪奋力拼杀而出，率领残兵败将撤退到武功。

郭子仪战败使得刚刚解除凤翔之围的李亨再次紧张起来，他不得已下令再一次戒严，整个凤翔进入一级战备状态，而郭子仪只身一人赶赴凤翔请罪，被降为左仆射。

清源之败，李亨虽未过多地责怪郭子仪，但从整个战局来看，却让李亨放缓了收复两京的步伐，而且对整个战局产生了不利的影响。

清源之战不久后，叛将武令峋、田承嗣率兵猛攻南阳，已经坚守南阳一年的山南道节度使鲁炅由于城中粮草已尽，被迫弃城南逃，退守襄阳。

南阳的失陷致使江汉地区运输支援凤翔的水路交通线大受威胁。继之叛军又重兵包围颍川，颍川守将程千里虽然拼死抵抗，但由于叛军切断了颍川通往外界的要道，使得身在凤翔的李亨不知道颍川战况如何。

当然，在诸战之中最让人感到惊心动魄和荡气回肠的当数睢阳之战。

血战睢阳

事实上李光弼在太原和史思明、蔡希德鏖战的时候，安庆绪看到打通河东通往朔方的道路并不容易，就下令向江淮方向进兵，意图控制江南通往朔方的水路交通要道，切断唐军军需物资的补给线。

至德二年（757 年）二月十五日，安庆绪命令汴州刺史、河南节度使尹子奇率领妫、檀二州及同罗、奚等部十三万人马进攻睢阳（今河南商丘）。睢阳太守许远得到叛军大兵压境的消息后，吓得急忙向附近的宁陵太守张巡求援，张巡在收到求救信后，当即率兵三千境援睢阳。当时许远的手中只有不到七千人马，加上张巡的三千人，守卫睢阳的总兵力只有不到一万人，而就是这毫不起眼的一万人，在张巡的带领下，面对超出自己十几倍兵力的叛军，展开了一场殊死搏杀。

张巡，蒲州河东（今山西永济）人，年少时就聪敏好学，博览群书，为文不打草稿，落笔成章，长大后颇讲气节，轻财好施，扶危济困。开元末年中进士第三名，初仕为太子通事舍人，因为他不善于巴结权贵，尤其对于杨国忠更是不感冒，所以仕途一直颇为不顺，未能继续升迁。天宝八年（749 年）被外调出长安城，历任清河（今河北清河）、真源（今河南鹿邑）县令。

“安史之乱”爆发后，张巡率众据守雍丘，但由于雍丘县令令狐朝率众投降叛军反戈一击，致使张巡措手不及，在坚守雍丘四个月后，被迫转战宁陵，一直到他接到许远的求救信。

张巡带领三千人马马不停蹄地赶到睢阳后不久，叛军就将睢阳围了个水泄不通。尹子奇命令人马轮番攻城，张巡率先垂范同守城将士一起守城，最多的时候一天击退叛军二十余次的进攻，一连十六天睢阳城稳如泰山，叛军损失了将近两万人。

三月初十，鉴于河东地区的压力，尹子奇从睢阳撤退，张巡暂时得到了喘息的机会。五月尹子奇复攻睢阳，张巡再次击退叛军。从五月到九月，尹子奇来来回回地数次攻打睢阳，但在张巡的正确指挥下，虽然伤亡惨重，但睢阳自始至终没有落入叛军之手。

不过，当郭子仪在清渠战败，凤翔进入全面戒严的时候，睢阳的局势立即急转直下，首先由于睢阳地处中原地区，当时绝大部分地区在叛军的掌控之下，使得张巡虽然很多次缓解了睢阳的军事压力，却无法在当地征得足够的兵丁来补充兵力。所以从三月至九月，守卫睢阳的士兵越来越少，进入十月的时候，守城士兵仅剩下不足六百人。

当时由于凤翔全面戒严，致使睢阳在中原地区更加陷入了孤立，而它的战略地位十分重要，这一点安庆绪心知肚明，所以在清渠之战后，安庆绪趁着凤翔方面自顾不暇时，决定继续向睢阳增兵，试图一举拿下。

面对如此危急局势，张巡和许远不得不将全城一分为二，亲自率兵固守，张巡守东北，许远守西南。而且张巡派出部将南霁云带着三十名骑兵敢死队拼死突围而出，火速赶往临淮求救。此时张巡将全部的希望寄托在南霁云带回援兵，但让他想不到的是身为临淮太守的贺兰进明居然拒不发兵。

“贺兰大人！睢阳已经危在旦夕，张大人让我杀出条血路，前来向大人求救，还请大人即刻发兵！”

这是南霁云见到贺兰进明说的第一句话。

不过，出乎南霁云意料的是，贺兰进明听他说完后，居然表现得很冷漠。

“现在睢阳不知道是个什么情况，恐怕早已经陷落了，即使救兵去了，又有什么意义呢？”贺兰进明故意不慌不忙地说道。

“大人！睢阳如果真的陷落了，霁云情愿以死来谢罪，如果睢阳真的被叛军攻陷，接下来就会轮到临淮，大人应该明白唇亡齿寒的道理啊！”南霁云声音已经开始有些颤抖。

“哈哈！南将军言重了，我久闻南将军的威名，今日特为你备了上好的酒菜，还请南将军不要急着走啊！”

南霁云听出了贺兰进明话中的味道，这分明是在下逐客令，于是他两步上前指着贺兰进明高声说道：

“贺兰进明！霁云从睢阳出来的时候，百姓们已经有一个月没有粮食吃了，如果今日霁云在此享受美酒佳肴，那真是连狗都不如，你身为一方太守自拥强兵，居然见死不救，这难道是忠臣义士的作为吗？”

说到最后，南霁云已经开始哭出声来。

“好了！你在这装什么装啊？天下人谁不知道做官为了什么？哼！”面对南霁云的质问，贺兰进明有些不屑一顾。

但贺兰进明刚刚说完，南霁云当着他的面居然咬断了自己的左手食指。

霎时间鲜血染红了南霁云的整个左手，他忍着疼痛依然慷慨激昂地说道：

“霁云今日就让你知道究竟是谁在装！既然我完成不了张大人交给的任务，那就留下一根手指当作信物回去向张大人复命。告辞了！”

言罢，南霁云将咬下的手指扔在地上，头也不回地转身离去。

在场所有人都被南霁云的所作所为感动，很多人悄悄地流下了眼泪，但他们不知道的是，离开临淮的南霁云将面临生与死的考验。

离开临淮后，南霁云并没有立即回到睢阳，而是前往宁陵，在南霁云看来，即使没在临淮请到救兵，也应该为奋力守城的张巡带回些许人马，所以他选择了张巡曾经待过的宁陵。

让南霁云稍稍欣慰的是，在宁陵他遇到了张巡先前的老部下廉坦，廉坦的手中尚有三千步兵，两个人就这样带着三千人马急速赶回睢阳。

俗话说得好，上山容易下山难，对于南霁云而言，杀出睢阳不容易，此时想要再冲进睢阳更难。距离睢阳尚有五里的时候，南霁云就隐约看到了包围睢阳的叛军，不过他早已经下定决心，即使战死也要为张巡带回去援兵，哪怕只有一个人，也算是南霁云不辱使命。

怀揣这样的一种信念，南霁云和廉坦带领三千人马在睢阳城下和叛军展开了一场血战，虽然最终杀出一条血路，得以进入睢阳城，但由于力量相差实在过于悬殊，导致进城的时候，三千人马只剩下了一千人。

“大人！贺兰进明拒不发兵，末将咬断了手指表明心迹……”

“我明白！南将军辛苦了，即使只有这一千人也是好的。”张巡勉强挤出笑容说道，不过他知道南霁云确实尽力了，求不来援兵只能说睢阳城该有此劫。

“大人！要不末将接着杀出城去，前往凤翔向皇上……”

张巡摆了摆手，他打断了南霁云的话，然后缓缓说道：

“皇上要是能救咱们，早就来了……”张巡嘴中一边说着，一边向城外望去。他的眼神流露出了一丝绝望，这是张巡从进入睢阳起，从没有过的感觉。

……

进入十月以后，睢阳城犹如一座人间地狱一般。由于城中早已经没了粮食，所以百姓们只好吃茶纸，茶纸没了杀马而食，马匹没了就捕捉鸟雀或者四处捉老鼠吃，最终发展成杀掉老弱病残分食，甚至张巡都不得已杀掉自己的小妾让士兵们充饥，但让人敬佩的是，在这样一种极端的恶劣环境中，睢阳城居然无一人投降。

什么是气节？临危之时可以选择生的希望，却坦然面对死亡而不屈无悔，是为气节。

十月初九，在睢阳城中实在挖掘不出任何可以食用的东西后，张巡彻底绝望了。虽然仅剩下的为数不多的士兵依然在抵抗叛军的进攻，但张巡感到睢阳城大势已去，于是他在城头上向西面对凤翔倒地跪拜。

“臣已竭尽全力了，但最终未能守住睢阳城，有生之年不能报答陛下的知遇之恩，死后变作厉鬼也会为陛下杀尽贼子。”

此时的张巡既充满了深情，却又是那么心有不甘。

十月初九夜，坚守了长达十个月的睢阳城，终因寡不敌众而陷落，张巡、许远、南霁云以及仅有的四百名守城士兵尽皆被俘。

睢阳保卫战虽然最终因寡不敌众、粮尽援绝而告失败，但在长达十个月的坚守过程中，睢阳城中的所有人在张巡的率领下前后历大小四百余战，消灭叛军共计八万人，不仅牵制了叛军，而且粉碎了叛军意图长驱直入江淮，夺取大唐物资供应基地的阴谋。最重要的是，叛军在睢阳之战中投入了大量兵力，致使其无力继续西进，从而缓解了凤翔的压力，为唐军后来收复两京赢得了宝贵的时间。

但正是因为上述这些结果，也使得史思明对张巡等人恨到了极点，所以在张巡等人被俘的三天后，史思明下令将他们无情地杀害。

《新唐书》将保卫睢阳的张巡等众将放在了《忠义传》中，其中的评价在我看来十分公允：

> （睢阳之战）大小数百战，虽力尽乃死，而唐全得江、淮财用，以济中兴，引利偿害，以百易万可矣。

李亨在得知张巡等人被害的消息后，心中久久不能平静。他亲自下诏对睢阳保卫战中立下功劳的众将给予嘉奖：追赠张巡为扬州大都督，许远为荆州大都督，南霁云为开府仪同三司、灵州大都督，又优恤其子孙，免除睢阳三年的赋税徭役。同时封张巡之子张亚夫为金吾将军，许远之子许玫为婺州司马，并在睢阳修建祠庙，以不时凭吊张巡等人英灵。

事实上，张巡等人血战睢阳的事迹能够流传到今天，我们还应该感谢一个人，这个人的名字叫李翰，时任监察御史。

在张巡等人被害后，并不是所有人都对他们抱有同情之心，很多人认为张巡死守睢阳不肯撤离是一种愚蠢的行为，与其在城中杀人而食，不如弃城以求东山再起。有鉴于此，李翰专门为张巡撰写了传记呈献李亨，他认为很多人不知道睢阳的战略地位对于大唐帝国的重要性，所以胡乱发表议论。张巡坚守睢阳孤城，是为了保住江淮的物资供应基地，在城内杀人而食，实属无奈，并非张巡的本意，希望皇帝陛下不要听信谣言。

李亨看完李翰为张巡撰写的传记后，下令将张巡等人血战睢阳的事迹写进国史中，以让后世人明晰张巡等人的功勋。

千百年后，当年那场惊心动魄的厮杀早已经远去，但张巡等人表现出的那种赤胆忠心、视死如归的英雄气概却依然被人们称颂，他们那些惊天地、泣鬼神的事迹将千古流芳，永垂青史。

有的人活着，但犹如死了一般。而有的人死了，却仍如活着一样，让人们永远不能忘记。

光复两京

睢阳保卫战虽然最终以唐军失败告终，但由于张巡等人的奋力抵抗，不仅粉碎了叛军南下江淮的计划，更让身在凤翔的李亨喘了一口大气。

郭子仪在清渠的失败，让安庆绪找到了进攻睢阳进军江淮的机会，但他在睢阳投入了过多的兵力，致使无暇再率兵西进顾及凤翔。

事实上，睢阳之战进行得最为惨烈时，客观上也是李亨最为轻松的时候，虽然他无法替睢阳解围，但他却利用睢阳战事颇紧，叛军无暇西顾的时候，决定收复长安。

至德二年（757 年）九月，就在张巡等人血战睢阳的时候，李亨命令唐军主帅广平王李俶和副帅郭子仪率领各路人马出扶风直奔长安，决定以最快的速度趁机收复长安。

九月二十七日，唐军在长安城西四十里处安营扎寨，稍事休整后李俶决定迅速开战。在他的指挥下，唐军在香积寺（今陕西长安县南）以北、沣水以东摆开阵势，前后绵延三十里，宛如一条长龙。

当时郭子仪吸取了此前清渠之败的教训，为了避免第二次遭到安守忠步骑兵夹击，郭子仪特意加大纵深部署，增强侧翼的掩护，以李嗣业为前军，王思礼为后军，郭子仪自己坐镇中军形成首尾呼应。

面对唐军布下的阵势，安庆绪派出部将李归仁率领十万人马出长安城迎战，在唐军北面布下阵势，一场事关双方胜败，甚至是生死存亡的大会战至此正式开打。

及战，李归仁率先出阵挑战，唐军前军在李嗣业的率领下急速冲杀过去应战。李归仁故技重演佯装败逃，将唐军诱至其阵前，然后叛军迅速合围，致使唐军措手不及，一时间阵脚大乱。幸好在危急时刻李嗣业一声疾呼，稳住了阵脚，然后脱下战袍裸露上身，手执战刀一边高呼冲锋，一边杀入敌阵，长刀挥处叛军人马死伤无数。

叛军见到李嗣业勇猛无敌，一时间有些心虚，所以包围圈开始逐渐散开，李嗣业利用这个机会，组织唐军手执战刀排成横队，如一面墙一样，开始向叛军反攻。

在怛罗斯之战中，李嗣业率领的陌刀手，曾经让大食人尝尽了苦头。这一次面对叛军同样不例外，渐渐地，唐军的反攻开始显露出威力，在这些陌刀手的进攻下，叛军开始向后撤退，但李归仁显然并不甘心就此失败，唐军进攻的时候，他下令自己的主力部队向后撤退，尽量不和李嗣业率领的陌刀手进行正面交锋，然后他又下令让埋伏在东侧的骑兵部队从唐军前军的侧面绕到背后，准备突然发动冲击。

事实上，李归仁确实找到了破解陌刀手阵形的办法，但让他想不到的是，他的骑兵刚一开始移动，就被唐军的探马发现。

于是探马急报郭子仪，郭子仪果断下令左厢兵马使仆固怀恩率领回纥精骑，以其人之道还治其人之身，也从叛军骑兵的侧部迅速迂回到其后方突然杀出，结果叛军惊慌失措四散而逃，仆固怀恩几乎全歼叛军的骑兵部队。

在双方骑兵交战的过程中，李嗣业率领陌刀手依然冲击着叛军战线，当得知仆固怀恩的骑兵打败了叛军骑兵后，他下令让陌刀手阵形分成两段，其中一段继续冲击叛军的防线，达到吸引叛军注意力的目的，另一段从侧面迅速绕到叛军背后，与大军前后夹击叛军。

霎时间，战场上万马奔腾，刀剑撞击声不绝于耳，士兵的喊杀声震天动地响彻云霄，这场血战从晌午时分一直持续到夕阳西下，最终以唐军大获全胜告终，共歼灭叛军将近三万人。

这场战役对于唐军而言最重要的不是歼灭了多少叛军，而是在叛军大败后的当天夜里，如惊弓之鸟的叛军守将安守忠、李归仁、田乾真各率本部人马仓皇逃出长安，退保陕郡。

至此，长安再次回到大唐的手中。

九月二十八日，李俶和郭子仪率领各路大军高奏凯歌进入长安，京城百姓倾城而出，箪食壶浆夹道欢迎唐军重新回到这座本应属于他们的城池。这一刻很多人已经等了很久很久，当他们看见唐军那迎风招展的旌旗时，很多人甚至喜极而泣，口中始终重复“不图今日复见官军”的话语。

九月二十九日，重创叛军与收复长安的消息传到了凤翔，李亨知道后高兴得热泪盈眶，当天即派宦官啖庭瑶前往蜀中向李隆基报捷，同时命令尚书左丞裴冕先入长安，告慰诸位先帝并代自己安抚百姓。

唐军虽然收复了长安，但广平王李俶和郭子仪并没有在长安过多停留，经过三天的休整后，他们留下太子少傅虢王李巨为西京留守，率领人马踏上征程，准备乘胜一举收复东都洛阳。

从长安出来后，郭子仪率领前军人马首先攻打潼关，歼敌五千旗开得胜，继而又接连收复华阴（今陕西华阴县）、弘农（今陕西灵宝）二郡。进入十月又攻下武关（今陕西丹凤县）、上洛（今陕西商县）二郡，唐军挟带收复长安的勇猛，一路势如破竹地逼近到洛阳附近的陕郡。

唐军的行进速度如此之快，的确出乎安庆绪意料，还在唐军攻打上洛的时候，安庆绪就已经意识到问题的严重性，丢了长安已经让他很是不爽，无论如何洛阳是必须保住的。为此他急忙征调驻守洛阳的叛军，由严庄率领倾巢而出，与从长安败退过来的安守忠、李归仁等部会师，合力抵抗唐军。

就当时的叛军实力来讲，虽然刚刚丢掉了长安，但防守陕郡的力量并不薄弱，安庆绪派出的人马加上安守忠、李归仁等部的人马，将近有十五万人，所以说唐军这一仗并不轻松。

十月十五日，李俶和郭子仪率领唐军进至曲沃城（今河南灵宝东北），安庆绪得知消息后，命令严庄带领人马主动应战，于是双方在新店（今河南陕县西）展开了一场遭遇战。

新店地势险要，山高壁陡峰回路转，叛军依据这种地势依山布阵，准备和唐军决一死战。

及战，叛军由于居高临下，在唐军刚刚进入山区时，即从山体两侧发起猛烈的冲击。和先前在长安沣水旁一样，唐军开始处于不利境地，尤其是前军士兵死伤无数，不得不且战且退。叛军乘胜下山追击，唐军前军基本上已经被冲得七零八落不成样子。

就在这千钧一发之际，原本在唐军中军侧翼的回纥军忽然绕道南山之下，在叛军的后方排成箭阵，这下让叛军不禁惊出一身冷汗。

回纥部落由于士兵身强体壮，善于骑射，而且骑兵突袭的方式很特别，是唐军陌刀阵的"骑兵加强版"，所以中原的士兵和回纥骑兵交手时从内心会产生一种抵触情绪。

"回纥至矣！"人群中不知道是谁高喊了一声，就是这一声高喊，开始让叛军阵脚大乱，先前对唐军前军的冲击逐渐转变为叛军人马四散惊逃。而唐军这边的郭子仪是绝对不会放过这个有利时机的，他重整唐军人马和回纥军前后夹击趁势大败叛军，严庄、安守忠等人只得率领人马放弃陕郡退守东都洛阳。

对于安庆绪而言，洛阳成了一座名副其实的孤城。

严庄逃回洛阳后，向安庆绪报告了前方的战况，应该说新店之战安庆绪几乎将自己的老本搭了进去，当得知自己彻底血本无归之后，他不禁开始慌乱起来，在他看来，照这种形势发展下去，自己很有可能被唐军围歼在洛阳城里，所以安庆绪决定撤出洛阳城。

留得青山在，不怕没柴烧，这是安庆绪此时最现实的想法。

十月十六日夜，安庆绪见大势已去，遂趁黑夜率领余部从洛阳南门奔逃而出，直往河北而去，在那里他将继续进行最后的殊死挣扎。

十月十八日，唐军成功进占洛阳城，继成功收复长安后，沦陷叛军之手一年零十个月的东都洛阳也重归李唐王朝。

唐军在新店之战中，能够成功反败为胜，回纥援军居功至伟，但天底下没有人会做亏本的买卖，在回纥援军尽力帮助李唐王朝收复两京的时候，他们也提出了条件，他们的条件是两京收复后，大唐要允许回纥援军在两京之内大肆劫掠三天。

先前收复长安后，回纥由于考虑到洛阳还没有收复，所以他们尚且能够收敛。但这一次成功收复了洛阳，他们不再有所顾忌，争相涌进洛阳城进行长达两昼夜的疯狂抢劫，最后在郭子仪的强烈要求下，李俶凑足了锦缎万匹送给回纥，方才止住回纥的抢掠行为。

无论是李亨还是李俶或许都未曾想到，正所谓成也回纥败也回纥，回纥这个名字与藩镇和宦官一样，居然在未来会成为李唐王朝的心腹大患，而且一直持续到唐朝灭亡。

不过，当时在李唐上层决策者看来，即使让回纥兵抢掠一番也是可以接受的事情，尤其对于时刻想证明自己的李亨来讲，毕竟成功收复了两京，这一点比什么都重要。

十月二十三日，李亨率领人马回到了京城长安，很多人本以为李亨会继续扩大战果，向依然占据河北的安庆绪发起最后的进攻，但出人意料的是，李亨并没有这么做，而是在长安城内搞起了封赏。

先是大肆封赏有功之臣，而后便是对回纥的奖赏，全然忘记了身在河北的安庆绪依然具备较强的实力。事实证明，李亨这种贻误战机的做法，又给了安庆绪苟延残喘、重整旗鼓的机会，而唐军在不久后也为此付出了惨重的代价。

功成身退

唐军之所以能在短短的一个月内，以排山倒海之势、雷霆万钧之力重创叛军，接连收复两京，除了前方将士前仆后继英勇作战，叛军内部的混乱也是至关重要的因素，当然最关键的因素还是在于当时身在凤翔的以李亨为核心的唐廷空前稳定。

凤翔朝廷的稳定为收复两京提供了可靠的保障，它不仅避免了当时朝廷内部同室操戈、自毁长城的内耗与纷争，而且也让后方朝野内外同心同德，竭尽所能地支持平叛。

可以说，两京的迅速收复正是这种“合力”所产生的巨大效应。这种效应的产生李亨固然当居首功，但我们依然不能不提到另外一个人，这个人就是李泌。

李泌一出山便利用自己的才智成功保障了广平王李俶的安全，为李俶后来能够继承帝位奠定了基础。李泌不是那种权势欲很强的人，在他刚出山那会儿，就曾经告诉过李亨等到两京收复后有意重隐山林。

只是那个时候由于平叛任务重，李亨没有将李泌的话放在心上，一直到收复长安后，李泌重提旧话，李亨方才重视起来。

至德二年（757 年）九月，当李亨听到广平王李俶与郭子仪收复长安的消息后，他喜不自胜，在欣喜之余他一边让贴身宦官带着自己亲笔写的上表前往蜀中报告太上皇李隆基，恭请太上皇还京，一边急招行军长史李泌回到凤翔。

李亨告诉李泌自己已经派出宦官准备迎回太上皇的消息，而且李亨有意在李隆基回来后，自己重新回到太子位置继续做一个臣子。

但李亨的这种想法为李泌所反对。在李泌看来，太上皇李隆基看过李亨的上表后，一定是不敢回来的。

因为李泌明白，李亨的这种态度虽然很是恭谦，但在太上皇李隆基看来，明显带有一种讽刺。这等于是在说李隆基能够重新回来，完全是李亨的功劳，而且李亨是以皇帝名义写的上表，虽然他现在是皇帝，但面对太上皇的时候，皇帝这个身份还是收敛些比较好。

虽然李亨没有想到这一点，但李泌作为旁观者却是看得十分清楚。

于是，李泌让李亨急速召回已经派去前往蜀中的宦官，然后利用群臣的名义，重新写了一封情真意切的贺表，然后重新入蜀恭迎太上皇李隆基回来。

对于李泌的提醒，李亨心怀感激之情，这件事情办完之后，李亨当晚将李泌留在宫中宴饮并同榻而眠。当夜君臣二人畅谈甚欢，李泌趁着这个机会再次提出了重隐山林的请求，君臣二人由此展开了一番颇为生动且充满玄机的对话。

“陛下！臣现在已经报答了陛下的知遇之恩，臣想要重新归隐山林，恳请陛下恩准。”李泌趁着君臣二人氛围和谐的时候，终于说出了自己的想法。

李泌的请求让李亨有些始料不及，虽然此前李泌曾经提过这件事，但他始终没当回事，今天当李泌再次提出这个请求时，李亨开始不解地问道：

“朕与先生这些年来风风雨雨，患难与共，现在已经到了同享荣华富贵之时，不知先生何故想要离开朕?”

“臣有五条理由不能留下来，所以恳请陛下能体谅臣的苦衷，允许臣离去吧！”显然，李泌早已经考虑好能够说服皇帝陛下的理由。

“哦？五条理由？朕愿闻其详！”

“臣遇陛下太早，陛下任臣太重，宠臣太深，臣功太高，发迹太奇，此五条理由所以臣不能留也。”李泌说完后，翻身下床跪倒在李亨面前。

看到李泌态度如此坚决，李亨明白今夜如果针对这个话题无休止地讨论下去，是不会有任何结果的。于是他伸手试图搀起李泌，然后笑着说道：

“夜已经深了，先生先与朕安歇吧！这件事情以后再谈好吗?”

“陛下现在与臣同床而眠，臣的请求尚且不能答应，日后在朝堂之上臣还敢有所请求吗？陛下如果现在不答应臣离去，这与杀死臣无异！”

李泌没有理会李亨的搀扶，依然跪在地上斩钉截铁地说道。

这下李亨愣在了原地，他没有想到李泌把这个问题看得那么严重，这让他颇为惊诧，于是他长叹一声，感慨地说道：

“没想到先生对朕还有这样的疑心，朕怎么可能杀死先生呢？先生难道真将朕当成只能同患难、不能共富贵的越王勾践不成……”

“陛下！您误会了！”李泌打断了李亨的话，然后抬起头来动情地说道：

“臣正是知道您不能杀死臣，臣才斗胆要求离去归隐，如果陛下真要杀死臣，臣还敢如此直言吗？更何况杀死我的不是陛下，而是那五条理由啊！陛下过去待臣如此之好，臣遇事尚且不能知无不言，言无不尽，何况现在两京已经收复，臣还敢直言吗?”

言罢，李泌重新叩头在地。

李泌的话语让李亨忽然想起此前不久他没有听从李泌先出兵攻占范阳的建议，这可能让李泌有些失落。

“朕明白了，你是不是因为朕没有听从你先出兵攻占范阳的建议，而耿耿于怀?”

“不！臣不是因为这件事，其实臣是因为建宁王李倓的事！”

“建宁王？先生你应该知道建宁王是朕的爱子，在艰难之际立下大功，朕心中有数，可惜他受到小人的教唆，想要谋害广平王李俶，图谋太子之位，朕从江山社稷出发，不得已忍痛除掉他，这些先生都是知道的啊。”李亨的语气似乎开始急促起来。

“陛下！建宁王如果真的想要谋害太子殿下，按说太子殿下应该憎恨他才对，可是每次太子殿下与我谈起建宁王时，都失声痛哭，说建宁王冤枉，现在臣已经下定决心要离开，所以才敢将此事向陛下说明。”

李泌的声音似乎有些颤抖。

“建宁王曾经夜晚偷摸广平王的门，是想要害死广平王的啊！”

“陛下啊！这都是居心不良的奸佞之徒所进的谗言，建宁王孝友聪明，怎么可能做如此不仁不义的愚蠢之事呢？再说陛下过去想任用建宁王为天下兵马大元帅，是我请求陛下任用广平王的，如果建宁王真想谋害广平王，他应当对我恨之入骨才对。但他却认为我这样做是出于对大唐王朝的赤胆忠心，反而对我更加亲密友善，我想通过此事陛下应该看出建宁王的为人了吧！”

李泌说这番话的时候，李亨始终注视着他，从最初的不解到逐渐羞愧难当。

最终，在李泌说完后，李亨忍不住流下了眼泪，显然通过李泌所说的话，他意识到杀掉建宁王李倓是个严重的错误，或许他明白这个错误永远也无法弥补，所以他哭着对李泌说道：

“先生所说的话都非常正确，虽然我现在已经后悔不已，但是既往不咎，我不想再听这件让朕悔恨不已、负疚终生的事了，好吗？”

说到最后，李亨的陈述甚至已经变成了一种哀求。

但李泌似乎并不想结束这个话题，他已经下定决心离开这里，李倓已经被错杀，所以他今天必须利用自己在这里的最后这点时间，去尽量保护已经成为太子的李俶。

“臣今天之所以说出这件事，并不是想咎陛下的过错，而是希望陛下能引以为戒，谨慎处理好将来的政事，以免悲剧重演。陛下应该时刻牢记天后（武则天）在时，对太子李弘和次子李贤的所作所为，尤其李贤还写过一首《黄台瓜辞》，在臣看来，现在陛下已经一摘瓜了，希望未来不要再摘了。”

李泌说这番话的时候，虽然语气不如先前重，但话语的分量却很重。

“朕怎么可能那样做呢？朕会将那首《黄台瓜辞》写在条幅之上，作为警醒自己的座右铭，先生说这样可以吗？”

“陛下只要时刻铭记在心就可以了，不必形之于外！”李泌最终说道。

……

通过君臣二人这夜的对话可以看出，李泌除了表达自己离开朝廷的决心，还利用这最后的机会，让李亨明白杀掉建宁王李倓是个严重错误，最重要的是为太子李俶加了一道保险阀。

他十分明白建宁王李倓已经冤死，李俶虽然暂时没有受到威胁，但张良娣和宦官李辅国依然对他虎视眈眈。李泌坚信通过自己今夜引用李弘和李贤的例子，应该能让李亨受到触动，后来的事实证明，他的目的达到了。

李泌虽然达到了目的，但那夜君臣二人的对话，也使他们之间第一次产生了距离感，李泌明白虽然李亨嘴上始终肯定李泌所说的话，但实际上皇帝陛下的威严已经受损，所以李泌必须尽快离开。

至德二年（757 年），从蜀中传回消息，太上皇李隆基看到群臣所上的奏表后甚为欣慰，决定返回长安。

李亨听到这个消息后不禁喜出望外，一方面他终于证明了自己，另一方面也让当时出现的两个朝廷重新合二为一，但他知道这一切都是李泌的功劳。兴奋之余李亨召见李泌，当众赞扬了他一番，李亨这种及时肯定李泌的做法，不可否认有挽留李泌的意图，但李泌在对皇帝陛下表示感谢后，再次提出了归隐山林的请求。

“两京已经收复，上皇也已归来，我已经报答完陛下的知遇之恩，臣再次恳请陛下准许臣归隐山林。”李泌面无表情地说道。

而且这一次是长跪不起！

事实上，通过那夜君臣二人的对话，李亨已经明白李泌是挽留不住的。所以这次在沉默了一段时间后，李亨上前搀扶起李泌，然后语重心长地说道：

“先生一路珍重，朝廷的大门永远为先生敞开！”

至德二年（757 年）十月十八日，李亨亲自到城外送别李泌，当李泌跪别李亨转身离去的那一瞬间，李亨终于抑制不住，泪水流满了脸庞，那一刻他对李泌有一种难以言说的感情，李泌在他身边的时候，他对李泌并非言听计从，在我看来这也是李泌离别时，李亨心中萌生无尽遗憾的根本原因。

或许人只有在失去时，才能真正懂得珍惜曾经的拥有！

现在，李亨只有寄希望于李泌在未来的某个时刻，能够重新回到自己身边，他会倍加珍惜这位才学之士。然而遗憾的是，一直到五年后李亨去世时，君臣二人再也没有见过面。直到李俶即位后，再次请李泌出山，李泌才重返朝廷。

对于李泌而言，正应了徐志摩的那句诗：悄悄的我走了，正如我悄悄的来；我挥一挥衣袖，不带走一片云彩。

激浊扬清

至德二年（757 年）十月二十三日，在李泌离开长安五天后，太上皇李隆基告别了滞留十五个月的蜀中，在陈玄礼和高力士等人以及六百名禁军士兵的护卫下启程东归。李亨知道消息后，派心腹宦官李辅国带领三千精锐骑兵前往凤翔迎接。

李隆基明白自己虽然是太上皇，但今天能够重新回到长安，全是李亨的功劳，而且李亨现在是皇帝，自己无论如何是不能越位的。为了避嫌，在到达凤翔之前，他让禁军士兵全部卸去甲胄。

十二月初三，李隆基等人抵达咸阳的望贤宫。李亨早已经在那里等候迎接，在李隆基出现的那一瞬间，李亨快步上前伏身跪拜于地，直到这一刻，李亨才真正感觉到什么叫如释重负。

看着跪在自己面前的儿子，李隆基不禁老泪纵横，虽然在此前的很长一段时间内，他和李亨一直处于一种微妙的关系中，但今天自己能够回来，还是仰仗李亨的功劳，而且现在看起来李亨似乎并未把先前的事情放在心上，这让李隆基很是释然，于是他搀起李亨情真意切地说道：

“天数、人心皆归于汝，使朕得养余齿，汝之孝也！”

很长时间以来，李亨虽然坐上了皇位，但坦白地讲他心里并不踏实，一方面源于叛乱依然未平，另一方面也源于他这个皇帝是趁乱上位的，现在李隆基的这句话一出口，才真正地让李亨长舒一口气，直到此时他才认为自己的皇位刚刚合法化。

李隆基一边说着一边将身上的黄袍脱下，亲自为李亨穿上，李亨推辞不过只好穿上，当时被拦在仪仗之外围观的百姓们见到此情此景不禁喜出望外，高呼万岁。李亨见到百姓们群情激昂遂下令开放仪仗，让千余名百姓参拜太上皇李隆基。

对于李隆基而言，他已经很久没有体会到被这种热烈气氛所包围的感觉了，今天应该是具有标志性意义的一天，既是他逃亡岁月的终结，同时也是他安享晚年的起始。

第二天，李隆基和李亨一起启程返回长安，刚进入长安城，便看到从长安城西北的开远门到大明宫的丹凤门那旗帜如林、夹道欢迎的卫队，长安城的百姓全体出动，载歌载舞，欢呼万岁，争相目睹大唐两位最高统治者的威严。

李隆基和李亨在人群的欢呼声中进入了大明宫，登上了含元殿，接受文武百官的朝拜，君臣在此种氛围下相见，无不百感交集，热泪盈眶。

朝拜仪式结束后，李隆基和李亨便前往在长乐殿临时设置的太庙，向列祖列宗谒拜请罪，继而李隆基便离开了大明宫，搬到了兴庆宫居住，从此之后再也没有去过大明宫。

李隆基之所以这样做，是因为大明宫自建立伊始，就是皇帝与百官商议朝政的地方，那里是权力的象征。现在李隆基已经下定决心不再参与政事，所以他必须以最快的速度离开，以免给别人造成国有二主的错觉。

十二月二十一日，李隆基在宣政殿将传国宝玺正式传给了李亨，一个月后又授玉册给李亨，并为李亨上尊号为“光天文武大圣孝感皇帝”。至此，大唐才真正完成了第七代皇帝与第八代皇帝之间的权力交接，同时也代表李亨历经二十年之久的磨难与坎坷之后，终于圆了名副其实、不再有任何瑕疵的皇帝梦。

虽然先前经历过磨难，经历过太上皇李隆基的猜忌和打压，但李亨通过采取隐忍的方式来应对，并寻找有利时机以四两拨千斤的方式策划了马嵬驿兵变。即使在登上皇帝宝座后，也没有野心膨胀，而是想着如何去证明自己才是这个帝国最正确的接班人，并最终给外界“忠厚仁孝”的印象，化解了与太上皇李隆基的矛盾，事实上这对于身处高位的李亨来讲并不容易。

因为人到了一定地位后，依然能够保持心如止水的状态着实不易，但李亨做到了，虽然太上皇李隆基给予他应有的名分晚了一些，但晚来的名分也是名分。

终于结束了流亡生活，重新回到长安的李隆基和李亨父子二人恍如隔世，当然他们明白能够重新回来，君臣上下、朝野内外很多人为此付出了巨大的代价，有的人已经喋血疆场，有的人依然在奋力拼杀，他们用赤胆忠心与热血之躯谱写了惊天地、泣鬼神的永垂青史的壮丽诗篇。所以在完成最高权力交接之后，为了继续激励前方平叛将士奋勇杀敌，以及告慰先前那些为国家英勇献身的英灵，李隆基和李亨父子二人决定对平叛有功之臣大行封赏。

十二月十五日，李亨登上丹凤楼，先是宣布大赦天下，然后对在平叛和收复两京的战争中那些披坚执锐、冲锋陷阵、战功卓著的将帅厚加封赏：

天下兵马大元帅广平王李俶进封为楚王，食实封二千户。

青银光禄大夫、尚书左仆射兼武部（兵部）尚书、同中书门下平章事郭子仪加封司徒、进封代国公，食实封二千户。

银青光禄大夫、户部尚书、同中书门下平章事兼御史大夫、河东节度副大使李光弼升任司空兼兵部尚书，进封魏国公，食实封八百户。

太子太师、豳国公韦见素加封开府仪同三司。

开府仪同三司、内侍监、齐国公高力士食实封三百户。

开府仪同三司、右龙武大将军、颍川郡公陈玄礼进封蔡国公，食实封三百户。

其他将领如仆固怀恩、李嗣业、王思礼等骁勇善战、平叛有功的将领也都得到了封赏。

当然李隆基和李亨父子没有忘记在平叛过程中那些曾经浴血奋战、已经为国捐躯的人，如颜杲卿、许远、张巡、袁履谦、李澄等人，对于这些人当时朝廷除了追赠他们适合的官职，还对其遗孤和家属进行了优恤。

对忠于李唐王朝的臣子，李亨毫不犹豫地进行奖赏，同样对那些自“安史之乱”以来，在血雨腥风、刀光剑影的日子里贪生怕死、叛变投敌、同流合污之徒，李亨在收复两京后，也展开了清算运动。

不过，与奖赏那些有功之士能够形成统一意见相比，对于如何清算或者说清算到什么程度，朝廷内部当时的意见并不统一。

御史大夫崔器和兵部侍郎吕諲认为，按照国家法律，凡是投敌叛国者，应该一律处死。而礼部尚书李峤则认为，应该具体问题具体分析，不能不加区分地一并处以死罪。因为当时唐军虽然已经收复两京，但叛乱并未平定，安庆绪和史思明在河北依然具有很强的实力，如果能够区别对待，无疑会为那些误入歧途但有意回归的人打开一条自新之路。

针对这个问题，两种意见各有支持者，争论了数日之后，李亨还是采纳了礼部尚书李峤的意见。李亨之所以是这种态度，一是出于对平叛大局的考虑，二是因为对张均、张垍兄弟的处理。

张均、张垍是开元时期宰相张说之子，李隆基从长安城逃出来时，本以为兄弟二人会跟着自己一同前往蜀中，但直到出城很长时间后，也没看到兄弟二人，当时房琯告诉李隆基说兄弟二人前往城南取马，看两个人的表情，不像要出城的样子，后来李隆基到达蜀中后才听说张氏兄弟二人已经投降了叛军，接受了安禄山任命的伪官。

李亨之所以想对张氏兄弟网开一面，是因为他始终记得当年张说对自己有救命之恩。前边我们曾经说过，李亨当年还在娘胎的时候，由于太平公主专权，险些被扼杀在母腹中，最终还是张说的几句话，才让李隆基下定决心留住这个孩子。

所以，很长时间以来，李亨对于张均、张垍兄弟始终存有感激之情。即使是在兄弟二人投靠叛军的情况下，李亨也没有产生怨恨之心。

对于如何处置先前投靠叛军的这些人，李亨本心是想分出三六九等的，这样他才能解救张均、张垍兄弟。现在李峤提出的建议正中李亨下怀，所以在如走过场般地争论几日之后，李亨决定采纳李峤的建议。

为此，李亨首先下旨将陈希烈、达奚珣等十八人赐死，却免除了张均、张垍兄弟的死刑，谁都明白李亨内心是个什么想法，所以对于皇帝陛下的做法，群臣没有反对意见。但就在他刚刚要下旨宣布时，太上皇李隆基亲自找到他，说张垍可以免除死刑，但张均绝对不能赦免。

李隆基给出的理由是，张均投靠叛军后，曾经带着叛军大肆捕杀李唐皇室成员，其中更有李隆基的妹妹霍国长公主，以及李亨的诸多亲属。

李隆基在向李亨陈说理由时，说得慷慨激昂，声泪俱下，这让李亨十分为难，最终他同意了太上皇李隆基的建议，将张垍流放岭南，张均赐死。

在如何处理张氏兄弟这个问题上，我们可以看出李隆基和李亨之间的分歧。事实上在马嵬驿兵变后，李亨率众北上灵武之际，父子之间的矛盾就已经不可能再调和，这一点从李隆基下达“诸王分镇节制”的诏令就可以看出。而很长时间以来双方依然能够保持相安无事的局面，是因为彼此都有共同的政治利益的诉求，李隆基需要李亨去平叛，李亨需要在平叛过程中得到太上皇李隆基的认可，而李隆基的认可则代表整个朝廷对自己的认可，李亨心里十分清楚，自己这个皇帝之所以能够发号施令，全是因为李隆基在蜀中坐镇的缘故。

所以这次处理张氏兄弟的问题，事实上是太上皇李隆基有意在李亨面前证明自己依然有威信的表现，这恰恰印证了一句话：外敌退却之时，也就是内斗的开始。

不过，好在安史叛军并没有让刚刚回到长安的李隆基和李亨内斗起来，就在李亨按部就班地实施奖惩时，他们忽然卷土重来，致使帝国山河再次陷入战乱之中。

第五章

烽烟再起

卷土重来

唐军重新夺回洛阳后，安庆绪率领残部退守邺郡（今河南安阳），同时改邺郡为安成府，改年号为天成。当时追随安庆绪逃到邺郡的骑兵不过三百人，步兵不过一千人。其后不久，先前战败的蔡希德、田承嗣各率本部兵马从四面八方赶赴邺郡和安庆绪会合。

安庆绪虽然丢掉了洛阳，但撤退到邺郡后，由于河北地区的唐军力量相对薄弱，所以安庆绪向东急速扩充自己的势力，不断拉壮丁扩充人马，人数曾经达到六万人，控制着除邺郡之外的平原、清河、博平等六十多座城池，军队的声势一时复振。

但或许因为丢掉洛阳，让安庆绪内心产生了极度的失落之情，在短暂的恢复势力后，安庆绪犹如急速坠落的流星，开始倦怠政事，热衷大兴土木，修建宫殿亭台供自己享乐，自此开始，安庆绪深居宫中很少过问政事。

安庆绪的这种做法，让当时叛军中不少野心家找到了实现野心的机会，例如，大臣高尚和张通儒当时就十分专权，而大将蔡希德因为性格刚正、直言不讳，不满高尚和张通儒的专权，所以被高、张两个人联手向安庆绪进谗言置于死地，其部众数千人全部离军而逃。

也就是从此时开始，“安史之乱”的“安”时代已经渐渐没落，取而代之是“史”的时代开始到来。

在安禄山死后，史思明以妫川王的身份镇守安禄山的老巢范阳。安庆绪兵败洛阳后，其大将李归仁率领曳落河、同罗、六州胡等精兵数万人准备逃回范阳，史思明闻讯后，立即布置重兵进行防备，生怕李归仁抢了范阳这块地盘，并采取软硬兼施、恩威并举的策略招降了李归仁的曳落河、六州胡部落精兵，只有同罗拒不纳降，史思明大怒之下发兵攻打同罗，同罗抵挡不住逃回了本国，自此史思明将河北北部的十三郡牢牢地控制在自己手里，其实力完全超过了安庆绪。

面对史思明势力的急剧膨胀，安庆绪产生了极度的恐慌之感，在他看来，此时安史叛军已经不再是铁板一块，而是形成了他和史思明两大阵营对抗的局面，而且史思明目前的实力已经超过了自己。

为了剪除史思明这个伏在自己身边的老虎，至德二年（757 年）二月，安庆绪派遣大将阿史那承庆、安守忠率领五千精兵，以征调史思明的部队为名前往范阳，伺机偷袭史思明，以根除心腹大患。不过，老奸巨猾的史思明早已经看透安庆绪的真实意图，于是将计就计在迎接阿史那承庆和安守忠时，趁机连哄带骗地解除了其部众的武装，然后在欢迎宴会上将阿史那承庆和安守忠逮捕投进了大狱之中。

史思明的这种做法表明了他已经和安庆绪正式决裂，仔细分析当时的形势，客观地讲对史思明并不有利。他不仅要面对来自安庆绪的威胁，更要面对来自唐军的压力，虽然从地理角度而言，安庆绪比史思明更容易遭到两面夹击，但以一敌二终究是不利的。

时任范阳节度使判官的耿仁智就为史思明分析了其中的利害关系，他认为史思明之所以起兵叛唐，无非是看到了当时安禄山有成功的希望。但随着时间的推移，安禄山已死，安庆绪也丢掉了两京，而唐军却大有平定叛乱的决心和实力，所以他劝史思明不如弃暗投明，重新归顺唐朝。

史思明经过仔细的思考后，同意了耿仁智的建议，立即派部将窦子昂奉表入长安，同时率领十三郡共计八万人马归顺了唐朝。

面对史思明的突然易帜，当时身在长安的李亨大喜过望，他没有追究史思明先前所做的一切，而是立即册封史思明为范阳节度使，并对其七个儿子逐一加官进爵，又派宦官李思敬和随同窦子昂一同前来的乌承恩前往范阳宣旨，命令史思明即刻统兵讨伐安庆绪。

按说史思明归顺大唐本来是件好事，但当时唐廷内部很多人对于史思明这种态度产生了怀疑，这其中既有很多势利小人，也有建立诸多功勋的名将。

李光弼就是其中典型的一个。

在史思明刚刚宣布归顺唐朝时，李光弼就不断上疏李亨说史思明人面兽心，是个反复无常的小人，今天归顺，明天就有可能重新造反。所以此人绝不能留，希望李亨能够早日除掉这个祸害。

我们知道李光弼和史思明曾经交手不少，太原之战中要不是李光弼战法得当，恐怕早已经被史思明打得去见了阎王，所以李光弼的建议不排除有泄私愤的可能。可问题的关键是李亨的确动心了。

在以李光弼为首的“倒史”派的不断劝说下，李亨派出快马为前往范阳的宦官李思敬和乌承恩送去密旨，让他们到达范阳后伺机除掉史思明，许诺事成之后加封乌承恩为范阳节度使。

就这样，李思敬和乌承恩改变了初衷，带着皇帝的密旨，开始了一段并不成功的范阳之旅。

之所以说不成功，是因为不仅没有除掉史思明，反而让史思明再度反叛，使得平叛的形势更加严峻起来。

而坏事者正是那个不起眼的乌承恩。

乌承恩是平卢军使乌知义之子，曾经做过信都太守，而乌知义当年曾经是史思明的老上司，颇为信任史思明。后来哥舒翰丢掉潼关，乌承恩投降了史思明，史思明念及旧恩收容了乌承恩，等到安庆绪兵败逃到河北，乌承恩积极劝说史思明重新归顺唐朝，当时叛军中不少人见大势已去，纷纷想改旗易帜，而乌承恩就是其中之一。

史思明派遣部将窦子昂进京上表时，乌承恩一同随从前往长安。坦白地讲，这是乌承恩梦寐以求的事情，一直到他在前往范阳的路上接到李亨的密旨后，乌承恩觉得自己建功立业的机会来了。在他看来，皇帝陛下将除掉史思明的任务交给自己，的确是慧眼识人，因为自己是史思明颇为信任的人，他坚信史思明无论提防谁，也不会提防自己的。

然而事实证明，乌承恩低估了史思明的智商。

到达范阳后，乌承恩和李思敬首先宣读了李亨的圣旨，但其态度上让史思明总是感觉有些诡异，原因是乌承恩前往京城之前，对自己可谓毕恭毕敬，但这次回来后感觉像变了一个人，变得有些陌生和隔阂。

生性多疑的史思明从细节处查觉到了乌承恩的变化，为了以防万一，他命令部下将乌承恩住处的床用帷帐裹了起来，然后让亲信躲在床下监视乌承恩的一举一动。

为了打探到乌承恩此行来范阳的真实目的，史思明让自己帐下的乌承恩之子前去看望自己的父亲，史思明十分明白，父子之情是可以让乌承恩知无不言言无不尽的，更何况乌氏父子是久别重逢。

事实证明，不出史思明所料，乌氏父子见面后格外激动，嘘寒问暖过后，渐渐转入正题，乌承恩将自己此番来范阳的真实目的全部告诉了儿子，当然这一切也被藏在床下的史思明亲信听了个正着。

于是，史思明下令将乌承恩的住处围了个水泄不通，乌承恩虽然竭尽全力想要逃跑，但终究寡不敌众而束手就擒。

在史思明的严刑逼供下，乌承恩说出了全部实情！

当乌承恩说完后，史思明并没有表现出过多的愤怒之情，相反却失声痛哭，我们不能否认史思明归顺唐朝的诚心，但或许他没有想到，在那个特殊时期，一日为贼，终生都难以翻身，更何况他差一点毁掉了大唐的江山。

“臣以十三万之众归顺朝廷，何负陛下，而欲杀臣？”

史思明痛哭过后，边向西跪拜边自言自语般地大声发问，然后他下令将乌承恩父子杖毙在自己面前。

也就是从这一刻开始，史思明下定决心，今后和大唐彻底决裂，即使将来身首异处，也决不反悔。

史思明的二次反叛虽然是因乌承恩坏了整个计划，但乌承恩毕竟是执行者，而身在长安的决策者李亨负有不可推卸的责任，或许李亨的内心也并不赞同李光弼所说的建议，但平定叛乱需要李光弼这样身经百战的人，李亨错就错在把军事上的事情试图用政治手段去解决，结果是适得其反，更何况史思明不是个容易骗的人，派出乌承恩这样的小角色出手对付他，那简直是马路上发传单——白给。

在逮捕乌承恩后，史思明迅速囚禁了宦官李思敬，然后伪造了李光弼给乌承恩的密信，自己全当不知道是李亨的意图，上疏请求李亨诛杀李光弼。

李亨看完奏疏后，知道事情已经隐瞒不住，于是将全部责任推到了乌承恩的身上，说乌承恩是一派胡言，这绝不是朝廷的意思，现在杀掉乌承恩实在是除去了一大害。

可怜的乌承恩就这样做了冤死鬼，李亨本以为这样能自圆其说，会瞒过史思明的。但史思明刚刚看完他的书信后，另一封朝廷处决投敌官吏罪状的文书，摆在了史思明面前。

当看到陈希烈、达奚珣、张均等人都被处死之后，史思明不由得惊出了一身冷汗。

"陈希烈等人都是朝廷的大臣，皇上不顾他们的死活逃往蜀中避难，而到头来他们也难逃一死，更何况我们这些追随安禄山反叛的人，今日反也是死，不反也是死，不如和大唐拼个你死我活，或许还有活路。"

史思明一边对手下人说着，一边用拳头狠狠地砸向了桌面。

终于，他下达命令，十三万大军从现在开始重新对大唐宣战。

一时间，平叛的形势再次陷入了严峻的局面，摆在李亨面前的是一个难以收拾的烂摊子！

邺郡之战

史思明二次叛唐的消息传到长安城后，李亨对自己没有坚持立场的做法懊悔不已。但他知道事已至此，懊悔并不是解决问题的办法，所以在详细梳理自己的思绪后，决定首先从离自己最近的安庆绪下手，拔掉这颗眼中钉，然后再剑指北方的史思明。

乾元元年（758 年）九月，在收复长安将近一年后，李亨决定出兵攻打占据邺郡的安庆绪，他命令朔方节度使郭子仪、淮西节度使鲁炅、兴平节度使李奂、滑濮节度使许叔冀、镇西北庭节度使李嗣业、郑蔡节度使季广琛、河南节度使崔光远以及平卢节度使董秦等率步兵二十万为主攻部队；同时命河东节度使李光弼、泽璐节度使王思礼率领所部辅助进攻。

在出征之前，李亨担心郭子仪和李光弼都是元勋功臣、资历相当，恐怕难以相互协调统领，所以对本次出征没有设统一的指挥元帅，只派出了对军事一窍不通的宦官鱼朝恩担任观军容宣慰处置使，以监督协调全军。

李亨作为平叛最高指挥者，很长时间以来对安禄山拥兵太重尾大不掉因而反叛心有余悸。这种惨痛的教训让他本能地对各个节度使并不能完全放心，而且李光弼和郭子仪资历相当，无论用谁做主帅，只能会引起另一方的忌妒和不满，从而不利于整个战局，所以李亨想出了让宦官监军的点子。

宦官监军制度，从唐朝建立开始即有，但设立观军容宣慰处置使这个职位，却是从李亨开始。对李亨来讲，扩大宦官权力来节制各军，是一种无奈的做法。但李亨并没有看到，他的这种安排完全是一种维护自己私利的做法，我们先不说宦官鱼朝恩的为人如何，通过后来的事实证明，单是群龙无首、群将无帅这一点，就让唐军在邺郡之战中付出了惨重的代价，进而严重阻碍了整个平叛战争的顺利进行。

十月初五，郭子仪率兵自杏园（今河南汲县）北渡黄河，进逼获嘉（今河南获嘉），经过一番强攻，击败叛军安太清部，顺利拿下获嘉。十月初七乘胜向卫州进逼。与此同时，鲁炅率部自阳武（今河南原县），季广琛、崔光远各率本部人马从酸枣（今河南原阳东北）分别渡过黄河向卫州挺进，同李嗣业所部在卫州城下与郭子仪顺利会师。

当时安庆绪见卫州城下大军云集，如果卫州失守，那么邺郡危在旦夕，遂决定倾巢出动孤注一掷，率领七万大军分三路星夜驰援卫州。面对安庆绪来势汹汹，郭子仪立即采取对应之策，一方面派三千弓箭手埋伏在军中，另一方面亲自带领三百名步兵主动迎击安庆绪。及战，郭子仪假装败退，将安庆绪的中军引入弓箭手的埋伏圈内，然后下令左右开弓，安庆绪大军遂阵脚大乱，溃不成军。郭子仪趁势率部追击，擒杀安庆绪的弟弟安庆和，唐军一鼓作气攻克卫州，安庆绪不得已败退邺郡。

十月十五日，李光弼、许叔冀、董秦、王思礼以及河东兵马使薛兼训皆率兵赶到，唐军九大节度使形成了对邺郡的合围之势。

安庆绪在如此危急之时，实在想不出什么有效的对敌之策，他明白如果自己硬着头皮出城应战，那绝对是以卵击石。但就此缩在城里也不是个办法，于是他只好厚着脸皮派部将薛嵩杀出重围向身在范阳的史思明求救。

安庆绪担心此前的过节会让史思明见死不救，所以薛嵩临别之际，安庆绪叮嘱薛嵩，一定要告诉史思明，如果他来相救，自己可以让出皇位。

事实证明，安庆绪的这个承诺是十分有效的，让出皇位这个条件对于史思明来讲是十分具有诱惑力的，也是他梦寐以求、朝思暮想的，更何况史思明已经发誓和大唐彻底决裂，不可能再走回头路。

面对安庆绪的求救，史思明没有犹豫，并答应立即发兵十三万南下援救。但狡诈的史思明见到唐军兵强马壮，并不想一上来就做冤大头，毕竟安庆绪只是口头许诺，而且他也不想重蹈安庆绪兵败的覆辙。所以他并没有贸然前进，只是派部将李归仁率领一万人马作为先头部队驻扎在邺郡之北的滏阳（今河北磁县），与安庆绪形成遥相呼应之势。

此时，唐军因为没有统一的指挥者，崔光远看到叛军在魏州兵力薄弱，于是擅自脱离合围邺郡的唐军，率本部人马攻克魏州（今河北大名）。史思明看到魏州虽然被攻陷，但崔光远立足未稳，兵力单薄，于是在十一月十七日决定分三路兵马围攻魏州，试图效仿当年孙膑的“围魏救赵”之计替安庆绪解围。

十一月二十九日，崔光远在奋力坚守魏州城十三天后，终因寡不敌众撤出魏州逃往汴州。史思明占领魏州后，杀死城中百姓将近三万人，虽然从整个战局来讲，一城一地的得失并不一定影响或改变整个战局，但由于魏州位于邺郡之东，史思明可以从邺郡的东、北两方对唐军施加压力，从某种意义上牵制了唐军对邺郡的围攻，使其无法做到全力以赴，速战速决。

最关键的是，唐军无统一节制的弊端至此开始显现出来，真正的大仗还没有打，已经损失了崔光远一路兵马。

史思明攻陷魏州后，并未乘胜挥师，而是按兵不动，甚至在乾元二年（759 年）正月初一，筑坛于魏州城北，祭告天地，自称“大圣燕王”。面对史思明的这种做法，唐军内部很多人认为史思明失去了进取之心。而李光弼却认为这是史思明在麻痹唐军，应该趁着唐军势众一举拿下邺郡，只要邺郡一破，史思明必定孤立无援，唐军进而合围，必能平定叛乱。

应该说身经百战的李光弼头脑还是十分清醒的，他的计策也确实是各个击破安史叛军的万全之策，但这个计策却遭到了监军宦官鱼朝恩的反对，鱼朝恩的理由是，魏州新败，唐军应该休养生息以利再战。

鱼朝恩作为监军宦官，虽然不具体指挥打仗，但是有在皇帝面前弹劾九大节度使的权力，所以他一开口，很多人不再言语。从乾元元年（758年）九月一直到乾元二年（759年）的四个月里，唐军数十万大军在鱼朝恩的干预下，居然在邺郡城外和安庆绪形成了对峙局面。当时也有人不听鱼朝恩的指令，独自率兵攻打邺郡，这个人就是镇西节度使李嗣业。

可事实证明，李嗣业虽然陌刀使得好，但正所谓乱拳打死老师傅，急躁之下的李嗣业在攻城中不幸被流矢击中，当即阵亡。

四个月的时间，九大节度使居然在邺郡城外寸步难行，而且还损失了崔光远、李嗣业两路人马，这让郭子仪和李光弼等人十分难堪，更让远在长安的李亨十分不满意。为此李亨下诏要求围攻邺郡的各路人马要同心协力，尽全力拿下邺郡，早日凯旋。在我看来这也只是李亨的一种美好愿望，因为接下来发生的事情让他可谓哑巴吃黄连——有苦说不出。

郭子仪等人接到皇帝的诏书后，下定决心要拿下邺郡，为此他们商议改变进攻方式，在邺郡城外驻垒二道，挖壕三重，准备堵塞漳河水淹邺郡。最初的效果十分不错，邺郡城中的井泉漫溢，城中的守军只好构栈而居。安庆绪从冬天一直坚守到春天，虽然艰苦异常，有时一只老鼠都能卖到四千文钱，士卒们甚至用水淘墙土中的麦秸和着马粪喂马，很多人虽然想出城投降，无奈水深阻碍无法出城，所以只能坚守待援。

对于唐军来讲，其实这本是个绝好机会，但其内部都认为邺郡很快就会被攻克，所以产生了骄傲松懈的情绪。从水淹邺郡以来，唐军没有组织起一次有效的全力围攻，各路人马都是单打独斗，这样就使兵力完全分散，反倒是安庆绪集中优势兵力，打退了很多次唐军的小波攻击。

围城四个月，依然未能奏效，这不禁让唐军士兵开始显出疲态，战斗力无形之中受到了很大的削弱。史思明抓住这个机会，上演了一出咸鱼翻身的好戏。

唐军包围邺郡的四个多月中，史思明始终处于一种观望状态，看到唐军迟迟不能拿下邺郡且逐渐出现疲态，史思明决定开始向唐军出手。

乾元二年（759年）二月，史思明率兵从魏州向邺郡进发，在距离邺郡五十里处安营扎寨，然后精选五百名骑兵，每天前往邺郡城下骚扰唐军，如果唐军和他们交战，这些人就飞速地撤回自己的营中。唐军前边要围困邺郡，后边要提防史思明的骚扰，这种“敌进我退，敌疲我扰”的策略，让本就疲惫不堪的唐军更加雪上加霜。

唐军劳师远征，最为重要的莫过于军需物资的供给线畅通无阻。由于“安史之乱”的爆发，唐军的物资补给绝大部分从要从江淮地区运来，而史思明占据的地方正好是通往江淮的要道，要说史思明切断了唐军的生命补给线一点也不为过。

所以，摆在唐军面前的是要速战速决！

为此，郭子仪、李光弼等人不顾宦官鱼朝恩的阻挠，决定无论如何也要在三月的时候结束这场战役。

三月初六，唐军以步骑数十万，布阵于邺郡北边的安阳河之北。史思明亲率精兵五万前来交战，最初唐军误认为这是一股流动部队，所以产生了轻敌之心。没想到史思明却来了个猛烈的冲击，唐军猝不及防死伤甚众，淮西节度使鲁炅中箭负伤，郭子仪率军负责押阵，还没来得及上前接应，忽然狂风大作，霎时间天昏地暗，即使咫尺之隔，也无法分清敌我，双方无奈之下只得各自退兵。郭子仪为了确保东都洛阳的安全，下令砍断河阳桥，然后向南撤退。

由于唐军无统一节制，不仅在战场上吃了败仗，就连撤退都是一团乱麻，各节度使率领本部人马争相向南撤退，兵士沿途大肆抢劫掠夺，胡作非为，只有李光弼和王思礼的人马纪律较为严明。

唐军在无组织、无纪律一团草式的撤退下，到了洛阳城的阙门方才停下脚步，商议该往何处去。当时很多人认为唐军新败，士气低落，不如暂时放弃洛阳，退守陕州和蒲州。但都虞侯张用济却认为陕州和蒲州军需物资极度匮乏，应该坚守河阳，只要唐军各路人马团结一致，打败叛军并不是件困难的事情。

最终在郭子仪和李光弼的支持下，唐军决定退守河阳以利再战。

事实证明，张用济只说对了一半，退守河阳是正确的，但无论如何唐军在无统一节制这种建制下，是不可能做到团结一心的。

乾元二年（759 年）三月十八日，唐军退至河阳，此后的半年时间里，唐军和叛军没有再进行过正面交锋。倒不是因为双方都无心恋战，而是因为邺郡之战后，史思明和安庆绪再次发生了内讧。

内讧

史思明得知唐军撤退的消息后，就于沙河（今河北邢台）整顿兵马，驻扎在邺郡南面。在此之前，安庆绪曾经出城收集了唐军撤退时留在营中的约六七万石粮食。有了这些粮食垫底后，安庆绪充分发扬“用人眼朝前、不用人眼朝后”“提起裤子不认账”的精神，关起邺郡城门防备史思明前来。可安庆绪手下的大部分人都认为这种做法并不妥，原因是安庆绪目前的实力是无法和史思明对抗的。

当时很多人都劝说安庆绪不要背信弃义、以卵击石，有的甚至主张应该打开城门迎接史思明进城。安庆绪见到众意难违，便让部将张通儒和高尚出城前往史思明的大营登门拜谢。史思明的态度十分殷勤，他让张通儒和高尚回去转告安庆绪，说自己这次援救邺郡，绝不是为了什么私利，希望安庆绪不要有什么顾虑，今后愿意和安庆绪一同对付唐军，绝不背弃。

张通儒和高尚临走的时候，史思明表达了想约安庆绪屈尊前来营中叙旧的想法。

张通儒和高尚的智商显然达不到史思明的水准，但安庆绪则不然，当他知道史思明约自己前去叙旧的时候，他不禁眉头紧锁，恐惧之感油然而生。

安庆绪清楚地知道，阴险狡诈的史思明约自己前去，绝不是为了叙旧，其险恶的用心昭然若揭，其营中虽然不是龙潭虎穴，但也是杀机四伏，凶多吉少。但安庆绪同样明白史思明的实力过于强大，如果生硬地回绝，恐怕后患无穷，所以思前想后，他现在唯一能做的就是一个字——拖。

就这样安庆绪在不安与恐惧之中将此事拖了三天，但正所谓躲得过初一，躲不过十五，该来的总会来的。

史思明度日如年般地等到了第三天，但望眼欲穿的他却不见安庆绪给个回话，安庆绪的这种不回应态度，让史思明意识到安庆绪有可能看穿了自己的意图，所以他准备变换策略，大打“人情牌”，让安庆绪曾经的部将安太清再次邀请安庆绪前来，史思明坚信，面对安太清的邀请，安庆绪无论如何也不可能再回绝。

安太清本来身在范阳，是安禄山手下的一员猛将，史思明进驻范阳后，安太清为了顾全大局将自己的人马交给了史思明，并跟随史思明南下援救邺郡，史思明这次派安太清出马，也是看中了他的特殊身份。

在史思明看来，很长时间以来安太清都跟随在自己身边，而且安庆绪已经是江河日下，安太清应该明白跟着谁会有前途。所以这次安太清出马，他是一百个放心，他坚信在安太清这颗棋子的“引诱”下，不愁安庆绪不走出邺郡。

然而让史思明想不到的是，安太清虽然十分清楚两家的实力谁更强，但他更是个有良心的人，见到安庆绪后，他并没有采取史思明的方法引诱安庆绪出城，而是实实在在地告诉了安庆绪现在是个什么处境，以及接下来要面对的局势。

最后安太清的结论是，安庆绪如果想安度余生，现在必须向史思明俯首称臣！

可以说安太清的话让安庆绪彻底绝望，遥想父亲安禄山在范阳起兵之时，是何等的威武壮观，此后又连败唐军，进占两京。可是自己那不可遏制的野心，使他做出了违背人伦的决定，将自己的父亲杀害，进而局势开始急转直下，以致自己今天的处境如此尴尬和危险，这不禁让安庆心生恍如隔世之感。

事已至此，安庆绪决定听从安太清的建议，亲自给史思明写了一封上表，表示自己愿意称臣，并愿意等待史思明休整好人马进入邺郡，献上皇帝印玺。

安庆绪本以为自己的屈服会换来史思明的同情，但恰恰相反，在史思明看来，安庆绪奉玺让位已经是无可争议，他现在想要的东西不是这些，而是安庆绪肩膀上的那颗人头。

所以在看完安庆绪的上表后，史思明只是淡淡说了句意味深长的话：

“这又是何必呢？”

安庆绪的屈服并没有让史思明领情，为了让安庆绪自投罗网，史思明可谓绞尽脑汁。虽然他并不领情，但他也没有生硬地回绝安庆绪，因为狡诈的史思明看到了这反而是个更好的机会。

思虑再三后，史思明给安庆绪回了封亲笔信，信中除了安慰安庆绪，在信的最后还写了下面这句话：

愿为兄弟之国，更作藩篱之援，鼎足而立，犹或庶几，北面之礼固不敢受。

准确地说，这是史思明的一个阴谋，要想让安庆绪从邺郡城中心甘情愿地走出来，就必须让他消除一切防备。史思明坚信安庆绪看完这封回信后，一定会上当受骗。

安庆绪，我相信你看完信的时候，你的性命也已经开始进入了倒计时。

当史思明的回信摆在安庆绪面前的时候，他未免心中忐忑，因为他不知道信中会是什么内容。在他看来，以史思明的秉性和为人，这恐怕会是一封宣战书。

所以，他打开信封的手是颤抖无力的。

可是当他读完信后忧怀顿释，欣喜之情溢于言表，尤其看到最后几句话时，他彻底否定了自己先前对史思明的“偏见”，当即决定要与史思明歃血为盟，永结盟好，并派人回复史思明三天之后自己出城前往对方大营叙旧。

三月二十五日，安庆绪带领三百名亲兵如约出城，赶往史思明的营地，慎重的史思明在自己的帐幕内安排了诸多刀斧手以防不测，然后率领护卫亲自迎接安庆绪的到来。

双方最初见面时，也的确是一团和气，但在进入史思明营帐之前，史思明将跟随安庆绪前来的三百名亲兵，用一种很合乎礼节的方式请到了其他营帐之中，和安庆绪一同进入的只有几名随从侍卫。

“臣没有顶住压力，弃失两京，久陷重围，没想到大王念在和太上皇（安禄山）的情分上，虽然远在范阳，也丝毫没有犹豫地赶来救援，让小臣转危为安，臣万死无以报答大王。”

刚刚进入营帐之内，安庆绪一下子跪倒在地，诚恳地对史思明说了上述这段话。他本以为史思明听了这番话会感动不已，没想到他刚一说完，史思明翻脸比翻书还快地大声呵斥道：

"哼！弃失两京，你还有什么要说的？你身为人子，却杀死自己的父亲夺取其位，是为天地所不容，我为太上皇（安禄山）讨贼，岂能受你的蛊惑?"

"我……"安庆绪被这突如其来的变化彻底惊呆了，他没有想到刚才一脸和气的史思明，此刻会如此对待自己，但更没让他想到的事情还在后边。

"来人！将安庆绪这个天理不容的人拉出去斩首!"

"大王，你不能……"

安庆绪一边说着，一边要站起来和史思明理论。他身边的几名亲兵见状刚要拔出剑来抵抗，就被早在帐幕中埋伏的刀斧手冲出来砍翻在地，然后这些人用刀剑架在安庆绪的脖子上，阻止其靠近史思明。

"原来，原来，你早有准备!"安庆绪用手指着史思明，声音颤抖地说道。

"皇位早已经是我的了，还用得着你来让，我要的就是你项上这颗人头。"史思明很是得意地说道。

最终，违背天良弑杀生身之父的安庆绪，得到了他应有的下场。虽然惩罚他的是另一个具有狼子野心的人，但无论如何，安庆绪的结局真切地告诉了我们一个真理——不是不报，时候未到!

史思明除掉安庆绪后，立即进占邺郡，收编了他的全部人马，进而派安太清攻占了唐军兵力防守薄弱的怀州（今河南沁阳)，并以安太清镇守怀州。打下怀州后史思明本想立刻向西寻找唐军主力进行决战，但考虑到河北地区局势尚不稳固，所以留下儿子史朝义镇守邺郡，自己则率兵返回范阳。

乾元二年（759 年）四月，史思明在范阳自称"大燕"皇帝，改元"顺天"，改范阳为燕京，这同时也标志着"安史之乱"中安氏家族辉煌的时代彻底终结，大唐王朝接下来要面对的将是最新崛起的史氏家族。

和四年前安禄山在范阳城楼上意气风发的样子相同，史思明此刻也是雄心勃勃。但历史有时真的惊人相似，史思明未来的结局和安禄山有着惊人的相似。

当然，现在他还不可能想到未来的事情，此刻在他心中只有一件事最重要，那就是将李唐皇室彻底掀翻，自己成为这个国家名副其实的不二君主!

河阳之战

邺郡之战唐军惨败而归，以郭子仪为首的几大节度使率部退守河阳后，相继向朝廷上表请罪。最初李亨接到奏表后，鉴于平叛战事紧迫，并未打算追究众节度使的责任，相反仍以郭子仪为山东、河东诸道元帅，权知东京留守。但宦官鱼朝恩却提出了反对意见，在邺郡之战中，郭子仪因为鄙视鱼朝恩的为人，对其并不是那么尊重，这引起了鱼朝恩的怨恨，所以这一次鱼朝恩无论如何也要报复一下郭子仪。

鱼朝恩向李亨进言，他认为既然打了败仗，虽然可以不追究其他人的责任，但必须追究主要责任人的责任。郭子仪在邺郡之战中率先带领人马撤退，最终导致唐军其他诸部跟着一起撤退，所以应该追究郭子仪的责任。

俗话说得好，不怕没好事，就怕没好人。鱼朝恩的话让李亨觉得十分有道理，于是他把身在河阳的郭子仪召回了京师，解除了其兵权。

郭子仪就这样暂时退出了征战沙场的生涯，在长安开始度过三年的孤独时光，在他走后取而代之的是另一位名将李光弼。

李亨放眼望去，目前唯有李光弼可以接替郭子仪的职位，其资历、威望、战功和郭子仪不相上下，李亨觉得在李光弼的带领下，唐军一样能够顺利平叛。乾元二年（759 年）七月，李亨任命李光弼为朔方节度使、兵马副元帅，代郭子仪守东都洛阳。另以泽璐节度使王思礼兼太原尹、北京（太原）留守、河东节度使，接任李光弼先前所任的职位。

就在李亨这项人事调整的两个月后，史思明便再次南下，大举进犯河南。

史思明对于郭子仪倒是没有多少怨恨，原因是自从成为战场对手之后，史思明还没在郭子仪身上吃过多少亏。但当他知道李光弼代替了郭子仪成为平叛主要统帅后，他不禁有些愤怒。要知道先前的太原之战中就是李光弼阻止了史思明西进朔方的脚步，现在这个老对手再次面对自己，这不禁让史思明产生一种誓报前仇的心理。

李光弼，我等待你已经很久了，现在你终于可以代表唐廷，成为我的主要对手，所以这一次我会让你败得很惨！

乾元二年（759年）九月，史思明留下儿子史朝清驻守范阳，率领大军打着“渡过黄河决战唐军、活捉李光弼”的旗号，分四路南下，一路由部将令狐彰率兵五千自黎阳（今河南浚县）渡黄河取滑州（今河南滑县），一路由史思明亲率大军从濮阳（今河南濮阳）渡黄河，另外两路分别由史朝义自白圭（今河南滑县西北黄河渡口）、部将周挚自胡良（今河南滑县西北黄河渡口）率军渡河，然后共同会师汴州。

史思明大军南下之时，李光弼正在黄河岸边巡视唐军各营人马，得知史思明进兵前来的消息，他立即前往汴州，叮嘱滑州节度使许叔冀无论如何也要守住汴州。

李光弼给许叔冀的底线是，只要能够坚守十五天，自己就能从洛阳集结大军回来增援汴州。许叔冀拍着胸脯表示坚守十五天没问题，但李光弼刚刚回到洛阳，就听说汴州陷落了，许叔冀及濮州刺史秦升、部将梁浦、刘从谏、田神攻全部投降了史思明。

汴州陷落的消息传遍各地后反响很大，尤其是洛阳方面更是人人自危，以至于李光弼回到洛阳后，下令洛阳周围的部队迅速向洛阳方向靠拢，没有自己的命令坚决不能出战。

在李光弼看来，洛阳的门户汴州失陷后，自己又不得不和史思明这个老对手打一场持久战。现在他要做的，就是选择一个合适的战场，尽自己最大的努力，消耗敌人的有生力量。

为此，李光弼征求众将的意见，有的人认为洛阳军需物资匮乏，应该向西撤退，会合陕州的人马退保潼关，依靠潼关的这道天然屏障，去挫伤敌人的锐气。这个建议遭到了李光弼的坚决反对。

李光弼的理由是，从洛阳撤往潼关，中间要放弃将近五百里的土地，叛军如果真的得了这些土地，无形中会助长叛军的嚣张气焰，而且还没和叛军正式交战就无故撤退，皇帝陛下一定会治罪的，李光弼可不想重走郭子仪的老路。

事实上，在李光弼的心中有一套自己的策略，那就是移军河阳，和叛军纠缠到底。

从地理位置来看，河阳在洛阳的北边，北连泽州（今山西晋城）、潞州（今山西长治），如果战事有利可以向东挺进河北，如果不利可以据守，而且还和洛阳形成犄角之势，互为表里，移军河阳更不会背上放弃土地向后撤退的骂名。

乾元二年（759 年）九月二十三日，李光弼率兵主动撤出洛阳移军河阳，三天后史思明进占洛阳，当他发现洛阳早已是一座空城时，他不禁慨然长叹为什么自己总是慢李光弼一步。由于立足未稳，更担心李光弼会随时偷袭，所以史思明没敢贸然进入洛阳的行宫之中，而是退守白马寺一带，与身在河阳的李光弼形成对峙状态。

双方就这样对峙了将近十天左右，对于李光弼而言，这正是他想要的局面。但史思明可不愿意如此，因为此番从范阳亲征而来，史思明的目标一是攻陷长安，二是生擒李光弼，所以他不想浪费过多的时间，在对峙了将近十天后，史思明决定率先出手，进攻河阳。

不过，从实际效果来看，史思明并没有达到目的，几次进攻都被守城的唐军击退，所以接下来史思明一定要寻求变通，他决定变强攻为间接攻击。

十月初九，史思明率兵攻打清河，意图断绝李光弼的粮道。李光弼得到消息后，留下副将仆固怀恩镇守河阳，自己带领精兵进驻清河南部的野水渡准备抵抗叛军。但到了晚上李光弼却又急速回兵河阳，仅留下部将雍希颢和一千名士兵守卫营寨，临行之前李光弼叮嘱雍希颢说："史思明手下有三员猛将，分别是高庭晖、李日越和喻文景，以史思明的精明，今晚肯定会趁我立足未稳前来偷袭，何况他的目的是要生擒我，现在我暂且回到河阳，如果他们来了，你不要和他们交战，如果他们投降，你就带着他们来见我。"

李光弼说完后带着人马走了，当时所有人都不理解他这番语无伦次的话是什么意思，然而到了夜里一切都应了李光弼先前的预言。

当史思明知道李光弼在野水渡扎营后，甚为欣喜，因为他了解李光弼这个老对手擅长打城池防御战，并不擅长野外作战，自己不应该错过这个生擒李光弼的绝佳机会。所以他下令让部将李日越带领五百精兵当夜去偷袭，而且史思明下了死命令，如果生擒不了李光弼，李日越就不要回来见自己。

事实证明，后来所发生的一切也是按照史思明的设想进行的，他只有一点没有想到，李日越确实没有回来见自己，而是投降了唐军。

扑了个空的李日越知道自己无论如何也无法回去交差时，只得投降了唐军。直到这一刻雍希颢等人才明白李光弼的用意所在，都对他产生了钦佩之情。

李光弼不费吹灰之力招降了史思明手下的一员猛将，这让史思明感觉自己被羞辱了一番而勃然大怒，于是他下令不惜一切代价也要攻下河阳，不生擒李光弼誓不为人。

十月十一日，史思明亲率主力围攻河阳，对于唐军而言河阳之战最艰难的时刻已经到来。

李光弼明白史思明这次是孤注一掷，而河阳城最薄弱的地方是中城，所以他必须亲自守卫中城。于是他将守卫南城的重任交给了郑陈节度使李抱玉，临走之时李光弼鉴于叛军过于强大，而李抱玉兵力不足的现状，主动为李抱玉减压，他的底线是只要李抱玉能够坚守两天就是胜利，过了两天如果没有援兵前来，李抱玉可以自动放弃南城，而且绝不追究其责任。

对于李光弼的理解，李抱玉点点头，虽然他当时没说什么，但是他早已经下定决心一定要坚守住南城，最大限度地牵制叛军，为防守中城的李光弼减轻压力。

接过任务后，李抱玉抓紧时间整编部队，加固城防，在他刚刚完成所有工作后，就看到叛军犹如潮水般地进至南城之下，并开始了猛烈的进攻。

面对来势凶猛的叛军，李抱玉并没有胆怯，他积极指挥士兵们进行英勇的抵抗，弓箭射完了，就用石块砸向即将攻上城的叛军士兵，甚至连油锅都准备好了，决心打退叛军的进攻，由于李抱玉的坚决抵抗以及南城城墙高大的原因，叛军两天之内都没能拿下南城，可是到了第三天，李抱玉确实是巧妇难为无米之炊了，因为守城的士兵除了手中的大刀、长矛，再没有任何可以抵御叛军的武器。

“绝不能就此放弃南城”，这是李抱玉当时唯一的想法。

为了尽量牵制住叛军，李抱玉想出了一个不是办法的办法，他决定用缓兵之计拖住攻打南城的叛军，派人给城下的叛军送信说自己已经没有能力再抵抗了，容他今天和手下人准备一下，明天开城投降。

当时叛军闻听消息后大喜，遂鸣金收兵等待受降，而李抱玉却乘机修补城池，然后派小队人马通过在城墙之上系绳子到城外，悄悄绕到叛军身后，准备做奇兵偷袭叛军。

做完一切准备工作后，李抱玉立即向叛军下战书，决定誓死不降，挑衅叛军：有种的就继续攻城。

叛军万万没有想到等来的却是李抱玉的一封挑战书，大怒之下再次攻城。但由于情绪过于激动，他们将全部的注意力集中在了怎样攻城上，却没想到身后还有李抱玉的一支奇兵。

最终在前后夹击之下，攻打南城的叛军顷刻间土崩瓦解，南城之围暂时缓解。

在南城激烈鏖战的时候，身在中城的李光弼事实上面临着比李抱玉更大的压力，因为中城一旦失守，也就意味着整个河阳城失陷。为了有效地抵御叛军，他在叛军还没到达之前，指挥将士在城外设置了木栅，栅外又挖了深、宽各两丈的壕沟，在刚刚挖好的转天，叛军在大将周挚率领下，到达中城之外十里处安营扎寨。

李光弼明白如果仅仅是打一场城池保卫战，那么尽管等叛军前来攻城，自己在城墙之上指挥士兵打退敌人的进攻就可以了。但此时叛军势盛，而且自己又缺少守城的器械，所以思虑再三，他决定开城迎战，地点就选在中城外围的低垣之内，李光弼的意图是尽量在城外消耗叛军的有生力量，不使其靠近中城。

当时李光弼派部将荔非元礼率领精兵在中城外的低垣内准备好，伺机向叛军发起冲锋，而他自己则在城东北角树起一面小红旗，进而观察整个战局的发展变化。周挚凭借兵多将广，带领叛军一直推进到城下，并同时用战车载着攻城的器具相随，不时督促士兵填埋壕沟，在城的三面各填了八条道路准备通过。

叛军行进得十分顺利，这让中城内的李光弼大为恼火，他派哨兵去质问荔非元礼为什么对行进前来的叛军熟视无睹，没想到哨兵带回来的消息却是荔非元礼的反问，他的问题是李将军究竟是想主动出击，还是想据城坚守？

“废话！当然是想主动出击了！”听完哨兵带回来的荔非元礼的回话

后，他更加急躁起来，但当他再派哨兵前去下达进攻命令的时候，城下荔非元礼的排兵布阵，却令李光弼心生钦佩之意。

当叛军填好壕沟准备通过时，荔非元礼立即率领体力充沛、精神饱满的唐军从低垣内冲出，迅速向叛军发起了冲击。叛军由于所有的注意力全在脚下的壕沟之上，所以对唐军的冲锋准备不足，一时间阵形大乱，纷纷向后撤退，李抱玉带领唐军一鼓作气打退叛军，使其攻势土崩瓦解。

唐军在城外获胜让李光弼大为欣喜，也让叛军主将周挚有些心里发虚，先前攻占南城未果已经使叛军锐气受挫，现在进攻中城又遇阻，这不禁让他产生了畏难情绪，而这种情绪让周挚做出的决定就是由进攻中城改为进攻北城。

于是在周挚的率领下，叛军开始向北城方向移动。

叛军的动向被中城之内的李光弼全看在眼里，于是他根据叛军的动向也同时移兵到北城，在那里继续抵御叛军的进攻。

和先前进攻南城和中城相比，周挚由于信心不足，这次进攻北城组织得并不是很给力，几次进攻由于阵容不整，号令不一，所以被唐军接连打退，但李光弼对这种消耗战显然并不满意。

坦白地讲，叛军由于在南城和北城消耗了不少兵力，所以现在进攻北城已经是强弩之末，在我看来这也是周挚为什么信心不足的原因所在，可是史思明已经下了死命令，捉不到李光弼绝不能撤兵，所以他只能硬着头皮继续进攻。

而事实上这一切李光弼都心中有数。

几次进攻被唐军打退后，周挚开始偃旗息鼓，他需要让连日劳累的士兵休整。就是这样一个短暂的机会，被李光弼捕捉到，从而一举奠定河阳之战的胜利基础。

在叛军停止进攻的时候，李光弼通过观察发现叛军在城外的列阵营地，有几处十分坚固，分别是大营的西北角与东南角，只要能以最快的速度端掉这两个角，那么叛军立刻就会土崩瓦解。

于是，李光弼下令让部将郝廷玉率领精兵三百人突袭叛军阵营西北角，部将论惟贞率领精兵二百人突袭叛军阵营东南角。

“你们必须看我的令旗作战，如果我的令旗挥动缓慢，就任凭你们选择有利时机出战，如果我突然急速往上挥动三下，你们就要奋力向前，必须将生死置之度外，如果有后退者，必斩！”

在两位部将即将出战时，李光弼部向他们部署方略，然后他整装向西面向京城长安的方向跪倒，真挚地说道：

“臣身为国家的三公，绝不能死于叛军之手，能否打退叛军全在此一举，万一战事不利，臣自刎于此！”

言罢，他伏地叩拜三次，然后站起身来命令打开城门，让郝廷玉和论惟贞带着人马杀出城去。

至此，河阳之战的关键时刻已经到来。

在郝廷玉和论惟贞率领精兵从中城冲出去的一瞬间，李光弼在城头上将令旗高高地举起，只见他急速向上挥动了三下，城下的两位部将立即率领精兵向叛军的营地发起冲击。

唐军虽然人数不多，但人人奋勇争先，不避矢石地冲锋陷阵，尤其是郝廷玉和论惟贞两位主将更是身先士卒地杀入敌营，士兵看到主将一马当先闯入敌营，更是士气大振，备受鼓舞，无不前仆后继，以一当十。

周挚万万不会想到李光弼会冒险出城进攻，当他反应过来的时候，唐军已经逼近本方大营不过五百米，时间已经不允许他再从容组织抵抗，所以他临时带上守卫自己帐幕的几十名亲兵，即刻上马出营应战。

由于周挚匆忙应战，致使他刚刚出营就遇到了让他棘手的一幕，唐军在冲到本方阵营后，立即兵分两路，分别向大营的西北角和东南角而去，这让周挚一时间有些丈二和尚摸不着头脑，就在他愣神儿的工夫，郝廷玉和论惟贞已经分别对叛军阵营的西北角和东南角这两处最坚固的地方，发起了闪电般的突袭。

霎时间，呐喊声和兵刃相撞声震天动地，周挚由于没能及时做出决策，致使本方阵营两处最坚固的地方，被唐军一通冲击后丢盔弃甲、溃不成军。

“不要乱跑，听我的号令，违令者斩！”

周挚在乱军之中，想努力控制局势，但无奈人心已乱，任凭他怎样高声呼喊，也无济于事。仓皇之中周挚只得带领少数亲兵，脱离本方大营，前往南城外与准备攻打南城的史思明会合。

当史思明得知周挚在中城的惨败后，遂无心恋战引兵退去。

至此，河阳之战宣告结束，此役唐军斩首叛军千余人，俘虏五百人，生擒叛军大将徐横玉、李秦授，并缴获战马两千匹，可以称得上是一场大胜。

李光弼在河阳中城之上看到叛军退去，不禁长舒一口气。但他知道这一切远远没有结束，史思明虽然引兵退去，但依然是个巨大的威胁。为了扩大河阳之战的战果，李光弼于上元二年（761 年）二月，率军主动进攻河阳北部的怀州（今河南沁阳），史思明闻讯后遂匆忙领兵前去援救，但半路中了李光弼的埋伏，被打得惨败，只得领兵撤回洛阳。

从整个战局来看，河阳之战虽然以唐军胜利告终，但并未从根本上改变唐军与叛军的力量对比。史思明也只是解除了对河阳的包围，唐军却依然没有光复洛阳。换句话说，双方只是暂时处于一种蛰伏的状态。

事实上，河阳之战是一个广义的概念，李光弼坚守住河阳城一年半后，史思明再一次卷土重来，进而由河阳之战引发的邙山之战即将开打。

邙山失利

河阳之战虽然以唐军的胜利而告终，但并未从根本上使整个中原战局有明显的改观，唐军主帅李光弼仍以固守河阳、相机行事为主要战略方针。

而史思明在河阳吃了败仗后，则退守洛阳，休整人马，同时又准备以洛阳为根据地，进一步威逼长安，所以史思明没有就此撤出河南辖境，决定继续与身在河阳的李光弼对峙下去。

不过，当时谁也不曾想到双方的这种对峙局面一直持续了将近十六个月之久。

在此期间，曾经有人上疏李亨，说现在天下未定，国家正是用人之际，不应该让军事才能极佳的郭子仪赋闲在家。李亨看完奏疏后采纳了相关意见，遂下诏起用郭子仪为河西诸镇元帅，统领禁军与诸道藩汉人马共计七万人，准备从朔方出兵直捣范阳，然后再南下进兵河北，意图在河南与李光弼前后夹击史思明。

如果这个计划成行，那无疑会加速平叛的进程，让人遗憾的是就在李亨刚刚起草完诏书后，宦官鱼朝恩前来阻挠，李亨只得作罢。

所以，对于李光弼而言，还是平叛重担一人担。

上元二年（761 年）二月，史思明看到李光弼坚守河阳长达一年多不出战，知道这样耗下去于己不利，遂想引诱李光弼出城决战。但无论史思明怎样挑衅，李光弼就是任凭你风吹雨打，我自岿然不动。

史思明见没有效果后，于是心生一计，他派人前往长安散布流言，说自己的人马都是北方幽燕一带的人，现在长期背井离乡在外作战，都厌战思归，所以目前人心不一，貌合神离。

史思明释放的这种烟幕弹，是想激起唐廷高层那些目光短浅、只热衷官场斗争的人的猜忌之心，因为李光弼坚守河阳一年多之久，且叛军目前处于不利的状况，李光弼为什么不出战呢？

那一定是想以战养战！

事实证明，史思明的策略十分有效，他的流言恰恰在宦官那里找到了市场。

当鱼朝恩听到这个消息后，立即上报李亨说自己已经掌握叛军的内部状况，认为李光弼是故意不出战，为了尽早结束战事，皇帝陛下应该立即下诏催促李光弼尽快出战。李亨虽然对李光弼十分信任，但一年多来河南战局依然是对峙局面，也让他内心稍有不悦，所以借助鱼朝恩的这种舆论攻势，李亨趁机下诏催促李光弼全力进攻洛阳。

最初李光弼在接到诏书后，给出的答复是——贼锋尚锐，未可轻进。

但皇帝陛下一连下了六道催促出战的诏书，尤其是第六封诏书上赫然写着“贻误战机必问罪”的字样，无奈之下，李光弼只得让郑陈节度使李抱玉留守河阳，自己硬着头皮领兵出城向洛阳进发。

二月二十三日，李光弼在洛阳城北的邙山摆开阵势，准备与史思明叛军进行决战。一百多年前李世民曾经在这里和王世充展开过一场大战，结果唐军取得胜利。今天当李光弼站在邙山脚下遥望洛阳城时，他的心中不禁有些犹疑，前方旌旗招展，他只能默默地祈祷自己能有太宗皇帝当年的好运气。

李光弼首先命令人马占据险要地势，依山扎营布阵。但部将仆固怀恩却执意要在平原地带布阵，李光弼闻讯后立即派人阻止他，并讲明如果在平原地带布阵，等于彻底将自己的劣势暴露给了叛军，以史思明的精明绝不会错过这么好的机会。

很长时间以来仆固怀恩对于李光弼心中并不是那么服气，原因之一在于他的官职是朔方节度使，而起初朔方最高的军政长官是郭子仪，应该说他算是郭子仪的嫡系，可是现在李光弼取代了郭子仪，这让仆固怀恩心中很不爽。

最关键的是，仆固怀恩虽然是一员武将，但他和朝廷内的宦官始终保持亲密的关系，鱼朝恩在向李亨进李光弼的谗言时，仆固怀恩为了报复李光弼，极力附和鱼朝恩。这也是李亨下定决心让李光弼必须出战的一个重要原因。

面对仆固怀恩准备列阵平原的做法，李光弼坚决持反对意见，甚至说出了“如果不想置我们于死地，那就请赶快改变你的做法”这样的狠话。

李光弼素以治军严厉著称，这一点他和郭子仪有很大的不同。然而仆固怀恩却是那种吃软不吃硬的主儿，所以结果就是四个字——拒不执行！

由于当时诸镇节度使已经是拥兵自重，李光弼这个统帅也只是拥有名义上的指挥权，一旦有不听指挥的，李光弼还真是哑巴吃黄连——有苦说不出。

仆固怀恩的固执让李光弼很不能接受，为此他派人多次找仆固怀恩进行交涉，却依然未果，就这样双方僵持了半日，没有丝毫进展。但就是这半日的工夫，却让精明的史思明捕捉到了战机。

李光弼初到邙山之时，史思明便已经派人严密监视唐军的动向，当他得知李光弼和仆固怀恩因为列阵的问题产生争执，从而导致唐军阵形准备不足时，他以迅雷不及掩耳之势对唐军发动了突袭。而尚未做好准备的唐军由于仓促应战，顿时阵脚大乱，溃不成军。

这本来应该是李光弼熟悉的战法，但因为内讧的原因，却让史思明以其人之道还治其人之身。

李光弼这次本来就是硬着头皮从河阳出来，现在又遇到突袭溃不成军，所以他并没有像先前在河阳时那么信心坚定，立刻带领人马渡过黄河退保闻喜（今山西闻喜县）。李抱玉在河阳自知孤城难守，也主动放弃河阳，奔至闻喜和李光弼会合。

仅仅两天的时间，唐军接连遭遇邙山失利和被迫放弃河阳，甚至被迫放弃河南战场，这让史思明的叛军再一次恢复了先前的嚣张气焰，而且京城长安的门户潼关已经暴露在叛军眼前。

肃宗上元二年（761 年）三月，史思明在取得邙山之战胜利后，即想乘胜西入潼关再占长安，他计划让儿子史朝义作为先锋军从北道进攻陕郡，自己则继续率领大军向西进军，两路人马在潼关之外会合，然后合力攻打潼关。

然而就在潼关面临严重威胁的时刻，史思明的叛军内部再次发生内讧，而这一次史思明万万没有想到自己会重蹈安禄山的覆辙，最终也落得个被儿子弑杀的结局。

从本性来讲，史思明和安禄山一样，是个生性残忍好杀的人，部下稍不如意就会遭到他毒打，甚至被诛杀全族也是常事。这让他的部下人人惶恐不安。但其子史朝义却和他父亲完全相反，为人谦恭、爱惜将士，跟随其父南征北战多年，也颇有战功，所以颇得将士们的爱戴，将士多归心于他。

按说史朝义这么优秀，应该是很受史思明宠爱的，但史思明却偏爱小儿子史朝清，从范阳出征之前，史思明也是怕这个心爱的儿子有所闪失，所以让其镇守范阳，而带着史朝义上路。

问题的关键是，史思明不仅偏爱史朝清，而且想立史朝清为太子。但史朝义因为是长子，始终是个绊脚石。如何解决这个问题，很是困扰他，残忍嗜杀的史思明有时候甚至想用杀掉史朝义的方法来解决这个问题，但由于战事吃紧，而且找不到合适的借口，所以并没有轻举妄动。

但就在邙山之战后，史朝义作为先锋军向西进兵的时候，史思明终于找到了借口。

三月初九，史朝义率兵进至礓子岭（今陕西陕州东），遭到唐将卫伯玉的阻击而吃了败仗，在损兵折将后史朝义被迫退守永宁（今河南洛宁）。史思明得到消息后大骂史朝义懦弱无能，难成大事，扬言要按军法处置史朝义。当然史思明这么做是有不可告人目的的，在他看来打了败仗不是件大事，关键是这件事让他找到了可以顺势除掉史朝义的机会。

但史思明并不想自己的心迹被外人探查到，让别人知道自己是故意而为之，所以他便打了个幌子下令让史朝义修筑粮库，限期一天完工。谁都看得出来这明显是在刁难史朝义，但出乎所有人意料的是，史朝义真的是一天完工，不过只差外部抹泥。

“攻克陕州，终斩此贼！”

当史思明检查完粮库工程后，依然鸡蛋里挑骨头般地奚落史朝义，并在离开时悄悄对身边的随从说出上边那八个字。

史思明没有想到，这是他覆灭的开始，同时也标志着“安史之乱”“行将就木”。

史思明说这八个字的时候，虽然史朝义没有听到，但是很快传到了史朝义的部将骆悦、蔡文景的耳朵里，在他们看来，如果史朝义丢了性命，那么自己也将难逃一死。

所以，两个人决定劝说史朝义，在如此危急时刻发起绝地反击，化被动为主动。

当然，两位部将明白疏不间亲的道理，所以在见到史朝义的时候，他们并没采取单刀直入的方法，而是试探着看看史朝义是个什么态度。

“怀王（史朝义）您现在知道自己危在旦夕吗?”

“哦？为什么会说这样的话?”

“今早圣上（史思明）和侍卫说等到攻克陕州，就会做不利于怀王的事情，您难道不知道吗?”

“不知道啊！我犯了什么错误吗?”史朝义惊恐地问道。

骆悦和蔡文景并没有直接回答史朝义，而是跪在地上痛哭流涕道：

“看来我们和您活不了多长时间了，自古以来从没中断过废立之事，末将建议怀王召曹将军前来商议。”

曹将军是史思明的贴身护卫，无论史思明走到哪里，其周围的护卫工作都是曹将军负责。

史思明对史朝义的态度，史朝义是有所察觉的，但很多问题由于并未挑明，既是儿子又是臣子的他，不能主动将矛盾激化，这反而会对自己非常不利，但随着时间的推移，包括史思明宠爱史朝清，都让史朝义心中十分不爽，这次向西进兵失败，史思明恼羞成怒，让史朝义有种不祥的预感。

当骆悦和蔡文景痛哭流涕，大倒苦水时，史朝义内心是十分清楚两个人用意的，甚至他更明白召父皇的贴身护卫来商议，就是想要杀掉史思明，自己取而代之。

只是这个事情史朝义不能表现出自己很明白、很清楚的样子，因为这么重大的事，甚至是违背人伦的事，史朝义内心不可能不矛盾。

所以，史朝义沉默了，此刻他必须做出一个选择，到底是继续选择隐忍，依靠自己的努力打动史思明，还是就此撕破脸皮拯救自己和部下，这是个问题。

“怀王如果不同意这么做，我们就只能投降大唐了。除此之外，我们想不出什么更好的办法保全自己。”

两位部将见史朝义有些犹豫，遂逼宫式地说出了投降大唐的话。

听到两个人如此说，史朝义几乎快要哭出声来，我相信这是他一生中最难抉择的时刻，他紧咬嘴唇，片刻之后用一种近乎哀求的语调说了一句话：

“诸君好好去做，希望不要惊动了圣上！”

这是句听起来极其漂亮的话，然而骆悦和蔡文景已经明白，史朝义已经采纳了他们的建议。

史朝义说完后，独自将脸转了过去，不再看两位部将，然后挥挥手示意他们迅速离开。

“请怀王放心，我们一定会办好的！”

……

摸清了史朝义的底细，骆悦和蔡文景通过许叔冀的儿子许季常将曹将军找来，然后婉转地将他们的计划告诉了这个史思明的贴身护卫。

骆悦和蔡文景之所以如此毫不避讳地找曹将军商议这件事，是因为曹将军这些年伴君如伴虎般地在史思明的身边，胆战心惊地度过每一天。在此期间他甚至也遭到过谩骂与责罚。

他们知道，抛开职责不谈，曹将军同样对史思明有所不满。

所以当听完骆悦和蔡文景所说的想法后，曹将军虽然不赞同这样做，但他同样对史思明怀有一种恐惧之感，生怕哪一天这个性情残暴的主子会让自己的脑袋搬家。

“好吧！既然如此，我只能顺从了！”

曹将军的这个态度意味着一场政变即将开始。

……

当夜，骆悦带领三百名亲兵，全副武装地来到史思明的大营。对于这些不速之客的到来，史思明的值宿卫兵们感到十分蹊跷，但他们看到自己的长官曹将军对此好像早就知道一样，既然上司都无动于衷，那这些士兵们当然也是紧跟上司的步伐，表现出一副若无其事的样子，眼睁睁地看着骆悦带人进入了史思明的内帐中。

当骆悦等人走到史思明的“龙床”前，掀开被子正要行事时，忽然发现被子下空无一人，当时所有人都惊呆了，以为中了埋伏，只有骆悦始终保持清醒的头脑，他让手下人全部蹲在地上，然后静听外边的动静。

忽然，一位侍从走了进来，骆悦急速上前揪住这个侍从的领口，然后将刀架在其脖子上小声问道：

“圣上呢？快说！不然结果了你！”

“啊……”就在那位侍从刚要回答时，另一位侍从从外边走了进来，当他看见屋内的场景时，吓得高喊一声，转身向帐外跑去。

“噗！”骆悦的一名亲兵见状，立即上前结果了那个侍从，随着鲜血迸出，侍从倒地身亡，但就是那一声高喊，却惊动了正在方便的史思明。

史思明敏锐地意识到有人要行刺，他当即匆匆忙忙连裤子都没提到位，就跳墙来到马厩，然后跨上自己的坐骑，准备逃跑。

但刚刚跑出去没多远，一支冷箭径直射中他的手臂，史思明惨叫一声坠落马下，顷刻间被骆悦的亲兵一拥而上擒获。

“是谁这么胆大妄为，胆敢造反？”史思明依旧不失威风地问道。

“你自己不就是个造反者吗？”

说话间，骆悦已经走到史思明的面前。

史思明看见是史朝义的部下，恍然大悟道：

“今天早晨我说话失言，得到如此下场，这是报应，但这样就把我杀掉，未免太早了，为什么不等到攻克长安呢？看来逐鹿中原、一统天下的大业将成为泡影了！”

史思明黯然神伤地低下了头，此时此刻他倒没有丢掉英雄气概，依然抱憾大业未成。

骆悦并没有因为史思明一番煽情的话语而被忽悠，他让手下人将史思明严加看管起来，然后回去向史朝义复命。

当史朝义听说“大功告成”时，几乎差点从坐骑上蹦起来，但随后当他平静下来时，发现这仅仅是个开始，因为接下来如何安抚史思明的亲信是个至关重要的问题。

例如，当时驻扎在福昌的大将周挚。

经过慎重的思考，史朝义决定带兵进驻福昌，然后以实情相告，这既是一种坦诚，也是一种威逼。

周挚看到史朝义大军进至福昌，并听说史思明已经成了阶下囚，不禁惊倒在地，同时他明白以自己的实力是无法与史朝义对抗的，所以他选择了妥协，但骆悦劝史朝义不要养虎为患，有周挚在身旁，终究是心腹大患，不如先下手除掉周挚，防止生出祸乱。

史朝义采纳了他的建议。

周挚之死意味着他的人马不复存在，有的人选择了跟着史朝义，而有的人则选择了退隐。值得一提的是，周挚的人马是史思明整个军队最为精良的一支，现在随着周挚的死去，这支人马瞬间分崩离析，叛军的战斗力也随之削弱不少。

没有史思明坐镇的叛军还有史朝义，在顺利夺取叛军的最高权力后，史朝义领兵进至柳泉，他始终不放心已经成为阶下囚的父亲史思明，会不会有一天利用自己的威望东山再起。

最终，在骆悦的建议下，叛军内部再次上演弑父的场景，史朝义让骆悦勒杀史思明，然后用骆驼运回洛阳，史朝义遂在洛阳称帝，改年号为“显圣”。

从这一刻起史朝义成为了名副其实的“皇帝”。但他依然没有满足，在他那温文尔雅的外表之下，始终隐藏着一颗杀戮之心，他命令散骑常侍张通儒等人前往范阳秘密杀掉史朝清及其母亲，进而在洛阳城内大开杀戒，凡是史思明的亲信以及史朝清的拥护者都一个不留。

当史朝义看着一个个政敌倒在血泊中时，他的征服欲得到了极大满足，殊不知在他的一系列动作下，叛军的战斗力急转直下，以至于从此时开始，再也无力向西进兵。

长安注定成为反叛者可望可盼，却再无法触碰到的地方。

第六章

二皇之死

事实上，唐军平叛的每个日日夜夜里，最为寝食难安的当数李亨。每个胜利的消息传来时，他都会兴奋得像个孩子，在第一时间通报文武百官，而在得到失败的消息后，他都会长吁短叹，忧心忡忡地寻找对策。

对于李亨来讲，无论是忠心耿耿的文臣武将，还是皆曰可杀的反叛者，都是巨大的负担，他需要驾驭群臣，这本身就耗费了他无数的精力。但他更需要平定叛乱者，这使他每天的工作严重超负荷。李亨曾经度过十八年心惊肉跳的日子，他的神经已经脆弱到极点，久而久之李亨的身体开始每况愈下。

历史证明，在皇权微弱之时，总会有各式各样的势力抢占先机，为自己谋取更大的政治利益，在李亨病重的时候，这点也不例外。细数李亨的经历，李亨当时最为倚重的势力，当数宦官集团。

当时这个集团的代表人物，就是在马嵬驿兵变中，极力主张李亨北上灵武的李辅国。

朝纲日蠹

李亨在“安史之乱”中获得皇位继承权，使十八年的梦想成真，除了自己的努力和身边功臣的拥护，李辅国是个关键的人物。在马嵬驿兵变后，李亨究竟该何去何从，是摆在他面前至关重要的问题，对于这个问题，李亨当时也是六神无主，关键时刻还是李辅国的极力建议，才让李亨下定决心，借口平叛北上灵武，摆脱父皇李隆基的控制，从而实现了帝王之梦。

李辅国本名静忠，“辅国”这个名字是他跟随李亨到达凤翔后，被赐予的名字。

据《新唐书·李辅国传》记载，（李辅国）以阉奴为闲厩小儿。貌佞陋，略通书计。

从上述这段记载来看，李辅国是个相貌丑陋的人，进宫之后，以照看马槽起家，却有一定的文化。

四十岁之前，李辅国始终默默无闻，连一个小小的弼马温都没混上，直到四十岁，才当上宫廷的马匹簿籍，后来受到王铁的推荐，成为太子李亨的贴身侍从宦官。

别看李辅国相貌丑陋，但正所谓人不可貌相，海水不可斗量，李辅国最终能够成为李亨身边最为信任的宦官，凭借的是灵活的头脑以及善于揣测皇帝意图的本事。

这一点，从马嵬驿兵变后他力劝李亨北上灵武和到达灵武后劝李亨称帝就可以看出。

后来的事实证明，李亨北上灵武的策略十分正确，这不仅成就了他的帝业，也让他成为众望所归的平叛领导者。

李亨即位后，为了酬谢李辅国在“从官单寡，道路多虞”的情况下，所立下的拥立之功，立即擢升李辅国为太子家令、判元帅府行军司马。百官奏事、御前印玺符契和军队的号令等重大职责，都委任给他，甚至连指挥禁军的权力也交给了他。

李亨返回长安后，加拜李辅国为殿中监，至德二年（757 年）八月，加封开府仪同三司，进封郕国公。

李辅国以拥立李亨有功而颇受宠信，非但掌管禁军，甚至独揽了百官的监察权。他专门设置了察事数十人，用以监视百官的行动，官员稍有过失，他的党羽就会立即得到消息，然后立即逮捕进行惩治。要是追查什么案子，朝廷各部门都不敢承接，即使是关在御史台与大理寺内的重刑犯，有的还没审讯完毕，只要李辅国说一句“放人”，将人就得乖乖地放出来，胆敢有阻拦者，保准让他见不到明天的太阳。

因此，御史台、中书省、门下省三司审理的案子，都要事先报告李辅国，听候他的指示，随他的意思而判，声称是皇帝陛下的制敕。

当时朝中的大臣都称他为“五郎”，就连出身崤山以东名门望族的宰相李揆，见了李辅国也要行弟子礼，称他为“五父”。

史书记载，李辅国当时是“权倾四海，举无遗者”，这样一个权倾朝野的人，自然也少不了献媚者，其中不乏身居高位的人。例如，崔圆和元载，都是因为依附李辅国而厕身宰相班子的。

崔圆这个名字我们只要知道就可以了，但元载这个名字大家一定要记住，因为在不远的将来他居然成了唐代宗李豫在位时，最为难缠的权臣。

李辅国的专权，最终导致“节将除拜，皆出其门”，也就是从这时开始，唐代宦官专权用事的局面开始形成。这期间非但李辅国一人权倾朝野，就连其他宦官也有很大的权力，例如，鱼朝恩曾经出任监军，虽然不懂军事，但至少见识过战争场面，在皇帝看来这已经是宦官中的战斗机了。

当然，在以李辅国崛起为标志的宦官专权开始形成的最初阶段，宦官还仅仅是兼领宫廷的禁军，而不像唐德宗李适在位时，宦官直接拥有禁军的统领权，而且当时的宦官与宫廷禁军的关系也未达到像后来唐德宗时期那样根深蒂固的程度，这一切都有赖于李亨对于宦官集团有力的控制。

正是以上诸多原因，在李辅国渐渐崛起后，甚至当他想要忘乎所以时，出现了一些反对他的势力，纵观当时整个朝廷，能够遏制李辅国的当数相权派。

乾元二年（759 年）三月，京城长安盗匪为患，李辅国请求皇帝批准选调五百名羽林军骑兵巡视整个长安城。李辅国的这个请求未必有什么非分之想，但由于平常他过于专权，所以宰相们开始站出来上疏反对。

当时宰相李揆认为李辅国请求选调禁军，是想控制南衙三省和整个京城的防务，为此他上疏李亨，举例说明西汉时以南北军相制，周勃得南军支持而入北军，所以保全了刘氏江山。现在朝廷分置南北衙，目的就是将文臣和武将区分开来，互相监督检查，现在李辅国却要以羽林军代替南衙守卫，一旦其出现变故，怎么制约他们？

应该说李揆的上疏很尖锐，虽然他每次见到李辅国都要行弟子礼，但在关键时刻这个人还是很有骨气的，暂且不论他的出发点为何，单是面对强者敢于挺身而出，就足以让人佩服。

事实证明，李揆的上疏的确引起了李亨的高度重视，在经过慎重的思考后，他决定拒绝李辅国的请求。

李辅国本来以为皇帝能够答应自己的请求，但当他看到皇帝陛下回绝的诏书后，他的心顿时凉了半截。但他并没有丧失信心，在他看来，或许这仅仅是个意外，或许是自己的请求让皇帝陛下有些误解，此时李辅国还依然从自身寻找被皇帝陛下拒绝的原因。

但一个月后发生的另一件事让李辅国的想法开始有了一些转变，这件事就是他的干预司法权受到宰相们的抵制。

代表人物是宰相李岘。

乾元二年（759 年）四月，李岘鉴于李辅国身为内廷侍从，居然跑到外朝干预行政司法实务的现状，面见李亨详细陈说李辅国专权乱政的情形。他认为朝廷论述制书和敕命本应由中书省颁布，可是现在完全由李辅国操控，而且李辅国的意志凌驾于国家法律之上，这是极其危险的，他希望李亨能够制约李辅国，限制他的权力。

李岘在李亨面前陈述自己的意见时，颇有些天下兴亡匹夫有责的感觉，不仅痛哭流涕，而且不断叩头，搞得李亨大为感动，针对李岘的这种正直态度下令给予奖赏，并立刻对李辅国的官职给予了很多变动，尤其是罢免了他所设立的察事。而李辅国为了避免皇帝的猜忌，被迫辞去元帅府行军司马的职务，请求重返太子詹事的官职，但李亨并未答应。

从结果来看，李岘的极力陈说对限制李辅国起到了很关键的作用，但由于他说得实在过于诚恳，以至于李亨的反响十分强烈。

在下令改换李辅国官职的三天后，李亨下达了另一封诏书，其内容是对司法权力的行使进一步做出了明确规定。

李亨规定：最近一段时间因为军中和国家的事务繁忙，有时让人宣布口头命令来处理政事，从今以后各种名目的索求及杖刑、刺配囚徒等诉讼一律停止。如果不是正宣（有存底在中书省可查），都不能施行。宫廷内外的各种事务各归主管官员管理。英武军的虞侯以及北门六军诸使、诸司近来因为主管官员争论不休，讼案悬而未决，所以就越权代为审判，从今以后必须一切经由御史台和京兆府审理。如果审判不公平，可以自行准备诉状奏报皇帝。各种法令除了十恶、杀人、奸淫和造伪，其他繁杂的条文一律删除，仍然委任中书省、门下省等详细审定后奏报皇帝。

李亨这封长长的诏书明眼人一看便知这是针对先前李辅国对司法权干预过多，甚至直接操控的制约，这说明李亨并不糊涂，他通过李岘那真诚的陈说，了解了朝廷内部存在的问题，以及症结所在，所以他不失时机地强化了制度，使李辅国暂时受到了制约。

应该说李岘的这次陈说比先前李揆的奏疏更加生猛。对李辅国而言，这次比上次打击更大，因为他失去了比较看重的能够操纵司法的权力，而且丢掉了元帅府行军司马的职务，这极大限制了他操控禁军的权力和对外朝的干预程度。

虽然这不是致命的打击，但是足以让很长时间以来习惯呼风唤雨、舍我其谁的李辅国感受到了掣肘。此时的李辅国开始从先前寻找自身的原因，逐渐转变成寻找客观原因，在他看来皇帝陛下之所以会下决心重整朝纲，完全是因为李岘的陈说，所以李岘遭到了李辅国的嫉恨。

仔细分析两个人较量的过程，我们不难发现，这是李亨当政时期相权与宦权第一次产生直接的冲突，而这个时候相权还是很有力量和宦权对抗的。但自此之后由于李亨的病情逐渐加重，相权的强力后盾皇权逐渐衰弱，相权也因之逐渐势弱，以至于最终被李辅国打击得体无完肤。

由于李岘的挺身而出，使李辅国被迫退出了外朝，拱手让出了干预司法的权力，而李辅国也开始从先前的找自身原因变成了认为是宰相在掣肘自己，李辅国的性格和人品决定了他不可能甘心失败，所以他努力寻找机会，企图重新夺回对外朝的掌控权。

但他明白，现在必须收敛起自己的锋芒，找准机会以图东山再起，在他看来，只要侍奉好皇帝，不愁没有机会。

或许是李辅国的收敛与倍加小心，渐渐让李亨放松了警惕，上元二年（761 年）八月，李亨加封李辅国为兵部尚书，关于李亨为什么会做出这么个决定，史书没有明确的记载。我认为，可能是因为李亨感觉当时诸镇的节度使难以驾驭，兵部必须由自己信得过的人去掌控，选来选去这个人选非有拥立之功的李辅国不能胜任。

李亨的任命顿时重新点燃了李辅国内心深处的权力欲火，在看到皇帝陛下重新信任自己后，他感觉这是个难得的好机会，先前自己栽在了相权上面，只要自己拥有宰相的权力，那一切都不在话下。

所以，他丝毫没有犹豫地向李亨提出了进入宰相班子的请求。

然而李亨拒绝了！

李亨拒绝得很直接，但并不生硬，他笑着对李辅国说了句意味深长的话：

“凭借卿的功劳，什么官不可以做？但是，爱卿在朝廷的威望还不够啊！”

李辅国听后默然不语。

皇帝的话很明显是在告诉李辅国，当宰相是需要驾驭群臣的，李辅国作为一个内侍奴才，不具备这样的能力。

但李辅国并没有因为皇帝的一句话而放弃努力，他找到时任左仆射的裴冕，希望他能带头主动推荐自己。没想到李亨得到了消息，他担心一旦大臣们联名推荐李辅国，自己再想回绝恐怕就没那么容易了，所以他秘密告诉时任首席宰相萧华，让他阻止群臣上表。

得到皇帝陛下的密令，萧华立即找到裴冕，问他是不是准备推荐李辅国进入宰相班子，没想到裴冕表现出了一副莫名其妙的表情，宣称没有这回事儿，而且他告诉萧华，就算自己的手臂折断了，也不会推荐一个宦官进入宰相班子。

至此，李辅国的努力付诸东流，当他知道这一切都是李亨背后操纵的结果后，他彻底愤怒了。

“奴家在危急之时，果断拥立他，难道现在就只能这样吗？”

李辅国的心中愤愤不平。终于，他开始升腾起一种复仇的愿望，从寻找自身原因到认为相权在掣肘自己，再到最终看清事实是皇帝在限制自己时，李辅国终于下定决心，在不远的将来他一定会用自己特有的手段，摧毁面前的一切阻碍。

冷落

李辅国在看清不利于自己的真实情况后，内心开始渐渐失衡，皇帝、宰相班子成员和诸多大臣似乎都成为他的眼中钉。在他专权的那段日子里，他并没有在乎过谁，就连已经是垂垂老者的太上皇李隆基他也不放在眼里。

造成这种局面的原因，是因为李辅国清楚地知道，虽然李亨主动迎回了太上皇李隆基，但内心深处对这个父皇依然深有顾虑。

从成为李亨的内侍直到今天为止，李辅国历经了李亨最痛苦的那段日子以及后来成为帝王的全部过程，而李亨和李隆基那始终隐藏的矛盾，李辅国更是深刻地洞悉。李隆基从蜀中返回长安的最初两年半时间里，李亨对其照顾得还算是比较细致周到，不仅让先前服侍李隆基的一切人员照旧服侍，而且召回了李隆基颇为喜欢的诸多乐舞歌伎，让这些人继续待奉李隆基，好让他安度晚年。

但是，随着时间的推移，李亨对李隆基那种无微不至的关心渐渐冷淡起来。史书记载是因为李隆基重返长安后，并没有深刻反思自己先前造成国家动荡的过失，反而在自己居住的宫殿内行为有些不检点。此时叛乱并未平定，李隆基不仅不反思自己的过失，反而行为不端，这让日夜忧虑平叛之事的李亨实在有些不爽。

在我看来，史料上所说的这个原因，只是其中一个可以摆上桌面的原因，而事实上埋藏在李亨心中的，却是另外的一种想法。那就是他没有想到李隆基居然还可以这么生龙活虎，而李隆基这种精神抖擞的状态，不经意间让李亨产生了一丝担心李隆基会于己不利的忧虑，他唯恐李隆基重新利用其威望，在朝内架空自己。

可是李亨的这种担心只能埋藏在心中，他不能对外人讲自己的忧虑，时间一长李亨的脸上逐渐浮现一丝阴云，而他的这种变化恰恰被善于揣测人心的李辅国看在眼里。

李隆基及其身边人对李辅国没有什么好感，不仅因为他出身卑贱，更因为马嵬驿兵变后，李辅国力劝李亨北上灵武以及劝李亨称帝，从而让李隆基被迫退位，可在那个特殊时期，李隆基是没有办法的，只能屈从李亨的意志。

李亨担心李隆基于己不利，同样也是李辅国的担心，在这个问题上，他和李亨是拴在一条绳上的蚂蚱。李亨的闷闷不乐让李辅国似乎猜到了什么，于是他针对李隆基日渐活跃的实际情况，向李亨很严肃地提出了自己的意见：

“太上皇住在宫内，每天和外人交往，陈玄礼、高力士可能想图谋不轨。现在三军的将士都是拥护陛下灵武称帝的功臣，他们很多人因为太上皇日趋活跃而惶恐不安，臣再三向他们解释，他们也理解不了，所以臣必须向陛下如实禀报。”

李辅国并没有刻意掩饰什么，他知道自己的话肯定会说到李亨的心坎里，说完后皇帝陛下是不会怪罪自己的。

不出李辅国所料，在他说完，李亨迟疑了一会儿，然后缓缓开口说道：

“父皇仁慈，怎么可能做那些事儿呢？”

“太上皇或许不会有那种想法，可是又怎么禁止得了手下的那帮小人呢？陛下是天下的君主，应当为国家筹划，应该把一切隐患提前消除，怎么能行匹夫的孝道呢？”

李辅国见李亨并没有表现出反感，进一步把自己的意思表示透彻。

而李亨始终低着头，李辅国说的话他句句记在心里，并且在短暂的时间内，他在思考如何解决这个问题。

“陛下想一想，太上皇居住的兴庆宫靠近闾巷，院墙不高，行事极为方便，在老奴看来不是适宜太上皇居住的地方，陛下所住的宫殿极为严密，将太上皇请过来住又有何不可？这样还可以断绝那些小人的蛊惑，陛下每天还可以有三次朝见太上皇的乐趣，陛下又有什么犹豫不决的呢？”

李辅国见李亨依然没有反应，索性和盘托出了自己的想法，但他的建议却遭到了李亨的拒绝。

“这样不可以，这不是住得远近的问题，如果让太上皇搬过来住，那会让太上皇感觉我在监视他。”

“陛下……”

“好了，这件事不用再商量了，也难得你一片忠心，但此事绝不可为，下去吧！”

在李辅国依然不死心想继续劝说的时候，李亨果断地回绝了他。

李辅国只好闷闷不乐地退了出来，他没想到皇帝陛下的态度竟然如此坚决，此刻他才意识到什么叫“疏不间亲”。不过，李辅国并没有丧失信心，他坚信只要自己不放弃，就绝对会有机会。

上元元年（760年）七月，李亨忽然病情加重。对于李辅国来讲，排斥太上皇的机会算是到来了，他首先凭借自己可以传达皇帝口谕的便利条件，假传皇帝口谕迎接太上皇到西苑游览。

当李隆基和一行人走到睿武门时，李辅国带领五百名禁军士兵拦住李隆基的去路，然后气势汹汹地说道：

“皇帝陛下因为兴庆宫潮湿狭窄，现在迎接太上皇迁居陛下所在的殿内。”

已经是垂垂老者的李隆基已经很久没有见到如此阵势了，所以在看到那些杀气腾腾的士兵后，差点从马上栽下来，幸好高力士一把抱住他。

“李辅国！你怎么如此无理？”

关键时刻还是高力士挺身而出，利用自己的威信，镇住当时的场面。历经诸多大场面的他，此刻十分明白，必须及时分化李辅国和这些士兵。

“希望将士们都各自安生点！别忘了没有太上皇怎么会有当今陛下！”

高力士的话语掷地有声，让在场的人都为之一震，刹那间所有士兵都跪倒在地口中高呼“万岁！”

李辅国实在没有想到会出现这样的场景，他本以为在自己的指挥下，李隆基及随从人员一定会惊慌失措，但高力士的挺身而出，彻底打乱了李辅国事先的计划，所以一时间他在马上环顾左右，似乎有些不知所措。

“李辅国！将士们都已经跪下，你为什么还在马上不下来啊？”

高力士的一声高喊，让李辅国打了一个激灵，随后他居然不自主地从马上下来，站在那里用一种胆怯的眼神看着高力士。

“还不赶快过来，跟我一起牵着太上皇的马去西苑？”高力士并没有给李辅国思考的时间，就对他接着训斥。

李辅国无奈之下，极不情愿地走到李隆基的马前，然后牵起绳子，和众人一同往西苑而去。

高力士虽然在关键时刻稳定了剑拔弩张的局面，但那只是一种突袭手段，瞬间扰乱了李辅国的思绪。正所谓忽悠了一时，忽悠不了一世，在前往西苑的路上，李辅国逐渐回过神来，他感觉刚才面对高力士咄咄逼人的气势，自己的反应实在有些白痴，现在自己居然还牵着李隆基的马，实在有些被人家卖了，还帮人家数钱的感觉。

所以，一路之上他仔细盘算对策，现在看起来再想重新营造威逼的局面已经不可能，因为那些士兵已经俯首称臣，如果自己蛮干，恐怕还会有生命危险，所以想来想去他决定发挥自己的优势。

“太上皇，西苑是皇家禁地，这里是不能留有太多佩带刀剑的士兵的。”

刚刚到达西苑的门外时，李辅国停步转身对李隆基说道。

“什么意思?”没等李隆基说话，高力士率先问道。

“哎呀公公难道不知道此地吗？公公应该比我更熟悉这里啊？自我大唐开国以来，西苑重地除了你我这样的奴才和皇帝陛下指派的禁军士兵可以进入，任何人不得在此逗留！”

李辅国的话明显带有挑衅的味道，这让高力士等众人听起来十分刺耳。然而李辅国并没放在眼里，继续说道：

“所以我带来的这些士兵和保护太上皇前来的这些士兵都必须离开这里！不可坏了祖制！”

说最后一句话的时候，李辅国明显提高了声音，在他看来，只要使出这一招，所有人都不能有任何异议。

“好！太上皇绝不会背弃祖制，你把这些人都带走吧！”高力士满不在乎地说道。

“嘿！这个是自然，不过依老奴看来，陈玄礼这么功勋卓著的将军，留在这里似乎会受到非议，就连公公你留在这里恐怕也有不妥吧！”

李辅国明白，李隆基手下这些人都是曾经并肩战斗的功臣，他们和禁军有着非比寻常的关系，如果他们执意留在这里，那就是意欲图谋不轨。

最关键的是，李辅国更加知道高力士和陈玄礼等人也是明白这一点的，所以他十分清楚只要自己这些话一出口，高力士等人一定会离开的。

事实果然不出李辅国所料，在他说完后，高力士和陈玄礼等人都默不作声，片刻之后还是高力士开口说道：

“那就遵从祖制吧！”

……

高力士和陈玄礼以及众多李隆基的护卫亲兵就这样不得已地离开了西苑，在李辅国的安排下，李隆基住进了甘露殿，这座宫殿自从安史叛乱爆发以来久已无人居住，殿中萧瑟荒凉，不但所用器物不甚完备，而且灰尘遍地，四周长满杂草。

李隆基当天进住后，直到傍晚才有几个老奴仆将他的随身衣物带来，他们见昔日威风八面的太上皇李隆基如今落到如此凄凉惨景，不禁潸然泪下。不过，李隆基倒是比较乐观，他劝慰众人说道：

“曾经住过的兴庆宫是我成就帝业的地方，我曾屡次让给皇帝，皇帝都不接受，今天搬到这里来，也是我希望的。”

说完这句话后，李隆基低下头不再看众人，其实所有人都明白，没有人比这个垂垂老者更能体会被冷落是什么滋味。

上元二年（761 年）四月初五，在度过了两年的凄凉生活后，李隆基在西苑的神龙殿走完了他七十八年的人生岁月，永远地闭上了眼睛。

对于这个拥有出色的前半生和糟糕的后半生的皇帝而言，想要给予客观公正的评价似乎很困难，大唐帝国在他的手中达到辉煌的顶点，但他又亲手毁掉了自己创造的一切，最关键的是自此之后大唐帝国再也没能恢复元气，国运从此一落千丈。

纵观李隆基的一生，是奋进与懈怠、自私与公正、好色与真爱、温情与冷酷的混合交织，而造成他这种特殊人生的原因，一方面是他的性格，另一方面是他的经历。

在这里我不想过多地评价李隆基的历史功绩和历史地位，因为这些东西早已经被人说烂了，我只想对他这个人，这个经历过普通人爱恨情仇的一代帝王进行分析。

有人称颂他，有人诋毁他，但我要说，无论是称颂还是诋毁，事实上他一生的经历，都将“人”这种复杂动物身上的正义与邪恶、热情与冷漠、宽仁与残暴、坚持与妥协、刚强与软弱、愤怒与喜悦等种种二元矛盾的东西无限扩大化，让今天的人们透过他的一生，看到人的复杂性与矛盾性，以及学会如何去重新认识自己。

不可否认，李隆基是中国古代帝王中的佼佼者，但他同样具有普通人身上致命的弱点，所以他和千千万万的人一样，逃脱不了自己的宿命，那就是欲望无止境！

普通人的欲壑难填，其所造成的危害只能是个人或者与之关联的少数人来为他买单。但作为整个国家的掌舵者如果因扩张欲望而带来危害，则会由整个国家来买单，所以“安史之乱”的爆发就是李隆基所要面对的必然结果，而当这一刻来临之际，也宣告了李隆基一生苦心经营的一切瞬间被击碎，取而代之的是一片腥风血雨和王朝的崩溃。

无论如何，大唐帝国在李隆基这里出现了拐点，而他自己也经历着常人无法理解的煎熬与难耐，这一切都是他在顺境中不可能也不愿意想到的。

好了，关于李隆基，我们已经说了很多，最后我想用自己的方式来回顾和总结他的一生：

皇权旁落，力挽狂澜。
政敌频现，重拳掀翻。
励精图治，再造辉煌。
巅峰王朝，今忆波澜。

多情才子，佳人相伴。
温柔梦乡，悱恻缠绵。
渔阳鼙鼓，天下惊变。
马嵬坡下，肝肠寸断。
凄凉晚景，无力回天。
纵有壮志，情何以堪。
雄风不再，图有伤悲。
世事如梦，换了人间。

联手

李辅国运用其特有的手段，在不惊动李亨的情况下，成功地将太上皇李隆基移居到了西苑，如果站在李亨的角度去看这个问题，这等于解除了自己的权力威胁。但正所谓做贼心虚，李辅国带兵离开西苑后，他自己回想当天所发生的一切，忽然感觉自己所做的一切可能有些过分。

最关键的是，如果皇帝陛下知道这件事，会是个什么反应?

越想越后怕的李辅国决定亲自面见皇帝，来个负荆请罪，但他同时也决定拉上自己掌控的禁军，一起去面见皇帝，这既是在营造一种迫不得已的声势，也是一次示威之举。

当李辅国率领众多禁军士兵身穿素服跪在李亨的面前时，李亨有些不知所措，他听完李辅国的汇报后并没有斥责他，相反却安慰他道：

“南宫和西苑并没有什么不同，爱卿怕太上皇受小人的蛊惑，属于防微杜渐，是为江山社稷着想，不必担心朕会治罪。”

话虽如此，李亨此时的心情其实极为矛盾，一方面他对李辅国在不惊动自己的情况下，成功变相“软禁”太上皇十分满意；但另一方面他似乎从这件事中看出了李辅国的专权，尤其是此刻他和禁军士兵跪在自己面前，表面看起来似乎是请罪，但李亨的不知所措恰恰证明了李辅国营造的这种声势让他内心很是不爽。

但毕竟李辅国所做的达到了李亨的目的，这才是现在李亨最在意的，所以他并没有斥责李辅国，但并不等于李亨对李辅国没有忌惮之心，从后来宰相班子成员一再上疏请求限制李辅国，李亨也随即出手制约来看，李亨内心深处对这个奴才并不放心。

从上元元年（760 年）八月李亨突然病重起，李辅国便开始兴风作浪，冷落太上皇李隆基、打击宰相班子成员，并时不时地向李亨变相示威，这些事情做得不亦乐乎。不过，李辅国并不是那种猛冲猛打的二杆子，在专权的那段日子里，他清楚地知道“权力”这个东西看似很诱人，但如果操纵不好会使自己陷入万丈深渊，最关键的是没有人能够永久地把握住权力。

现在，李辅国决心要打破这个宿命，所以在李亨病重之际，他将目光瞄向了下一任皇帝——太子李豫。

乾元元年（758 年）十月，李俶被立为太子后，便改名为李豫。这些年来李豫忙着平叛，自建宁王李倓被杀后，他也极少参与宫内的事务。

最初李豫是受李辅国排挤的，这是因为张良娣自己的儿子没有被立为太子，所以在李倓被杀后，她始终排挤李豫，而李辅国作为张皇后的盟友，始终支持这个有野心但没有手段的女人。

直到李辅国成为兵部尚书，执掌禁军拥有兵权后，这种局面方才改变。

当李辅国在朝中吆五喝六的时候，他始终密切注视着李亨的身体状况，以及未来接班人的走向。当看到李豫的太子地位很是稳固，未来很可能顺利接班的情况后，他瞬间改变了方向标，开始向李豫方面倾斜。而那个只可作为援手的张皇后，在渐渐失去利用价值后，即被李辅国无情地“抛弃”了。

张皇后虽然没有什么手段，但她并不是没有头脑，在看到李辅国渐渐露出专权乱政的面目后，她的内心开始对这个心机深沉的家奴有所忌惮，尤其在李辅国直接控制皇帝诏书机要后，诏书全部经过他来起草下发（制敕皆从之出）时，张皇后更加受制于李辅国，以致最终两个人形同水火。

在李亨身体健康尚能驾驭一切时，张皇后和李辅国的矛盾暂时处于蛰伏状态，可是李亨病情日笃，双方开始剑拔弩张，尤其是在李亨生命的最后一年，即上元二年（761 年），双方终于演变成你死我活的斗争。

事实上，在李辅国向李豫倾斜的同时，张皇后也意识到李豫对于自己的重要性，所以李豫也就从先前双方的共同敌人摇身一变成了双方各自争取的对象，双方都想联手李豫，吃掉对方。

对于张皇后而言，她明白在这场斗争中，自己是优势与劣势并存，优势是在李亨病重之际，她可以利用自己的特殊身份，利用李豫对李辅国的憎恨，向李豫进言除掉李辅国，而劣势则是，自己未来在李豫那里似乎没有什么可以利用的政治价值。

但无论如何，张皇后也必须放手一搏，因此在上元二年（761 年）四月，张皇后急匆匆地召李豫进宫，向其陈述当前的局势。

“李辅国长期出入禁中，统率禁军，诏书敕令都是由他来发布，而且又擅自威逼太上皇迁至西苑冷宫，其罪罄竹难书，但皇帝陛下病体沉重无暇顾及，李辅国现在所忌惮是你我二人，我预感随着皇上的病情加重，李辅国很可能会伙同其死党阴谋作乱，所以想请太子设法除掉他，免生祸患。”

张皇后这番话虽然讲得很有道理，但是不合时宜。原因就在于先前她也是和李豫形同水火的，曾经的敌对方现在忽然要化干戈为玉帛，这种没有任何铺垫就亮出自己底牌的做法，无论是谁内心都会有所防备。

在李豫看来，张皇后所说的话过于功利，虽然表面听起来是深明大义，但聪明的李豫已经看出张皇后的私心，她是切身感受到来自李辅国的压力，然后借自己的手除掉这个狗奴才。

可是对于李豫而言，除掉李辅国并不困难，但接下来他将要面对不可预知、错综复杂的形势。从这个角度来看，李豫没有必胜的把握，更何况禁军还在李辅国的掌控之中。

所以，面对张皇后的拉拢，李豫拒绝了。

“父皇现在病体沉重，此事万万不可，若骤然诛杀李辅国，恐怕父皇受不了如此惊吓，这件事情还是要从长计议。”

“殿下应该明白……”

“好了，这件事情就这样吧。”

李豫头也不回地转身离去，与其说他对张皇后的拉拢感到厌烦，倒不如说他是没有把握扳倒李辅国。

李豫的无情离去，让张皇后瞬间感到一种挫败感，但她不是一个就此认命的人，在奴才反水、太子不给力的境遇下，张皇后决定铤而走险、孤注一掷，试图放手一搏。

望着李豫离去的背影，张皇后的眼中露出一丝杀机，她的嘴角在不停地抖动，似乎要急于让李豫瞬间灰飞烟灭。

李豫，并不是只有你才是我的依靠，身为储君的你应该明白，我选择你是因为我要将政治风险降到最低，你的拒绝却让我无从选择，所以从现在开始，你和李辅国都是我必须除掉的敌人！

李豫走后，张皇后将目标锁定在了越王李系身上。

目标转移意味着目的改换，联合越王李系这是张皇后现在唯一的选择，只是这个选择是一条不归之路，前方纵有万丈深渊，张皇后也必须义无反顾地走下去。

越王李系是李亨的次子，生母是宫人孙氏，李豫被立为太子后，由于身份的转换，不能再在一线从事平叛指挥工作，九大节度使围攻邺郡失败后，李亨任命李系为天下兵马元帅，但只是遥领各军，具体的一线事务还是由李光弼来负责，史思明二次攻陷洛阳后，李系曾经请兵收复洛阳，但李亨没有同意。

从李系的履历来看，还算是有些才干，所以张皇后在拉拢李豫失败后便找到了李系。她的意图是利用李系先诛杀太子李豫，然后再诛杀李辅国，最后拥立李系为帝，自己就会安然无恙。

对于李系而言，这是个极大的诱惑，况且他本身就不是个安分的人，只是由于身份并非嫡出，无奈与帝座无缘，这么多年其野心始终处于封闭状态，现在有人让他的野心重新释放出来，这让李系有些蠢蠢欲动。

“事成之后，当奉您为太后！”

当李系听完张皇后的全部想法后，他毫不犹豫地答应了，虽然他也知道这是一条很有可能置自己于死地的道路，但置之死地而后生对李系更有诱惑。

事实上，张皇后和李系无论是谁也不会想到，他们的计划反而将太子李豫和宦官李辅国的政治利益紧紧地绑在了一起。

先发制人

坦白地讲，同时诛杀未来的皇帝以及朝廷第一大佬李辅国，这基本是个不可能完成的任务，要完成这个任务，就必须采取非常手段，才能成功。

经过仔细的筹划，张皇后和李系决定采取突袭的方式。

不过，和唐朝历次宫廷政变稍有不同的是，张皇后和李系这次动用的资源却不尽相同。

张皇后和李系密谋计划哄骗太子李豫进宫，然后发动突袭置李豫于死地。他们明白要完成这个任务手中可利用的资源并不多，事实上完成这个任务，最好的资源便是禁军，但现在李辅国执掌禁军，这条路等于被封死。

所以，张皇后和李系必须退而求其次，正所谓朱砂没有黄土为贵，精兵动用不得，混混打手凑在一起也勉强有战斗力。

选来选去，他们同时将目光锁定在了宦官身上，这是他们较为信任的一股势力，同时也是唯一可供自己选择的人群。

上元二年（761 年）四月十六日清晨，这一天天空布满阴霾，乌云低沉得似乎要将人压在地上，大唐皇宫内院在阴霾的天空下透露出一种诡异的氛围，仿佛暗含着一股激流，会随时爆发。

拂晓时，李系命令其死党、时任内谒者监的段恒俊专门挑选两百名有勇力的宦官，然后前往长生殿集合，李系开始了一番煽动。

李系命令随侍的宦官将长生殿的大门紧紧地锁闭，大殿之内顿时寂静下来，所有人都不知道李系的葫芦里到底卖的什么药，所以都紧张地注视着李系。

“各位真的只愿意当宫里的奴才，不愿意做功臣吗?”

在众人不知所措之时，李系忽然高声问道。

他的喊声犹如一道闪电，瞬间划破了大殿的寂静，那些宦官瞬间打了一个激灵，然后继续紧张地看着李系，没有人出声回应他。

“我再问一遍，大家真的愿意一辈子当被人看不起的奴才吗?”李系从座位上突然站起来，再次提高声调加重语气地问道。

“当然不愿意了，可是我们有什么办法，我们这些身体残疾的人还能做功臣不成?”随着李系的二次发问后，人群中一个尖亮的声音瞬间响起。

所有人的目光都集中在了这个宦官身上。

当众人的眼睛齐刷刷地看着他时，这个宦官本能地意识到，他可能说错了话，所以赶紧将嘴巴捂住，可是众人的眼神已经让他无法再掩盖，片刻之后李系走到了他的面前。

李系仔细打量着这个看上去只有十七八岁年纪的小宦官，然后微笑着问他：

“如果我今天给你做功臣的机会呢?”

“做，做功臣?”小宦官有些不解。

“哈哈哈！实话告诉你们，我知道大家都不愿做被人瞧不起的下人，今天发给你们武器和铠甲，就是为了给你们做功臣的机会。”

李系在大笑过后，忽然转过身来对着所有人高声说道。

此刻这些平常在深宫里没有见过世面的宦官，开始意识到今天李系将他们召来，肯定是有大事情，但李系没揭晓答案前，谁都不敢说破。

“太子未来做了皇帝后，可能要将你们其中的很多人放逐出宫！但张皇后和本王不忍心啊！”

李系终于说出了他今天最想说的话，在他看来，经过前边的一番铺垫，自己已经成功挑动起了宦官们对太子李豫的憎恨。

果然，在李系说完后，大殿内顿时开始人声嘈杂，宦官们在底下开始议论以来。

李系并没有做过多的停留，然后继续说道：“本王今天就是要和张皇后一同除掉太子，等本王做了皇帝，你们不再是被人瞧不起的奴才，而是功臣，你们愿意吗？”

“愿意！”这时还是那个先前斗胆出声的小宦官率先喊道。

“愿意！”

“愿意！”

“我们愿意做越王的功臣！”

宦官们开始接二连三地高声喊道，大殿内顿时人声鼎沸。

“嘘！小声点！既然你们都愿意，接下来就要听我的安排！”

……

李系在长生殿内做出部署，他命令这些宦官在殿内按照指定地点藏好，等到自己将太子李豫带到这里后，自己以击掌为号，然后大家一拥而上，以迅雷不及掩耳之势杀死李豫。

部署完一切后，李系得意地离开了长生殿，在半路上他仔细回想自己的一切部署，始终认为自己的计划无懈可击，现在唯一要做的就是前往张皇后那里，让她利用皇帝的名义召太子李豫前往长生殿。

事实证明，若想人不知，除非己莫为。而且李系也实在高估了段恒俊精心挑选的那些宦官的素质，李系万万不会想到，他在长生殿为宦官们部署任务的时候，一个没被段恒俊挑选上的宦官程元振，已经将李系聚纳宦官之事报告给了李辅国。

坦白地讲，如果段恒俊挑选上了程元振，或许整个事件会是另外一种走向，但古往今来很多事情就是偶然之中存在必然，程元振因为身材矮小没被段恒俊挑选上，虽然他当时不知道李系究竟要干什么，但出于一种报复心理，他还是向李辅国作了汇报。

精明的李辅国立即意识到李系可能要有所行动，而且可能于己不利。

当时李辅国还没意识到整个事件背后的指使人是张皇后，他更没想到对方的目标不仅仅限于自己，而是要逮住李豫这条大鱼，所以在得到程元振的汇报后，他只是下令让程元振继续监视李系等人的动向，然后自己则调动禁军在皇宫内外不断巡视。

当时由于李亨病重，所以宫内的各方势力可以在自己的职权范围内任意行动，张皇后和李系可以挑选宦官，李辅国同样也可以调动禁军，而李豫因为还没有真正地继承大统，所以无法行使皇帝的权力，这就造成了一种权力真空状态，敌对势力的双方就看谁的能力更高、更强。

从掌握的资源来看，李辅国胜出一筹，不仅是因为皇家禁军在他的掌控之中，更是因为他在第一时间得到了至关重要的情报。

不过，一直到张皇后用皇帝李亨的名义召见李豫前往长生殿议事的时候，李辅国才发现事情远没有自己想象得那样简单。

“陛下如果召见什么人，我应该是第一时间知道才对，为什么这次会这么突然呢?”

这是李辅国知道消息后的第一反应。

很长时间以来，李辅国这个李亨最为信任的家奴，一切诏令都经过他来下发，虽然后来他受到了冷淡，但他在内廷依然眼线众多，皇帝陛下的动向他很快会在第一时间掌握，但这次他事先没得到任何皇帝陛下要召太子进宫的消息，所以李辅国开始疑虑丛生。

联系先前程元振带回来的李系等人的动向，李辅国意识到很可能是张皇后和李系已经联手，李豫前往长生殿一定是凶多吉少。

虽然这种预测未必准确，但为了李豫的安全，更是为了自己的安全，李辅国决定坚决不能让李豫到达长生殿。

于是李辅国紧急调动禁军，由程元振带领在前往长生殿的凌霄门布置人马，专门等待李豫的到来。

就在程元振刚刚到达凌霄门后，他便看到太子李豫等一行人马奔着凌霄门而来。

坦白地讲，李豫在接到父皇召见的命令后，并没有过多地怀疑，因为李亨病重已经许久，随时都有召他入宫的可能，而张皇后也正是成功利用了这个机会，才有可能骗李豫进宫。

如果没有李辅国这只拦路虎，张皇后已经接近于成功。

“殿下这是往哪里去?”

当李豫一行人靠近凌霄门的时候，程元振立即从禁军中闪出身来问道。

在看到这么多禁军士兵挡在这里的时候，李豫的表情显出一丝慌张，他不知道为什么这里会出现如此多的禁军，而且程元振的问话颇为强势，这让李豫有些不知所措。

李豫本能地打马向后退了两步，然后开口问道：

“为何众多禁军将士在此门外聚众?”

“殿下可是要往长生殿?”

“是啊！怎么了?”李豫不解地问道。

“越王李系擅自在长生殿聚纳宦官，殿下如果前往，恐有不测，还请殿下原路返回为好。”程元振力劝李豫。

霎时间，李豫皱紧了眉头，他不相信程元振所说的一切，在他看来，程元振一定在搞什么阴谋诡计。

“不可能有这样的事情，一定是父皇病情加重，所以才召我进宫的。”

“殿下今天绝对不能从这里过去！”程元振见李豫不相信，立即跪在李豫面前说道。

“就算是有危险，父皇病重，我也必须去！”

言罢，李豫拨转马头准备绕过程元振，直奔长生殿而去。

程元振看到李豫丝毫没有回退的意思，他立即站起身来，一把拽住李豫坐骑的缰绳，然后高声喊道：

“殿下！江山社稷事大，今日奴才绝不能让殿下入宫！”

“你要造反吗……”

“来人！护送殿下前往飞龙厩，保护好殿下的安全，平定乱党后，再让太子进宫探视陛下！”

“你们……”

没等李豫说完，诸多禁军士兵已经前后将李豫团团围住，然后他们强行将李豫以及随从人员拥往飞龙厩。

“你们胆敢强行……”

终于，李豫的声音渐行渐远，程元振在看到成功稳住了李豫后，便立即带领剩下的禁军士兵向李辅国复命。

“太子殿下已经无忧，接下来我们要对乱党痛下杀手!”

当李辅国知道程元振顺利完成任务后，他对这些忠于他的人下了必杀令，随即李辅国决定今夜就展开大肆围剿。

……

程元振在凌霄门阻挡李豫的时候，越王李系正在长生殿等待李豫的到来，在此之前张皇后已经将召李豫进宫的消息通报给了李系，让他做好准备，李豫到来后，万万不可手下留情。

但是，直到入夜时分，李系也没能等到李豫的到来，随着时间一分一秒地过去，李系不禁疑虑丛生，按说从东宫到长生殿的距离并不远，为什么这么长时间过去了，太子李豫还是没到。

焦急之下的李系准备派人到张皇后那里核实一下消息的准确性，此时他万万想不到，就在半个时辰之前，李辅国和程元振已经率领禁军将长生殿周围三里的地方团团围住。

“冲进去！活捉李系！记住除了他，其他人可以一个不留！”李辅国命令禁军士兵。

得到命令后，程元振带领大队禁军直冲长生殿，当他们破门而入时，那些藏在隐蔽处的宦官一下子乱作一团，他们万没料到等来的不是李豫，而是杀气腾腾的禁军。

随即，杀声四起，鲜血四溅!

李系被这突如其来的变故吓呆了，而他之所以暂时没有生命危险，只是因为他那身皇族长袍显得格外扎眼，所有人都知道这个穿着黄色长袍的就是越王李系。

转眼间，段恒俊亲手挑选的那些看似有勇力的宦官，已经被禁军砍杀殆尽，几个靠近门口的宦官，试图逃出大殿，也被守在门外的程元振砍倒在地。

在整个过程中，李系自始至终都是呆呆地站在那里，仿佛周围的事情和自己无关一样，或许他明白，事情到了这个分儿上，自己纵有万般本领，亦无挽回的余地。

所以禁军士兵捆绑他的时候，李系没有丝毫的反抗，他的眼神中透露出疑惑迷离，完全失去了不久前鼓动宦官们的劲头。

李辅国的整个行动前后不到半个时辰，除李系之外，还逮捕了段恒俊以及负责内务省事务的李系同党朱光辉和通风报信的诸多宦官。

当然，直到现在为止，李辅国的任务仅仅完成了一半，因为他知道真正的幕后推手张皇后此刻还在寝宫之内。

“赶快去张皇后那里，不要让她反应过来！”

霎时间，李辅国紧皱眉头，他近乎用一种不容反驳的语气再次下达命令，因为他意识到张皇后和李系不同，如果她跑到李亨那里，事情将会难办很多。

最后的遗憾

事实上当李辅国在长生殿大开杀戒之时，张皇后已经得到了消息。虽然这个女人在风平浪静之时尽显嚣张跋扈，但当危机来袭时，她不禁惊慌失措，此刻她唯一能做的并不是组织力量进行反击，她没这个能力，更没这个魄力，作为一个女人，她下意识地想到了自己的丈夫。

无论是刚强或柔弱的女人，当她身陷险境时，本能地会渴望得到保护，而自己的丈夫则是她最先想到的人，所以张皇后在渡过短暂的惊慌失措之后，她急急忙忙地跑进李亨的寝室。

而此时的李亨已经是名副其实的大限将至，躺在床上紧闭双目，气若游丝。

十天前，太上皇李隆基刚刚过世，这对李亨是个巨大的打击，虽然李隆基在世之时，李亨作为皇帝怀疑过他，提防过他，甚至李辅国排挤冷落李隆基，在李亨看来都是件有利的事情，父子之情已经被“权力”这个东西，搞得陌生而又畸形，可是随着李隆基的病逝，现在这一切都已经烟消云散。

而李亨自己由于病重，似乎也要在十天后即追随自己的父亲而去，他躺在龙床之上尽量让自己的思绪平静下来，虽然他已经口不能言，但意识依然十分清醒。

“陛下！李辅国在外边作乱，臣妾没有别的地方可去，只能到这来，希望陛下保护臣妾。”

张皇后从外边慌张地跑进来，跪在李亨的龙床前，一把拉住自己的丈夫，然后抽泣着说道。

面对张皇后的无助，李亨心中明白自己虽然身为皇帝，但此刻已无任何能力来保护自己心爱的女人，他唯一能指望的就是自己的皇帝身份，能够让李辅国等人望而却步。

李亨缓缓地睁开眼睛，勉强注视着张皇后，然后用软弱无力的手，指向寝宫的最深处，示意张皇后躲到里边去。

然后，他又闭上了眼睛。

得到了李亨的示意后，她没有说一句话，径直奔向寝宫的最深处躲了起来，在黑暗处她依然露出侧脸，时刻观察外边的动向，对于张皇后而言，这是她一生中最为煎熬的时刻。

不久后，杂乱的脚步声由远及近。张皇后最不希望的场面终于还是出现了。

事实上，当张皇后急匆匆前往李亨寝室的同时，李辅国在长生殿向所有人下达了捉拿张皇后的命令，他急速带人前往张皇后的寝宫，在得知张皇后已经前往李亨寝室的消息后，他又带人赶到这里，张皇后刚刚在角落处躲好，李辅国便带人闯进了李亨的寝室。

进入寝室后，李辅国停下了脚步，然后示意众人停止前进，因为他知道皇帝虽然已经大限将至，但这里如果没有经过皇帝的同意，是不能擅自进入的。

李辅国轻轻地走到李亨床前，低下头俯视这个奄奄一息的皇帝，这是他一直服侍的皇帝陛下，从年轻一直到现在，他始终都是李亨忠实的奴仆，虽然有时候他让皇帝陛下感到厌烦，但李辅国对李亨的忠诚毋庸置疑，如今这个自己亲身侍奉二十多年的皇帝，眼看就要一命归西，这不禁让李辅国感慨万千。

“唉！”李辅国轻轻地叹了口气，然而就这一声哀叹，让李亨缓缓地睁开了眼睛。

李辅国见惊动了皇帝陛下，他立即跪倒在地，然后伏地叩拜。

在见到李辅国后，李亨的眼睛中忽然放射出光芒，他用无力的手缓缓指向了这个奴才，似乎在埋怨他不该惊动了自己。

“奴才死罪!”李辅国叩拜得更加用力。

“陛下可知道皇后娘娘是否在这里?”李辅国终于问了他最想问的问题。

此刻身在暗处的张皇后已经紧张得快要崩溃，然而李亨却摇摇头，这让她稍微有些舒缓。

“陛下可知道皇后娘娘欲弑太子，奴才是奉了太子之命，特来捉拿张皇后的。”

然而李亨就像没听到李辅国的话一样，他冲李辅国摆摆手，示意他退出去。

鉴于李亨的态度，李辅国低下头开始犹豫起来，他明知道张皇后肯定在这里，但没有皇帝的命令，李辅国是不敢轻举妄动的，可是如果就此退出去，一旦让张皇后缓过劲来，那结果实在难以预料。

此刻，李辅国的性格以及他对“权力”的崇拜，决定了他不可能就此甘心退出，犹豫片刻后，他站起身来握紧双拳，然后回身向着禁军将士发出了命令。

“搜!”

霎时间，诸多禁军在李亨的寝室内开始大规模地搜捕，片刻后两名禁军士兵从寝室深处的角落里将张皇后拉扯到了李辅国的面前。

“放开我，陛下在这里，你们胆敢这么无礼!”张皇后怒斥拉扯她的士兵。

在李辅国的面前这个女人极力掩饰自己的慌张，然而李辅国那透出杀机的眼神，又让她的心理防线瞬间崩溃。

“你欲弑太子死罪难逃，陛下这个样子，你还指望陛下能够保护你!笑话!”李辅国恶狠狠地说道，随后他径直走到李亨的跟前，附在李亨的耳边，轻轻地说道:

“陛下安心地去吧，大唐的江山社稷就交给老奴吧!”

说完这句话后，李辅国并不理会李亨的反应，然后转身让禁军士兵将张皇后强行拖出寝宫。

在李辅国带领众人离开的时候，李亨试图用尽自己最后的力气，挣扎着从床上起来，但已经病入膏肓的他最终还是失败了，看着自己心爱的女人被强行带走，此刻拥有最高权力的李亨却无能为力，这让他顿时急火攻心，口吐鲜血。

“朕死不瞑目！死不瞑目啊！”

然而没有人理会这个已经快要死掉的皇帝的感受，寝室内只有李亨在床上依旧痛苦地挣扎，但谁都明白，经历这次变故之后，李亨已经撑不了多久了。

上元二年（761年）四月十八日，在李辅国平定张皇后和李系政变的三天后，李亨在惊吓愤怒中闭上了双眼，走完了他五十二年的人生之路，此时距离太上皇李隆基去世仅仅十三天。

从险些葬送在母腹中，一直到李亨最后逝世，可以说李亨的一生颇为坎坷，忍受父皇猜忌，经受李林甫的排挤，备受杨国忠的打压，即使当上皇帝，还要肩负平叛的重任，收拾父皇李隆基留下的烂摊子。

尤其是自灵武即位之日起，一直到他极不情愿地闭上双眼与世长辞，在短短的七年岁月中，他始终如一地将彻底平定叛乱重整河山，再现大唐帝国昔日风采与辉煌的宏伟大业视为己任。可惜的是，由于种种原因，在他怀着无限眷恋与依依不舍之情告别人世之前，也没有亲眼看到彻底平定叛乱、收复全部失地这一天的到来。

如果李亨在天有灵，他一定会为自己生前无力扭转让列祖列宗脸上无光的憾事而深深愧疚，甚至在他临别之际也绝对会带着深深的遗憾去见他的那些叱诧风云、名留青史的先人。

这是李亨最后的遗憾，也是最大的遗憾，更是永远没有机会再弥补的遗憾！

然而在我看来，让李亨灵魂更加难以安宁的，却是李辅国并没有因为李亨的过世而停止杀戮，李亨过世的当天，李辅国就擅自下令处死了张皇后和李系等参与政变的数十人。

鲜血流淌的瞬间，大唐帝国不经意间开始了一段新的征程。

四月二十日，太子李豫在李辅国和程元振等宦官的支持和拥戴下在两仪殿即位，改年号为宝应。

宝应二年（763 年）三月，李豫带领众人将父皇李亨安葬在建陵，庙号“肃宗”。

李亨已经入土为安，但大唐帝国依然在坎坷崎岖中徘徊，望着父皇李亨的陵寝，李豫此时的心情颇为不平静，他的即位意味着平叛的重任自然而然地落在了自己的肩上，这让李豫瞬间产生了极大的压力。

无论前方的道路多么坎坷，我都有信心披荆斩棘接近成功的目标，我要用自己的方式去完成父皇未完成的事业。

第七章
安内攘外

节节败退

李豫登上皇位时，平定“安史之乱”的战事已经进入第七个年头。虽然在此之前安禄山、安庆绪和史思明已经因为其内部互相残杀最终授首，但由于唐军在战场上的一系列失误使得以史朝义为首的叛军依然在中原地区肆虐，所以李豫即位后的首要任务就是尽快平定叛乱。

自从河阳之战结束后，史朝义始终占据着洛阳，一直到李亨去世为止，唐军和叛军在中原地区虽然大战没有，但小战依然不断。从整体的平叛形势来看，如果唐军能够团结统一、调度有方，完全可以给予叛军毁灭性的打击，现在随着李豫的即位，唐军终于可以做到这一点了。

李豫即位伊始，首先重新起用名将郭子仪。虽然在邙山之战中郭子仪因为打了败仗受到了李亨的冷落，李亨在弥留之际，还是召见了郭子仪，准备将平叛的重任交给他，只是由于李亨过世得十分突然，所以起用郭子仪的诏书没有下达，一直到李豫即位后郭子仪才重新上岗。

郭子仪重新回归后，在李豫的部署下，首先在绛州（今山西新绛）平定了此前不久在朔方发生的王元振叛乱，而后平卢节度使侯希逸击败范阳叛军李怀仙，并带领两万人马引兵南下渡过黄河，和唐将田神功、熊元浩在兖州（今山东兖州）会合。而李光弼顺利攻占许州（今河南许昌），擒获颍川太守李春，又顺道拿下临淮（今江苏盱眙），向徐州逼近。

李豫觉得仅仅依靠唐军的力量还不算保险，所以他遣使前往回纥请兵相助，用大将仆固怀恩之女与回纥“和亲”，终于得到了回纥人的允诺。

宝应元年（762 年）十月，李豫任命太子李适为天下兵马大元帅，统率河东、朔方及诸道行营、回纥等人马共计十万，集兵于陕州。然后令大将郭英乂和神策观军容使宦官鱼朝恩带领人马出渑池，泽璐节度使李抱玉出河阳，河南道副元帅李光弼出陈留（今河南开封），仆固怀恩与回纥首领左杀为先锋军，诸道人马并进，一同合围洛阳。

史朝义在得知唐军将至洛阳后，急与主将商讨对策，有的人主张退守河阳暂时避开唐军的锋芒，却未被史朝义采纳。

在史朝义看来，自己好不容易重新占据了洛阳，岂能再次拱手相让于唐军，所以他决定誓死守卫洛阳。

十月初六，唐军以极快的速度进至洛阳北郊，并分兵攻取了怀州（今河南沁阳）。史朝义的对策是不管唐军攻取了哪里，只要自己坚守住洛阳就是胜利。为此他让守卫洛阳城周围的数万叛军四立栏栅为固，意图为唐军制造进攻的障碍。

十月初七，仆固怀恩在西原列阵，派遣轻骑兵混合回纥骑兵从东部率先突袭，结果大败叛军，取得首胜。史朝义得知消息后，立即派精兵数万人列阵于昭觉寺，准备拦截唐军。

但是，叛军刚刚在昭觉寺布阵完毕后，仆固怀恩趁叛军立足未稳，搞了个突然袭击，尤其是鱼朝恩让弓箭手五百人猛力地冲杀，致使叛军大败，唐军乘势追击，接连转战石榴园、老君庙等地，不给叛军任何喘息的机会，最后一直打到距离洛阳西城门二十里的地方，方才止步。

叛军从昭觉寺一路向东败退，几乎毫无还手之力，唯一能做的事情就是逃跑。在经过一系列的惨败后，残兵败将们终于退进了洛阳城，然后关起城门等待史朝义如何决策。

数万人马居然就这样轻而易举地被唐军打败，让史朝义愤怒异常，但这也是没有办法的事情，因为叛军已经很久未和唐军进行过如此大规模的较量，可以说叛军这次并没有完全进入状态，最终致使惨败。

从这次失败开始，史朝义再也未能翻过身来，直到最终兵败身亡。

昭觉寺一战，唐军斩杀叛军将近六万人，可以说史朝义将自己在洛阳的家当全部赔了进去。当那些残兵败将们不断涌入洛阳城里时，史朝义知道洛阳城应该是保不住了，所以他毫不犹豫地选择了逃跑，带领数百名骑兵亲信，从洛阳东门出城，向东飞奔逃去。

仆固怀恩随即进占洛阳，但他只留下回纥人马驻守洛阳，自己和儿子仆固玚及朔方兵马使高辅成率万余人继续向东追击史朝义。

史朝义出离洛阳城后，他的计划是准备前往汴州（今河南开封），因为那里有他的人马驻守。可当他到达汴州城下时，驻守那里的陈留节度使张献城下令紧闭门户，不让史朝义进城，无奈之下史朝义只好向濮州（今河南鄄城）方向逃去。

由于在汴州吃了闭门羹，史朝义已经成了惊弓之鸟，他生怕在濮州遇到同样的情况，所以在濮州他没有做片刻的停留，而是转道向北渡过黄河。

渡过黄河后，史朝义放慢了速度，在他看来，即使唐军急速地追击自己，由于人多势众也不可能这么快渡过黄河。但两天后仆固怀恩犹如神兵天将般地渡过了黄河，并领兵打下滑州（今河南滑县），意图切断史朝义北逃的道路。

史朝义只得再次转道前往卫州（今河南汲县），这一次史朝义的运气还算不错，当时叛军的睢阳节度使田承嗣在得知史朝义兵败到这里后，急忙领兵四万前来和史朝义会合，准备共同抵抗仆固怀恩的进攻。但仆固怀恩的情报工作实在出色，他事先已经得知叛军要会合的消息，所以分兵在半路劫杀田承嗣。结果遭到伏击的田承嗣由于没有做足侦察工作，误以为仆固怀恩分出来的这些人马是唐军的主力部队，田承嗣为了保存实力，二话没说带领人马立即赶往卫州和史朝义会合。

史朝义本以为田承嗣的这四万人会成为自己的救命稻草，可是唐军的半路截杀，让他终于丢掉了幻想，他只能继续向北逃窜至贝州（今河北清河），与其手下大将薛忠义会合，意图在那里布置防线和唐军决一死战。

当时仆固怀恩之子仆固玚率领先头部队急速追赶到临清（今河北临西），距离贝州只有不到二百里的路程，而在史朝义掌控范围内的衡水则有三万人马驻守。在史朝义看来，如此一路北逃实在有失身份，不过他没有意识到他的军事才能和他的老爹史思明相比，完全不在一个档次上，这才是他节节败退的根本原因。

所以，别说三万人马，就是三十万人放在史朝义手里，只要唐军团结一致也是白搭。

结果，在临清仆固玚再次运用伏击战术打败了叛军，而屡败屡逃的史朝义，也不得不继续他的北方探险之旅，向莫州（今河北任丘）逃去。

从史朝义最终的整个行程来看，莫州是他停留时间最长的地方，总共将近一个月，这期间唐军的先锋部队由于接连长途奔袭，所以行进速度逐渐放缓，而史朝义正好可以利用这个机会加强莫州的城防工事，就在史朝义认真准备一切的时候，一个出乎他意料的因素打乱了他的整个计划。

准确地说，他被人忽悠了！

平定叛乱

广德元年（763 年）正月，唐军的先锋部队在仆固玚的带领下终于追击到莫州。由于此前史朝义已经在莫州城准备了将近一个月，所以仆固玚并没有贸然进攻，而是在距离莫州三十里的地方安营扎寨，意图寻找有利战机伺机进攻。

应该说这一个月让史朝义有了充分的时间对莫州城的城防做了充足的准备，但史朝义恰恰忽略了一点，那就是“人”的问题，他自始至终没有解决好。

关于“人”的问题，倒不是说史朝义手里缺兵少将，而是他对自己手下将领的心理状态掌握得很不够，要知道此时的叛军经过八年的攻战杀伐后，已经完全没有当初安禄山起兵时的浩大声势，甚至更没有史思明掌控时的威武雄姿，有的只是被唐军接二连三地打败，史朝义一路被人追着屁股北逃，在这种情况下，难免会有人产生动摇，当时援救过史朝义的田承嗣就有自己的想法。

田承嗣自安禄山在范阳起兵以来，一直指挥叛军南征北战，立下不少赫赫战功，无论是安禄山、安庆绪、史思明还是史朝义在时，田承嗣都是不可或缺的人物。在刚刚起兵造反的那段日子里，田承嗣对安禄山的叛军深信不疑，但经过八年的时间，叛军三易其主，直到史朝义逃到莫州，叛军可以说是耗子下崽——一窝不如一窝。

从史朝义丢掉洛阳并节节败退开始，田承嗣第一次对自己当初的选择产生了怀疑，叛军从声势浩大到现在的兵败如山倒，这一切都让田承嗣本能地产生一种恐惧，田承嗣不是没脑子的人，面对如此境遇，他开始盘算自己的后路。

从现在的态势来看，史朝义最终难逃失败的命运，但田承嗣现在和史朝义同在莫州，以田承嗣目前的实力是无法采取硬碰硬的方式对抗史朝义的，他唯一能做的就是开动自己聪明的头脑，让史朝义主动离开莫州，然后自己献城降唐。

“依现在的态势来看，如果仅凭莫州现有的兵力是难以对抗唐军的，圣上不如将守卫莫州的重任交给末将，然后您到幽州去征兵，再回来援救莫州。”

当田承嗣向史朝义说这番话的时候，史朝义完全没有怀疑手下这个的亲信将领，他丝毫没有犹豫就采纳了田承嗣的建议，可是在他刚刚离开莫州城后，田承嗣即打开城门向唐军投降。

史朝义得到消息后，肺都快气炸了！

可是他依然不能停止脚步，因为唐军是绝对不会放过自己的，所以追击依然继续，逃跑依然继续。好在莫州距离范阳并不远，史朝义坚信只要到了自己的老巢，不怕没有办法对付唐军。

可是事实证明，史朝义对形势显然过于乐观，而当时的情况是叛军内部想降唐的人不在少数，除了田承嗣，范阳节度使李怀仙也有同样的想法。

当史朝义还在莫州的时候，李怀仙就已经看出史朝义败亡的苗头，所以他通过朝廷派来的使者骆奉先和唐廷暗中沟通投降的事儿，当他知道史朝义即将回来时，为了向唐廷表现出自己足够的诚意，他让手下的兵马使李抱忠率领三千人马镇守范阳，不准史朝义进入范阳城。

面对李抱忠的阻拦，史朝义当时有些丈二和尚摸不着头脑，他在城门外向站在城头上的李抱忠解释自己为什么回来的原因，并用君臣大义责备李抱忠，但李抱忠的一句话，让史朝义顿时从头上凉到脚下。

“上天不佑大燕，大唐又要中兴了，现在我们既然已经归顺了大唐，怎么可以再助纣为虐呢？希望您尽早找到谋求自全的办法，而且田承嗣肯定已经背叛了您，不然的话唐军也不可能追您到这里。赶快走吧！不留了！”

言罢，李抱忠转身走下城楼。

“怎么可以这样对我！”

史朝义在城下已经完全不顾忌自己的身份，竟然一边说着一边失声痛哭起来。

“将军难道没有一点怜悯之心吗？我从早上到现在一直都没有吃饭，将军即使不让我们进城，难道不能招待我们一顿饭吗？”

说到最后，史朝义已经没有“皇帝”的威严，完全像是一个沿街乞讨的乞丐。

即将走下城楼的李抱忠听到史朝义的喊声后，生了一丝怜悯之心，派人把食物装进筐里，然后用绳索从城头上送到外边。

这一刻，是史朝义一生中最为屈辱的时刻，当那些食物从城头上系下来的时候，史朝义一把抢过食物使劲地往嘴里塞，连日来的逃命生活，已经让史朝义顾不上食物的味道，只要能填饱肚子，对于他来讲就是最大的幸福。

当时跟随史朝义一起逃命的范阳人不在少数，他们看到史朝义的这副狼狈相后，知道大势已去，所以都利用这个机会四散而逃，而史朝义也没有过多地阻拦，因为他知道这些人之所以在此前一直跟着自己，是因为他们认为自己还有希望，可是现在自己已经是泥菩萨过江——自身难保，所以天要下雨，娘要嫁人，由他们去吧。

就这样，在很多人接连离开之后，史朝义的身边只剩下几百名胡兵，在饱餐李抱忠“赏赐”的食物后，他和这些胡兵们继续向北逃窜。

在路过广阳（今北京密云）的时候，史朝义看到城门紧闭，他没有再请求进城，而是下定决心跑出国门，北入奚和契丹部落。

但是，在到达一个叫温泉栅（今河北唐山北部）的地方时，史朝义因为过于疲劳，他暂时停下了脚步，而让他想不到的是，他这一停竟是永久。

事实上，在史朝义刚刚逃离范阳地界后，唐军恰好追击史朝义进入范阳地界。范阳节度使李怀仙没有想到史朝义会这么快就逃离自己的地盘，为此他深刻追究了李抱忠拦截不力的责任，同时派兵向北急速追击史朝义。

在李怀仙看来，如果能抓到史朝义这条大鱼，自己将是再造大唐中兴的功臣。

最终，经过五昼夜的追击，终于在温泉栅追上了史朝义。

当李怀仙的人马追上史朝义的时候，这个“逃亡皇帝”正在一片树林外休息，在看到一片旌旗招展时，他立即意识到追赶自己的人已经距离自己不远了，慌乱之中史朝义向着丛林中跑去，当他到了密林深处，忽然发现一件倒霉的事——李怀仙的人马已经将这片树林彻底包围。

李怀仙的人马并没有追着史朝义进入树林，因为他们对这里的地形十分熟悉，这是一片面积不算太大的树林，只要把守住几个出口，史朝义就算是插上翅膀也难逃出。

终于，连日的惊恐和疲劳让史朝义的精神已经到了崩溃的边缘，此时距离他在范阳城下的那顿饱餐，已经整整过去了五天，这五天他已经是食不果腹，看着依然跟在身边的那几百名胡兵，史朝义不禁号啕大哭起来。

“早知今日何必当初啊！”史朝义用拳头猛力地捶打头部，然后他痛苦地跪在地上。

“圣上！不如出去和他们拼个你死我活，或许还会有条生路。”一名胡兵提醒着说道。

“我死不足惜，可是今天竟然让你们陪着我死，唉！”

在场的人都默不作声，史朝义从地上站起来，用他那布满血丝的眼睛环顾在场的这几百名胡兵，片刻之后，他解下了腰带，然后径直走到一棵树下，将腰带挂在上面，并打了个死结。

“圣上！万万不可啊！”

“走开！不要管我，如果你们还认我这个圣上，就走远点！”史朝义歇斯底里地喊道。

那一刻，所有人都知道史朝义已经彻底绝望，或许终结生命对于他而言，反而是一种很好的解脱。

所以，没有人再去阻拦他。

“早知今日，何必当初……”

史朝义嘴里始终重复这句话，直到他将脖子伸进他亲手打的那个死结套中。

……

广德元年（763 年）正月二十六日，史朝义在温泉栅的密林中自缢身亡，这也意味着历经八年的“安史之乱”被彻底平定。

在史朝义身亡之后，那几百名胡兵走出林外向唐军投降，李怀仙命人割下史朝义的首级送往京城长安。

正月三十日，史朝义的首级终于摆在了李豫面前，那一刻李豫流下了兴奋的泪水。

八年来，山河动荡，流民失所！

八年来，很多人献出了生命，更有很多人没有亲眼看到叛乱的平定，而留下无法弥补的遗憾。

但今天，胜利真的到来时，所有人都心潮澎湃，很多人载歌载舞、鼓掌相庆。

这当中，也包括远在长安城千里之外的一个人。

当这个人听到史朝义自缢身亡，“安史之乱”被彻底平定时，他赤着双脚从屋子里兴奋地跑到院子里，然后跪在地上，眼含热泪双手托天大声高喊“苍天开眼”。

然后，他又径直跑回屋内，提起笔来记录下那一刻他兴奋的心情，写下了那首著名的诗篇《闻官军收河南河北》：

剑外忽传收蓟北，初闻涕泪满衣裳。
却看妻子愁何在，漫卷诗书喜欲狂。
白日放歌须纵酒，青春作伴好还乡。
即从巴峡穿巫峡，便下襄阳向洛阳。

这个人就是我们前边多次提到的，千百年来被人们冠以“诗圣”头衔的杜甫。

千古诗圣

杜甫，字子美，河南巩县（今河南巩义）人，自号少陵野老，世称“杜工部”“杜少陵”等。盛唐时期伟大的现实主义诗人。他有一千四百余首诗被保留到今天，其精湛的诗艺，在中国古典诗歌中影响深远，备受推崇，其诗被称为“诗史”，他被世人尊为“诗圣”，与另一位盛唐大诗人李白合称“李杜”。

杜甫出生于唐玄宗先天元年（712 年），一生的绝大部分时间是在大唐的黄金时代“开元盛世”中度过的，沐浴在盛世荣光中的杜甫和李白具有同样的想法，那就是当上宰相，然后“致君尧舜”。

事实上，杜甫和李白的经历有很多相似之处，如浪迹天涯、经历坎坷、不受重用等，但唯一不同的是，李白生前名声已经响遍大江南北，而杜甫生前则是默默无闻，甚至在他去世后的几十年时间内，杜甫依然不为世人所重视。

不可否认，杜甫是个伟大的诗人，具有忧国忧民的情怀，尤其是“安史之乱”爆发后，他写了很多揭露安史叛军暴行以及同情无辜百姓的诗歌，但杜甫同样具有致命的弱点，而在我看来，性格决定命运这句话在杜甫的身上体现得最为明显。

《旧唐书·杜甫传》记载：杜甫性格褊狭浮躁，没什么气量，凭着恩情放纵不羁（甫性褊躁，无器度，恃恩放恣）。

《新唐书·杜甫传》记载：杜甫旷达不拘礼俗，又不自我约束检点，喜欢谈论天下大事，调子虽高却不切实际（甫放旷不自检，好论天下大事，高而不切也）。

从上述两条记载来看，杜甫实际上并不像他在很多诗歌中所写的那样，具有非凡的政治才华，可以协助皇帝再造淳朴的民风，说得通俗点，杜甫不具备“宰相肚里能撑船”的气量，他的可控世界只是宣纸上的妙笔生花。

透过他一生的经历来看，在很多关键时刻，杜甫的性格是制约他发挥政治才能的最关键因素，以致一生落寞不得志，只有通过诗歌来表达自己的情感。

三十六岁之前，杜甫基本是在漫游生活中度过，只在二十四岁那年参加过一次科举考试，那一次他并没有将考试放在眼里，算是小试牛刀，所以没能考上。虽然他的志向是登科出仕，但在年轻的杜甫看来，以他的才能只要稍加准备，参加科举考试肯定会一举中第，所以此后的很多年里，他并不急于参加考试，他要走遍名山大川，扩宽视野，为自己的人生增添厚度。

那时他的足迹踏遍了江南锦绣之地和燕赵雄浑的山川，甚至为未能漂洋过海到日本而遗憾。在漫游生活的那段时间里，杜甫裘马轻肥，呼鹰逐兽，快意非常，进取心十足，并自信满满，坚信自己能够在未来的日子里，在政治上实现自己的价值。

这一点，从他的那首《望岳》便可以看出：

岱宗夫如何，齐鲁青未了。
造化钟神秀，阴阳割昏晓。
荡胸生层云，决眦入归鸟。
会当凌绝顶，一览众山小。

这首诗，杜甫借着登上泰山最高顶的雅兴，表达了自己敢于攀登人生顶峰的伟大抱负和昂扬向上积极进取的人生态度。与王安石的“不畏浮云遮望眼，自缘身在最高层”和孔子“登东山而小鲁，登泰山而小天下”有异曲同工之妙。

可以说由于性格和年轻时漫游生活的经历，使得四十岁之前的杜甫对这个世界永远抱有一种希望之情，尤其是天宝三年（744 年），他在漫游的途中结识了李白和高适，三位诗人由于性格相近、情趣相投，一同登高怀远、郊游狩猎、访道寻幽，让杜甫度过了人生中最美好的时光，以至于很多年后他深陷困境时，时常回想起那段惬意非常的时光，不禁怅然慨叹世间境遇多变。

那一年的秋天，杜甫和李白、高适三个人由于各自的目标不同，终于分道扬镳，李白前往任城探亲，高适则南游楚地，而杜甫则前往兖州（今山东兖州）看望父亲。

天宝四年（745 年），杜甫终于结束了自己的漫游生活，转年他带着“致君尧舜上，再使风俗淳”的政治理想来到长安，准备参加当年朝廷的科举考试。

那一年，杜甫三十八岁。

当时已近不惑之年的杜甫参加科举考试，其心态已经和二十四岁那年不可同日而语。由于年龄已大，杜甫对这次考试很是看重，为此他经过了认真的准备，应该说在考试之前，杜甫对自己的才能还是很有信心的，但考试结束后，朝廷却只发布了一道榜文，上边写着：无一人及第。

毫无疑问，这道榜文意味着拥有绝对自信的杜甫再次落选。

这件事情让杜甫百思不得其解，甚至当时在京城长安也引起了极大的非议，因为即使杜甫落选，总应该还有其他人中举，但朝廷这道“无一人及第”的榜文实在让人不明白朝廷的葫芦里卖的是什么药。

然而朝廷的这道榜文并不是拍脑门的决定，它的发布是一个朝廷顶级大佬操控的结果。

这个人的名字叫李林甫。

当时独揽相权的李林甫知道李隆基爱惜人才，所以为了取悦李隆基，让李隆基的虚荣心能够得到充分满足，他制造了“无一人及第”的假象，也就是所有人都不录取，让皇帝陛下知道天下所有的人才都已经被朝廷录用，天下没有一个人才被埋没。

李林甫的这种做法不仅满足了李隆基的虚荣心，更让他得到了更加丰厚的政治利益。但对于杜甫而言，这却是个致命的打击，因为他将此次考试看成自己成功的唯一机会，可是最终却惨败而归，这让杜甫顿时对这个世界产生了绝望之情。

更何况前边我们说过，杜甫不是那种气量宏大的人，对于后者，或许一次失败不要紧，只要坚定信念，还可以重头再来，而杜甫恰恰缺少这种韧劲儿，经过这次失败后，他犹如斗败的公鸡一样，再也没能缓过神来，而自此之后他再也没能鼓起勇气参加朝廷的科举考试。

这次失败不仅让杜甫的心灵承受了巨大的打击，更让他的生活陷入拮据之中。此后的五年时间里，他寄居长安过着“卖药都市、寄食友朋”的生活，甚至屈辱到“朝扣富儿门，暮随肥马尘。残杯与冷炙，到处潜悲辛”。

生活的拮据让杜甫第一次感受到了人间的世态炎凉，不经意间杜甫的世界观和人生观在悄然发生变化，也就是在长安的这五年辛酸生活，也让他的诗风开始转变，由锐意奋进和过分自信，逐渐变成叹息忧虑和无限悲凉。

在长安的五年时间里，杜甫虽然生活艰辛，但他依然幻想自己有朝一日能够得到皇帝陛下的重用，虽然他知道实现的可能微乎其微，然而正所谓天无绝人之路，命运在杜甫穷困潦倒之际，向他伸出了援助之手。

天宝十年（751 年）正月，李隆基带领文武大臣举行祭祀太清宫、太庙的大典，并对外发布诏书，希望天下人能够广进赞颂本次祭祀的名篇佳句，确实优秀者可以入仕做官。诏书一经发布，便引起了杜甫极大的兴趣。

在杜甫看来，这的确是个难得的机会，因为写诗是自己的拿手绝活，如果被皇帝看中，可以省去参加科举考试的麻烦，直接得到皇帝陛下的重用。于是杜甫挥毫泼墨，情真意切地写了三篇《大礼赋》，投进了延恩匦。

延恩匦是武则天时代建立的一种制度，天下人不分等级都可以通过撰写赋颂和治国方略，然后投进延恩匦以求仕进，朝廷会定期搜集延恩匦内的文章，让皇帝陛下过目，只要被皇帝看中，那这个人从此可能就会飞黄腾达。

当时杜甫是抱着一种试试看的心态去投延恩匦的，但这次投匦居然得到了李隆基的重视。在看完杜甫的三篇礼赋后，李隆基当即决定召杜甫进宫，让他在集贤院待制，然后让宰相班子成员对杜甫进行命题考试。

如果杜甫能够通过这次考试，那他真的有可能在未来的日子里，实现他那掩藏胸中已久的宰相梦想，但遗憾的是这次考试结束后，杜甫就进入了遥遥无期的等待之中，最终也没有等来朝廷的相关任命。

史书上没有记载杜甫这次考试的详细过程，我们也并不知道究竟考的什么题目，但录取朝廷公务人员的考试，一般情况下都会考些治国方略以及国家某个领域实际问题的应对之策，有些类似于现在公务员考试中的申论科目，可以肯定的是，杜甫的答卷，朝廷一定是不满意的，联系《新唐书·杜甫传》的“甫放旷不自检，好论天下大事，高而不切也”的记载，可以断定杜甫的“申论”考试不及格。

而这次考试不再是李林甫一人幕后操控，而是宰相班子所有人都打了不及格的成绩，这也只能说明杜甫实在不具备做官的能力，至少其思想和观点与时局不符。

杜甫入仕的愿望就这样再次落空了，随着时间的推移，他渐渐变得更加颓废，曾经还能够上街卖药自食其力，还有过向富人推荐自己的主动性，但现在他完全失去了自我，只能靠朋友的接济去度过每一天。

这样颓废的生活，杜甫一共过了将近四年，虽然生活拮据，内心苦闷，但在长安总还有自己的栖身之地。

天宝十四年（755 年）十月，在友人的极力推荐下，杜甫得到右卫率府胄曹参军（看守兵甲仗器、库府锁匙的小官）的官职，然而仅仅一个月后，随着“安史之乱”的爆发，杜甫终于开始了他的颠沛流离生涯。

潼关失守后，李隆基带着诸多皇亲国戚仓皇逃往蜀中，长安城中的老百姓因为担心叛军攻陷长安后会大肆屠杀，所以很多人也开始向外流亡，在这庞大的流亡人群中也包括杜甫，他带着家人出长安后由奉先赶往白水，又由白水向陕北逃亡到鄜州（今陕西延安）。

天宝十五年（756 年）七月十三日，李亨在灵武称帝，杜甫得知这个消息，将家人安置好后，准备穿过叛军的封锁线，前往灵武投奔李亨，但不幸半路被叛军俘获，押解至长安。

由此开始了他在叛军铁蹄下九个月的屈辱生活。

这九个月中，杜甫目睹了叛军在长安城内的种种暴行，以及百姓们在国破后的种种惨象，这不禁让他生出悲天悯人之心，并用自己的笔进行了忠实的记录，例如《悲陈陶》《哀江头》《悲青坂》等名篇就是在这一时期创作的。

不过，千百年来，这一时期最能打动人心的，最能表现诗人心系天下、忧国忧民的博大胸怀的，当数那首沉郁悲壮、恸慨千古的《春望》：

国破山河在，城春草木深。
感时花溅泪，恨别鸟惊心。
烽火连三月，家书抵万金。
白头搔更短，浑欲不胜簪。

当时长安被安史叛军焚掠一空，满目凄凉。杜甫眼见山河依旧而国破家亡，春回大地却满城荒凉，在此身历逆境、思家情切之际，不禁触景伤情，发出深重的忧伤和无限的感慨。

也就是在写完这首诗后，杜甫再次下定决心无论如何也要摆脱叛军的魔爪，即使粉身碎骨也要再次穿越叛军的封锁线，前往灵武投奔李亨。

在这样一种信念的支撑下，至德二年（757 年）四月，杜甫冒险从长安终于逃至凤翔李亨的行在。据史料记载，当杜甫到达凤翔时，说他是丐帮的人一点也不为过，不仅衣衫褴褛，而且已经是三天三夜没有吃过饭，就连杜甫后来都自嘲是“麻鞋见天子，衣袖露两肘”，好在当时李亨还依稀记得曾经“落笔中书堂”的杜甫，所以看在他不畏艰险忠心耿耿投奔自己的分上，给了他一个左拾遗的官职。

左拾遗虽然只是八品官，但因为是朝廷监察部门的官员，可以向皇帝上疏直言其过失，虽然品阶不高，却因为常在皇帝左右而受到朝廷官员的尊重。

应该说李亨对杜甫还是很不错的，总算让他进入了仕途，如果杜甫好好干，相信未来还会得到升迁。但就在一切都向好的方向转变时，仅仅一个月后，杜甫的一封谏疏，让李亨勃然大怒，他也因此而受到皇帝的冷落，被打入“冷宫”。

当时宰相房琯兵败陈陶斜，李亨因为房琯坏了平叛的大好形势而要将其治罪，而杜甫偏偏不合时宜地上疏营救房琯，事实上杜甫和房琯并没有什么交情，营救房琯纯粹是杜甫出于一时的同情之心，但问题的关键是，陈陶斜兵败房琯确实负有不可推卸的责任。

在我看来，当时不只是杜甫有同情心，难道皇帝就没有同情心吗？如果一味地选择同情而不问责，那未来谁出了问题都可以免责。而且房琯犯的错误事关平叛的形势，甚至是大唐帝国的国运，杜甫作为一介文人，当然不可能看出皇帝深刻的想法，他实在太拿自己的“左拾遗”官职当回事，从这一点更加可以看出，杜甫不懂政治。

也就是从此时开始，李亨和杜甫君臣二人开始逐渐疏远，好在李亨是个比较温和的人，他并没有将杜甫治罪，而是不久后找个借口，让杜甫回鄜州探亲，实际上就是有意疏远杜甫。

终于，乾元元年（758 年）六月，杜甫探亲回来后，李亨以精简朝廷官员为借口，将他贬为华州司功参军。

官场的失意让杜甫的心灵再次蒙染尘埃，这一次他对政治算是彻底绝望。正像他在诗作《送樊二十三侍御赴汉中判官》中所写的“恨无匡复姿，聊欲从此逝”，于是担任华州司功参军不到一年，杜甫便弃官携带妻小由华州前往秦州。

值得一提的是，华州是杜甫仕途之旅的最后一站，自此之后，一直到他去世为止，杜甫再也没能进入朝廷任命的官员序列之中。

离开华州后，杜甫历经秦州、同谷，最终来到四川。乾元二年（759 年）末到达成都，在友人的帮助下，杜甫在成都西郊盖了一所草堂，后世称为“杜甫草堂”，一路辗转颠簸，现在总算有了安身之地。

杜甫在四川一共待了将近五年的时间，相对于先前的经历，算是比较安稳，尤其是严武担任成都尹兼剑南节度使的那段时间，对杜甫颇为照顾。严武是杜甫儿时的伙伴，当他到达成都之后，第一件事就是前去资助杜甫，将草堂进行了大面积的扩充，杜甫和家人的生活也因严武的资助得到了很大改善。

宝应元年（762 年）七月，严武曾经短暂离开四川，前往京城长安任职。失去了严武这个镇守西南的大将，剑南兵马使徐知道随即在成都发动叛乱，而杜甫为了躲避战乱，被迫离开成都，由绵州辗转至梓州。

而上边提到的那首《闻官军收河南河北》，就是杜甫在梓州时闻听“安史之乱”被平定时所作的。从诗的最后一句我们可以看出，杜甫是计划回到洛阳的，但当他走到阆州时，又得知严武重新回到了成都，所以杜甫也迅速返回成都，准备继续他的安逸生活。

但不幸的是，在杜甫回到成都没多久后，严武突然病故，彻底失去严武这个保护神后，心灰意懒的杜甫决定离开成都，离开这个伤心地。

而在前方，洛阳依然是他终极的目标！

离开成都后，杜甫经嘉州、戎州、渝州、忠州、云安等地，于大历元年（766 年）到达夔州，在那里他得到了夔州都督柏茂琳的优待。

于是，杜甫便在夔州暂时住下。纵观杜甫一生的经历，身在夔州这一年零八个月的时间，是他一生最为舒心和安定的，可以说是生活安定、吃喝不愁。

有了良好的物质基础作保证，杜甫也可以解除后顾之忧，可以倾尽全力写他的诗作。这一时期也是杜甫诗歌的高产时期，据统计，他在夔州这段时间所写的诗，总计达到四百五十首，几乎占了杜诗总数的三分之一，其内容包括风土人情、山川景物、名胜古迹以及诗人的经历和内心感受。

在夔州的日子杜甫过得很舒心，但再温暖再安逸也终究是客居在这里，而洛阳始终是他魂牵梦萦的地方，大历三年（768 年）正月，杜甫因为思念家乡，向柏茂琳告别，离开夔州，乘舟出三峡继续向洛阳而去。

出了三峡距离洛阳已是不远，即将回到自己的家乡，这不禁让杜甫很是兴奋，从天宝四年（745 年）他结束第三次漫游生活前往长安应举，一直到现在为止，屈指算来他已经离开家乡二十多年，此刻最能形容杜甫心情的或许只有贺知章的那句“乡音无改鬓毛衰”，望着烟波浩渺的长江之水，联想起二十多年来的漂泊生活，诗人的眼睛湿润了。

然而事实证明，上天最终没有再次为这个命运多艰的诗人来带好运，就在诗人乘坐的舟船即将驶出三峡时，一个惊人的消息传来，由于商州（今陕西商州）发生叛乱，前方水路被封锁，任何船只禁止通过。

无奈之下，杜甫只得回到夔州。但是先前执意要离开夔州，使得都督柏茂琳很是不悦，等到杜甫再回来的时候，先前的礼遇已变成冷落，就这样杜甫在夔州勉强待了半年，大历三年（768 年）十月，在得知战乱被平定后，杜甫携带妻小再次离开夔州。

这次他途经江陵、公安、岳阳，在到达潭州时，方才停下那疲惫的脚步。杜甫本来打算在潭州好好休养一段时间，但不幸的是大历五年（770 年）四月，臧介在潭州发动叛乱，杜甫不得不再一次拖着他那疲惫的身躯继续躲避战乱，乘坐舟船准备前往郴州（今湖南郴州）暂时投奔舅父崔伟。

但行至耒阳（今湖南衡阳东南部）时，突遇江水暴涨，舟船只好停在方田驿，这个地方距离耒阳县城还有四十里的路程，换句话说，杜甫此时所在的地方是前不着村后不着店。

一连五天杜甫和妻小忍饥挨饿，在船上艰难度日，幸好耒阳县令曾经和杜甫有过一面之缘，在得知消息后立即派人送去牛肉、白酒，才让杜甫和妻小不至于饿死在船上。

但正所谓成也耒阳县令，败也耒阳县令，让所有人想不到的是，这个县令在挽救杜甫生命的同时也为促发杜甫身亡埋下了伏笔，虽然他并不是故意为之，但杜甫确实在吃了他送的食物后，开始一病不起。

原因在于，这个县令送的牛肉并不新鲜。

杜甫吃完两天后，开始浑身发热，进而上吐下泻，当时如果从耒阳去郴州，需要逆流而上二百多里，而江水暴涨使得船只无法通行，所以杜甫只得顺流而下，重新折回潭州。

在这来去之间，加上船上没有医疗设备，杜甫的病情开始加重，以至于抵至潭州时杜甫已经不能起身。

但已经病入膏肓的杜甫，时刻没有忘记返回自己的家乡，大历五年（770 年）十一月，杜甫强撑病体，在家人的陪同下，由潭州出发计划从水路经行岳阳回到家乡。

然而，这是杜甫最后的一段生命旅程，故乡的热土他已经无法踏上，还没到岳阳的时候，杜甫已经全身青肿、口不能言，自感大限将至的他，临终之际依然没有停止他那颗忧国忧民的心，尤其当他回想起国家历经“开元盛世”和“安史之乱”后，这个满目疮痍的国家流民失所、生灵涂炭，他不禁为此深深地痛心。

于是他有感而发，强撑病体，用笔颤巍巍地写下了字字带血的诗句：

轩辕休制律，虞舜罢弹琴。
尚错雄鸣管，犹伤半死心。
圣贤名古邈，羁旅病年侵。
舟泊常依震，湖平早见参。
如闻马融笛，若倚仲宣襟。
故国悲寒望，群云惨岁阴。
……

这是诗人字字泣血的诗句，同时也是他的绝笔，名为《风疾舟中伏枕书怀三十六韵奉呈湖南亲友》。

这是一首很长的诗篇，暂把经典的句子罗列出来，但我知道这首诗中千百年来最能打动人心的当数那句“战血流依旧，军声动至今”。

是的，这是最让杜甫始终无法释怀的遗憾，一直到他去世为止，整个国家依然饱受战火的摧残。

写完这首诗后，杜甫缓缓地躺下身子，始终眼含热泪，他知道这一生最大的遗憾不是仕途受挫，不是默默无闻，而是不能亲眼看到他所深爱的百姓享受太平盛世。

前方那个始终没能回得去的故乡，在杜甫的脑海中早已经是魂牵梦萦和挥之不去的记忆。

大历五年（770 年）十一月，千古诗圣杜甫病逝于由潭州前往岳阳的小舟上，终年五十八岁。

对于这样一个被誉为“诗圣”的伟大诗人，千百年来很多人已经对他给予了很多评价。

而我要说，杜甫虽然有致命的弱点，但那悲天悯人的情怀和对国家人民的挚爱，是永远受世人尊重和敬仰的，他的经典诗句都是在为底层百姓呐喊，他的诗句也最能代表最底层百姓的心声。他不但是一千三百年来威望最高的诗人，而且还是全世界最受尊重的诗人之一。

前段时间，网上关于杜甫的涂鸦图片忽然疯传。在这些对语文课本图片的“再创作”里，杜甫时而手扛机枪，时而挥刀切瓜，时而身骑白马，时而脚踏摩托……被网友戏称为“杜甫很忙”。

但当我看到这些图片时，我却始终笑不出来，因为我知道如果杜甫生在今天，也依然会用他那颗忧国忧民的心灵，去忧虑官员腐败、房价过高、食品安全和医患矛盾，并发挥他那聪慧的诗才，写出百姓的心声。

事实上，杜甫和他的诗句早已经形成了一种精神，一种凝聚民族之魂的精神。

这种精神之光将带领我们穿越任何艰难险阻，到达理想的彼岸！

姑息之政

随着史朝义传首京城和安史部将的相继降唐，历经八年的“安史之乱”终于被平定，这让李豫激动不已，他终于可以告慰列祖列宗的在天之灵，大唐帝国在他的手中终于迎来了新生。安史旧部虽然名义上已经降唐，但依然保持独立的军事实力，而大唐经过八年的平叛战争，已经元气大伤，无力再讨伐这些残余势力，所以安史旧部依然盘踞在全国各个地方，成为独立于帝国之外的藩镇。

事实上，早在平叛战争继续时，叛军的邺郡节度使薛嵩以相、卫、洛、邢四州向泽璐节度使李抱玉投降。李抱玉准备收编薛嵩的军队，但遭到了仆固怀恩的反对，仆固怀恩要求将这些人全部官复原职。

当时李抱玉认为仆固怀恩可能有反叛之心，秘密上奏李豫，希望朝廷多加提防。仆固怀恩得到消息后，立即上疏申辩，结果李豫支持仆固怀恩的做法，下诏说东京及河南、河北受叛军所封官者，一律赦免其罪。

这应该是后来姑息安史旧部残余势力的开端，其实站在执政者角度去看，当时无论是李豫还是仆固怀恩都主张将打击范围尽可能地缩小化。虽然仆固怀恩有自己的私心，他担心一旦将这些叛将打得一个不剩，那自己在皇帝陛下那里也会很快失宠，所以他不能赶尽杀绝。站在当时的宏观角度去看，这个策略不能说是错误的，这表现了执政者历经八年战乱后，急于平定叛乱，使国家迅速实现安定的一种迫切想法，这种变相的分化，不仅会将打击范围缩小，更会让帝国免除继续用兵的麻烦。

正是在这种思想指导下，广德元年（763 年）正月，史朝义的首级被送到长安，李豫立即下诏大赦天下，对安史旧将、亲族一律不加追究，并且以降将薛嵩为相、卫、邢、铭、贝、磁六州节度使，以田承嗣为魏、博、德、沧、瀛五州都防御使，李怀仙仍居故地为幽州卢龙节度使，对于李豫而言，既然史思明已经授首，下属叛将能够归降，就算是大功告成。

四月，李豫把安史叛乱的根据地河北地区正式划分为三个镇，分别是：

成德镇：置成德节度使李宝臣，统领恒、定、易、赵、深五州。

幽州卢龙镇：置节度使李怀仙，统领幽、莫、妫、檀、平、蓟六州。

魏博镇：置魏博节度使田承嗣，统领魏、博、德、沧、瀛五州。

历史上将这三个镇称为“河朔三镇”，显然这是由当年安禄山的辖地范阳衍生出来的三个重镇，除了“河朔三镇”，李豫另设昭义镇，其辖地就是降将薛嵩掌管的相、卫、铭、邢四州，以薛嵩为昭义节度使。

唐高宗李治在位时，始有节度使名号，但那个时候并未形成官名。唐睿宗景云二年（711 年）以贺拔延嗣为凉州都督、河西节度使，才开始以节度使封官。李隆基即位后一直到“安史之乱”爆发前，节度使这个官职本来置于边境的军事重镇，如朔方、陇右、河东、河西等地区，“安史之乱”爆发后，因为平叛的需要，中原各州刺史凡是领受平叛任务的，皆加封节度使官职，如江淮、江汉、岭南、蜀中等地都设置了节度使。

一直到李豫划分“河朔三镇”和设置昭义镇后，藩镇的割据局面方才完全形成。

上述四大藩镇，发展到永泰元年（765 年）的时候，各收安史余党，分别拥兵数万，他们自署文武官吏，不向朝廷进贡，并且和其他各地藩镇相互联姻，互为表里，而朝廷对这四大藩镇专事姑息，甚至不能抑制，只能靠羁縻政策去周旋。可以说全国各地的藩镇，以“河朔三镇”和昭义镇的实力最为强大，而随着藩镇实力的增长，随之而来的就是日甚一日的嚣张跋扈，其他地方藩镇不甘落后，全效仿四大藩镇的做法，他们只顾扩充自己的实力，全然不把朝廷放在眼里。

《新唐书·兵志》记载说，自从藩镇割据形势形成以来，他们不仅不把朝廷放在眼里，嚣张跋扈，甚至自身不得安定，随着时间的推移，很多藩镇的节度使不是由儿子代替，就是由部将犯上作乱取得，而且藩镇之间互相也是打得不亦乐乎，而身处其中的朝廷，因为自身的实力有限，不仅无法插手，反而十分尴尬地从中进行调解，即使这样各个藩镇也是根本不买朝廷的账，甚至发展到公开和朝廷叫板的地步。

藩镇是大唐帝国后期的祸害之一，事实上从李豫开始到他的儿子唐德宗李适在位时，由于国家实力有限，对藩镇的姑息之政最为严重，这段时期藩镇最为嚣张跋扈。唐宪宗李纯在位时，屡次下定决心对藩镇用兵，使得藩镇之祸一度好转，那个时候皇权稍微振作一些。武宗、宣宗时期，除了“河朔三镇”、昭义、淄青，其他藩镇都听命于朝廷，可是随着黄巢大起义席卷全国，藩镇势力再度强大起来，整个国家皆分裂于藩镇，而那个时候也标志着大唐帝国走向了终点。

上述这些事情我们在后边会详细说到，可以说大唐帝国最终亡国和藩镇割据有着直接的关系，可是在李豫决定设置“河朔三镇”的时候，这个决定并不是他拍脑门的决定，准确地说是国家实力有限以及当时人心向往安定两方面原因促成的，李豫只是顺势而为。

设想一下，如果当初唐肃宗李亨听从了宰相李泌的建议，从朔方出兵直捣叛军的老巢范阳，或许就不会有今天“河朔三镇”的出现。但历史无法假设，我们只能说任何事情都有它的局限性，站在李亨的角度去看，临危受命的他，本能的想法一定是要急于收复两京的，正像大唐帝国的发展历程中发生“安史之乱”属于帝国的劫数一样，“河朔三镇”的出现看似是李豫促成的，但究其根本也是大唐帝国行进中的必然产物。

这里既有个人的主观原因，但更多的则是历史行进的某种规律牵引的结果。

不过，当时虽然藩镇割据形成了尾大不掉的形式，但也仅仅是割据局面刚刚形成，大唐帝国中央政府还保持着权威，每个藩镇不敢明目张胆地和朝廷作对，从某种角度而言，平定“安史之乱”最终还是取得了胜利，统一的大局得以继续维系下来。

在李豫的心中，忧虑最多的还不是藩镇的事情，而是外患。我们不能否认李豫对安史旧部的姑息，这里边有对外患的顾忌，在李豫看来，能减少一个敌人就尽量减少一个敌人，这或许是当时已为代宗的他内心最迫切的想法。

纵观当时所有的外患，让李豫最为头疼的当数吐蕃。

抵御吐蕃

李豫即位以来，虽然平定了“安史之乱”，但紧接着形成了藩镇割据，与此同时和大唐打打谈谈将近百年的吐蕃，趁着大唐内部忙于平叛无暇四顾，而且河西、陇右地区防御空虚之机，挥师东进不断侵扰两地。

即位时间不久的李豫只能在安定国内刚刚有些成果时，就必须琢磨着如何攘外。

广德元年（763 年）四月，几乎在李豫设立“河朔三镇”的同一时间，郭子仪上疏李豫，认为吐蕃长时间侵扰河西、陇右等地，实乃帝国心腹大患，朝廷应该拿出切实可行的方案，尽快组织对吐蕃的反击。

可惜的是，当时李豫忙于设立“河朔三镇”，使得他没有重视郭子仪的奏疏，他只派出御史大夫李芝芳出使吐蕃，结果却被吐蕃扣留，两年之后方才回归。

吐蕃的这种做法，出乎了李豫的意料，但帝国当时已经满目疮痍，如果就此和吐蕃开打，实在勉为其难，所以李豫的想法是通过怀柔策略来稳住吐蕃。

但正所谓秀才遇到兵，有理说不清。彪悍的吐蕃人根本不吃你这一套。仅仅三个月后，吐蕃便率领吐谷浑、党项、氐、羌共计二十万人马，攻入大震关（今甘肃清水县东陇山东坡），并接连攻陷兰、郭、河、鄯、秦、成、渭等州。

吐蕃军队一路势如破竹，事实上在吐蕃人刚刚攻陷大震关时，大唐边将立即告急求援，不过宦官程元振隐瞒不报，致使唐朝在很短的时间内，接连失陷十多个州，此时唐廷上下根本不知道事情的严重性。但到了十月，当吐蕃大军继续接连攻陷径州（今甘肃安定县）、邠州（今陕西彬县）、奉天（今陕西乾县）、武功（今陕西武功）时，京城长安方才大骇。

吐蕃大军居然能够打到自家门口，这让李豫百思不得其解，但当时形势危急，李豫顾不上追究是谁的责任，便匆忙以其子雍王李适为关内元帅，郭子仪为副元帅，出兵咸阳进行抵御。

郭子仪领命后不敢怠慢，带领大军立即赶至咸阳，但吐蕃二十万大军绵延数十里，已经从凤翔司竹园渡过渭水，继续向长安进兵，郭子仪见形势万分危急，便派时任中书舍人的王延昌火速回京入奏，请求增兵支援，但在宦官程元振的阻挠下，王延昌没见到李豫，正是这个原因，使得李豫错过了最后一个能够阻止吐蕃大军攻进长安的机会。

当时王延昌进京后，很多人开始知道吐蕃大军即将打到长安的消息，例如渭北行营兵马使吕月将由于吐蕃大军已经进入自己的辖地，他没有等朝廷发兵的命令，便组织两千人马西进抵抗吐蕃大军，可惜由于兵力太少，最终兵败被擒。

当李豫知道吐蕃大军即将袭来的时候，吐蕃人已经神速地过了便桥（今陕西咸阳西南西渭桥），这意味着不出一天的时间，吐蕃大军就可以到达长安城之下。

时间已经不允许李豫组织人马进行抵抗，慌乱之中他只能带领少数精兵仓皇撤出长安，东奔陕州（今河南三门峡），随着李豫的逃离，唐廷上下顿时犹如树倒猢狲散，百官纷纷逃亡，中央禁军也瞬间溃散。

长安城陷入混乱的消息，很快传到了郭子仪那里，于是他又立即带领人马从咸阳返回长安，意图誓死守卫长安，但他还不知道李豫已经逃出长安，当他刚刚到达开远门（长安城西侧第一门）时，便看到已经反叛的射生将王献忠带领数百骑兵，簇拥着李隆基之子丰王李珙等人准备西迎吐蕃进入长安。

面对这种情况，郭子仪果断阻止这些人继续前行，不过他也从王献忠的口中得知皇帝陛下已经离开长安到了陕州，于是他擒获王献忠，让人押解王献忠和李珙交给身在陕州的李豫。

而郭子仪则带领兵马转道长安城南的万年县，在距离万年县二十五里处的御宿川循山而东，依次经过蓝田、武关（今陕西丹凤），前往商州（今陕西商县）收拢各路人马准备反攻长安。

十月二十日，吐蕃大军进入长安，事实上当时长安城内反叛者并不止王献忠一个人，时任龙武卫大将军的高晖看到吐蕃人到来后，便和吐蕃大将马重英共立邠王李守礼之孙广武王李承宏为帝。当时吐蕃人在长安城内大肆抢劫府库钱财，焚毁百姓房屋，繁华的长安城顷刻间变得残破不堪，凄凉万分。不过，吐蕃人并不想在长安城停留过久，事实上他们的目的并不是占领长安城，而是大肆抢劫金银财宝，然后大摇大摆地回国享受。

但是，此刻身在陕州的李豫早已经万分惊恐，他生怕吐蕃人东出潼关继续向陕州进兵，所以他下诏让郭子仪率领军队来陕州保护自己，而郭子仪上表回复：自己出兵蓝田，西拒吐蕃。

“臣不收复京城，无以见陛下，若出兵蓝田，吐蕃必不敢向东！”

郭子仪的建议远比李豫的想法要周全得多，当然作为大唐帝国最具军事才能的人，此刻也表现出了过人的胆略和坚定的信心。

李豫看到奏表后大喜过望，于是他同意了郭子仪的建议，并下诏让蒲、陕、商、华诸州人马共同在商州会合，统一接受郭子仪的调度，反攻长安进击吐蕃。

十一月初五，郭子仪让左羽林大将军长孙全绪率领二百精骑作为先锋军，首先出蓝田观察吐蕃人的动向，然后又让宝应军使率领一万人马随后出潼关接应长孙全绪。

长孙全绪到达蓝田东南的韩公堆后，便不再向前进兵，而是隐藏在山谷之中，白天击鼓、广张旌旗，夜间则大量燃烧火炬，以迷惑和恐吓吐蕃人。这种办法十分有效，负责守卫长安外城的吐蕃军队在得知消息后，以为唐军要进行大规模的反攻，于是将消息报告给了长安内城的吐蕃人。

吐蕃人本来就不想在长安城长时间停留，这次长安城一月游已经让他们取得了丰厚的回报，目的已经达到，和唐军拼个你死我活，则完全没有必要，所以十五天后，吐蕃大军撤离长安。叛将高晖看到大势已去，率领三百骑兵准备东出潼关，前往河北投奔李怀仙，没想到被唐将李日越在潼关擒杀。

吐蕃人虽然撤离了长安城，但撤退之中依然没有忘记搂草打兔子，当他们走到凤翔时，意图进入凤翔城劫掠，但节度使孙志关闭城门据守，吐蕃大军围攻数日不克，恰好镇西节度使马璘领兵前来勤王，当他知道凤翔被围时，立即投入了解救凤翔的战斗。

马璘在凤翔城外从吐蕃大军身后发动突然袭击，吐蕃人猝不及防，向城外两侧溃退，马璘自知兵力不多，没有穷追猛打，趁着吐蕃人溃退留下的空隙，引兵进入凤翔城。

次日休整之后，马璘引兵背城出战，凭借着浑身是胆，他单骑奋勇向前砍杀敌人，左右随从千余人亦奋勇杀敌，吐蕃军队进攻凤翔本来就抱着有枣没枣打三竿子再说的心态，在看到马璘抄家伙动真格的时候，吐蕃人遂无心恋战，一股脑地向西撤退。

不过，这次成功洗劫长安，激发起了吐蕃人的贪欲，他们并没有立即撤回国内，而是驻扎在原（今宁夏固原）、会（今宁夏中卫）、甘（今甘肃成县）、渭（今甘肃陇西）诸州一带，窥测唐廷的动向，如果时机成熟，他们还想再搞一次长安城的观光游览活动。

对于整个大唐帝国来讲，这次浩劫却是一个转折点，自此之后吐蕃经常侵扰帝国的西南边境，最关键的是，经历“安史之乱”的唐帝国已不再是先前那个盛世帝国，面对吐蕃人的侵扰，帝国已经没有贞观、开元盛世时期的强硬还手之力。

广德元年（763 年）十二月，在吐蕃人撤出长安城将近一个月后，李豫确信长安城回归安定后便还京。

回到京城长安后，李豫办的第一件事就是慰劳郭子仪，然后将吐蕃人先前立的那个傀儡皇帝李承宏流放华州，并下令在鄠县（今陕西户县）及中渭桥驻屯大量兵马，防备吐蕃人再次袭来。

直到现在为止，李豫终于可以长舒一口气，虽然这次吐蕃人从长安城抢走了大量的金银财宝，但对于李豫而言，这些都不是重要的，最重要的是他还能回到京城长安，还能坐在那个万人敬仰的宝座之上。

可是就在李豫这口气还没有长舒痛快的时候，吐蕃人再次来袭，而这一次形成外患的原因居然是帝国内部出了家贼，当时谁也想不到，引来吐蕃外患的居然是在平定“安史之乱”中立下大功的仆固怀恩。

怀恩叛唐

在前边我们虽然介绍了一些仆固怀恩平定“安史之乱”时的所作所为，但由于篇幅所限一直没有对这个人进行详细介绍。仆固怀恩是铁勒人，“安史之乱”爆发后在跟随郭子仪作战中的过程屡立战功，又与回纥关系良好，曾出使回纥借兵，并嫁二女与回纥“和亲”。“安史之乱”中，仆固怀恩家族中有四十六人为国殉难，可谓满门忠烈。

虽然在平叛进入尾声时，仆固怀恩出于私心有意保留安史叛军的残余势力，但对于唐廷来讲也是没有办法的事情，所以从客观结果来讲，仆固怀恩和朝廷还是找到了契合点。

从仆固怀恩的经历来看，这样一个在平叛战争中立下大功而且满门忠烈的人是不应该生出叛乱之心的。但最终仆固怀恩下定决心反叛大唐，并不是仆固怀恩的野心所造成的，史书记载仆固怀恩反叛是因为得罪了当朝宦官。

事实上仆固怀恩叛唐是一件迫不得已的事情，准确地说是为了自保。

广德元年（763 年），仆固怀恩奉命护送自己的女婿和女儿（回纥的登里可汗和光亲可敦）回漠北，每经过一地都会受到当地官员的礼遇。但在经过太原的时候，河东节度使辛云京因为回纥的可汗是仆固怀恩的女婿，担心仆固怀恩会发动叛乱，竟然关闭城门严加防备，这让仆固怀恩很是生气，他上表奏报朝廷辛云京无端猜忌自己，结果却石沉大海。

对于此事，朝廷方面没有表态，是仆固怀恩最终下定决心反叛的一个导火线。因为在这之后，仆固怀恩见朝廷没什么反应，便下令让自己的几万朔方军驻扎在汾州，然后让儿子仆固玚率领一万人马驻扎在榆次，副将李光逸、李怀光、张维岳等人各自率领人马分别驻扎在榆次、晋州、沁州等地，对太原形成合围之势。

不过，当时仆固怀恩还没有反叛之心，他这种做法只是想给身在太原的辛云京一种压迫感，他想用实际行动告诉辛云京：别看朝廷没反应，我手中的军队是可以有反应的。

但在我看来，仆固怀恩虽然能征善战，但在政治上不是个高手，他或许没有想到，他的这种做法，反而让辛云京找到了借口。

结果当宦官骆奉先来太原巡视时，辛云京在骆奉先面前诬告仆固怀恩意图谋反，很快就会攻打太原。

而太原是大唐的北都，应该说辛云京的话很有煽动性。

不过，骆奉先还是个很有原则的人，他并没有偏听辛云京的一面之词，而是在回长安的路上顺道拜访了仆固怀恩，一方面是出于礼节，另一方面也是看看仆固怀恩的动向。

对于仆固怀恩来讲，这本来是个很好的自辩机会，但很遗憾他没能抓住，错过了一个可以证明自己清白的机会。

仆固怀恩接待骆奉先本来就没带着好气儿，他主观地认为骆奉先此番前来是受了辛云京的蛊惑，是来监视自己的，而且仆固怀恩的母亲在酒席上又责备骆奉先没在第一时间来拜访自己的儿子，而是先去了辛云京那里，这让骆奉先十分尴尬。

最关键的是，当骆奉先准备告辞回京时，仆固怀恩居然把他的马藏了起来。骆奉先顿时怒不可遏，在他看来，自己虽然是皇帝身边的奴才，但还轮不到你仆固怀恩随便戏耍，于是骆奉先利用黑夜的掩护，翻墙出去逃回长安，向李豫报告仆固怀恩意图谋反。

李豫得到消息后将信将疑，他的第一反应是不相信仆固怀恩这么个为大唐出生入死的人会谋反的，于是他派遣宰相裴遵庆前去慰问。仆固怀恩在发现骆奉先逃走后，意识到了问题的严重性，所以在见到裴遵庆之后，抱着他的脚大哭，说自己没有谋反之心，藏起骆奉先的马是想让他多留几日，并无他意。

裴遵庆告诉他，如果想证明自己是清白的，那就和他一起回长安面见皇帝陛下，仆固怀恩丝毫没有犹豫地答应了。

但就在仆固怀恩准备启程时，副将范志诚却拦住了他，范志诚认为，从目前的情况来看，皇帝陛下已经对仆固怀恩产生了怀疑，而且“安史之乱”平定后，朝廷那些功臣名将被削减兵权的不在少数，此番去见皇帝陛下恐怕是凶多吉少。

可是仆固怀恩已经答应了裴遵庆，如果就此反悔，反倒是百口莫辩，于是他想出了一个折中的办法，想让自己的一个儿子跟随裴遵庆回长安，既表白了自己，同时也使自己不至于陷于绝境，但这个想法也被范志诚所否定。

裴遵庆在无奈之中尴尬地离开了汾州，回京后向李豫详细汇报了汾州之行的来龙去脉。

如果说先前骆奉先前来拜访，仆固怀恩错过了证明自己清白的第一次机会，那么这次裴遵庆前来，仆固怀恩又错过了第二次机会。

问题的关键是，仆固怀恩一次次地错过机会，朝廷方面却开始采取措施，虽然开始的时候其措施并不是那么强硬。

李豫听到裴遵庆的汇报后，依然对仆固怀恩谋反的事情将信将疑，所以他准备最后再派人前去宣召仆固怀恩进京，如果仆固怀恩依然不来，那么就采取强硬措施。

这次他选中的人是时任检校刑部尚书的颜真卿。

李豫之所以选中颜真卿，是因为颜真卿的口碑很好，不仅能够不带任何偏见地秉公办事，而且仆固怀恩对其也没有偏见。

但颜真卿却没有欣然接受这个任务，原因在于李豫还在陕州的时候，颜真卿曾经建议李豫召回仆固怀恩，但李豫没有采纳。

为此他特意面见李豫，陈述自己的理由：

“如果当初陛下避狄入陕的时候，我去找仆固怀恩晓以‘春秋’大义，他肯定会来的。可现在，仆固怀恩进没有勤王之名不能来京，退又无法解除众人的猜疑，进退无据，怎么会来呢？现在声称仆固怀恩谋反的只有辛云京、骆奉先、李抱玉、鱼朝恩四个人罢了，其他人都认为他是被冤枉的。仆固怀恩所部朔方将士都是郭子仪的旧部，不如派郭子仪去收其部众，消弭兵乱。”

颜真卿的建议不失为一着妙棋，不费一兵一卒就可以让仆固怀恩臣服，可惜他并不知道仆固怀恩以前做过什么，此一妙计却最终导致仆固怀恩走投无路而决意反叛。

仆固怀恩之所以能够在朔方军中具有至高无上的威信，除了他战功赫赫，还因为在平定“安史之乱”后，他对部将撒了一个弥天大谎，那就是郭子仪被鱼朝恩谗杀。

要知道朔方军对于郭子仪的崇拜是无人能够代替的，现在郭元帅已死，那仆固怀恩就是他最好的继任者。

而且当时汾州别驾李抱真在得知皇帝陛下正在忧虑仆固怀恩的事情后，特意前往长安告诉了李豫这个惊天秘密，李豫听完后决定立即起用郭子仪主管朔方。

李豫本以为他的决定会让仆固怀恩立即臣服，但让他意想不到的是，他的这个决定不仅没有使仆固怀恩臣服，反而引起了一场战乱，最终再次让吐蕃人卷入其中。

果然，郭子仪一去，众将纷纷来归，仆固怀恩顿时极度恐慌，因为害怕被杀，不敢上朝明志，于是下定决心反叛。

仆固怀恩首先遣其子仆固玚去攻打辛云京，因为辛云京是第一个说他想要谋反的人，但仆固玚很不争气，被辛云京打得大败，结果又攻榆次，再次失败。一连两次失败让仆固玚极为恼怒，最终因为暴打士卒被部下杀害。

儿子的惨死让仆固怀恩十分震惊，加上部将纷纷转向投奔朝廷，仆固怀恩可以说是自反叛之日起就颇为不顺，不过他也十分明白既然走上了这条路就无法再回头，所以在人心涣散的情况下，仆固怀恩只得带领亲兵三百人从汾州撤退，准备逃回朔方本镇。

仆固怀恩在逃回本镇的路上就向驻守灵州的部将浑释之送去檄文，希望他能够让自己进入灵州城，但精明的浑释之通过仆固怀恩的动向判断出他一定是遇到了麻烦才来灵州，所以浑释之不想让仆固怀恩进城，可是这个想法被其外甥张韶所否定，就在浑释之犹豫不决之时，仆固怀恩已经到了灵州城下，浑释之无奈之下只得开城门迎接仆固怀恩进城，可是浑释之没有想到，仆固怀恩刚一进城，张韶就出卖了他，结果仆固怀恩将浑释之杀死，接收了他的人马。

接收了灵州城的人马虽然让仆固怀恩的实力得到了增强，但仆固怀恩清楚地知道他手下这点人马是无法和朝廷相抗衡的，他必须聚集更多的力量来充实自己，现在放眼望去，在人心皆向朝廷的情况下，似乎只有灵武还可以聚拢一些人马，所以仆固怀恩在灵州只停留了三天，便赶往灵武。

在仆固怀恩刚刚离开汾州的时候，郭子仪便到达了汾州，众人在得知消息后，纷纷重新投靠郭子仪，这样在不经意间仆固怀恩丢掉了汾州这块阵地，而仆固怀恩的母亲也因此被朝廷接到长安城。

仆固怀恩到达灵武后，招集了不少人马，一时间使他声势大振，但即使这样李豫也并没有一心将他往死路上推，而是优待其母和家眷，希望他能回心转意不要反叛，在李豫看来，无论怎样仆固怀恩毕竟是平叛的功臣。

可惜李豫的仁义并没有换来仆固怀恩的回心转意，相反仆固怀恩却认为自己实力依然弱小，最终将吐蕃人作为自己的援军，来向他曾经效忠的大唐王朝发起进攻。

事实上，当时在李豫和仆固怀恩之间没有一个有效的信息传递方式，准确地说李豫虽然优待其家眷，但在仆固怀恩看来这是唐廷的一招怀柔政策，只是一种骗他去长安的手段，而他始终坚信保护自己家眷的最好方式，就是自己成为朝廷的心腹大患，越是这样其家眷就越安全。

所以，仆固怀恩谋反不是野心的暴露，而是为了自保，可以说这是仆固怀恩的宿命，同时也成全了吐蕃人。

广德二年（764 年）九月，仆固怀恩引吐蕃、回纥十万之众入寇边境，李豫得到消息后，不得不下定决心用武力来解决仆固怀恩的问题，他派郭子仪出兵奉天（今陕西乾县）抵御仆固怀恩和吐蕃大军。

郭子仪到达奉天后，得知吐蕃人已经逼近邠州，于是让儿子郭晞带领一万人马星夜驰援邠州。但就在郭晞走后，郭子仪又得知仆固怀恩的先锋军已经到达宜禄，郭子仪遂做出应对部署，调遣右兵马使李国臣作为郭晞的后援以防不测。

四天后传来消息，邠州节度使白孝德和郭晞还是很给力的，面对吐蕃大军的轮番进攻，硬是坚守住了邠州城，吐蕃人无奈之下只得退兵五十里安营扎寨。

吐蕃人的撤退让仆固怀恩内心十分焦急，于是他亲自到吐蕃人领军元帅的大帐内劝说其继续出兵，并引用“曹刿论战”的理论，告诉吐蕃人是不能泄气的。

在仆固怀恩的不断鼓动下，吐蕃人终于再次出兵继续围攻邠州，由于先前白孝德和郭晞拼死抵抗，消耗了太多的兵力，所以这次两个人紧闭城门坚决不出战，仆固怀恩无奈之下只得和吐蕃人进逼奉天，试图擒贼先擒王打败郭子仪。

但郭子仪却早已经找到了破敌良方！

十月初七深夜，郭子仪调集数万大军，列阵于乾陵之南广布旗帜。仆固怀恩以为郭子仪毫无防备，想要发动突然袭击，可就在他刚要行动时，忽然发现郭子仪的大军出现了微妙的变化，似乎在形成某种阵形，对于自己的老上司郭子仪，仆固怀恩还是十分忌惮的，再三犹豫之下他选择了退兵。郭子仪趁势命令副将李怀光率领五千人马追击仆固怀恩，不过仆固怀恩的撤退速度实在太快，李怀光一直追到奉天北边的麻亭也没能追上，由于兵力较少而且与郭子仪大军距离过远，李怀光不得已撤军回到奉天。

仆固怀恩这次意图进攻奉天，却因为郭子仪的疑兵之计而退缩，但他不甘心就此空手而归，所以回身继续进攻邠州，但由于仓促用兵，被郭晞和白孝德联手击退，不仅死伤无数，而且这次吐蕃人十分恼怒，在没和仆固怀恩沟通的情况下，一路沿泾水撤退。

吐蕃人的背信弃义让仆固怀恩十分气恼，当他听到吐蕃人连招呼都没打就扔下自己跑路时，这个心高气傲的将军在马上大发雷霆，但就在他准备找吐蕃人理论时，部将为他带来了一个坏消息，他的发家大本营灵武被河西节度使杨志烈率军攻破。

当听到这个消息时，他急火攻心顿时口吐鲜血，也就是从此时开始，仆固怀恩的健康状况开始每况愈下。

吐蕃人擅自跑路使得仆固怀恩无奈之下只得先回军驰援灵武，由于身体原因，他先派出骑兵星夜攻打灵武，或许是良心发现，吐蕃人看到仆固怀恩首尾自顾不暇时，主动派出一万骑兵帮助仆固怀恩收复灵武。

灵武的收复让仆固怀恩的前沿阵地总算没有丢掉，但随着时间的推移，时节已近寒冬，这对于远征而来的吐蕃人十分不利，于是权衡再三，仆固怀恩留下部分人马驻守灵武，然后和吐蕃人撤退回陇西，准备来年再战。

进入永泰元年（765 年）后，一直到九月，由于唐廷主动向吐蕃示好，并让宰相元载在长安兴唐寺和吐蕃使者结盟，使得这九个月来边境一直太平无事。但这种局面却不是仆固怀恩所希望看到的，当得知唐廷和吐蕃结盟的时候，他可以说是火冒三丈，但正所谓气火攻心，当时间进入九月后，长时间的精神压力和不断拼杀使得他感觉自己的身体有些支撑不住了。

但仆固怀恩明白，既然走上了反叛朝廷的道路，是无法再回头的，现在唐廷和吐蕃结盟就是个信号，那么接下来唐廷的目标将是自己。

所以为了寻求自保，他再一次游说吐蕃人，希望他们能够跟着自己继续进攻唐廷，而本来就反复无常的吐蕃人同意了仆固怀恩的请求，对于他们而言，完全可以做到一边做兄弟，一边做对手。

九月初一，仆固怀恩引吐蕃、回纥、吐谷浑人马共计十万进犯，李豫得到消息后命令长安周围各节度使集中兵马对长安形成一个保护圈，但仅仅七天后就传来仆固怀恩病逝的消息。

仆固怀恩这次可以说是强撑病体进犯唐境，他亲自率领朔方军坐镇大军之后进行指挥，但病痛的折磨没能让他坚持到最后，当大军走到鸣沙时，仆固怀恩暴死于军中。

一代名将就这样结束了自己的悲喜一生。后来吐蕃、回纥大军为郭子仪所击退，李豫听到消息后，遗憾地说："怀恩不反，为左右所误耳。"

但李豫知道真相时实在太晚了，因为诸多误会以及消息沟通不畅，致使平叛名将终究走上一条不归之路。

仆固怀恩全家有四十六人为国殉难，两个女儿牺牲个人幸福为国远嫁"和亲"，可谓满门忠烈。可惜这样一个忠勇之人却不被朝廷信任，被史学家记入"叛臣传"，确实令人感慨和同情。

事实上，仔细分析仆固怀恩从忠臣到叛将的整个过程，除了他本身性格的缺陷，以及诸多误会和沟通不畅的客观原因，这其中还隐藏着一股外力的推动作用，前边我们说过，当时朝廷说仆固怀恩谋反的只有四个人，而其中两个人是宦官。

事实证明，说仆固怀恩有被宦官逼反的嫌疑并不为过，而纵观李豫当政时期，平息宦乱是无论如何也不能跨过去的一道坎。

第八章

平息宦乱

傲视天子

谁都知道李豫称帝是宦官拥立之功，虽然他早已经被立为太子，继承皇位是顺理成章的事情。但李亨去世前由李辅国发动的那场宫廷政变，还是让李豫的即位蒙上了一层宦官拥立的色彩，而且当时李豫被李辅国的人变相软禁，在李豫即位后，以李辅国为首的宦官一党本能地表现出一种拥立之功。

李隆基在位时，宦官开始掌握权力，其中的代表人物是高力士。但高力士是个好宦官，凭借李隆基的绝对信任，本来有专权的机会，但好人高力士依然保持自己的本色，尽心尽力地做一个皇帝的仆从，效忠他跟随多年的李隆基，不论他是万人瞩目，还是无人理睬。

当高力士听到李隆基病逝的消息后，他也追随太上皇而去，口吐鲜血倒地而亡。高力士离去之后，唐朝直到灭亡为止，再也没有出现过如此忠心不贰的宦官。

而李亨从即位伊始，给予了李辅国过高的权力，甚至将身家命脉——皇家禁军，完全交给这个服侍自己多年的奴才，只因为李亨处在人生十字路口艰难抉择时，是李辅国为他指明了方向。

我们不能否认李亨对李辅国的感激之情，但不是所有人都能像高力士那样正确看待自己，通过李辅国逼迫太上皇李隆基住进西苑，一直到在李亨临终前发动政变，我们可以看出这个马厩奴才出身的宦官是个杀人不眨眼的魔王，他视权力如同生命，在拥立李豫即位后，他更不把这个曾经被自己软禁的皇帝放在眼里。

李豫的心中始终对这个下狠手的奴才怀有憎恨之情，他在即位之初忙着平定史朝义叛乱的同时，并没有忘记大宦官李辅国对自己所做的那些不敬之事，虽然李豫性格温和，不是那种有仇必报的人，但为了江山社稷，为了激浊扬清，他始终没有忘记清除掉李辅国这个毒瘤。

事实证明，宦官虽然拥有权力，但如果失去皇帝的庇护，其结局客观地讲还不如自家养的宠物。

而当时李辅国依然沉浸在专权的美好日子里，在他看来，自己拥立的皇帝完全被自己控制在掌中。李豫刚即位时，他曾经用颇具挑衅的话语告诉李豫，说陛下只要好好待在宫里就可以了，所有的事情都由老奴来处理。

李豫听完后，犹如芒刺在背！

不过，李豫当时并没发作，因为他明白自己刚刚即位，很多事情需要自己去理顺，对李辅国暂时还不能轻举妄动，虽然他内心十分不满，但表面上依然尊敬李辅国，尊称他为“尚父”，所有事情都先和李辅国打招呼再作决定，而且大臣进宫朝见皇帝，都要先去面见李辅国，然后再去见皇帝。

对于这种超高规格的待遇，时间长了，李辅国也认为这是他应该得到的，所以泰然处之，尤其在李豫面前丝毫没有诚惶诚恐的感觉。而在表面尊敬李辅国的背后，李豫的内心始终隐藏着杀机，他现在唯一需要的就是时间。

在这里我们不能不佩服李豫的心机，这位从宫廷百孙院里走出来的大唐皇帝，在经过战场厮杀的历练以及先前那场宫廷政变的波澜后，其内心已经十分强大，就在他即位的一个月后，他还加封李辅国为司空、中书令，食实封八百户。在李辅国看来，这是李豫对于自己拥立之功的一种回报，然而他不明白，自己对于李亨而言确实有拥立之功，但对于李豫而言，就是胁迫。

李豫依然丝毫不露痕迹地稳住李辅国，让他尽情享受自己给予他的超高规格的待遇，但同时他那聪慧的头脑始终在寻找制约李辅国的方法，就在李豫积极寻找对策之时，一个人站了出来，这个人看出了李豫对待李辅国的态度极为反常，所以他秘密面见李豫，请求皇帝陛下削减李辅国的权力。

这个人就是在李亨去世前李辅国发动兵变时充当马前卒的程元振。

程元振，京兆府三原（今陕西三原）人，少年时为了养家活命，被迫阉割，托人送入京城长安，入侍皇宫，先在内侍省做些扫地、打水、倒马桶的工作，由于聪明伶俐，逐渐升为内射生使，统领射生手侍卫皇帝。

在李辅国发动兵变之前，程元振可以说是默默无闻，如果不是因为他向李辅国告密，他恐怕会一直默默无闻下去，但正是这次告密改变了他的命运。

事实上，程元振的告密行为并不能说明他有多大的政治目的，当时身处旋涡之中，他的目的只有一个，那就是保命。

坚决与张皇后和越王李系划清界限，这是程元振当时的唯一想法，不过从这一点也可以看出程元振具有敏锐的洞察力，知道以李系和张皇后的智商和实力，无论如何也不可能成功。

随着李辅国兵变的成功，李豫即位后程元振算是拥立功臣，李豫加封他为飞龙副使、右监门卫将军、上柱国、知内侍省。

这一连串官职标志着程元振获得了皇家部分禁军的掌控权，以及内侍省的操控权，是仅次于李辅国的朝廷二号宦官。

可以说随着官职的提升和权力的增加，程元振在朝廷内人气飙升，最关键的是程元振是一个和李辅国一样的人，都视权力如同生命。

同时也都是不甘居于人下的人！

如果没有发生那场政变，地位卑微的程元振是打死也不可能请求李豫削弱李辅国权力的，但权力这个东西有时候真的能让一个人爆发出惊人的能量，在看到皇帝陛下被迫忍受李辅国的嚣张跋扈后，程元振觉得自己的机会来了。

现在，他如果想实现自己的愿望，只能依靠两样东西——皇帝的权力和自己仅有的一点兵权。

在程元振看来，皇帝的权力可以削减李辅国的权力，而自己掌握的部分皇家禁军可以保障皇帝行使权力。

换句话说，一旦皇帝陛下因为限制李辅国的权力而遭遇不测时，程元振掌握的禁军必须顶上。这也是程元振之所以敢向皇帝进言的筹码所在。

事实上，当时不仅程元振看到了这一点，苦于没有机会制约李辅国的皇帝李豫也同样看到了这一点，所以当程元振面见自己说出想法后，李豫开始动心了。

身首异处

宝应元年（762 年）六月，李豫在忙于应对平叛事宜的同时，并没有忘记清除李辅国这个身边的毒瘤，在和程元振密谋多次后，他终于下定决心整治那个曾经胁迫自己的奴才。

六月十一日，他让程元振率领能够掌握的禁军迅速集结在内宫周围，其意图是让程元振守护内宫，一旦李辅国胆敢轻举妄动，程元振的人马可以抵御。

在看到程元振部署妥当后，李豫立即下诏解除李辅国元帅行军司马以及兵部尚书的职务，以程元振代理元帅行军司马，并命令李辅国迁出皇宫居住。

李辅国看到诏书后差点没晕过去，他不明白皇帝陛下为什么会在毫无征兆的情况下，免去自己最有实权的官职，而当他听到程元振已经带兵将内宫团团护住的时候，他才意识到这次皇帝陛下动真格的了。

李辅国当时虽然担任兵部尚书，但前边我们详细介绍过唐代的兵制，应该说兵部尚书并没有真正掌握兵权，李辅国真正能够掌握的是当时皇家的绝大部分禁军，可是当时程元振已经做好准备，时刻准备拼命，而且他真要调集禁军向皇帝开炮，恐怕禁军也未必会买账。

总之一句话，在那个时代，大唐皇帝还没有彻底失掉威信！

所以，李辅国没有必胜的把握。

既然无法硬抗，那就只能采取迂回的方式来自保。

现在皇帝陛下诏书已下，想要改变已经不可能，李辅国决定采取逆向思维，向皇帝陛下上表请求让出中书令的位置。

在他看来，自己这种诚恳的态度必然能够打动皇帝陛下，仁慈的皇帝至少应该是挽留，只要回到宫内，自己就会有机会重新上位，然而他最大的失策就在于他认为的拥立之功，在李豫那里却被认为是胁迫。

所以表文递上去，六月十三日皇帝批复下来，两个字“准奏”。

这一次李辅国彻底愤怒了！

失去理智的李辅国转天前往内宫面见李豫，名为谢恩，实则是去质问。

“谢陛下体谅老奴，让老奴卸掉长久以来身上的担子，得以休养。”

李辅国行过大礼后，第一句话就带有挑衅的味道。

“呵呵！“尚父”拥立之功朕当永远铭记，奈何朝廷事务繁杂，朕恐“尚父”操劳过度，故而卸去“尚父”的官职，到宫外居住休养。”

面对李辅国的挑衅，李豫并没有与之针锋相对，依然尊称李辅国为“尚父”，但其话语明显是绵里藏针的回击。

李豫的话让李辅国如鲠在喉，片刻之后他哽咽地说道：

“既然老奴侍奉不了陛下，那就到地下侍奉先帝去！”

言罢，李辅国转身气冲冲地走了。

面对李辅国挑衅的言语，李豫一笑而过，他明白这意味着这个该死的奴才已经黔驴技穷，所以在李辅国向外走的时候，李豫依然笑着说道：

“‘尚父’保重身体啊！朕会派人经常去探望你的。”

不可否认李辅国临走时说的话乃是气话，但让他想不到的是，不久之后他真的实现了到地下侍奉先帝的愿望。

随着李辅国的倒台，他先前的死党如秘书监韩颖、中书舍人刘烜、山陵使判官裴冕等人均被罢官流放岭南或赐死。

事实上，李豫的这种做法已经算是对李辅国开展了清算运动，但这一切并没有引起李辅国的重视。

李辅国本以为皇帝罢免他所有的官职后，不会再追究他先前的所作所为，所以他在皇宫外过着逍遥自在的生活，丝毫没有收敛的意思。

一直到十月十八日的那个夜晚，该来的报应终于降临在李辅国的头上。

当李辅国说完挑衅的话语转身离开内宫时，李豫脸上的笑容瞬间消失不见，他知道罢免李辅国的官职仅仅是个开始，多年的政治历练，让他深切地懂得对于权力欲极强的人，尤其是李辅国这样身体残缺不全，且心里存有某种阴暗想法的人绝不能手软。

必杀之！

这是李豫心里唯一的想法。

但李豫同时也明白，李辅国无论多么嚣张跋扈，毕竟有诛杀张皇后之功，如果公开将其正法恐怕会落下屠戮功臣的骂名，罢免李辅国的官职已经达到了李豫树立权威的目的，而杀掉李辅国则是清除潜在的威胁，完全没有必要兴师动众。

正所谓特殊的人物必须寻找特殊的方法来解决其特殊问题。

对于李辅国这样的人，李豫认为秘密除掉乃是上策。

于是在十月十八日的那个夜晚，李豫秘密派遣心腹武士前往李辅国在宫外的宅院执行刺杀任务。

当杀手在李辅国居住的房顶上掀开瓦片向下观看时，这个已经被排挤在朝廷之外的老奴才，此刻刚刚参加完府内的宴会，浑身酒气地躺在床上呼呼大睡，熏得房顶上的杀手不禁捏住了鼻子。

杀手无可奈何地摇了摇头，然后挪开几片瓦，纵身跳进房间，轻轻走到李辅国的面前，手起刀落砍下其头颅和手臂，装进袋子后回去向皇帝陛下复命。

或许杀手的手法实在炉火纯青，以至于李辅国没有发出一点声响，便在睡梦中实现了去地下侍奉先帝的愿望。

二十多年前，名不见经传的李辅国从皇家马房里走出来，前往东宫服侍太子李亨，正如他此刻离开这个世界的方式一样，都是悄无声息。但其一生的经历，却是让人们尽皆以鼻嗤之，即使有他当年劝李亨北上灵武和后来诛杀张皇后的闪光点，但依然摆脱不了人们对于他这类弄权者的诟病。

李辅国虽然悄无声息地死亡，但在当时引起了轩然大波。有的人击掌相庆，有的人则暗自捶胸顿足，而李豫则不被外界所干扰，假意下令追查真凶，派人安抚李辅国的家人，并以刻木代替其首级全身安葬，追赠其为太傅。

李豫终于将李辅国送到地下去侍奉先帝，这也让他长舒一口气，不过任何一场政治斗争都会有得利者，李豫固然是最大的赢家，但他是依靠程元振才铲除了威胁自己地位的李辅国，所以清除李辅国后，程元振理所当然地取而代之，握有禁军的全部指挥大权。

早在李辅国被迫搬出皇宫居住时，李豫就加封程元振为骠骑大将军兼内侍监，并进封邠国公，追赠其父程元贞为司空，母亲郄氏为赵国夫人，当时程元振的权势可以说已经超过了李辅国，朝廷大部分人尊称他为“十郎”。

虽然当时程元振内心十分喜悦，但皇宫之外的李辅国依然过得逍遥自在，这让程元振并不踏实，一直到李辅国死后，他才彻底长舒一口气，虽然他此前从来没想过自己会拥有如日中天的权势，但此刻万人之上的感觉还是让他逐渐飘飘然起来。

事实证明，权力这个东西虽然会让人爆发出惊人的能量，但它也会瞬间蒙蔽人的心智，让人在一片懵懂中逐渐迷失自己。

树敌

坦白地讲，程元振不具备李辅国那样的阅历，更不具备李辅国那独到的眼光，李辅国可以在关键时刻力劝李亨北上灵武，这不是常人可以做到的，反观程元振，无论是向李辅国告密还是建议李豫削减李辅国的权力，都带有投机的色彩。

最关键的是，程元振的心中没有“忠义”二字，程元振和李辅国最大的不同在于，李辅国虽然专权，但对肃宗李亨还存有一份忠心，而程元振则完全是利益至上，即使是对于给予他权力的皇帝李豫，如果遇到非常时刻，他也敢拉下马。

可想而知，这样的一个人地位达到一定高度后，必然会无所顾忌。纵观程元振掌握权力后的所作所为，如果说李辅国是专权跋扈，那么程元振则是破坏朝廷秩序和为非作歹。

例如，原为淮西节度使的王仲升在与安史叛军作战中被俘，当时由于屈从叛军而得以保全性命，叛乱平定后，又重新归顺朝廷。按说王仲升这样的人应该会遭到秋后算账的，可就是因为他与程元振交好，不仅未被治罪，反而被程元振推荐为右羽林大将军兼御史大夫，进而打破了唐代军将不曾兼任御史大夫的传统。

不过，从最后的结局来看，程元振的结局要明显好过李辅国，至少没有身首异处，在我看来，这是因为虽然他破坏朝廷秩序和为非作歹，但并没对皇权形成威胁，而之所以他最终也像李辅国那样被李豫打压下去，完全是因为他不知轻重树敌过多。

事情的起因源于冤杀来瑱事件。

来瑱，邠州（今陕西彬县）永寿人，唐朝名臣，以忠义闻名，曾任北庭行军司马，后经拾遗张镐推荐，在天宝初年“智谋果断、才堪统众”，进士及第从而踏上仕途之路。

安禄山造反后，来瑱死守颍川，箭法高超，敌兵应弦而倒。叛军又派降将、来瑱父亲的部下毕思琛劝降。毕在城下凭吊来父。来瑱不领情，派众将冲杀出城，杀敌甚众。安禄山部下开始畏惧来瑱，称其为“来嚼铁”。

乾元二年（759 年），来瑱移镇河西，改任陕虢节度使兼潼关防御团练镇守使。次年，再改任为山南东道节度使。上元二年（761 年）春，来瑱击破史思明余众于鲁山，再战汝州斩首万级。

来瑱虽然英勇善战，智谋果断，但其性格有一个致命的缺陷，那就是傲慢。

随着自己不断创建军功，来瑱逐渐开始翘起了尾巴。

宝应元年（762 年），李亨下诏让来瑱回朝述职，来瑱居功自傲，让将士以平叛战事紧张为由，上表请求挽留自己，结果李亨只得无奈让他回去，但来瑱这种做法是纸里包不住火的，李亨知道后对他非常不满，行军司马裴㥄趁机上表参其有不臣之心，说来瑱善谋而勇，恐后难制，即除之可一战擒也。

当时李亨虽然认为裴㥄说得很有道理，但他并没有下定决心就此除掉来瑱，并且随着李辅国突然发动兵变，以及李亨的去世，除掉来瑱这件事便不了了之了。

李豫即位后，并没有忘记除掉来瑱这件事，虽然表面继续优待来瑱，任命其为襄州节度使、奉义军渭北兵马使，但暗中却让裴㥄伺机除掉来瑱。

裴㥄率军自均州东下，来瑱知其来意不善，也不想束手就擒，因此率兵迎击。双方在谷水北相遇，裴㥄兵发箭射击，来瑱手下大将薛南阳以三百骑绕出其后，突然攻击，来瑱又从正面冲击，裴㥄大败，被俘送京师。

由于一时杀得兴起，来瑱虽然当时出了一口恶气，但当他冷静下来后，知道闯了祸，于是入朝谢罪。李豫念及他有功于社稷，任命他为兵部尚书、同中书门下平章事，充山陵使。

按说这件事情随着皇帝陛下的不予追究，应该到此为止，但来瑱偏偏和程元振不和，原因是程元振曾经求来瑱办过事情，来瑱因为瞧不起程元振所以置之不理，这样一来程元振便怀恨在心。

程元振和裴奭的观点一样，认为来瑱有不臣之心，绝不能留，但他的出发点和裴奭却完全不同，裴奭完全是为朝廷着想，而程元振则是为了公报私仇。

所以这次来瑱来京城，程元振岂能让他再回去，虽然皇帝陛下已经不再追究来瑱，但程元振却发誓一定要借皇帝之手除掉来瑱这个眼中钉。

想来想去，程元振决定采取“诬告”这种屡试不爽的招数。

应该说程元振还是很能洞悉人心的，他十分清楚皇帝陛下最反感什么：八年的平叛战争让大唐帝国国势衰微，李豫最痛恨的就是那些向叛军屈膝投降的人，以及与叛军同流合污反叛朝廷的人。

看准了这一点，程元振的诬告之词随即而来。

“陛下！来瑱虽然已经谢罪，但奴家认为这个人还是不能饶恕。”

“哦？为什么？”

“陛下其实并不知道来瑱曾经和叛军做过什么，我相信陛下要是知道了，一定不会饶过他的。”

“有这等事？那你和朕说说来瑱曾经做过什么。”

“陛下知道王仲升为什么会被俘吗？”

“为什么？”

“那是因为来瑱和叛军串通一气，致使王仲升没有防备所以被俘，先帝在世时，裴奭曾经说来瑱有不臣之心，就是指的这件事。”

程元振拿准了李豫的死穴，知道李豫听完后一定会勃然大怒，所以他的这几句话等于宣告了来瑱的死刑。果然，李豫听完后直接下令削除来瑱的官爵流放播州（今贵州遵义），后来又下令赐死于途中。

来瑱之死虽然让程元振报了私仇，但任何人都没有想到这件事居然在来瑱据守的襄、汉地区引起了轩然大波，当时其部众听到来瑱被杀后，都齐聚襄阳，共推来瑱的部将梁崇义为帅，并联名上疏李豫，要求为来瑱平反，并为其立祠。

当时的形势可谓剑拔弩张，如果李豫不答应这些部众的要求，以梁崇义为首的襄汉守军大有反叛的迹象，本来就已经被安史叛军搞得焦头烂额的李豫不希望因为这件事又起战端，最终不得已下令以功臣的礼节改葬来瑱，并任命梁崇义为襄州刺史、山南东道节度留后。

李豫实在没有想到来瑱事件最终居然会差点生起战事，憋了一口气的他将所有的怨气发泄在了程元振身上，但更让他想不到的是，这件事的辐射力度远远不止于此。当诸镇节度使知道来瑱被杀的消息后，无不大为震惊，这些人在朝廷宣他们入朝时，均以害怕被程元振进谗为由而不敢奉诏。

当时听到这个理由后，李豫差点没背过气去，如果一个人因这种理由可以被兴师问罪，但如果所有人都是这个理由，那这就叫"民意"。也就是从此时开始，程元振在李豫心目中的地位一落千丈。可是程元振并不知道皇帝陛下的内心所想，在他看来，连诸镇节度使都害怕自己，那自己的权势俨然已经超过李辅国，他为自己能够拥有这样的成就而无限自豪。

在我看来，程元振这个投机分子此时完全应该清醒一下头脑，重新审视一下自己究竟有几斤几两，如果他这样做或许还能救赎自己，但他的个人素质又决定了其位置越高，就越是如水田里的蛤蟆，叫的声音越大。

但这世上无论做什么，总是有不能突破的界限，可惜程元振不懂得这个道理，所以接下来他只能是在为非作歹的道路上继续一路撒欢，直到他触及了道德底线，坏了国家原则。

前边我们曾经说过，广德元年（763 年）吐蕃大军入寇大震关时，边将和地方官接连向朝廷求援，但求援文书却被程元振隐匿不报，致使吐蕃大军长驱直入，一直到达邠州后，李豫才得知消息，李豫当时派遣郭子仪出兵咸阳抵御吐蕃大军，但吐蕃二十万人马已经快速渡过渭水，直逼京师长安，郭子仪急忙派使者入奏李豫，请求增兵咸阳，但使者却被程元振阻拦在外。

如果说来瑱被杀事件是程元振被打压的导火线，那么阻拦使者面见李豫就是程元振最终被打压下去的直接原因。

逃过一死

程元振阻拦使者面见李豫的直接后果，就是让皇帝陛下不得不放弃京城长安，急急如丧家之犬般地出逃陕州，但在陕州李豫多次下令征召各地兵马勤王，却因为诸镇节度使痛恨程元振，而无一人应诏，这让李豫倍感尴尬。李豫此时忽然明白，程元振虽然不像李辅国那样让自己觉得受到钳制，但这个奴才却在用一种近乎残忍的方式，使自己和整个国家陷入极其不利的境地，所以李豫下定决心一定要铲除程元振。

时任太常侍、翰林待诏的柳伉看透了李豫的想法，他不失时机地向李豫上疏请求杀掉程元振，他在奏疏中详细说明了李豫之所以走到今天这种局面的根本原因，他认为吐蕃大军胆敢一路直逼京城，虽然是因为各路勤王人马消极所致，但根本原因是他们担心自己会得到来瑱的下场，而导致来瑱被冤杀的元凶就是程元振，只要杀掉程元振，各路勤王之师很快就会到来，收复京城长安指日可待。

“如此而兵不至，人不感，天下不服，请赤臣族以谢。”

这是柳伉在奏疏上写的最后一句话。

应该说当时上疏李豫请求杀程元振的虽然只是一个不入流的翰林待诏，但柳伉这种芝麻官都敢上疏弹劾程元振，说明这在朝廷内部已经形成一种倾向。

事实上李豫从柳伉的奏疏中已经嗅出了这种味道。

如果说先前李豫还有一丝犹豫的话，那么柳伉的这封奏疏让他下定决心清除程元振。

李豫认为程元振虽然人人痛恨，使自己几乎陷入绝境，但毕竟在李辅国发动的那场兵变中，程元振充当马前卒立下汗马功劳，对自己也算是有拥立之功，所以他并没有对程元振赶尽杀绝，而是下令削除程元振的所有官爵放归家乡。

程元振虽然为非作歹，但他的资历显然无法和李辅国相比，所以得到皇帝陛下的诏书后，他无法像李辅国那样直面皇帝对质，只得卷起铺盖走人。

但程元振依然没有丢掉信心，这个投机分子始终在寻找一切可以利用的机会，使自己获得最大的政治利益，现在他虽然暂时成了一介草民，但他坚信机会是留给有准备的人的。

事实证明，从某种角度而言，程元振也有让人佩服的一面，那就是他可以完全置自己的尊严于不顾，只要能够重新回到皇帝身边得到重用就是胜利。

当后来程元振得知吐蕃大军已经撤出长安，皇帝陛下重新回到京城的消息后，他打扮成妇人模样悄悄地重新回到长安，以期寻找机会接近皇帝，重新得到任用。程元振还是十分聪明的，至少妇人的打扮很符合其自身具备的“气质”，但终究是人算不如天算。

程元振凭借着妇人的打扮重新回到长安，但他在长安并没有保持低调，终于因为和御史大夫王升饮酒作乐，被京兆府的人上疏弹劾，李豫下令逮捕他。

重新回到京城长安的程元振犹如秋后的蚂蚱，没有蹦跶几天，就到了监狱之中，应该说李豫还是十分仁慈的，他依然没有将程元振置于死地，而是下令将他流放到更远的地方——溱州（今四川綦江县东南）。

在李豫下达的诏令中，详细列举了程元振的罪行，同时也宣称并没有忘记他曾经立下的功劳，所以综合起来为了防止他再次回来，只得将他流放远地。

“纵有非常之赦，不在会恩之限，凡百僚庶，宜体朕怀。”

这是李豫在诏令上写下的最后一段话，从这封诏令中我们可以看出李豫对程元振的凶顽有了很深的认识，但他同时也明白程元振在主观意识上并没有胁迫皇帝的意思，这一点和李辅国有着本质的区别，程元振最多是由于其性格和水平原因祸乱朝纲，但李辅国却实实在在让李豫倍感压力。

如果没有程元振阻拦使者致使吐蕃大军占领长安，迫使李豫逃奔陕州，没有因为他各镇节度使不听诏令这两件事，程元振的地位或许不会动摇。

所以程元振虽然是罪有应得，但也算是政治牺牲品，因为正是在他被处理后，各镇节度使开始纷纷调兵遣将前来勤王。

当程元振第二次看到皇帝陛下流放自己的诏令后，他既感到庆幸又感到绝望，绝望于他东山再起的愿望破灭，庆幸于仁慈的皇帝陛下依然没有忘记他曾经的功劳。

广德二年（764 年）正月，李豫又念及程元振曾经的功劳，将他改为流放比较富庶的江陵（今湖北江陵），未过多久程元振便病逝。

程元振终于走完了他投机的一生，他的崛起有侥幸的成分，同样他的结局也有幸运的成分。

程元振崛起于在那场政变中的告密，但实际上他没有资历和能力让自己得到的权力平稳地运行，尤其是在原则问题上，程元振的政治水平不是一般的低。

幸好他的行为并没有让皇帝陛下感觉受到钳制，所以他最终活了下来，从这一点来讲，他的确是幸运的。

对比李辅国和程元振两个人的经历可以明显看出，在那个专制的社会，官场中决定人生死的可能不是什么所谓的法律，而是你的行为会为皇帝带来什么样的感受。

李辅国让皇帝有被玩弄于股掌之间的感受，所以他只有死。

程元振虽然祸乱朝纲，但在皇帝眼中他也不过是自己的玩物，所以他最终活了下来。

……

李辅国、程元振接连迅速上位，又以俯冲之势急速衰落，事实上无论他们怎样兴风作浪，都没有对皇权产生根本性的威胁，他们是宦官群体的代表，李豫虽然清除了这两人，但他内心明白，对于宦官，自己还是可以操控的。

而继李辅国、程元振之后，李豫也并没有就此对宦官进行限权，相反他却很快找到了这两个人的替代者。这个人从经历上看，比李辅国和程元振要丰富很多，因为这个人经历过战场的厮杀。

可以说当时就连这个人可能也没有想到，当皇帝陛下相中自己后，他的权势居然超过了李、程二人，这让他开始有了非分之想，却最终也没能逃过李、程二人的宿命。

这个人就是鱼朝恩。

权倖人主

鱼朝恩，泸州泸川（今四川泸县）人，开元初年入宫当太监。“安史之乱”发生后，随李隆基出逃，侍奉太子李亨，颇得信用，历任三宫检责使、左监门卫将军，主管内侍省。

乾元元年（758年），鱼朝恩被封为观军容宣慰处置使，监李光弼等九节度使军。

值得一提的是，观军容宣慰处置使这个官职就是从鱼朝恩这里开了先例，后来一直到唐朝灭亡成为定制。

上元二年（761年）二月在邙山之战中，由于鱼朝恩不懂军事过分参与指挥作战，致使唐军惨败，河阳、怀州先后失守，鱼朝恩最终狼狈逃回陕州。

洛阳收复后，鱼朝恩虽然被加封开府仪同三司，但由于有邙山失利的阴影，使他开始归于沉寂。李辅国、程元振接连兴风作浪时，鱼朝恩始终默默无闻，一直到广德元年（763年）十月，他才迎来自己东山再起的机会。

在李豫被吐蕃大军逼迫得奔逃陕州，禁军士兵一时间四散逃亡难以召集时，只有鱼朝恩率领的神策军自陕州迎驾于华阴（今陕西华阴），并始终护卫在李豫身边，这让李豫很是感动，由此开始宠信鱼朝恩。

李豫重新回到长安后，鱼朝恩率领神策军一同进入长安，自此之后神策军再也没有离开过长安。

永泰元年（765年），吐蕃再次入寇，李豫准备御驾亲征，鱼朝恩以神策军随行，从此神策军的地位进一步提高，并分为左、右两厢，也就是从此时开始，神策军无论从地位还是规模，都超过了先前的皇家禁军——北衙六军，正式成为皇家禁军。

在当时来讲，由于朝政不稳，谁掌握了禁军的指挥权，谁基本上就成了老大，李辅国之所以能够发动兵变，正是因为他手里有足够的禁军，而鱼朝恩的权力则更大，神策军本就是他的嫡系部队，现在他成为皇帝陛下至关重要的守护神，可以经常出入禁中，百官无不敬畏。

或许是吸取了李辅国和程元振惨痛的经验教训，鱼朝恩成为掌控禁军的第一人后，最初并没有表现出飞扬跋扈、趾高气扬的态势，而是召集诸多文人学士到他的府上讲授经籍、习作文章，努力在朝廷内树立自己崇礼好学的形象。

不可否认，鱼朝恩的包装工作实在很出色，但他的本性决定了狐狸尾巴终究是要露出来的，随着权力的增大和皇帝的日渐宠信，鱼朝恩开始显现出他那顽劣的本性。

大历元年（766 年）四月，鱼朝恩上奏李豫请求将以前朝廷赐给他在京城长安通化门外的府第改造为佛寺，并申请以太后的谥号“章敬”为寺名。

鱼朝恩的这个请求，显然迎合了李豫的心意，在得到同意后，鱼朝恩便开始大兴土木，为了这项改造工程，鱼朝恩虽然尽收京城中的木材，但仍不够用，为此他又奏请拆毁曲江池、华清宫以及百司诸衙的故宅以供其用。

当时对于这项浩大的工程，卫州进士高郢上疏极力反对，但奏疏是通过鱼朝恩才能递到皇帝那里的，所以到了鱼朝恩那里，他将这封奏疏扔进了垃圾堆继续施工。

工程完毕时，李豫对鱼朝恩更加宠信，任命鱼朝恩为内侍监，并不顾众人的反对，加封他为光禄、鸿胪、礼宾、闲厩等使，进封郑国公。

至此，鱼朝恩达到了他人生的顶峰。

鱼朝恩不仅通过改建佛寺博得了好名声，事实上他在此工程中捞到的钱财不计其数，可谓名利双收，最重要的是他的官职当时已经深入内朝的各个部门，本身就掌管禁军的他，随着官衔的增多，并没有满足所得到的，相反他却进一步扩充自己的势力。

所以在迈上顶峰的同时，他也开始了逐渐下山的道路。

大历四年（769 年）二月，鱼朝恩奏请李豫将麟游（今陕西麟游）、普润（今陕西凤翔西北）划归神策军的管辖范围之内，次年又请求将兴平（今陕西咸阳）、武功（今陕西武功西北）、扶风（今陕西扶风）也划归神策军管辖。

显然，经过两年一人之下、万人之上的宠信经历后，鱼朝恩并未满足于自己的足迹只在京城长安内转来转去，将上述这些地方划归自己的管辖范围之内，很明显鱼朝恩是想做“河朔三镇”那样有地方实权的节度使。

对于鱼朝恩的请求，李豫同意了。

很多史书记载说，当时李豫对于鱼朝恩的请求毫不犹豫地答应，是因为对他不能遏制，事实上这种说法并不准确，因为通过后来鱼朝恩的结局来看，他的下场和李辅国一样，都是拜皇帝陛下所赐。在我看来，李豫之所以同意鱼朝恩的请求，是因为那个时候他对鱼朝恩宠信未衰，更透彻地说，他对这个善于伪装的奴才，压根儿就没有防备。

但鱼朝恩显然是那种给点颜色就会开染坊的人，在成功度过最初的伪装岁月后，他开始亮出自己的獠牙。

大历五年（770年）正月，鱼朝恩用其亲信刘希暹为神策军都虞侯。作为鱼朝恩最得力的干将，刘希暹在看到主子的权势日盛一日时，他建议鱼朝恩在北军设置监狱，并组织市井无赖诬告京城富贵，将其逮捕入狱，严刑逼供后屈打成招，没收家产归神策军使用。

凭借着这种手段，鱼朝恩掌握的神策军在京城长安大肆掠夺，而鱼朝恩本人因为手中握有“刀把子”，在朝廷内开始卸去伪装的面具，仗着自己学过几天经学要义，开始不把朝臣放在眼里。

例如，鱼朝恩受李豫的命令，以判国子监的身份主持祭孔大典，仪式结束之后，他在国子监引用《易经》中的“鼎折足，覆公餗”这句话，讽刺当朝宰相，意思是当朝的三公犹如鼎之三足，假如三公才能低下，犹如鼎失其足，那么鼎就会倒塌，里边的食物就会倾覆，也暗喻国家会败亡。

坦白讲，鱼朝恩所说的这些话确实很有道理，但问题的关键是，有道理的话是要看从谁嘴里说出来的，如果是皇帝陛下说这些话，所有的朝臣会虚心接受，但同样的话从一个宦官的嘴里说出来，而且还是用教训的口吻呈现出来的，当时在场的人心中定然生出一股痛恨。

但人的素质和心计是不一样的，如宰相王缙当时就被气得脸色大变，而宰相元载虽然内心十分痛恨，但表面依旧谈笑自若，就连鱼朝恩都不得不对元载产生钦佩之情。

“怒者人之常情，笑者则神秘不可测啊！”

当时鱼朝恩对身边人说出了这么一句意味深长的话，然后带领众人转身离开了国子监。

鱼朝恩虽然对元载评价颇高，但他并没有真正地重视这个当朝宰相，放眼望去，他始终认为除了皇帝陛下，朝廷内有胆量和实力和他掰手腕的人还没有生出来。

然而鱼朝恩或许想不到，当他高傲地离开国子监时，元载的内心已经开始升腾起一股复仇的火焰，不久的将来鱼朝恩那悲惨的结局中就有他的功劳。

敢于掰手腕的人

虽然元载内心对鱼朝恩不满，但表面上却不敢显露出来，事实上如果按照派系来划分，元载算是李辅国一党的人，李亨在位时，他因与李辅国之妻同族而受到重用，管理漕运，李豫即位后被任命为中书侍郎同平章事（即宰相），后又被授予天下元帅行军司马。元载虽然表面温和，但骨子里却是个不达目的不罢休的人。

宝应元年（762 年）三月，朝廷任命时任户部侍郎的元载为京兆尹，他不满这项任命，就跑去跟李辅国辞职，表示坚决不干。从这件事中我们完全可以看出元载的倔强性格，所以当鱼朝恩在他面前讽刺百官时，元载的心中会作何感想不言而喻。

我们无法判断元载对鱼朝恩的憎恨是否有李辅国倒台，自己产生失落之感的因素，但纵观他当上宰相后就始终处在鱼朝恩的压制之下，元载肯定对鱼朝恩没有什么好感，因为朝廷本应该除了皇帝就是宰相，现在一个奴才居然在他头上作威作福，其实换了谁都不会痛快。

当鱼朝恩率众离开国子监的那一刻，元载已经暗暗下定决心，通过自己的努力彻底扳倒鱼朝恩，百官之内无人敢向鱼朝恩叫板，而元载现在就要做这个敢于掰手腕的人。

元载明白扳倒鱼朝恩仅凭一腔热情是丝毫没有意义的，像王缙那样喜怒哀乐都写在脸上，让人一眼就能看穿更是行不通的。元载知道解铃还须系铃人，皇帝李豫将是决定最后结局的唯一因素。

事实上那么长时间以来，对于鱼朝恩为非作歹作威作福，让百官蒙羞的事情，李豫的心中很是不爽，但李辅国、程元振之后，鱼朝恩现在掌握神策军，而神策军又是在李豫深陷危难之时，唯一伸出援助之手的军队，都说锦上添花不如雪中送炭，仅此一点就让李豫实在不忍心拿下鱼朝恩。

但皇帝陛下的仁慈，在鱼朝恩看来却是懦弱，于是不久后发生的一件事情让李豫心中对自己先前的想法产生了动摇，同时也让元载抓住了机会。

大历五年（770 年）正月，在鱼朝恩讽刺百官的十天后，他的养子时任内给使（属内侍省管辖，掌管诸门进物之事）的鱼令徽与同事发生了纠纷，回家后向鱼朝恩告状。

按说这种小事情，作为朝内第一红人的鱼朝恩应该以息事宁人的态度去处理，但很长时间以来他的飞扬跋扈已经形成一种习惯，于是在听到养子的告状后，他拍案而起带着鱼令徽到李豫那里去告状。

失衡的心态注定了鱼朝恩不可能理智地向皇帝陛下说明情况，值得一提的是，这也是鱼朝恩首次公开向皇帝发难。

在李豫面前，鱼朝恩表现得十分傲慢，要求皇帝将和鱼令徽发生争执的人治罪。李豫清楚地明白如果因为这种事情就置人于死地，实在有些说不过去，所以他极力安抚鱼朝恩希望他不要计较，鱼朝恩几次质问皇帝，李豫都以赔笑脸的方式化解。

如果鱼朝恩就此知趣地退下，或许就不会有后来那场祸事的发生，但偏执的他执意要在朝堂之上争出个名堂，在看到皇帝陛下迟迟不给说法的时候，他说出了自己最后的请求。

鱼朝恩已经下定决心，无论李豫答不答应，自己今天一定要达到目的。

“陛下，老奴的养子之所以遭受羞辱，就是因为官职卑微的缘故，希望陛下赐给他紫衣。”

顺便说一句，依据唐代的官服制度，赐给紫衣意味着加封三品官。

从一个无名鼠辈直接提拔到三品官，这已经不知是几级跳了，可是就在李豫还没反应过来时，鱼朝恩已经让内侍太监将紫衣捧到自己的面前，然后他亲手为鱼令徽穿上。

霎时间，在场的所有朝臣都惊呆了，这明显是在向皇权挑战，幸好李豫还是很机灵的，他并没有立即发作，而是强颜欢笑地敷衍。

“令徽穿上了紫衣，朕觉得特别合适啊！”

李豫的敷衍让鱼朝恩错以为达到了目的，他让鱼令徽向李豫谢恩后，随即便不再言语。但此时的李豫心中犹如打翻了五味瓶，今天当着这么多朝臣的面，可以说鱼朝恩的做法已经是在羞辱自己。

如果任凭这个奴才肆意妄为，他会成为比李辅国、程元振更大的祸害！

这是李豫当时冒出的唯一想法。

李豫虽然没有露出声色，但坐在宝座上的他脸上还是瞬间流露出了一丝不悦之色，虽然只是一闪而过，但是被善于察言观色的元载看在眼里，敏感的他认为清除鱼朝恩的机会已然到来。

当天，元载秘密面见李豫，趁机上奏鱼朝恩意欲图谋不轨，说他暗中联合同、华二州节度使周智光不断招兵买马，而且他自己本身又统领神策军，如果不及时清除，恐怕后患无穷。

元载最后还添油加醋地说，今天在朝堂之上挑衅陛下的权威，就是鱼朝恩意欲图谋不轨最好的证明。

元载的话当时让李豫想了很多，他仔细回想鱼朝恩在兵败陕州后被重新起用到现在为止的经历，可以说让李豫有种逐渐被钳制的感觉。

公开向皇帝要地盘，国子监羞辱百官，朝堂之上挑衅皇权！

这一切景象都在李豫脑中像过电影般地不断闪现，尤其想起今天朝堂之上鱼朝恩那嚣张态势，李豫顿时觉得不寒而栗。

“此人必杀！”李豫下意识地说出了这句话。

“这件事情就交给爱卿去筹划吧！”

在李豫下定决心的一刹那，元载终于长舒一口气，在他看来，只要有了皇帝这句话，接下来的一切都在自己的掌控之内，虽然他没有兵权，但他坚信自己的智慧抵得上千军万马。

有了皇帝陛下的支持，元载开始了谋划，他针对鱼朝恩平日入殿由射生将周皓率领百名武士护卫，以及其党羽陕州节度使皇甫温手握重兵作为外援的局面，制订了一个详细的清除计划。

元载首先用重金贿赂皇甫温和周皓并晓以大义，将两个人争取过来，然后让李豫下诏让凤翔节度使李抱玉担任山南道节度使，将皇甫温调任为凤翔节度使，表面看是重用皇甫温，实则是将其外调以自助。

在解决完外部问题后，元载开始着手从内部解决。

元载明白鱼朝恩掌握着神策军，所以绝不能采取硬碰硬的方式来解决问题，既然强攻不成，那就只有智取。

攻其不备！在元载看来，这或许是最好的方法。

于是在他的策划下，一场清除鱼朝恩的行动就此开始。

大历五年（770 年）清明节这天，李豫在殿内宴请群臣，整个宴会在一片轻松的氛围下进行，当然除了李豫和元载等少数几个人知道，其他人都不知道稍后不久在这里会对鱼朝恩进行清算。

值得一提的是，朝廷的首席宰相元载并没有参加这场宴会，此刻他正守在从朝堂通往宫外的中书省，他所在的位置至关重要，因为无论是谁都必须经过中书省才能出去，换句话说，元载算是切断了鱼朝恩的退路。

酒席宴间的鱼朝恩显得神采奕奕，当时除了皇帝，似乎就属鱼朝恩是宴会的核心，所以他丝毫没有意识到这场看似氛围融洽的宴会暗藏杀机。

就在宴会即将结束、鱼朝恩准备返回自己的神策军营地时，李豫忽然让鱼朝恩留下议事。殿内的官员向皇帝陛下行礼过后，开始陆陆续续地退出到殿外，大殿内只剩下李豫、鱼朝恩以及随行而来的周皓等人。

事实上，此时的殿内，鱼朝恩等于已经被孤立起来。

李豫的突然挽留，依然没能让鱼朝恩醒悟过来，直到李豫细数他的罪状，他才反应过来，但已经习惯嚣张跋扈的他不仅没有彻底反省，反而和李豫争辩。

最后，鱼朝恩甩了句狠话："陛下不相信臣所说的话，臣身边的这些人可以为臣证明。"

鱼朝恩的这句话明显是在逼宫，他的潜台词是，我的手中掌握着神策军，即使你是皇帝又能奈我何？

事实证明，人一旦站在一定的高度上，就会被雾霾遮蔽双眼，此时的鱼朝恩恰恰处于这种状态，要知道神策军虽多，但远水解不了近渴。

更何况跟随他前来的周皓早已经成为元载的人。

鱼朝恩说完后，没等李豫反应，他转身便向殿外走去，但他没走出几步忽然发现周皓和几名随从并没跟着自己一起走。

鱼朝恩心中觉得十分不解，就在他正想回身询问周皓时，元载已经带人突然出现在殿内。

"什，什么意思？"鱼朝恩霎时间意识到情况不妙，他本能地产生了一丝恐惧。

"哼！什么意思？你难道不知道陛下厌恶你很久了吗？"元载冷笑着

说道。

“厌恶我?”鱼朝恩不解地问道，然后他抬起头看着高高在上的李豫，似乎在向李豫求证。

“你嚣张跋扈、羞辱大臣、暗中扩充势力，你以为朕不知道吗?”李豫厉声问道。

“陛下不要忘了，是谁在陛下狼狈逃往陕州时带着人马护驾的!”鱼朝恩争辩道。

“够了！即使你护驾有功，这么长时间以来，朕回报你的已经足够多了，但你身为臣子，却不懂得做臣子的规矩。朕就是厌恶你。就算你掌握着神策军，现在你又有什么本事施展!”

李豫越说越激动，最后他不等鱼朝恩再次辩解，便下令将其诛杀。

“让这个嚣张跋扈的奴才在朕面前永远消失!”李豫的声音已经近乎咆哮。

李豫一声令下，元载和周皓等人立即将鱼朝恩按倒在地，然后五花大绑地拖到后殿，将其吊死。

刚才还满是喧嚣的朝堂瞬间恢复了平静，李豫坐在宝座上喘着大气，他努力让自己的思绪恢复平静。没过多久元载和周皓等人将鱼朝恩的尸体带回大殿向皇帝陛下复命。

李豫的眼睛直勾勾地瞪着鱼朝恩的尸体，片刻后他缓缓地闭上了眼睛，眉宇间显出一丝舒缓神色，仿佛压抑许久的情绪随着鱼朝恩的死而瞬间得到释放。

但站在朝堂下的元载始终保持清醒的头脑，他明白鱼朝恩虽然已死，但他掌控的神策军却依旧存在，如果接下来的事情处理不当，将会酿成大祸。

“陛下！鱼朝恩虽然死了，但外边的神策军还在，臣认为陛下应该立即对外下诏，说鱼朝恩顶撞陛下，陛下一气之下罢免了鱼朝恩观军容宣慰处置使的职务，但依然保留了他内侍监的官职，可是鱼朝恩却倍感羞愧，自缢身亡。臣觉得只有这样才能稳住神策军。”

元载的话让李豫从刚才的如释重负重新回到现实中来，他命人妥善处理鱼朝恩的尸体后，便让元载按照刚才提出的建议写了一封诏书。

在诏书的最后，李豫加了一句话：

“鱼朝恩既已自缢，其余诸人皆不问先前事迹。”

可以看出，李豫试图通过自己主动将神策军和鱼朝恩划清界限，来稳住神策军，不让事态进一步升级。

事实证明，在李豫和元载君臣二人的努力下，诏书一经发布，并没有引起轩然大波，李豫下令让鱼朝恩的家人将其尸体领回，并赐给六百万钱作为丧葬费抚恤其家属。

鱼朝恩的家属和神策军在本次事件中都没有生出事端，但为了以防万一，李豫加授鱼朝恩的亲信王驾鹤、刘希暹为御史中丞，以安抚北衙的神策军，因为他知道玄武门对于自己的重要性，安抚住北衙禁军，等于守住了大门。

不过，李豫虽然对神策军行安抚之策，但对和鱼朝恩先前交往密切的官员，却毫不留情地进行打压，例如，礼部尚书裴士淹、户部侍郎判度支第五琦，皆连坐鱼朝恩之罪被贬出京城。

鱼朝恩就这样结束了他那嚣张跋扈的一生，和李辅国、程元振相比，鱼朝恩的下场可以说是最惨的，当然他活着的时候势力也是最大的，他依靠神策军发家，同样最终也毁在掌握神策军这一点上，鱼朝恩的结局告诉我们，手中握有的资源可以成为通往成功的资本，但同样也可能会成为杀伤自己的利器。

其关键因素在于心灵是否能够不被欲望过度侵占。

第九章

平乱之后

李豫自从即位伊始，始终处于一种焦头烂额的状态。史朝义刚刚被平定，吐蕃大军打上门来，他一边忙于对付吐蕃人，一边又忙于对付朝廷内李辅国、程元振、鱼朝恩三个嚣张跋扈的宦官，一直到他即位的第七个年头，他才逐渐从焦头烂额的状态中恢复过来，仔细回想即位以来的种种经历，他颇为感慨。同时他也想到了一个始终困扰他的问题，那就是在平定种种动乱之后，接下来他该如何治理这个国家。

但事实证明，先前种种政治因素所带来的辐射力量，使得李豫必须继续努力开始新一轮斗争。纵观从清除鱼朝恩之后，一直到大历十四年（779 年）他去世为止，虽然李豫曾努力想治理好这个国家，但因为种种原因，他始终没能腾出手来像他的先辈李世民、武则天、李隆基等人那样，认真地治理这个国家，使这个帝国再现盛世图景。

铲除元载

李辅国、程元振、鱼朝恩三大宦官先后倒台，让李豫一朝彻底摆脱了受宦官钳制的局面，但李豫一定想不到，危害朝廷的宦官虽然被铲除，但因宦官事件而带来的余波却并未消除。事实上就在李豫庆幸平定宦乱的同时，一个人也在暗自庆幸自己终于等来了机会，从本质上讲，这个人具有和李辅国、程元振、鱼朝恩一样的野心，唯一不同的是，他是个身体健全的人，而且从官职上来看，他也具备这样的机会。

这个人就是时任首席宰相的元载。

作为首席宰相，元载清楚知道自己具备三大宦官永远无法具备的优势，那就是宰相本身就应该具备除了皇帝的最高行政权力。

所以，在他看来，如果运作得当，实现专权是一件顺理成章的事。

前边我们说过，元载是依靠李辅国而受到李豫重用的，但李辅国被除掉的时候，元载在暗中也帮助李豫出了不少主意，而且李辅国死后，元载立即转向投靠内侍宦官董秀，时刻掌握李豫的所思所想，其言行尽量与李豫旨趣相合，所以逐渐开始成为宠臣，可见这个人在政治上也是个投机分子。

事实上，在鱼朝恩兴风作浪之时，元载就已经露出了自己那凶顽的面目了，如大历元年（766 年）二月，元载因为苛刻对待朝廷官员，担心官员们联合上疏弹劾他，所以他秘密上疏李豫：如果各部的官员有事情需要上疏皇帝，需要先向自己部门的最高长官报告，然后各部长官再上报宰相，由宰相最终向皇帝陛下汇报。

由于李豫当时的注意力全在鱼朝恩的身上，所以对元载的建议他没有认真地思考便同意了，但政令一经发布，便遭到了时任刑部尚书颜真卿的反对。颜真卿果断上疏争辩，请求皇帝陛下收回成命，于是遭到了元载的嫉恨，他诬告颜真卿上疏诽谤朝廷，结果颜真卿被贬为峡州（今湖北宜昌）别驾。

当时因为鱼朝恩的存在，所以元载的擅权不是那么显眼，可是鱼朝恩死后，元载的所作所为一下子显得十分扎眼。

最关键的是，鱼朝恩死后，元载并没有收敛的迹象，他不仅恃宠专权，而且打击忠良偏用奸佞。

吏部侍郎杨绾为官清廉，主持典选人才甚为公允，却因为不依附元载而被元载改任为国子监祭酒，他先前的官职由奸险小人岭南节度使徐浩接替。成都司录李少良秘密入京准备上疏李豫，意图揭发元载，却因为友人对话不慎将秘密泄露出去，被元载得知后，来个恶人先告状说李少良意图离间君臣关系，结果李少良被杖杀。

不仅如此，大历六年（771 年）七月，元载为了掩盖自己无端打压朝臣的行为，上疏李豫建议以后凡是六品以下文武官员的升迁，吏部、兵部不得检查勘验。

元载提出这个建议，显然是怕有司监察部门上疏揭发自己，目的是集权力于一身。

可是他没有想到，李豫虽然采纳了他的建议，但从这一刻起，他越来越被皇帝所厌恶，元载仿佛和先前的三大宦官不约而同地走上了同一条道路。

有过先前铲除三大宦官的经历，李豫显然提高了警惕，为了限制元载的权力，李豫有意识地提拔朝臣中不依附元载的人，如任命浙西观察使李栖筠为御史大夫，而且事先故意不和宰相班子进行商议。

李豫释放出的强硬信号，让元载感受到了一丝压力。事实上，他既没有李辅国、程元振那样的拥立之功，也没有鱼朝恩那样在皇帝危难时刻始终护驾之功，他之所以能够在宰相位置上干上十几年，完全是因为皇帝看得起他，所以面对皇帝陛下的暗示警告，元载不得不稍稍收敛。

但此时元载已经形成了继鱼朝恩之后又一专权乱政的局面，如果他仅仅是像李林甫那样专权，但还能做些实事，或许李豫也不会对他心生杀机，正是因为他不仅专权而且乱政，致使怨声载道，所以他的结局只能像杨国忠一样。

大历八年（773 年）九月，决定元载命运的时刻终于到来。

当时晋州（今山西临汾）平民郇谟以麻束发，手持竹筐苇席，在长安东市大街痛哭不止，他的这个举动引起了京兆府官员的注意，便询问他为什么要在大街上痛哭，郇谟回答说希望面见皇帝陛下，并愿意贡献三十个字，一个字便是一件事情，如果所说的没有可取之处，就请京兆府的官员用苇席包裹自己的尸体，丢到野外去。

由于郇谟说得信誓旦旦，而且料想一个平民百姓也不敢如此忽悠皇帝，所以京兆府的官员将这件事情上报给了李豫，李豫听到汇报后，对这个平民产生了极大的好奇心，于是下令单独召见郇谟，想当面听听这个人究竟要反映什么问题。

为了消除郇谟第一次面见皇帝的紧张情绪，李豫见到他后，首先特意赏赐了他一身新衣服，然后让他说出了那三十个字。

在李豫看来，郇谟所说的三十个字中，最重要的当数“团”和“监”两个字，因为这涉及大唐帝国地方军队的管辖问题，事实上这两个字的意思是让李豫撤销各州的团练使和各道的监军使。

李豫之所以重视郇谟所说的这两个字，是因为当时各州的团练使和各道的监军使不仅没有发挥出应有的作用，反而成为各州和各道的掣肘之碍，因为他们的存在，让各州和各道的百姓产生极大的负担，但团练使和监军使的最终任免权却在宰相手中。

换句话说，郇谟这是项庄舞剑意在沛公，事实上他是将矛头指向元载。

作为帝国的最高决策者，李豫岂能听不出郇谟的弦外之音，所以郇谟说完后，他并没有进行反驳，而是赏赐了他诸多钱财后，打发他离开了长安。

郇谟虽然走了，但李豫并没有停止思考，直到这时他才明白元载究竟有多大危害，李豫明白百姓中绝不会只有郇谟产生这样的想法，郇谟只是其中的代表而已。

在我看来，元载其实不是倒在他的专权上，而是倒在他的所作所为已经引起了民愤。

如果某个人的行为引起了民愤，那这个人必须被清除！

这是李豫不可触碰的原则，也是他最终的底线！

也就是从此时开始，李豫有了清除元载的想法，而且清除三大宦官的经历已经让李豫积累了足够的经验，可以做到进可攻、退可守的游刃有余状态。

对李豫的心中所想，傲慢的元载并没有察觉，他依然将权力看得比生命还要重要，甚至在权力面前，元载已经完全失去理智，他和黄门侍郎、同平章事的王缙最为要好，两个人不理政事，宰相班子所有的事情都委托给秘书去做，而且士人准备入仕，如果没有攀上元载这棵大树，势比登天还难。

对于这些，李豫是看在眼里记在心上，但仁慈的他像从前忍受三大宦官一样，对元载也是尽量地予以包容。可是元载和王缙并不领这份情，利令智昏的他们认为皇帝陛下是一个很好欺瞒的人。

事实证明，元载和王缙一旦过分运用自己的智商去衡量李豫的智商，那他们的结果只有一个——被清除。

于是，在郇谟面见李豫的三年后，在李豫极度包容元载和王缙，但他们依然将皇帝不放在眼里的情况下，李豫决定不再包容，他下定决心在清除三大宦官之后，继续施以重拳严惩元载和王缙。

坦白地讲，清除鱼朝恩的时候，李豫可以依靠元载，但现在他放眼望去，似乎绝大部分朝臣都和元载走得很近，李豫唯恐清除元载和王缙的消息泄露出去，进而打草惊蛇，所以他不能和朝臣进行商议，选来选去他认为能够依靠的只有他的舅父、时任金吾卫大将军的吴凑。

一来吴凑是李豫的至亲，二来金吾卫大将军本身的职责就是护卫皇帝，且手中掌握有一部分禁军，要知道，李豫要干的事情手中没有刀把子是搞不定的。

至于采取什么方式，李豫丝毫没有犹豫，因为三年多前在清除鱼朝恩的时候，元载已经为他找到了很好的方式。

用元载的方式对付元载，恐怕元载至死也不会想到。

大历十二年（777 年）三月二十八日，元载走到了生命的尽头。

清晨，李豫早朝之后，忽然在政事堂召见元载和王缙。

皇帝的紧急召见对于元载和王缙而言，也不算新鲜事，所以两个人和往常一样，前往延英殿面见李豫，但当他们进到延英殿后，忽然发现这里的气氛有些反常。

元载和王缙看到殿内除了端坐在宝座上的李豫，两旁还有众多的金吾卫士兵，尤其是站在殿堂之下的金吾卫大将军吴凑脸上似乎透露出一股杀气。

相比较王缙而言，元载是个更加敏感的人，两个人行礼过后，元载率先开口说道：

“陛下今日威仪甚盛啊！”

元载的话既是一种试探，同样也是变相表达一种不满，因为他压根就没想到李豫今天会对自己不利，所以他说出了一句模棱两可的话，准备看看皇帝陛下的反应。

可是当他说完后，发现李豫忽然从宝座上站起来，然后铁青着脸眼睛直勾勾地瞪着自己时，他立即意识到今天的问题显然比他预计的要严重很多，所以他开始后悔自己刚才所说的话。

就在元载刚想缓和气氛时，李豫终于说话了，虽然他的语气很轻，但句句却犹如刀刃一样，扎进元载和王缙的心脏。

“你们两个人祸乱朝纲，惹得民怨沸腾，今天朕不会再让你们从这里走出去，金吾卫将这两个人拿下，暂且囚禁在政事堂。”

随着李豫一声令下，吴凑带领十几名金吾卫士兵一拥而上将元载和王缙绑了起来。

“陛下！臣等所犯何罪啊？陛下，陛下！”

霎时间王缙瘫倒在地，但元载还没有失去理智，他没有进行反抗，嘴里却依然为自己辩解。

没有人去理会元载，李豫看到金吾卫士兵捆绑住元载后，又坐回宝座之上，但眼睛一直没离开朝堂之下，而且脸上的铁青之色一直没有消退，直到元载和王缙被金吾卫士兵连拖带拉地押进了政事堂，李豫的脸上才恢复了先前正常的表情。

元载和王缙就这样在他们认为很莫名其妙的状态下，被李豫顺利清除掉了。李豫让时任吏部尚书的刘晏和御史大夫李涵共同审讯这两个人，当然所谓的审讯只是走个过场，其中讯问的要点都出于李豫的指示，所以元载和王缙的结局就是必须认罪服法。

有了犯人的签字画押，接下来的事情就会顺理成章，在两个人认罪的当天，李豫立即赐元载自尽。接到皇帝陛下的命令后，元载彻底绝望了，他请求监督行刑的官员，希望能让自己尽快死去，不要受太多痛苦，但监刑官不仅没有答应他的请求，反而进一步羞辱这个平时嚣张跋扈的宰相，脱下脏袜子塞进元载的嘴里，然后强行将元载的脑袋塞进脖套中，将他缢死。

不仅如此，李豫还下令查封元载的家产，将其妻王氏以及儿子元伯和、元仲武、元季能全部斩首示众。

元载直到临断气的那一刻，也不明白自己一生显赫，怎会落得个如此屈辱的下场，而且元氏一门基本上断子绝孙，或许这就是所谓的：站得越高，摔得越狠！

和元载比起来，王缙还是比较幸运的，虽然他先前也和元载一样被勒令自尽，但因为刘晏上疏李豫认为应该依法量刑，要有首重从轻的区别，所以王缙捡回了一条命，被改判贬为栝州（今浙江丽水）刺史。

四月初一，针对宰相班子人员空缺的情况，李豫任命太常卿杨绾为中书侍郎，礼部侍郎常衮为门下侍郎，并加封二人为同平章事，一同充实进宰相班子。

直到这时，李豫似乎方才感觉从重压之中突围出来，在此之前从李辅国一直到元载，李豫一直处于一种忍耐状态，现在他终于可以将注意力真正转移到国事上来。

在他看来，新充实进宰相班子的杨绾和常衮有能力协助自己，使这个已经历经诸多劫难的帝国重新返回正途。

革除时弊

李豫在位时始终没能真正腾出手来认真治理国家，事实上仁慈的李豫内心深处无时不刻不在思考如何让大唐帝国重现昔日的辉煌，在成功清除权臣元载之后，李豫还是通过自己的努力做了一些事情的，本节我们就来仔细说一说李豫革除时弊的一些做法。

李豫将杨绾和常衮充实进宰相班子，就是想发挥两个人的才能，将这个国家治理好，而在李豫看来，杨绾和常衮无论从人品还是才学上都具备这样的能力。

杨绾出身官宦世家，为官清廉，其祖父在武则天时任国子监祭酒，其父在开元年间任醴泉（今陕西礼泉西北）县令。杨绾早孤家贫，年长后好学不倦，博通经史，尤工文辞，但不喜言谈，淡泊名利。

李亨在灵武即位后，杨绾从叛军控制的地区冒险奔赴灵武，使得李亨大为感动，被任为起居舍人、知制诰，历任官司勋员外郎、职方郎中、中书舍人、兼修国史。

在担任中书舍人之后，杨绾建议恢复古代察举制的孝廉、力田等科，为天下所称颂，后又升迁为吏部侍郎，主持选举，精心完成考察官员工作，其公平、公正、公开的作风受到所有人的称赞。

相对于杨绾性格的沉静而言，常衮是个清直孤洁的人，不轻易结交朋友，同时也是个炮筒子。天宝末年举为进士，宝应二年（763 年），任为翰林学士、考功员外郎、知制诰。永泰元年（765 年），升迁为中书舍人。在鱼朝恩专权的时候，常衮是为数不多的敢于同他叫板的人，曾直接上疏李豫指出宦官不宜担任过多的官职，而且李豫诞辰之时，面对各地方官进献来奇珍异宝，常衮直面指斥这些东西是聚敛于民以求媚上，请求李豫原封退还给进献的人。

不仅如此，常衮还主张对于那些借皇帝诞辰，于寺观中写经造像、焚币埋玉，无节制地赏赐和尚、道士，借着为天子祈福的机会大肆敛财的行为，应该明令禁止，得到了李豫的赞同，并升迁为礼部侍郎。正是凭借着这种敢于揭露弊端、勇于上疏言辩的作风，常衮与另一名中书舍人杨炎，共为朝官们所推崇，时称“常杨”。

事实证明，李豫将杨绾和常衮充实进宰相班子，算是选对了人，在接下来的日子里，两个人共同协助李豫，着实做了一些实事，正是由于他们的努力，李豫一朝从某种意义上说还是革除了一些时弊的，使朝廷风气焕然一新。

大历十二年（777 年）五月，杨绾在刚刚进入宰相班子一个月后，就向李豫上疏请求罢除诸州刺史所带的团练使、捉生将官职。杨绾提出这个问题，显然是针对此前不久郇谟面见李豫时的控诉，而当时由元载和王缙的个人喜好随意任命，各州团练使、捉生将无论是权力还是收入都无法监控，往往徇私舞弊，以至于刺史的工资每月可以达到几万钱，这就是郇谟所说的团练使、捉生将的存在造成百姓苦不堪言的症结所在。

可以说杨绾适时地提出这个问题，也是元载集团覆灭后，需要对他当政时诸多弊端的一种革除，当时李豫诏令准其所奏，杨绾又趁热打铁提出削减诸道观察判官的人数，也得到了李豫的批准。

在杨绾建议的基础上，李豫进一步发挥，下诏规定各团练使除非军事紧急要务，不得擅自召见刺史，也不得任意撤免判决的职务另外派人兼任。又规定各州士兵都限制在一定的人数，招募来的民兵，由官府供给其家人粮食和衣物，这种做法称为“官健”。

除此之外，凡各地的壮丁被差遣点召（春夏归乡耕地，秋冬召集服役）的，由官府发给口粮，这种做法称为“团结”。

可以说杨绾一上来就出手不凡，协助李豫首先完善了各地方官的俸禄制度。自“安史之乱”以来，各地方陷入极度混乱的状态，很多地方官大发国难财，且各地方官的俸禄差距悬殊，直到杨绾上疏后，朝廷才逐渐制定出上自节度使，下至主簿、尉级官员的俸禄制度，原先超额或者不足的，采取多减少补的方式，进而达到了上下有序。

可惜的是，就在杨绾刚刚想要大显身手，李豫也正想倚重杨绾，让他厘定政令、改革弊端的时候，杨绾不幸身染重病，于大历十二年（777 年）七月不幸病逝。

杨绾病逝的消息犹如晴天霹雳，让李豫霎时间备受打击，为此李豫痛哭不已，连续三天没有上朝，三天后当他重新坐在朝堂上，想起群臣中再也看不见杨绾的身影后不禁痛悼难持。

“上天难道不让朕平治天下达到太平盛世吗？为什么这么快就夺去了杨爱卿的性命啊！”李豫由衷地感叹道。

这既是一种无奈，也反映出李豫重用贤能急于恢复帝国盛世的焦急心态，在他看来，杨绾对于自己而言，相当于先祖李世民身边的房玄龄、杜如晦，以及祖父李隆基身边的姚崇和宋璟。

可是现在杨绾已经撒手西去，李豫虽然悲痛万分，但人死是不能复生的，朝廷的事情还必须有人去做，所以李豫将希望寄托在了另一位宰相常衮的身上。

纵观常衮为相的那一时期，他的最大贡献就是用自己的言行，深刻地影响了李豫广开言路纳谏忠言。

事实上，在杨绾身染重病不能理政的那段日子，宰相班子就已经开始以常衮为核心，在常衮的建议下，李豫连续发布三个《求言诏》，申明广开言路的重要性和紧迫性，并且在常衮的牵头下，采取了很多有利于诤谏的措施。

李豫在《求言诏》中要求各级官吏继承和发挥太宗贞观时期广开言路的优良传统。同时指出自己从即位以来，很少听到谏臣进言，针对这种情况，李豫规定以后谏臣所献的奏疏，可以不限早晚任意时间送到宫内来，各门司不得私自扣留，如果必须面见皇帝的，要携带奏疏觐见，以利于皇帝参考。如果皇帝发布诏令与时事不符或者赏罚不当，谏臣可以当面指出，并不会治罪。

同时为了保护谏臣的人身安全，李豫规定凡是官阶六品以上的谏臣，因紧急事态上朝击鼓奏事的，金吾卫士兵不得阻拦，不得对谏臣造成人身伤害，更不许强行拘禁，谏臣献书投匦的，严禁私留副本。

上述这些内容在《全唐文·代宗皇帝条》中都有详细的记载，感兴趣的朋友可以找来《全唐文》仔细阅读，这里鉴于篇幅所限不再赘述。

总之，在常衮的建议下，李豫当时对如何更好地广开言路做了最大的努力，对诤谏的内容范围和保护的组织措施以及处理的方法，均做了详尽的法律规定。

值得一提的是，李豫不仅做出规定，而且当他由于自身角度的局限性可能无法做出正确决定时，也总能冷静克制地按照《求言诏》上的规定去做，这一点从对待元载的党羽上就可以看出。

元载被诛杀后，其朝中党羽依然存在，在李豫看来，元载的这些党羽都是朝廷的祸害，所以他计划一个不留，事实上李豫的这种看法有失偏颇，当然站在李豫的角度去看，他有这种想法也很正常，正所谓恨之切，根株牵连是也。

可是政治斗争中，站错队是很要命的，从这一点来讲，从前和元载站在一条战线上的人，未必都是官场奸佞之人，有的只是为了保住自己的位置，而有的只能是通过元载才能实现政治理想，所以这个问题很难用道德去评判。

当时刚刚铲除元载的李豫由于自身角度的问题，不可能想得如此周全，他下令将其党羽全部处死，但常衮及时上疏请求李豫区别对待元载的党羽，他提醒李豫元载的党羽中不乏才能之士，先前投靠元载是迫不得已而为之。

常衮的善意提醒，使得李豫猛然醒悟，于是他下令将部分元载的党羽由死刑改为外贬。

或许让李豫想不到的是，他这一念之差，居然让一个未来对大唐帝国国运影响至深的人从刀下捡回一条命，在不久之后的唐德宗李适在位时期，他将发挥自己特有的才能，为帝国贡献出独特的经济改革措施——“两税法”。

这个从李豫刀下捡回一条命的人，名字叫杨炎。

关于杨炎的“两税法”我们后边还会详细说到，在这里不多说。总之一句话，继杨绾之后，常衮继续协助李豫努力地革除时弊，努力地使久染污浊之气的朝廷，重新吹入清新之风。

常衮可以继续杨绾所走的道路，但他同样也是个性格孤傲之人，前边我们说过他不擅自结交朋友，这说明他对人总是有防备之心，而这个特点所衍生出的另一个特质就是，一视同仁，不偏不倚。

大历十三年（778 年）十二月，李豫召离开京城八年之久的李泌回到身边，准备重新起用这个先帝倚重的名臣。李豫刚刚即位时，就诏令李泌从山中的隐居之所回到自己身边，任命他为翰林学士。当时的权相元载认为李泌不肯依附自己，留在朝廷对自己是一个潜在的威胁，此时刚好江西观察使魏少游请朝廷为他派去一些僚佐，于是元载就盛称李泌有才，可担当此任，于是就以重用人才的名义把李泌赶出了朝廷。

后来元载被诛、杨绾病逝，李豫觉得宰相班子只依靠常衮支撑，有些勉为其难，所以召回了李泌，准备让他进入宰相班子和常衮搭档。

可是很快李豫的想法就被常衮所否定。

常衮上疏认为皇帝陛下想重用李泌已经很长时间了，历史上汉武帝想重用某个人，一定要先试用这个人，如先担任某个地方官锻炼。现在如果想重用李泌，先请任命他为地方刺史，使他体察最底层百姓的疾苦，如果确实做出政绩可以再重用他。

很长时间以来，有的人认为常衮之所以提出这个建议，是因为他忌妒李泌的才能，所以故意排挤李泌。在我看来这种说法有失偏颇，因为常衮的意思是如果李泌在地方有政绩，皇帝就可以重用他。

事实上，这恰恰反映出常衮那种一视同仁的特点，即使是对先帝重用过的名臣也不例外，从某种角度而言，这也是对元载当政时选拔人才“一言堂”的一种拨乱反正，也算是革除时弊的一种做法。

李豫欣然采纳常衮的建议，任命李泌为澧州（今湖南澧县）刺史，后来的事实证明，是金子总会发光，李泌通过自己的努力，终于在德宗李适在位时期进位宰相。

对于李豫而言，能否纳谏是判断昏君与明君的一个重要标准，李豫能够倾听各方意见，择善而从之，尤其在平叛、御边取得胜利后，见朝政纲纪败坏，力求革除弊政，主动下《求言诏》，在诸多方面能广听谏言，从个人素质角度来看，不失为尚能纳谏的明君。

重用刘晏

历经八年的“安史之乱”让李唐王朝元气大伤，叛乱平定后，各个藩镇割据一方，所收赋税拒不上交，朝廷财政开始出现危机，所以整顿江淮漕运、改进理财措施成为当务之急。

在前边我们说过，江淮漕运是大唐帝国关中地区的生命保障线，可是“安史之乱”时期，洛阳被叛军占领，江淮漕运受阻，补给线被切断，“安史之乱”平定后，为了恢复江淮漕运，把江南的粮食和财物及时调运关中和西北边镇，以保证朝廷和边防驻军的军需，李豫经过慎重考虑，决定将这副重担交给著名的理财家刘晏。

刘晏，字士安，曹州南华（今山东曹县）人。天资聪颖，素有神童之称。天宝年间，被任命为夏县县令，以善于理财而闻名。后历任殿中侍御史、度支郎中、杭陇华三州刺史、河南尹，每任一职皆有突出政绩，当地百姓都刻石颂其德。

李亨在位时，刘晏担任京兆尹，同时以户部侍郎兼御史中丞、度支铸钱盐铁等使，后受人诬陷，被贬为通州刺史。

李豫即位后，早就知道刘晏的理财才能，迅速将其召回，任命他为吏部尚书、同中书门下平章事，后来因为和程元振走得很近，在程元振被清除后，刘晏丢掉了相位，转为太子宾客，后又被授为御史大夫，领东南、河南、江淮、山南等道转运租庸盐铁诸使。

从刘晏的履历我们不难看出，无论他身处顺境还是逆境，他始终在做经济工作，换句话说，他的理财才能始终没有被埋没，这也是李豫为什么会将整顿江淮漕运、改进理财措施的工作交给他的重要原因。

广德二年（764 年）三月，李豫鉴于自安史叛乱以来，大运河的通济渠河段因汴水常年失修而废弃，致使江淮漕运形成不得不沿江水入汉水，经梁州（今陕西汉中）、洋州（今陕西洋县）绕道运入关中的困难情况，下令任刘晏为河南、江淮转运使进行治理。

刘晏上任后，以改革江淮漕运为己任，立即亲率一批行家里手，跋山涉水不畏艰险，深入江淮沿线查看地形、了解民情，并总结开元初年李杰等人治理漕运的经验，开启了一项治理漕运的工程。

刘晏首先组织民夫，大力疏浚汴水河道，以使漕运畅通，组织兵丁护卫，确保漕运的安全。然后在扬子（今江苏扬州南）设立十个造船场，制造适合各种河道水流并坚固耐用的漕船二百艘，将过去当地富户督办漕运的办法改为官运，用发给盐的方式雇佣船工、水手，改变过去富户督工、沿途百姓服役的做法，针对江、汴、河、渭诸河不同的特点制定出不同的运输方法。

在这个工程中，刘晏最为突出的一项措施是将直运改为分段运，使船只不入汴水，直达扬州，汴水上的船只不入黄河，直接到达河阴，然后不入渭水，只到达渭口（渭水河口），中途设立粮仓备储。运船十艘为一纲，由军将带领，如果运输十次没有失误给予奖赏，并提拔官职。

在刘晏的努力下，困扰大唐帝国多年的江淮漕运问题逐步得到解决。此后江淮地区的大批粮食和财物通过运河源源不断地运到长安，一年可运数十万石，最多的时候可达一百一十万石，且无升斗损耗。这也直接让京师昂贵的米价得到平抑。

当刘晏成功治理江淮漕运，首航的船队到达长安时，李豫喜出望外，命令金吾卫士列队迎接于东渭桥，并派专使带给刘晏一句话：卿之功劳有如汉代良相萧何。

李豫的这句话代表了他对刘晏功劳的充分肯定，治理江淮漕运的成功让李豫进一步了解了这位理财家，此时在李豫的心中不禁产生一个想法，那就是继成功治理江淮漕运后，将盐政改革也交给刘晏。

在我看来，刘晏成功主持盐政改革不仅更加充分展示了他的理财能力，也使他的人生达到顶峰状态。

唐朝初期，政府事实上是不收盐税的，但“安史之乱”爆发后，朝廷财源日益匮乏，于是被迫在乾元元年（758 年），实行食盐专卖政策，在产盐区设“监院”管理盐务，这种做法致使盐价疯狂增长，每斗盐由十文钱提高到一百一十文，这样一来百姓买不起，但政府又要保证盐的销量，所以结果就是硬性摊派，百姓因此怨声载道。

针对这种弊端，大历元年（766 年）正月，在完成治理江淮漕运的两年后，李豫任命刘晏为京师、河南、淮南、湖南、荆南、山南东道转运、常平、铸钱、盐铁等使，主持盐政改革工作。

刘晏接受任务后，首先从精简盐务机构入手，合并“监院”，在全国设立十三个巡院，由巡院负责食盐的销售。然后接下来是调整曾经的食盐专卖政策，将曾经的官运官销，改为朝廷在盐场统一收购，严禁私自卖给商人，具体措施是先由官方加价，然后再卖给盐商，名为“就场专卖”。商人缴纳盐款和盐税后，任其自行销售。

除了出台上述对朝廷有利的盐政措施，刘晏明白对商人的鼓励是这里面不能忽视的问题。所以，他规定商人除了用钱财购买食盐，还可以用绢布代钱购盐，国家再以绢布供应军队衣服之用，为了防止盐商抬高盐价，还在距产盐地较远的偏僻地区设立“常平盐”（非常时期政府用于调控盐价的备用盐），以稳定市场上的盐价。

此外，刘晏还上疏李豫请求下令禁止各地节度使对盐商增派盐税，以免通过中间环节变相提高盐价。这个建议得到了李豫的批准，自此之后刘晏主持的盐政改革开始逐渐显现出成果，其中最为突出的主要就是两点：官获盐利，民不乏盐。

起初江淮地区的盐利每年不过四十万缗（千钱为一缗），刘晏主持盐政改革后，每年可收入盐利至六百万缗，达到了原来的十五倍之多，直到大历末年，一年国家财政总收入达到一千二百万缗，其中盐利就占了一半以上。

但值得一提的是，这种获利并不是政府强行让老百姓买盐的结果，而完全是改革后的市场供需自然形成的结果。

成功治理江淮漕运和成功完成盐政改革让刘晏在朝廷内大放异彩，很多人都对刘晏的实干能力竖起大拇指。事实上刘晏不仅具有理财的实践能力，他还通过自己的实践经验，总结出一套财政理论。

刘晏认为随着人口的增长户口的增多，各地赋税肯定会水涨船高，所以理财的理念首先应该以惠及民生为前提，所以他推行了“常平法”以稳定物价安定社会。

所谓“常平法”是指在各道设置巡院后，注意选用廉洁精干的人担任知院官，每月将本道各州县的雨雪、收成等情况向朝廷报告，朝廷在丰收的地区以高于市场的价钱购进粮食，在歉收的地区以低于市场的价钱销售粮食，目的是防止不法商人投机倒把、囤积居奇，从中牟取暴利侵害百姓，也借此稳定市场物价。

在推行“常平法”的同时，刘晏又推出了“均输法”，就是规定各道用当地部分租赋收入和盐利购买各地的土特产品用于供应京城长安，这种做法既便利了京城长安的官民生活，又促进了各地土特产品的生产和销售，有利于长期战乱所造成的社会经济萧条局面的复苏和国力的振兴。

可以说随着刘晏改革措施的进一步完善，大唐帝国在经过“安史之乱”后，在李豫当政时，终于走出财政危机的困境。中国古代一般发生财政危机，解决的办法唯有两种途径：一是加征赋税，径直取之于民；二是取之盐铁，征集商税。虽然第二种方法最后也是将负担转移到老百姓身上，但与第一种办法终究有所区别，所以李豫选择了后者，并重用刘晏，逐步扭转了财政窘况，使大唐帝国恢复了一些生气。

李豫一朝，刘晏执掌理财大政共计十余年，在成功治理江淮漕运和盐政改革后，十余年的时间里他协助李豫又完成了户税、地税等诸多涉及帝国命脉以及民生疾苦的改革措施。虽然刘晏始终不是宰相，但其权势却近于宰相，或许是因为他不在其位却权势过重，从而引起了某些人的嫉恨。

大历十四年（779 年）五月，随着李豫的病逝，由他支持的刘晏理财改革也终于走到了尽头。唐德宗李适即位后的建中元年（780 年）二月，前边提到过推行“两税法”的杨炎登上相位，由于此前他和刘晏的某些恩怨，致使他展开对刘晏的报复，最终将其陷害致死。

事实上刘晏之死的原因很复杂，在后边我们会详细说到。不过李豫在位时发现理财能手刘晏，并加以重用而不怀疑，从另一个侧面也说明李豫对治国安民还是颇有些想法的，算是一个治乱守成的皇帝。

多情天子

李豫在宝应元年（762 年）四月登上皇位，大历十四年（779 年）五月病逝于长安宫中紫宸殿，年五十四岁，在位共计十八年。

纵观李豫在位的这十八年，可谓坎坷的十八年、惊险的十八年和斗争的十八年，他不仅在政治舞台上角逐胜出，在动乱中平叛御边、搏击疆场、功勋卓著，削除乱政宦官，剪除专权宰臣巩固帝位，乱后求治罪己安民，在政治上、经济上多有改革，且颇见成效，这足以说明李豫是个有些建树的皇帝。

但在唐代诸帝中，李豫显然不如他的先辈李世民、武则天、李隆基那样光芒耀眼，这使得他常常被忽视。事实上从宏观的历史角度来看，李豫是大唐帝国历经八年“安史之乱”，却还能延续国祚一百五十年之久的关键角色。我们常说锦上添花容易，但雪中送炭却很难做到，对于拥有二百九十年历史的大唐帝国而言，李豫恰恰处在需要雪中送炭的关键时刻。在前边我们详细介绍了李豫一生的诸多作为，事实上如果你走进李豫的内心世界，会发现仁慈的李豫是一位多情天子，当然这个“多情”并不是单纯意义上的“好色”，而是说李豫是个识大体、重情义的帝王。

通过前边我们提到的李豫和建宁王李倓的兄弟情谊，可以看出李豫是一个内心十分重感情的帝王，事实上李豫爱憎分明，他可以不留情面地清除三大宦官和专权宰臣，但对待亲人时他则体现出了一颗仁慈之心。

当宦官李辅国逼迫太上皇李隆基住进西苑后，李隆基因为内心十分抑郁而身染重病，皇帝李亨也因为怏怏不乐而卧病在床时，当时身为太子的李豫的地位正面临着严重的威胁，但李豫并没有顾忌很多，在自己前途未卜的情况下，李豫不顾李辅国的嚣张跋扈，不分白天黑夜地往来于两宫之内，悉心侍奉太上皇和父皇。

对于李隆基而言，李豫算是尽了孝道，平稳将太上皇送到了人生终点，这个李隆基最为宠爱的嫡皇孙终于没有辜负于他。但对于父皇李亨来讲，李豫直到他临去世的那天，内心依然充满无限的遗憾，只因为自己的父皇在李辅国发动的兵变中惊恐过世，而自己却因为李辅国的强行软禁，不能在父皇身边陪他最后一程。

值得一提的是，在李豫派杀手除掉李辅国后，他将杀手带回来的李辅国的一只手臂送至埋葬父皇李亨的泰陵进行祭奠，这既是一种发泄，也是一种告慰。

坦白地讲，李豫的一生有诸多遗憾，他贵为天下兵马大元帅，却没能通过自己的努力让父皇李亨看到安史叛乱的彻底平定。生母吴太后英年早逝，让李豫过早失去了母爱，虽然他一直生活在李隆基设置的百孙院中，生活似乎并不孤单，但谁都明白无论是谁也代替不了母亲。

所以成年之后的李豫在很多事情上表现出了超越常人的仁慈，如极度忍受三大宦官和权臣元载的嚣张跋扈，以及姑息“河朔三镇”的做法，表面看起来实在与他拥有的至高无上的地位颇为不符，但在我看来除了某些客观因素，不能不说还与他过早失去母爱，进而形成了一种柔弱的性格有关。

从这一点来看，李豫很像他的先祖唐高宗李治。

除了对待父母留有诸多遗憾，事实上李豫的情感之路走得也是颇为不顺。对情感道路上的遗憾，李豫除了埋藏在内心，他还付诸实际行动想要去弥补，他的做法和李唐诸多先帝相比，颇有些感性色彩，甚至可以说不能用理智去控制。

在唐朝所有的皇帝中，没有哪个会把自己的皇后遗失，李豫是唯一的一个，当然这不能怪他。

皇后沈氏出身江南太湖流域名门，祖辈世代为官，父亲沈易直曾官至秘书监。沈氏温婉贤良，在开元二十二年（734 年）被选入东宫，被当时还是太子的李亨赐给了广平王府，就这样沈氏来到了李豫身边，不久后成为广平王妃。

李豫和沈氏十分恩爱，一起走过了十六年的岁月，这十六年里两个人相濡以沫，在人生道路上互相搀扶、互相支持，两个人本以为他们的生活就会这样平静地过下去，但“安史之乱”的爆发打破了这种平静。

李隆基带领众人仓皇逃离长安时，除自己的嫔妃、皇子、皇孙及公主，其余人都因来不及召集而丢弃在长安，这其中也包括沈氏。

安史叛军占领长安后，沈氏被迫做了俘虏，送进东都洛阳掖庭宫为奴，后来李豫担任天下兵马大元帅后收复洛阳后，重新找到沈氏，当再见面时想起沈氏经历的种种苦难，李豫不禁伤感万分，从那一刻起他发誓这辈子再也不会让沈氏受委屈。

李豫将沈氏安置在洛阳宫中，身为天下兵马大元帅的他此刻还不能和沈氏尽叙相思之情，他必须时刻以平叛为己任，完成李唐皇族交给他的使命，只是让他想不到的是，在他奋力拼杀疆场之际，史思明再次攻陷洛阳，虽然李豫很快重新收复洛阳，但沈氏却不知去向。

当时李豫派人四处寻找，但每次传回来的消息都是没有结果。随着一批批人的空手而还，李豫开始产生了一种不祥的预感，虽然他努力地不想让脑海中涌现出那股不祥的想法，但随着时间的推移他还是不得不承认沈氏可能已经死于乱军之中。

每当想起沈氏在乱军之中，渴求回到自己丈夫身边的场景时，李豫总会伤心绝望地大哭起来，对于大唐帝国而言，李豫尽到了责任，但对于妻子而言，李豫显然觉得有愧于她。

只是，这种愧疚是一辈子也无法弥补的！

虽然遍寻沈氏无着，但既然没有找到尸体，李豫的心中总还抱有一线希望，当了皇帝后李豫派人继续到全国各地寻找沈氏，即使有百分之一的希望李豫也从没放弃努力，只希望上天能够给他带来奇迹，让沈氏重新回到他的身边。

永泰元年（765年）七月，外出寻找沈氏的特使为李豫带回一个消息，说寿州崇善寺有一个尼姑叫广澄，自己登门前来说是太子李适的生母沈氏，李豫听到消息后大喜过望，立即让人将这个自称沈氏的尼姑广澄召进宫来。李豫本以为自己的努力真的换来上天的回报，而且当他见到“沈氏”后，也确实发现这个尼姑广澄和沈氏容貌相似，只是因为很多年过去了，显得过于苍老。

兴奋之下的李豫本以为真的找到了沈氏，就在他准备迎回“沈氏”时，这个尼姑广澄终于露馅，在面对太子李适时，她居然不认识。

经过审查核实，这个自称为沈氏的尼姑广澄原来是太子李适年幼时住在大明宫少阳院中的一个乳母，这么多年太子早已经长大成人，她是不可能认出李适的。

气急败坏的李豫一怒之下，下令将这个冒牌货鞭杀于午门之外。

直到唐德宗李适即位后，他依然对生母沈氏存活在世上抱有一线希望，他执意派人继续在全国范围寻找，等来的却是和当年父皇李豫一样的结果——冒牌货不断。

最逼真的一次，李适居然已经完成了认母仪式，结果高力士的养子高承悦从外地赶到京城上奏说这个“沈太后”的真实身份是高力士的养女。李适得到消息后，派高力士的养孙樊景超前去查验，结果证实“沈太后”的真实身份确实是高力士的养女，只是年龄相仿，相貌十分相似，而且手指和沈氏一样都有刀伤。

不过，李适的处理方法和李豫不同，他下令免罪放还这个冒牌货，并说了句意味深长的话：

“朕宁受百欺，欲以后求得一真！”

自此之后，世上再无关于沈氏的消息，李适只好追谥沈氏为睿真皇太后，奉祭服葬于埋葬李豫的元陵。

……

久寻沈氏未果，李豫最终被迫接受了现实，大历三年（768 年）二月册封后宫的独孤氏为贵妃。

值得一提的是，后宫之中贵妃的地位仅次于皇后，这说明李豫虽然钟爱独孤氏，但在内心深处谁也不能取代沈氏的位置，甚至一直到他去世为止，也没有册立皇后。或许是因为他恪守太子之母应为皇后的惯例，从而想把皇后的位子留给沈氏。但在我看来，一个男人只有对深深扎根于自己心中的女人，他才会做出如此举动，何况李豫是高高在上的皇帝，他可以有诸多选择，但最终没有迈出那一步，这足以说明沈氏已经深深烙印在李豫的灵魂深处，即使是十年生死两茫茫，不思量，也会自难忘。

独孤氏的出现让李豫的生活逐渐恢复了生机，而且独孤氏和沈氏一样，都是温婉贤良的女子，其家族为三朝外戚，独孤氏以姿色绝美而被选入宫中，受到李豫的宠爱。

独孤氏为李豫生下了韩王李迥和华阳公主，尤其是华阳公主因为聪敏过人，善于随着李豫的喜憎而应对，受到李豫的特别钟爱，但大历九年（774 年）十月，华阳公主因病夭亡，李豫陷入了极度的悲痛之中。

但李豫怎么也不会想到，华阳公主的病逝为独孤氏带来的是致命的打击。独孤氏仅仅在为李豫带来七年的美好时光后就被病魔夺去了生命。

大历十年（775 年）十月，独孤氏因为思念华阳公主过度而身染重病，在一个漆黑的夜里，来不及和她的夫君说上一句话便撒手西去。刚刚走出沈氏阴影没几年光景的李豫，几乎承受不了这连续发生的不幸而遭到沉重的打击，在一阵近乎撕心裂肺的痛哭声中，李豫下令将独孤氏的遗体安放在内殿，以便天天探视。

自此之后，李豫几乎每天都到内殿看望独孤氏，每次看到自己心爱的女人静静地躺在那里，犹如熟睡一般，总会情不自禁地想要唤醒她，但很快现实告诉他，这个自己心爱的女人早已经和他人鬼殊途。

李豫将独孤氏的遗体安放在内殿中长达三年的时间，一直不忍下葬，直到大历十三年（778 年）十月，才在朝臣的一致请求下，安葬独孤氏于庄陵（今陕西三原县东北）。

下葬的那天空中飘起了小雨，似乎是被李豫的痴情而感动得落泪，在一片哀怨的氛围中，李豫目送爱妻的棺椁逐渐埋入黄土之中，虽已经过去三年的时间，但那一刻李豫还是犹如被撕裂了心肺一样而失声痛哭。

此恨何时已。滴空阶、寒更雨歇，葬花天气。三载悠悠魂梦杳，是梦久应醒矣。料也觉、人间无味。不及夜台尘土隔，冷清清、一片埋愁地。钗钿约，竟抛弃。

——纳兰性德《金缕曲·亡妇忌日有感》

在我看来，李豫虽然不知道千百年后纳兰性德会写出如此凄美的爱情挽词，但这首词确实最能反映李豫当时那种肝肠寸断的感觉。

李豫一生情路波折，沈氏的不知所终和独孤氏的突然离世，都让他悲痛至极，甚至完全超出了他精神所能承受的极限。在安葬独孤氏的一年后，李豫陷入了漫长的忧郁之中而一病不起。

大历十四年（779 年）五月，李豫在精神极度虚弱之中病逝于紫宸殿，走完了他五十四年的人生之路。

因为情路波折，以及始终在精神重压之下生活，同时也形成了李豫复杂的心态。虽然千百年来很多人诟病他的政治策略，但是当你明白他的政治策略是反复平衡他那复杂心态后做出的决定时，你就会理解这个仁慈的皇帝原来有许多不被人理解的苦衷。

复杂的心态

李豫所处的时代是大唐帝国由盛转衰的转折时期，无论从经济还是政治角度而言，都是剧烈动荡变化的时代。“安史之乱”爆发以前，李豫是帝国百孙院中的佼佼者，接受了优越良好的文化教养，是唐玄宗李隆基最钟爱的嫡皇孙。

“安史之乱”爆发后，他担任天下兵马大元帅统筹部署安排平叛工作，完成李唐皇族交给他的使命，进而在李辅国发动的政变中被拥戴为帝。当上皇帝后他在动乱之后努力寻求大治，改革漕运和税制是他治国中的亮点，而再造李唐一统河山、稳坐皇位是他不懈的追求。

前边我们详细介绍了李豫的作为，很长时间以来他都给人一种性格谦和、心胸开阔、宽而善断、喜怒不形于色的感觉。但李豫一生中让人诟病最多的，却是他对“河朔三镇”的姑息，因为从整个唐朝的宏观历史来看，大唐帝国的逐渐衰落和分崩离析，“河朔三镇”的危害是源头之一。尽管李豫姑息“河朔三镇”有其各种复杂的理由，但李豫作为一国之主，他本心是不可能更不愿意对危害李唐皇权的个人或势力进行姑息的。

李豫当时做出这个决定本身源于一种复杂的局势，当然还有他那复杂的心态。可以说，对“河朔三镇”的纵容中既有形势所迫，也有其性格使然。

从形势上来看，历经八年“安史之乱”，大唐帝国已经元气大伤，失去内重外轻的军事态势，兵力布局被打乱，西北边防空虚，如需要根治安史旧部的残余势力，仅仅依靠帝国自身是远远不够的，这就需要借助回纥等西北胡族的兵力，但在平叛的过程中，回纥部族虽然作战勇猛，但他们同样表现出了野蛮的习性，不仅在长安大肆烧杀抢掠，而且损毁宫殿，胡作非为，已经严重损害了帝国的利益，这一点李豫深有感触，所以从李豫内心来讲，随着叛乱的渐趋平定，是不想再继续引狼入室的。

不借助回纥等部族的兵力，就无法采用武力手段彻底剿灭安史叛军的残余势力。但要知道人家虽然名曰残余势力，但手中的兵马和武器并不残缺，所以摆在李豫面前的只有一条路可走，那就是招降收编。

但李豫清楚地知道，他准备招降收编的这些人可不是那些市井无赖，随便发个告示，把对方哄进京城，然后给个官做就万事大吉的。招降这些人的前提首先必须是不能损害对方原有的利益，在那些安史旧部看来，他们最担心被损害的利益，就是失去已经占领的地盘和军队，如果李豫处理稍有不慎，就有可能会再起战乱，所以李豫只能原封不动地保持已经形成的格局不变。

而且当时摆在李豫面前的还有吐蕃这只老虎，在安史叛乱刚刚平定时，吐蕃人便挥师前来，最终迫使李豫放弃长安逃往陕州。当时连战略眼光独到的郭子仪也上疏李豫，认为吐蕃、党项部落虽然属于蛮夷，但因为地理位置特殊，且民风彪悍拥兵甚重，对于他们的入寇，绝不能掉以轻心，应该做好长期防御的准备。

而要想长期做好防御准备，首先内部必须安定，正所谓攘外必先安内。可以说李豫之所以姑息安史叛军，顾忌吐蕃这个外敌也是一个至关重要的因素。

针对上述这些现实处境，李豫为当时深处动荡的大唐帝国制订了一个战略计划，那就是在根除安史叛军残余势力尚感力量不足之时，暂时姑息安史旧部，并对仆固怀恩和河朔的骄兵强将暂时实行两个方面的妥协以求平稳。在李豫看来，只要保持住这种相对稳定的局面，对外专心防御吐蕃、回纥、党项等部族，进而稳住帝国的整个局面，然后再励精图治，待帝国恢复元气后，再一点点地根除安史旧部的隐患。

其实，当时实在没有更好的办法可供李豫选择，一边是一触即发的战乱，另一边是使用隐忍换取暂时的和平，但未来却有更大的空间去清除隐患，我想无论是谁都会选择第二条路径。

所以我们也就明白了为什么“河朔三镇”会形成，为什么仆固怀恩会叛乱那么久而不倒，为什么吐蕃人在撤出长安后，李豫没有继续组织反击，其实这一切都是不得已而为之。我相信在面对这种局面时，李豫的内心一定是苦闷的，因为这与他内心的期望实在相去甚远，但面对依然深陷困境的国家，李豫又能怎样呢？

你可以认为这是一种隐忍，也可以认为这是一种妥协，但李豫始终没有丢掉恢复太平盛世的理想，只是历史在他完成使命后，并没有给他施展抱负的机会，“河朔三镇”居然成为大唐帝国后期祸患的一个源头，我想李豫如果在天有灵，定不会瞑目。

或许这就是我们常说的历史局限性！

从性格角度而言，李豫虽然具备仁慈之心，但很多时候也表现出左右摇摆的态度，如从重儒尊道到独崇佛教，最后又重新归于儒家实行仁政，就可以看出李豫在某些时候对自己所走的道路并不是那么坚定。

在李豫之前，李唐皇族崇信道教，这是由来已久的传统，虽然也有少数人（如武则天）信仰佛教，但基本上都是佛、道二教并重，并没有偏向哪一方。

但到了李豫这里，情况出现了另一种变化。

在大历二年（767年）之前，李豫和他的先辈们一样，特别喜好儒道，专习《礼》《易》，崇尚仁孝。

可是从大历二年开始，随着元载、王缙等人逐渐被重用，李豫的行为方式开始发生变化，尤其是元载进入宰相班子后，李豫忽然间对佛教产生了浓厚的兴趣。

元载和王缙都是佛教的狂热信奉者，在鱼朝恩被清除之前，元载一直都是李豫的宠臣，所以李豫对佛教产生兴趣不能不说与元载的影响力有很大的关系。但由于性格偏软的原因，从元载被重用的那一天起，李豫就对佛教陷入了一种非正常对待的状态，甚至达到了痴迷的程度，进而在随后的几年中出现由于佞佛过度，朝臣争相效仿，以至于政事懈怠，朝纲开始出现些许紊乱。

然而事实上，元载的影响力只是其中的一个方面，问题的关键还是出现在李豫本人那里。那么我们不禁要问，除了元载的影响，还有哪些原因会让李豫的宗教信仰产生如此重大的转变呢？

纵观李豫先前的经历以及当时的形势，可以说李豫的转变有其必然性。

“安史之乱”平定后，李豫长时间紧绷的神经逐渐松弛下来，随即对有功者加官进爵，归降者姑息宽容，入援平叛的少数民族部族进行赏赐，李豫本以为可以就此尽享太平盛世。但朝廷内部却出现了问题，三大宦官相继为祸，仆固怀恩那样的强将武夫又割据犯上，边疆强敌吐蕃又不断进犯，甚至连京城长安也差点送给人家，这一切都让刚刚放松神经的李豫瞬间又紧张起来。

这种巨大的形势反差，让李豫产生了极度困惑，他百思不得其解，为什么战乱刚刚平息，转瞬之间又刀兵四起。当时恰好元载、王缙逐渐得宠，而他们皆信奉佛教，所言因果报应之说和敬佛消灾，让当时焦头烂额的李豫似乎找到了一种精神寄托，久而久之，元载和王缙在李豫面前的言行对他产生了潜移默化的影响。在李豫看来信奉佛教可以作为一种精神上的安慰，并且可以弥补儒、道二家的不足，所以他在几次诏令中一再申明：儒、佛殊途同归，是“爱河之舟楫”，可以“涤除昏妄，调伏魔冤，天人洗心于度门，龙鬼受职于神印”。

也就是从此时开始，李豫的信仰开始改变，只是他的这种改变有些过度，以至于让元载和王缙等人利用皇帝信奉佛教的机会大肆敛财。

李豫佞佛除了受元载和王缙的影响，与其个人生活际遇和多情的性格也有间接的关系。幼年丧母、第一任夫人沈氏离散、华阳公主夭亡、贵妃独孤氏早逝，这一切都让李豫很难在现实中找到可以寄托哀思的载体。所以当元载和王缙在他面前大肆宣扬信奉佛教的好处后，李豫很难找出相应的理由来排斥佛教。

应该说多种因素促使李豫从大历二年开始逐渐推崇佛教，甚至一度出现佞佛的局面。但随着他渐渐看透元载和王缙专权乱政，李豫瞬间对他们鼓吹的佛教产生了一丝怀疑，因为在李豫看来，如此信奉佛教的元载和王缙，他们的实际行动和信誓旦旦所说的话完全不符，所以李豫清除元载和王缙不能不说也有这方面的原因。

当元载和王缙彻底倒台后，李豫佞佛也就走到了尽头，开始重新回到那个所谓正统的儒道治国的道路上来。

值得一提的是，在唐代历史上，李唐皇帝对于佛、道二教因为历史时代的不同，存在着很极端的态度，在后边我们还会详细说到。不过，在这两种信仰之间开始产生动摇的应该始自李豫。

事实上，每一个历史人物的心态大多受到三方面条件的制约，一是所处的历史时代，二是社会地位，三是个人的教养和性格。

李豫因为从小受到良好的教育，所以拥有一颗仁慈之心；一生情路波折，又让他养成了多情的性格；而时事的混乱，又使他必须树立坚毅的信念，去完成自己的历史使命。

从他整个的一生来看，李豫其实是在一种极其复杂的心态下度过的。

大历十四年（779 年）五月，在位已经十八年的李豫忽然一病不起。五月二十一日，自感大限将至的他下诏让皇太子李适监国，当天晚上五十四岁的李豫病逝于长安宫紫宸殿，两天后皇太子李适正式继承皇位。

即位的这天，李适刚满三十七岁，从先前的经历来看，虽然他没有经历过太多的磨炼，但也非昏庸之辈，如今顺利登上皇帝宝座，这个年轻的君主踌躇满志，决心大有作为。

第十章
初示天威

戏剧性的变化

随着皇太子李适的即位，所有人开始将目光投向这个已经走向中年的帝王，有的人无比期待，有的人仍在迟疑。可以说摆在李适面前的是父皇留下来的一个不算动荡的局面，而之所以朝臣内心对李适态度不一，是因为这位皇帝虽然即位时已经不算年轻，但先前并没有经过太多的锻炼。

李适出生于天宝元年（742 年）四月，那个时候正是大唐帝国的黄金时代，沐浴在盛世中的李适尽享安定富足的皇家生活，这种生活到十四岁时却瞬间宣告结束。

“安史之乱”的爆发不仅让大唐帝国陷入一片腥风血雨之中，更让李适和生母沈氏离散。前边我们说过一直到后来李适即位，他也没能找到生母沈氏，应该说失去母亲是李适人生的一个转折点，这也让他那年少时开朗乐观的性格逐渐蒙上一层阴影。

随着年龄的增长，李适亲身经历了马嵬驿兵变、平定“安史之乱”、李辅国兵变等影响帝国命运走向的一系列事件，虽然在父皇李豫即位后，李适接过了天下兵马大元帅的职位，但坦白地讲，由于身份所限，这个官职对于他来讲只是个名誉职务。

李适的经历如果和他祖父李亨相比，那自然是差了很远，甚至他也不如父皇李豫那样经历过战场的厮杀和宫廷斗争的骇浪。史料记载李适为数不多的一次独立完成任务，是在宝应二年（763 年）十月，李适以天下兵马大元帅的身份前往陕州与赶来支援唐军的回纥登里可汗会合。

没想到就是这么仅有的一次外出执行任务的机会，却使李适遭到回纥登里可汗的侮辱！

当时还是雍王的李适接受父皇李豫交给的任务，前往陕州与登里可汗会合。到达陕州后，李适知道回纥军队驻扎在黄河北岸，所以率领十余名亲兵前往北岸回纥大营，与登里可汗见面。

本来李适是带着诚意去见登里可汗的，他以为对方也会以诚相待，但当他来到回纥大营之外，让侍卫药子昂进去通报时，登里可汗的表现可以用傲慢无礼来形容。

"你们雍王为什么不在帐前跪拜？"

"我们元帅是肃宗皇帝的嫡孙，现在两宫去世尚未安葬，按照礼法不应该行跪拜礼。"面对登里可汗的刁难，药子昂不卑不亢地说道。

登里可汗还没说话时，他身边的宰相和车鼻将军再次刁难说道：

"大唐天子与我们可汗已经约为兄弟，所以我们可汗就是你们雍王的叔父，现在侄子来见叔叔，为什么不赶快进帐来拜见，还在外边等什么？"

药子昂实在没有想到回纥人居然这么不讲道理，但他并没有立即发作，而是稍稍加强些口气说道：

"我们元帅是大唐的太子，也就是国家的储君，哪有国家的储君跪拜外族可汗的道理？"

没想到药子昂情急所说的话，让登里可汗大为恼怒，这一次他不再斗嘴，而是让手下人将药子昂及其随从全部按倒在地一顿痛打。

药子昂等人的惨叫声让身在帐外的李适听得十分真切，这也让第一次走出深宫大院的他一时间惊慌失措，他本能地想到了逃跑，可是在他刚刚转身准备离开大帐时，就被回纥士兵拦住了去路。

一直到药子昂等人被鞭打了一百下之后，登里可汗才派人走出大帐告诉李适，说看在他这个侄子年少不懂事的分上不予以处罚，暂时放回本营以观后效。

就这样，李适搀扶着浑身是伤的药子昂勉强回到唐军大营内，好几个随从因为伤势过重死去。由于唐军急需回纥人的援助，所以李适不得不暂时压制住心中的怒火，但第一次走出深宫就遭受这样的羞辱，还是让李适受到了强烈的刺激。

一定要让我的国家强盛起来，只要国家强盛了，对待意欲羞辱者才能以强硬的手段还击！

这是通过本次耻辱的经历，李适悟出的一个对他日后行为方式产生至关重要影响的道理。

在此后的日子里，李适虽然名为“天下兵马大元帅”，但并没有参与到具体的实战之中，在父皇李豫去世以前，他都一直待在深宫之中，安心地做一个等待接替老爹皇位的储君。

现在皇帝老爹突然撒手西去，李适终于登上了皇位，属于他的时代已经到来，他可以按照自己的意愿来治理这个国家了。

还在居丧期间的时候，李适为了显示自己遵守礼法，在饮食丧服等细节上十分注意，目的就是给大臣们一个良好的印象。尤其对那些对他抱有迟疑态度的人，李适更是谨小慎微，生怕让那些人挑出毛病，甚至他与弟弟韩王李迥一同吃饭时，居然撤掉了酒肉，只有马齿苋一种野菜，并且不放任何调味品，以粗粝的饭食表示自己对丧礼的遵守。但让李适想不到的是，在他如此精心在意的情况下，居丧期间还是发生了一起戏剧性事件。

事情的起因源于宰相常衮的多事。

很长时间以来，朝臣们因为常衮性格固执急躁而对他颇有微词，更对他亲自过问鸡毛蒜皮小事的做法不以为然。李豫的灵柩停放在大殿上，大臣们早晚都要到灵堂前致哀，其中的细节有很大的规矩。

但常衮在致哀时，却哭得特别悲伤，按说皇帝驾崩，臣子哭得悲伤应该说是件好事，这至少说明君臣感情甚笃，但常衮的哭法儿实在有失身份，众人发现这位老先生哭着哭着居然在地上打起滚来，颇有些市井泼妇撒泼的感觉。

你爹死时恐怕都没哭得那么厉害，现在面对新皇帝你作什么秀？

当时一起在灵堂前致哀的大臣都对常衮的做法嗤之以鼻，但绝大部分人只是冷眼旁观，即使有天大的不满也埋在心里，而且很多人还出于息事宁人的态度，准备将常衮从地上搀扶起来，但时任中书舍人的崔祐甫却偏偏是个大炮筒子，看到常衮的表现后，立即当众发飙：

“臣子在君主灵堂前哭泣，怎么还有让人扶持的礼节呢?”

常衮听到这句话后，立即从地上站起来准备和崔祐甫理论，结果被众人拉住，才没有当场发作。崔祐甫的话犹如尖刀般深深扎进常衮的心窝中，要不是碍于自己的身份，以及诸多同僚的面子，常衮早已经和崔祐甫对骂起来。

面对崔祐甫的挑衅，常衮硬生生地忍下了这口气，这件事情本来可以到此为止，但不久后一场关于皇帝服丧时间的论战，使两个人的矛盾彻底爆发。

在灵堂祭拜事件的七天后，朝臣们在私下的场合讨论作为大臣究竟该为代宗皇帝李豫服丧多长时间的问题时，常衮第一个站出来发表意见：

“陛下！按照礼法臣子要为已经逝去的君主服丧三年，到汉文帝时改为三十六天，我朝从高宗皇帝以来，都遵守汉朝的制度，一直到玄宗、肃宗皇帝去世才改为二十七天。臣认为至少二十七天是不能变的，虽然先帝有‘天下吏人，三日释服’的遗诏，但既然皇帝都服丧二十七天，所以朝臣也应当一样。”

常衮的声音还没落地，他最讨厌的崔祐甫便站出来反驳：

“常相别忘了，先帝遗诏中所说的‘天下吏人’是包括所有的公卿大臣和天下所有的百姓，我认为应该按照先帝的遗愿去做，只服丧三日足矣。”

“祖宗的规矩是不能破的，难道崔大人不明白吗?”常衮厉声问道。

“现在是讨论为代宗皇帝服丧，理应考虑先帝生前的遗愿！”崔祐甫据理力争。

“你……”

“常相如果认为我说得不对，可以到皇帝那里去告我的状！”

言罢，崔祐甫转身头也不回地离去，只剩常衮站在原地气得浑身颤抖。

“好！我现在就到陛下那里去！”常衮冲着崔祐甫离去的背影气急败坏地咆哮着。

然后，他便真的去面见李适。

老油条常衮明白，如果他真的按照崔祐甫所说的到皇帝陛下那里去陈说两个人吵架的事情，可能皇帝陛下不仅不能理解，反而还会因为服丧期间心烦意乱而治自个的罪，所以常衮面见李适时并没有直接说和崔祐甫争执的事情，而是祭出了礼法这件利器。

当然，精明的常衮更明白在皇帝陛下面前，一定要保持淡定的态度。

“陛下！今日众多朝臣讨论该为先帝服丧多长时间时，大臣们各抒己见很是热情，只有崔祐甫随便耍性子，轻议国典！”

常衮坚信“轻议国典”四个字，一定会触碰李适敏感的神经。

“轻议国典？他是怎么说的？”果然，李适对常衮说的话，表现出了极大的兴趣。

“崔祐甫说为先帝服丧三日足矣，臣却认为虽然先帝确实说过‘天下吏人，三日释服’的话，但那是先帝体谅众臣，做臣子的万万不可失去礼节，就是因为这件事，崔祐甫当着众人的面不断奚落臣。”

常衮说这番话的时候，情绪并没有过于激动，似乎在用自己的淡定向李适传达一种完全就事论事的态度。

“崔祐甫如此轻易说出这种话，是不是事出有因呢？”

“陛下！不管怎样，崔祐甫作为朝臣，也不应该轻议国典，他说的话影响实在不好，臣建议外贬崔祐甫为潮州刺史，以树天威。”

“嗯……这件事容朕慎重思考后再做决定，卿退下吧！”

……

应该说常衮在皇帝那里说的话，产生了一定作用，至少皇帝陛下没有当场驳斥。不过，对于常衮来讲，他并不想就此打住，他决定趁热打铁，上一封奏章，让李适下定决心外贬崔祐甫。

转天，李适便收到了常衮的奏章。

奏章中将崔祐甫轻议国典的事情重叙一遍，然后进一步述说崔祐甫这么做的危害，最后继续建议将其外贬为潮州刺史。

值得一提的是，奏章的落款是三个人的名字，分别是常衮、郭子仪和朱泚。

朱泚最初是幽州卢龙军节度使李怀仙的部将，后来其部将朱希彩取代李怀仙后，朱泚又得朱希彩的信任。大历七年（772 年），朱希彩为部下所杀，众人推举朱泚为留后，朝廷即授他为幽州卢龙节度使。

大历九年（774 年），朱泚入朝以示恭顺。朱泚赴京师，以其弟朱滔留管州务。不久，他察觉朱滔有自立野心，遂上表请留京师，李豫命他统领汴宋、淄青人马以防吐蕃。

大历十一年（776 年），朱泚加同平章事，出屯奉天（今陕西乾县），从“同平章事”的官职来看，朱泚算是宰相班子的成员。

李适看到常衮的奏章中落款是三个宰相的名字，心中不由一惊，本来想息事宁人的他开始对这件事情重视起来，因为三个宰相同时建议外贬一个人还真是不多见，最终李适认为仅凭“轻议国典”就贬潮州刺史有些过重，于是他大笔一挥改为外贬河南少尹。

按说这件事情本来可以到此为止，但李适一定想不到这封奏章落款的三个人名，除了常衮是亲笔签名，郭子仪和朱泚居然不知道内情，更搞笑的是，这也不是常衮有意欺骗李适，完全是因为当时唐帝国的公文制度存在严重漏洞。

最初肃宗李亨在位时，因为平叛军情紧急，所以让几个宰相轮流值班，值班时如果遇到紧急情况可以马上处理，由值班宰相代替休假的宰相班子成员署名上奏，久而久之这种做法成为惯例。李适即位后，朝廷内实际行使宰相职权的只有常衮一人，郭子仪、朱泚都只是以军功进位宰相之职，并无对朝政的处理决断之权，所以常衮在给李适的奏章上按照以往惯例也写上了两个人的名字。

可问题正是出在常衮事先没有和郭子仪、朱泚沟通这件事，他本以为外贬崔祐甫是小事一桩，但郭子仪和朱泚恰恰却不这么认为。

崔祐甫的被贬在郭子仪和朱泚看来有些冤枉，所以二人联名上疏李适请求从宽处理。他们的奏章递上去后，搞得李适丈二和尚摸不着头脑，于是李适询问两个人既然已经在常衮所呈的奏章上签字为什么又反悔。

皇帝陛下的发问，让郭子仪和朱泚也是一头雾水，两个人害怕被治罪，立即解释说根本没在奏章上签字。

直到此时，李适才明白原来其中一直是常衮在搞鬼，盛怒之下，李适立即召见常衮询问事情的原委，可是他没想到常衮来到后居然振振有词，说自己是按照惯例行事。

既然你是按照惯例行事，朕就偏偏打破惯例！

“你这是假借他人名义欺骗朕！”

常衮那无所谓的态度让李适异常震怒，他向常衮咆哮道。

说完后，李适狠狠地拍了下桌子，然后起身退回内室，而此刻早已吓呆的常衮，立即意识到自己的前程很可能就毁在这件事上。

大历十四年（779 年）六月初五，也就是在李适怒斥常衮的转天，李适召见群臣亲自下诏，贬黜常衮为潮州刺史，同时即刻召回已经被贬上路的崔祐甫回来担任门下侍郎并加封同平章事，这等于是让崔祐甫顶了常衮的位置。

常衮虽然先前已经预感情况不妙，但当他听到皇帝陛下的决定后，还是几乎要晕倒过去。他没有想到原本准备留给崔祐甫的那个潮州刺史的职位，居然最终会落到自己头上，受到打击的常衮被迫离开京城前往潮州赴任，两年后转为福建观察使，于贞元元年（785 年）病逝于福建。

李适下达追回崔祐甫的命令时，崔佑辅已经走到了长安东边的昭应县（今陕西临潼），接到皇帝的诏书后，他立即赶回长安重新接受任命，算是进入了宰相班子。

服丧事件是一个偶发事件，虽然最初不是李适有意为之，但从结果来看，谁也不会想到李适一朝宰相班子的调整工作居然会以这么戏剧化的方式来完成。

最关键的是，崔祐甫回来后只干了不到半年的时间便病逝，在病重期间他向李适推荐了一个能够代替自己做宰相的人。

这个人就是我们前边提到过的杨炎。

在此之前，杨炎因为身为元载的同党，被李豫外贬为道州司马。这些年他一直远离朝廷，如果没有崔祐甫的推荐，杨炎很可能会终老于道州，但现在他必须收拾行囊赶赴京城接受皇帝陛下的任命。

不过，当时谁也没有想到，杨炎重新回到朝廷后，居然完成了一件唐代历史甚至是中国经济史上划时代的大事。

这件大事就是杨炎制定和实施了对后世财政税收制度产生深远影响的“两税法”。

“两税法”

大历十四年（779年）八月，杨炎从道州赶到京城，被李适破格提拔为宰相，开始了他崭新的仕途之旅。杨炎出任宰相期间的最大政绩当数实行“两税法”，但为什么大唐历史偏偏行进到李适这里时，“两税法”才应运而生呢？

要弄清这个问题，我们还得从唐代的赋税和财政制度变迁说起。

高祖武德七年（624年），朝廷颁布了均田制和租庸调制作为唐代的基本赋税制度。均田制规定：十八岁以上的成年男子，每人由国家授予一百亩田地，其中八十亩为口分田，二十亩为永业田。六十岁以上的老年男子及残疾人，各授予口分田四十亩。贵族和九品以上的官员，可以按照品级申请授予永业田二百亩至一万亩不等，其中永业田可以传给子孙后代，国家不再回收，但口分田则在受田者死后，由国家收回重新分配。

与均田制相互配合的租庸调制，规定每个成年男子每年向国家缴纳租粟二石、调绢二丈、丝绵三两，不产丝绵的地方，可以交纳布匹二丈五尺、麻三斤。此外，丁男每年还要为国家服徭役二十天，如果不服徭役，可以选择缴纳绢或者布代替，每天折合绢三尺或者布三尺七寸五分，这种做法叫“庸”。如果官府额外加役，加役十五天可以免除“调”，加役三十天“租调”全免。

均田制和租庸调制成为唐代前期国家的主要土地制度与赋税制度。在这些制度的基础上，大唐帝国的财政收支预算才得以顺利进行，保证了庞大的国家机构的正常运转和皇室、官吏的开支消耗。

但是，以均田制和租庸调制为基本经济结构的体制，在开元时期开始发生变化，最终在“安史之乱”以后逐步崩溃瓦解。开元中期以后，由于土地买卖的限制越来越松弛，不仅永业田，就连口分田在某种情况下，法律规定也可以买卖。同时，各级官吏占有大量的永业田，这就使得那些官吏成为大大小小的地主，他们可以利用手中掌控的权力不断兼并农民的土地，使土地集中的程度日益增加，如《唐会要·逃户》就记载宝应元年（762年）肃宗李亨发布诏书说：“百姓田地，比者多被殷富之家、官吏吞没。”

我们在前边分析“安史之乱”发生的客观原因时，曾经说过开元天宝时期，土地的兼并之势可以和汉朝的成、哀二帝时期相比，事实上当时由于官僚机构的不断膨胀，官吏按法律占有的公田也越来越多，贞观时期朝廷京官仅有六百四十二人，到了开元时期已经增长到三十六万八千六百六十八人。这样为数众多的官吏，要占有相当于普通百姓十倍至三百倍的永业田，其结果只能是国家手中可供分配的公田大量减少。

由于上述原因，到天宝末年，唐朝初期建立的均田制和租庸调制开始崩坏，农民既失去土地，又遭到沉重的赋役压力无以为生，结果只能是被迫逃亡他乡。早在武则天执政末期，宰相韦嗣立就上疏言说当时天下户口逃亡过半，租税逐渐减耗，致使国家开支严重不足。到了“安史之乱”爆发后，农民又遭到战争的重创，逃亡更加惨烈，以至于达到“十不半存”的程度。

“安史之乱”结束后，大唐帝国的户口从九百万户骤减至一百九十余万户，虽然其中有相当人口是在战乱中死亡，但大部分是逃亡，形成了“丁口转死，田亩卖易，贫富升降不实”的局面，这样的情况下以人丁为本的均田制和租庸调制已经不可能再实行下去，大唐帝国的财政收入大幅度减少，进而导致严重的财政危机出现。

“两税法”就是在这样一种大背景下，随着杨炎身登相位开始实行起来。

《旧唐书·杨炎传》记载杨炎在当上宰相后，给李适上过一份奏疏。大体内容是指出目前国家财政窘困的状况，以及继续实行租庸调制的弊端和危害，应该说这篇奏疏引起了李适的极大关注，最终在李适的支持和杨炎的一系列具体操作下，“两税法”终于实行开来。

建中元年（780年）正月初五，李适宣布大赦天下，并在赦文中宣布实行“两税法”。从这一刻起在中国历史上实行了四百多年的租庸调制即告废除，永远退出了历史舞台。

在杨炎的主持和精心策划下，“两税法”分为六大部分：

一、中央根据财政支出定出总税额，各地方政府依照中央分配的数目向当地人户征收。

二、土著户和客居户都编入现居住地的户籍，依据丁壮和财产的多少定出户等。

三、两税分为夏、秋两次征收，夏税限每年六月缴纳完毕，秋税限十一月交纳完毕。

四、租庸调和一切杂徭、杂税全部取消，但丁额不废除，依然有效。

五、两税依据户等纳钱，依据田亩纳米粟。其中田亩税以大历十四年的垦田数为准，采取均平征收。

六、没有固定住处的商人，所在的州县依据其收入征收三十分之一的税。

从上述六大项的规定来看，“两税法”首先扩大了纳税范围，在唐朝前期的租庸调制下，贵族官僚和孝子、顺孙、义夫、节妇等人是不担负国家赋税的，这些人统称为“不课户”，如果仅按天宝十四年（755 年）的记载来看，在全国的不课户为三百六十五万户，课户为五百三十五万户，不缴纳赋税的户口竟占全部户口约 40%，可见不纳税户口的比重之大。

其次是逃亡的课户不交纳赋税，在实行“两税法”时，李适曾经派遣使臣前往全国各地检查户口，结果检查出逃亡当地的课户总共达到一百三十多万户，约占总户数的五分之二，这一百三十多万逃亡的课户在实行“两税法”前，都被官吏、贵族所占有，国家并不能从他们那里取得赋税收入，而“两税法”规定原来不纳税的官吏和课户均得按户等纳税，这就大大扩展了纳税面，增加了国家的财政收入。

除了扩大纳税范围，“两税法”的纳税标准也改为按照财产的多少来收取。以前的租庸调制征收赋税的标准是以人丁为本，如天下成年男子每人都受田一百亩，在这个基础上规定每一个丁男每年缴纳的租庸调数量。而事实上均田制的实施程度在唐朝初年各地就有相当大的差异，其中关东地区最高，关中地区最低，长江流域居中，成年男子收受田的多少就很不一致，却都要担负同样多的赋税。后来官吏、地主对土地的兼并越来越严重，农民失去土地越来越多，但依旧需要担负租庸调，等到了无法负担时就只能逃亡。

可见，以人丁为基础的租庸调制在某种程度上具有很大的缺陷，而“两税法”却弥补了这个缺陷。

“两税法”按照资产田亩计税，将官吏、商人、地主、贵族、农民按照资产分为九等户籍分别纳税。形成“两税法”的“人无丁中，以贫富为差”的纳税原则，也就是将人丁税改为财产税，这样既增加了赋税的合理度，也减轻了那个时代土地对农民人身的束缚，从法律上确认了逃亡户和原来的实居户一样享有相同的法律地位。

从某种角度而言，这是一个巨大的历史性进步。

值得一提的是，“两税法”征税虽然以钱为计算单位，但当时在不可能完全以货币形式上交税款的情况下，多数是把钱折算成实物，正所谓“定税之数，皆计缗钱，纳税之时，多赔绫绢”。但是无论怎样，“两税法”终究是从实物税向货币税转变的一个重要里程碑，在中国赋税史上也具有划时代的意义。

“两税法”的实行，标志着从李适一朝开始一直到唐朝灭亡，国家财政预算新体制确立，也就是确定了中央、藩镇和各州三级构成的国家财政预算模式，“划分收支，定额收支”的财政管理方式，这种方式其实是“安史之乱”以后唐朝中央政府和藩镇地方割据势力矛盾斗争的产物。

所谓划分收支，是指在财政收入方面，将国家规定征收的税种，划分成中央税（如青苗税、酒税、茶税等）和地方共享税两种类别，分别确定了中央和藩镇、各州两级地方预算的收入范围。在支出方面，引用元稹的话来讲叫作“量出以制入，定额以取资”。不仅确定了两税留州额和使用额，也限定了藩镇、各州两级地方预算应承担的支出范围，此外便是中央政府应承担的支出项目，形成了“两税三分制”。

这样，自“安史之乱”以来中央政府财政收入下降的趋势得到了一定程度的改变，中央与地方之间的财政预算收支得到明确划分。如果单纯从经济领域来看，起到了巩固唐朝中央政府权威、削弱地方割据倾向的效果。

“两税法”实行以后，从结果上来看，收到了很好的效果。《旧唐书·杨炎传》中记载：

人不土断而地著，赋不加敛而增入，版籍不造而得其虚实，贪吏不诫而奸无所取。自是轻重之权，始归于朝廷。

从这条记载来看，“两税法”的实行改变了先前均田制和租庸调制上不知下的局面，朝廷获得了更多的分配平衡权。《唐会要·盐铁总叙》记载，“两税法”实行的第一年，唐朝中央财政收入增加到一千三百零五万贯，加上盐税总收入可达到两千多万贯，比“两税法”实行前财政收入增加了一倍多。

“两税法”的实行不仅解决了大唐帝国先前的财政问题，同时也让宰相杨炎在朝廷中大放异彩，杨炎的才能被上至皇帝下至百姓一致称颂，但很多人只看到了杨炎发挥才能的一个方面，而很少有人能够看清杨炎的内心世界，换句话说，“两税法”的实行掩盖了杨炎自身的很多缺点，这其中对杨炎最致命的就是，他虽然身居宰相之位，也具备宰相之才，但是无宰相的气度。

谗杀刘晏

杨炎，凤翔关中人，从外表来看须眉飘逸，颇有风度。父亲杨播曾经登进士第，但因为个性使然最终隐居不仕。杨炎年少时得其家学渊源，再加上自己才思敏捷、文采出众，所以在家乡一带小有名气，被誉为小杨山人。成年后被河西节度使吕崇贲聘为书记官，从此开始踏上仕途。

后来天下兵马副元帅李光弼也想聘请他为判官，被杨炎谢绝。朝廷想拜他为起居舍人，也被他婉言拒绝。虽然错过了两次绝佳的晋升机会，但杨炎不为官位所动的气节反而使他获得了更好名声。代宗皇帝李豫强令征召他为司勋员外郎，杨炎不得不进入中枢机构任职。由于杨炎文采绝佳，不久后李豫任命他担任知制诰、中书舍人的要职，负责为皇帝起草诏令。

不过，杨炎虽然进入了中央机构任职，但官职都没有什么实权，但他那出众的文采得到了时任宰相元载的赏识。前边我们虽然说了很多元载嚣张跋扈的事例，但元载的心中始终埋藏着一个愿望，那就是趁自己位居宰相之位的时候，找到一个才能出众、文采颇佳的人作为自己的接班人。

通过很长时间的观察，元载发现杨炎是个很合适的人选。

不久后，元载向李豫建议提拔杨炎为吏部侍郎，要知道吏部是掌管人事的部门，元载提拔杨炎做吏部的二把手，可见他对杨炎的器重程度。

元载向李豫推荐杨炎的时候，正是他走红的时候，李豫对元载言听计从，所以杨炎顺利当上了吏部侍郎，而杨炎对元载也确实是投桃报李，成为他的一名心腹，唯元载马首是瞻。

不过，杨炎虽然是元载的心腹，但元载身为宰相，却不是杨炎的顶头上司，当时吏部的一把手吏部尚书是理财专家刘晏。刘晏作为理财专家，立志协助皇帝陛下精心治国，对元载嚣张跋扈及中饱私囊的做法很是看不惯，所以元载和刘晏矛盾颇深，这就使得身为元载一党的杨炎不可能和他的顶头上司刘晏和睦相处。

据史料记载，李豫清除元载这件事，刘晏暗中为李豫出过不少主意，如果说元载的倒台有刘晏一份功劳也并不为过。但随着元载的倒台，杨炎等一批同党跟着一起倒霉，要不是当时皇舅吴凑上疏谏阻，杨炎说不定早已经身首异处。

据此看来，杨炎被贬为道州司马的时候，一定是带着对刘晏的怨恨启程前往道州的，只是他不会想到，有生之年他还能回到朝廷之内，并一跃成为刘晏的上司对其展开报复行为。

之前我们说杨炎缺乏宰相的气度，事实上通过他当上宰相后的很多事例，可以看出杨炎的性格中有一种唯我独尊的霸气，而且骨子里不能容人。

例如，元载当政时曾经请求修复原州城，及至元载倒台后这件事情便不了了之。杨炎上台后上疏奏请李适采用元载先前的策划，重拾修建原州城的计划，而且他还计划同时发派两京、关内的壮丁疏通丰州的陵阳渠，以便兴办屯田事务。

李适接到奏疏后，左思右想拿不定主意，最终他决定派个心腹宦官，前往丰州征求泾原节度使段秀实的意见。段秀实认为目前边防比较空虚，不宜兴办屯田，如果大规模调集士兵去开垦耕作，容易招致敌人入侵。

段秀实作为当地的军政长官，应该最了解当地的情况，所以李适最终没有同意杨炎的请求。当杨炎知道是段秀实坏了自己的好事时，不禁勃然大怒。愤怒之下杨炎动用宰相的权力，将段秀实由泾原节度使调任为司农卿，虽然品级没变，但泾原节度使是地方实权官职，显然段秀实是明升暗降。而他的泾原节度使职位则由邠宁节度使李怀光兼任。

按说这件事情身为宰相的杨炎应该从国家利益出发，认真思考段秀实的话是不是有利于国家利益再行处理，但缺乏气度的他完全无法冷静客观地看待事物，段秀实最终成为他的牺牲品。

段秀实和杨炎在此之前并无过节，杨炎尚且如此，可想而知杨炎对待刘晏会是什么态度。

从才能角度来看，杨炎和刘晏有共通之处，在经济领域各有所长。俗话说得好：同行是冤家，相信两个人在内心深处彼此也是相互敬佩并忌妒着，尤其是杨炎和刘晏分属不同的阵营，所以从根本上来看，两个人是不能共容的。

但不能共容并不意味着就必须置对方于死地，通过史料我们没有看到刘晏对杨炎有什么实质性的伤害。但杨炎从当上宰相后，却对刘晏展开了不将对方置于死地绝不罢休的报复行动。

在杨炎看来，这既是为了自己，也是为了死去的元载。

事实上刘晏这个人十分勤勉努力，凡事不论缓急必定当天解决，绝不会搁置到第二天去解决，算是雷厉风行一派。很多混日子的朝臣对刘晏的这种工作作风颇有微词，皇帝越是对刘晏褒奖有加，很多人就越是忌妒他。在皇帝面前打刘晏小报告的人不在少数，只是这些人说的都是无关痛痒的事情，如撤销转运使的编制，造谣说刘晏曾经暗中上疏李豫册立独孤氏为皇后，等等。这些事情根本打动不了皇帝，更何况刘晏对帝国的财政改革有着莫大的功劳，皇帝是不可能轻易动刘晏的。

但到了杨炎当上宰相后，这种局面终于被打破。

杨炎刚刚进入宰相班子没多久，便展开了对刘晏的报复，和先前诋毁刘晏的那些人相比，杨炎的策略明显技高一筹。

杨炎明白仅仅依靠上疏弹劾这种伎俩，皇帝陛下早已经视觉疲劳，想打动皇帝，必须让皇帝感觉到自己的情真意切。

于是，杨炎利用李适召见宰相班子议事的机会，开始了自己的计划。

“陛下恐怕还不知道吧！刘晏与大臣黎干、刘忠冀共谋反叛，臣身为宰相而不能讨伐他们，真是罪该万死。”

杨炎在议事即将结束时，忽然流着泪对李适说道。

杨炎的话让李适颇感意外，他并没有立刻接着杨炎的话往下说，而是仔细思考杨炎话中的含义。

那个时候另一位宰相成员崔祐甫还没有去世，在听到杨炎的话后，他立即站出来打圆场：

“陛下！这件事情究竟真相如何，谁也没法拿出确切的证据，何况先前陛下已经大赦天下，不能因为流言蜚语而妄加追究啊！”

因为杨炎是自己推荐进入宰相班子的，所以崔祐甫在杨炎面前丝毫不避讳。但不论李适还是崔祐甫事实上都不会想到杨炎状告刘晏谋反，并不是他的真实目的，隐藏在杨炎心中的其实另有所想。

“崔相说得也很有道理，这件事情臣也反复思考过，的确没有真凭实据。不过，尚书省是推行政令的最高机构，最近设置诸使，很大程度上分夺了尚书省的权力，依臣看来一切大权应该复归于尚书省才是，最近很多大臣也对这件事颇有微词。”

杨炎的语调和刚才状告刘晏谋反时的痛哭流涕相比，显得平静了很多，最后他将问题抛给了崔祐甫：

“不知道崔相对这件事情怎么看？”

杨炎这次对刘晏的报复，使用的是以退为进的策略，状告刘晏谋反虽然是主动进攻，但这其实是佯攻，杨炎十分明白以皇帝李适的智商是绝对不会相信刘晏谋反的，而为人耿直的崔祐甫必定会站出来为刘晏开脱，只要形成这种局面，杨炎接下来可以实施以退为进的策略。

所以在崔祐甫说完后，他立即主动选择退而求其次，向皇帝陛下陈述尚书省权力分散的问题，而且他最终将问题抛给崔祐甫，也是早已经算计好这位亲手提拔自己的宰相，是不可能在否定自己一次之后，再一次否定自己。

除了面子原因，当时崔祐甫是首席宰相，尚书省权力分散这是事实，崔祐甫比杨炎更希望权力集中一些。

“这一点杨炎说得没错！”

崔祐甫沉吟了片刻之后，终于说出了自己看法。

直到这一刻，杨炎的嘴角露出了一丝不易察觉的微笑，他明白自己这次报复刘晏的行动宣告成功。

建中元年（780年）正月三十日，李适下诏命令天下所有钱财全部归尚书省下属的金部、仓部掌管，同时撤免刘晏的转运、租庸、青苗、盐铁等使的职位。一个月后杨炎又借着刘晏奏疏不实的罪名，暗中上疏弹劾刘晏，结果李适下令将刘晏贬为忠州（今重庆忠县）刺史，那个时候崔祐甫已经是处于昏迷状态，再无力保护刘晏。

史料上没有关于刘晏被贬后对杨炎有什么反击的记载，或许他根本就不知道其中是杨炎在搞鬼，可是对于杨炎而言，使刘晏被贬只是他报复刘晏的第一步。

而终极目的则是置刘晏于死地！

崔祐甫在世时，杨炎或许还无法达到这个目的，但崔祐甫去世后，当时朝廷没有人再能制衡杨炎，刘晏终于在不久后走到了人生的终点。

“两税法”的实行让杨炎在朝廷之内成为炙手可热的人物，进而成为皇帝身边的第一红人。史料记载从崔祐甫病重不能处理政务之时，杨炎事实上就已经成为朝廷首席宰相，开始大权独揽。崔祐甫去世后杨炎更是成为皇帝身边的第一红人，皇帝对他言听计从。

刘晏虽然已经被外贬，不再对杨炎构成实质性的威胁，但杨炎那狭小的心胸，始终因自己前程曾经差点毁在刘晏手里而耿耿于怀。现在刘晏已经与自己不再是一个档次的对手，杨炎并不认为应该得饶人处且饶人，相反他却认为不能让对手有丝毫东山再起的机会，这比什么都重要。

于是，建中元年（780 年）七月，在崔祐甫去世一个半月后，杨炎秘密指使心腹时任荆南节度使的庾准上疏诬告刘晏，说他在忠州致信朱泚请求营救，说了很多泄愤的话，并且诬陷刘晏在忠州大肆招兵买马，想要抗拒朝廷。

杨炎这次之所以将自己隐藏起来，而让庾准充当马前卒，是因为他心中明白如果自己再一次亲自上阵诬告刘晏，很可能会引起皇帝陛下的反感，而忠州正好在荆南节度使的管辖范围之内，相比自己而言，庾准作为刘晏的上司，他的话更具可信性。

当然，杨炎在这中间并不是只充当一个幕后操纵者，他给自己定位的角色是——证明人。

“杨相，你认为庾准的上奏属实吗？”

“臣已经派人去调查过了，庾准的上奏确实属实，看来先前刘晏和黎干等人意图谋反的事情并不是空穴来风啊！”

当李适向杨炎求证时，杨炎不慌不忙地说了上述那些话，最终他也没有忘记撩拨起李适先前对自己状告刘晏意图谋反的记忆。

话语来去之间，刘晏命运已经决定。

建中元年（780 年）七月二十七日，李适派出心腹宦官秘密前往忠州，任务是缢杀刘晏。

一代理财专家刘晏最终就这样被谗杀，谁也不能否认刘晏的才能，然而这个才学之士却倒在了政治斗争中，倒在了一个气量狭小却位高权重的人手中。

分析整个事件，刘晏之所以最终被谗杀，除了杨炎“居功至伟”，也与当时帝国财政改革成功后，皇帝李适心态产生微妙的变化密不可分。

李适本就是个性情急躁的人，应该说历经“安史之乱”后的大唐帝国到了他这里，由于实行了财政改革和“两税法”恢复了一些生机，但这仅仅是万里之行迈出的第一步，可是在没有经过什么历练的李适看来，这已经是莫大的成绩了。

他的性格和经历，决定了他不可能像他的先祖李世民、武则天甚至李隆基那样对国家形势有客观全面冷静的认识，所以刘晏之死表面看是杨炎造成的，而最根本的原因在李适那里。

没关系！李适！初继大统的你或许还需要历经千锤百炼，才能如凤凰一样展翅飞翔，现在你最需要做的是通过误杀刘晏这件事来反思自己。

这个国家那么大，一个刘晏倒下了，还有千千万万个刘晏。

更何况宰相杨炎的才能比之刘晏有过之而无不及。

事实证明，李适或许反思出杀死刘晏是个重大失误，但他却用另一个错误来掩盖这个错误，最终让他丧失了即位初年开创的良好局面。

杨炎之死

谗杀刘晏最终达到了报复的目的，这让杨炎很是得意，不过他同时也没有想到随着刘晏被杀，很多人开始为这位理财家鸣冤叫屈起来。杨炎本以为很多人忌妒刘晏的才能，现在刘晏被杀，这些人应该额手称庆才对，然而事实却出乎杨炎的预料，当时很多人纷纷上疏李适为刘晏鸣不平，其中包括王公贵族，同样也包括拥兵自重的地方节度使。

例如，时任平卢淄青节度观察使的李正己和魏博节度使田悦就上疏李适，谴责杨炎这种背地里捅刀子的做法，而且李正己和田悦提出了一个让李适很是尴尬的问题，那就是刘晏这样的功臣都逃脱不了被杀的命运，那他们这些安史旧部难道会比刘晏的结局还好吗？

可以说当时在朝廷内外，掀起了一股谴责杨炎为刘晏鸣冤的行动，甚至已经形成了一种强有力的舆论，让皇帝李适和杨炎倍感压力。而这也是杨炎从未想到的。

杨炎聪慧过人，这不假，但人在极大的压力下，很难再保持一种客观冷静的态度看待问题，或许是摸不透皇帝陛下的想法，或许是急于表白自己，杨炎在没和皇帝李适沟通的情况下，就擅自亮明了自己的态度。

杨炎派遣自己的心腹分别前往各地，假借宣慰的名义，然后秘密向地方节度使散布说，刘晏以前就想谋反，而且想让先帝立独孤氏为皇后，是皇帝自己讨厌刘晏，才将他杀死。

消息传到李适那里后，这位本就性情急躁的皇帝彻底愤怒了！

现在舆论矛头都指向我，老子没说什么心甘情愿地顶着压力，你杨炎凭什么干这种念完经打和尚的勾当？

据《资治通鉴》记载，也就是从此时开始，李适和杨炎的“蜜月期”终于结束。李适心中有了杀掉杨炎的想法，只是藏在心里没有表现出来而已（上闻恶之，由是有诛炎之志，隐而未发）。

不过，李适虽然没有发作，但他还是变相地给予杨炎警告，那就是将杨炎调任为中书侍郎，虽然杨炎的宰相之位依然保留，但显然李适的潜台词是杨炎已经不再是宰相班子的专有人选。

对于李适而言，能够保持如此的克制冷静已经实属不易。换句话说，杨炎已经在鬼门关前免费旅游了一趟，只是他还能买到返程的车票。对于皇帝陛下的警告，以杨炎的精明，应该能够读懂，但后来的事实证明，杨炎似乎并未收敛自己，直到他的克星以其人之道还治其人之身。

这个克星的名字叫卢杞。

卢杞，字子良，滑州灵昌（今河南滑县西南）人，乃开元年间宰相卢怀慎之孙。父亲卢奕在天宝末年担任东台御史中丞，“安史之乱”爆发后，叛军打进长安，卢奕坚守岗位，宁死不屈，最终被叛军杀害。

作为节烈大臣之子，朝廷理所当然地要为卢杞谋个好官位，他历任解褐清道率府兵曹、监察御史、鸿胪丞、殿中侍御史、膳部员外郎等官职。

史书记载，卢杞相貌丑陋，面色如蓝，让人看起来十分畏惧，但这个人口才很好，不仅能言善辩，而且说出的话很有感染力，所以深得皇帝李适的赏识，建中二年（781 年）二月，他升任御史大夫，统领京畿观察使。

很多人都认为卢杞会继承其祖父的柔和风范以及父亲的刚正不阿，但事实上卢杞和他的祖父、父亲在人品上相去甚远，是一个心狠手辣的角色，对于卢杞的人品，当时郭子仪有着敏锐的洞察力。

郭子仪每次接见宾客，姬妾都跟在身边，唯独接见卢杞时，郭子仪屏退所有的侍妾，当时郭子仪的家人不明白为什么要这样做，郭子仪给出的答案是，卢杞面貌丑陋，妇道人家看见了会忍不住嘲笑他，这个人心狠手辣一定会记仇，将来有朝一日他得了志，咱们郭家就没有一个能活命的了。

事实证明，郭子仪不仅能看穿卢杞的本质，同样他也很准确地预测到了卢杞定会有飞黄腾达的那一天。建中二年（781 年）二月十六日，在升任御史大夫几天后，卢杞再次被李适提拔，升任为门下侍郎、同平章事，成功进入宰相班子。

卢杞无论是外在形象，还是内在学问，和杨炎比起来都完全不在一个档次上。所以杨炎经常有意无意地轻视卢杞，这让卢杞心中很是不爽，而卢杞恰恰是和杨炎同一类的人物，那就是心胸狭小，不过卢杞却比杨炎更加阴险狡猾，正像郭子仪评价的那样，凡是对卢杞稍有不从的人，他肯定会置人于死地。

现在皇帝李适有了诛杀杨炎的想法，而杨炎又得罪了有仇必报的卢杞，杨炎的前程已经笼罩了一层阴云，而杨炎的种种行为表明他似乎依然没有警觉。

这当中最能证明杨炎在政治上疏忽大意的便是梁崇义反叛事件。

梁崇义本来是襄阳太守来瑱的部下，来瑱被杀后其部将共推梁崇义为帅，梁崇义趁着朝廷无暇顾及自己，在襄、汉地区大肆招兵买马，实力逐渐扩大。一直到李豫即位后，梁崇义的辖区俨然成为地方的割据势力，不仅拥兵数万，而且与田承嗣、李正己等藩镇势力结成同盟。但是，在所有的地方割据势力中，梁崇义属于实力较为弱小的。

李适即位后曾经多次招抚梁崇义，但梁崇义因为有着田承嗣、李正己这些藩镇大佬的庇护，对朝廷的招抚并不感冒，性情急躁的李适于是开始变脸，准备动用武力讨伐梁崇义。

当时朝廷兵力单薄，所以讨伐梁崇义只得依靠其他藩镇势力，在遍观所有藩镇之后，李适选中了淮西节度使李希烈。之所以选中这个人是因为其养父李宝臣庇护梁崇义，而李希烈将其养父驱逐，夺取了他的位置。

虽然李希烈驱逐李宝臣是其藩镇内部的权力斗争，并不是因为李宝臣庇护梁崇义。但在李适看来，敌人的敌人就是朋友，于是他决定加封李希烈为南平郡王，同时兼任汉南、汉北兵马招讨使，负责督导诸道军队讨伐梁崇义。

李适本来信心满满，但就在他正要让人起草任命的诏书时，杨炎偏偏不合时宜地站了出来。

“陛下！李希烈本是董秦（李宝臣本名）的养子，董秦对他特别信任，以至于无人能和李希烈的地位相比。但李希烈大逆不道竟然驱逐了养父董秦，夺取其权位，这个人凶狠残暴，没有什么功劳而且不守法令，如果他讨平了梁崇义，陛下将来如何能够控制住他？”

明眼人可以看出，杨炎的话并不是夸大其词，李希烈后来的一系列做法证明，杨炎还是很有预判性的。但这个世界上真话不一定就能够让人接受，尤其对于李适这样性情急躁，想做一件事八匹马都拉不回来的主儿，杨炎的话无异于是一盆冷水浇上头顶。

“爱卿的话朕会仔细思考的。”李适想找个台阶糊弄过去，但杨炎却偏偏认死理儿：

“依臣看来，陛下绝不能用李希烈讨伐梁崇义，这事关大唐帝国的安危啊！希望陛下三思！”

“梁崇义对朝廷大不敬，如果就此纵容他，才事关我大唐的安危！”李适说完后，不等杨炎开口继续争辩，就起身回到后宫。

只剩下杨炎站在原地哑口无言。

事实上早在杨炎从道州司马的任上重新回归朝廷的时候，在路过襄阳时，他就劝说梁崇义尽早归降朝廷，但梁崇义没有听从。后来杨炎又派心腹李舟前往襄阳劝说梁崇义，结果被严词决绝，李舟连襄阳的城门都没进去，就被梁崇义轰了回来。

我们不能否认杨炎在梁崇义事件上所做的努力，但杨炎有个致命的失误，那就是他极力劝说梁崇义这件事，并没跟皇帝李适讲清楚，当时朝廷的人只知道杨炎去过襄阳，具体他和梁崇义说了什么，没有人知道具体内容。

一直到梁崇义抗拒朝廷的招抚，很多人开始怀疑这是杨炎在背后搞鬼。

这就是典型的好事儿没有办好！

在我看来，杨炎之所以从朝廷第一红人而急速坠落为让皇帝厌恶的人，除了在刘晏事件上，杨炎一脚将李适踹到前台，让李适心生杀机，很大程度上还在于杨炎并没有看透在官场中花无百日红、人无百日好的道理。事实上谗杀刘晏从某种角度而言，是杨炎自毁长城的表现，他的屠刀虽然斩掉了刘晏的头颅，同样也斩断了自己的美好前程，至少在那件事上舆论已经对杨炎颇为不利。

属于杨炎的时代已经过去，但杨炎却当局者迷，依然无视皇帝李适的警告，还将自己看作皇帝陛下身边不可缺少的人物，这是造成杨炎悲剧结局的内因。

更何况还有睚眦必报的卢杞这个外因。

很长时间以来，卢杞对于杨炎轻视自己心中早已怨恨不已，只是由于他还是个新人，所以他必须学会隐忍。

暂时的忍耐绝不是软弱，而是为了更强地发力，精明的卢杞十分懂得这个道理。

而事实证明，机会总是留给有准备的人的，无论对于君子还是小人，这句话都适用。

李希烈接受皇帝李适的加封后，开始统领大军讨伐梁崇义，但老天爷偏偏不给力，连日的阴雨天让李希烈的大军受阻，无奈之下李希烈只得下令暂时停止进军，就这样在半路上耽误了将近二十天的时间。

消息传到李适那里后，这位急躁的皇帝开始牢骚满腹。

当时由于信息传递不发达，李适不知道李希烈停留这么长时间不进军，是因为天气原因，还是因为内心有什么想法，就在李适无所适从时，卢杞的话让李适瞬间豁然开朗。

“陛下！李希烈之所以徘徊不前，依臣看来天气原因不是最重要的，这主要是因为杨炎啊！陛下想一想，杨炎阻止陛下任用李希烈，李希烈一定会怨恨杨炎，可是现在杨炎依然身居宰相之位，李希烈的心里能痛快吗？陛下何必为了顾及杨炎一时的名位而坏了当前建功的大事，不如暂时罢免了杨炎的宰相之位来换取李希烈的高兴，等讨平了梁崇义之后，再重新起用杨炎，也没有什么妨害啊！”

“爱卿所言极是啊！就依爱卿所说的办吧！”李适丝毫没有犹豫，瞬间就决定了杨炎的命运。

建中二年（781 年）七月初三，李适下诏罢免杨炎的宰相之位，改任尚书左仆射。值得一提的是，自此之后杨炎再也没能回到宰相班子之中。

和先前杨炎诬陷刘晏比起来，卢杞整人的手段技高一筹，在和李适的对话中他将自己打扮成一个为国家利益着想的贤者、一个为皇帝陛下分忧的智者，然后利用李适的急躁情绪在无形之中将杨炎踢出了宰相班子。

应该说卢杞这一招已经算是狠狠地报复了杨炎，但对于一个视整人为游戏的人来讲，卢杞还没有达到自己最终的目的。

杨炎谗杀刘晏的时候一定想不到，自己有一天也会走上和刘晏同样的道路。而从舆论角度来讲，他比刘晏结局更惨，刘晏死后赢得了很多人的同情，但杨炎却是被人幸灾乐祸。

前边我们大略地分析过导致杨炎由朝廷第一红人急速坠落为千夫所指的内因和外因，但在我看来，导致杨炎最终悲剧结局的导火线是他处理修建家庙事件不当。

事情的原委是这样的，杨炎准备在曲江畔修建家庙，就拜托河南尹赵伯惠将自己在东都洛阳的宅院卖掉，但赵伯惠却建议杨炎将宅院卖给自己，结果杨炎同意了。

当时地方主管官员购买自己辖地的物产属于变相勒索贿赂，是触犯法律的事情。但很长时间以来这件事情已经成为一种潜规则，不仅仅是杨炎和赵伯惠这么做，很多人都这么做，没有人举报就不会有人真的去管。

但这一次到了杨炎和赵伯惠这里，偏偏就有人站出来管这件事。

时任御史大夫的严郢就上疏弹劾赵伯惠，说他买杨炎的宅院是为了从中贪图厚礼，而且杨炎身居高位也不应该纵容赵伯惠这样做。

事实上严郢本可以不站出来揭发这件事，而之所以他要站出来，是因为杨炎做宰相的时候，很是讨厌严郢，将他从京兆尹的位置上调到了大理卿的闲职位置上，最后还是得到卢杞的保荐，严郢才当上御史大夫。

我们没有证据说明严郢站出来揭发这件事情是受了卢杞的指使，但卢杞当时作为首席宰相是最有权处理这件事的，而且从后来的调查结果来看，不能排除卢杞是幕后操纵者。

卢杞让大理正田晋依法调查这件事，田晋给出的结果是，按照律令要求，地方官员购买辖地物产从中取利的，按照勒索罪处理，应当撤职。

没想到田晋将调查结果报告卢杞后，却让他自己先丢了官，被贬为衡州司马。显然田晋没有领会上司的意图，撤职处理不是卢杞想要的结果，仅仅是撤职，怎么能够小事化大呢？

随后卢杞换了其他人重新审理这个案子，得出的结果是，赵伯惠应该被判处绞刑。

这下卢杞满意了！

虽然案子的审理结果达到了卢杞的目的，但在这其中该怎样对待杨炎，这才是卢杞着重思考的问题。法律没有规定在赵伯惠购买宅院这件事情上，杨炎该当什么罪名。换句话说，从法律角度而言，杨炎是无罪的，但卢杞并不想错过这个继续报复杨炎的机会。

想来想去他只有从杨炎修建家庙的地点上做文章。

杨炎修建家庙的地点曲江，曾经是李隆基和杨玉环经常游玩的地方，当年宰相萧嵩的家庙就靠近曲江，结果李隆基说曲江那个地方有王气，勒令萧嵩迁移家庙，现在杨炎又想在那个地方修建家庙，这在卢杞看来是个很好的利用机会。

在卢杞看来，决定杨炎命运的时刻或许就在此时，如果一切顺利的话，杨炎将被扣上谋反的帽子。

“陛下！杨炎在曲江准备修建家庙这件事，依臣看来是他是有意为之。当年玄宗皇帝说那个地方有王气，勒令宰相萧嵩迁移家庙，这件当年轰动整个朝廷的事情杨炎一定是知道的，可是现在他还要在曲江修建家庙，这说明杨炎怀有异志啊！希望陛下明鉴！”

事实证明：卢杞深具演说天分绝非浪得虚名，他的这番言语让李适陷入了深深的思考之中。

很长时间以来，李适可以说都在对杨炎进行忍耐，这对于本就急躁的他来讲已经完全超出了限度。如果不是杨炎的“两税法”对国家经济恢复发展有重大的促进，说不定杨炎早已经成为李适的刀下之鬼。

坦白地讲，杨炎谗杀刘晏后，迫于舆论的巨大压力，李适已经反思杀掉刘晏是个巨大的错误。虽然这是杨炎的主意，但最后杀死刘晏的命令是李适下达的，所以李适在巨大的压力下，依然没有去拨乱反正，这既是为了保护杨炎，也是为了维护自己的面子。

即使在巨大的压力面前，杨炎率先顶不住将李适一脚踹向前台，李适也仅仅是心里有了诛杀杨炎的想法，但并没有发作。后来杨炎谏阻任用李希烈，李适依旧继续忍耐，即使听从卢杞的建议罢去杨炎的宰相之位。虽然卢杞说的暂时罢免是假话，但李适的内心却真的是只想暂时罢免杨炎。

可是现在杨炎在有王气的地方修建家庙，这的确是怀有异志，这个做法已经触碰了李适的底线，这是李适所不能容忍的，虽然杨炎有大功，但任何触碰底线的事情，绝不能姑息。

即使没有杨炎，“两税法”已经形成体系，依旧可以运转实行，而且目前国家的形势，已经沿着正轨迈进，这一切都让李适充满了自信。

所以，杨炎不再是李适的必需品！

在我看来，这或许是李适最终下定决心杀掉杨炎的内心最深处想法。

事实上，当他这种想法深深扎根于心中时，李适至少已经犯了两个错误，一是他对国家的现状过于乐观，二是他始终没给杨炎一个自我表白的机会。

杨炎的悲剧结局就在卢杞那具有感染力的话语中被悄然决定！

尾声

建中二年（781 年）十月初十，李适下诏罢免杨炎左仆射的职位，贬为崖州（今海南三亚崖城镇）司马。

在那封长长的诏书中，李适对杨炎用尽了谩骂之词：

不思竭诚，敢为奸蠹，进邪丑正，既伪且坚，党援因依，动涉情故。隳法败度，罔上行私，苟利其身，不顾于国……

杨炎接到罢免诏书后，虽然字字犹如针扎穿心一般，但他并没有表现得过于激动。因为在此之前他通过皇帝陛下的很多举动，已经隐约感觉到自己不再是朝廷内不可或缺的人物。

坦白地讲，杨炎当时的心态还是很平静的，当年因为元载，自己被排挤出朝廷，甚至差一点做了刀下之鬼。如果后来没有崔祐甫的举荐，自己很可能会终老于道州。

重回朝廷后杨炎凭借自己的能力，在帝国之内实行“两税法”，打下了帝国中兴的基础，成为朝廷内炙手可热的第一红人。

现在一切不过又重新回到起点，从道州到崖州，这中间犹如过山车般的历程，在杨炎看来恍如隔世，一切是那么虚幻，又是那么真实。听完传旨太监的宣读后，杨炎叩头谢恩后起身站起，脸上依旧是一副淡定的表情。

两天后，杨炎起身离开京城，在出长安城的一瞬间，他回望那高大的城门，心中不禁感慨万千。那里曾经带给他无上荣耀，也带给他诋毁谩骂，更带给他心灰意懒，而今这一切在他看来已经全部结束，前方等待他的将是漫长的孤寂与清冷。他已经做好准备，即使在孤寂与清冷中终老于世，也不愿再回到这世态炎凉的官场中。

想到这些杨炎显得更加释然，然后他转身向着崖州方向走去。

然而此时的杨炎一定想不到，在孤寂与清冷中终老于世居然会成为他的一种奢望，即使他已经远离这个混浊的官场，他的命运也早已经不在他自己的掌控之中，在他身后的高大城墙之内，一个置他于死地的计划已经形成，死神已经开始向杨炎渐渐逼近。

此时浑然不觉的杨炎依旧向着他心中的桃花源崖州前进。但当他一个月后路经一个地方时，杨炎的心中忽然生出一股不祥的预感，因为他经过的这个地方名叫鬼门关。

杨炎很清楚关于鬼门关的传说，那是阴阳相隔的地方，跨过这道鬼门关每个人都不可能再回到阳间。现在皇命不可违，杨炎必须前行，难道眼前这道鬼门关对于杨炎而言会是一个命运的预兆吗？

在鬼门关前，杨炎的心中犹如打翻了五味瓶一样，他霎时间想到了刘晏，他始终在问自己，在这道鬼门关的后边刘晏会不会在等着自己，为此他由衷地发出了一声感叹，写下了在我看来是他后悔诿杀刘晏的诗句：

一去一万里，
千知千不还。
崖州何处在，
生度鬼门关。

就这样带着对前途未卜的忐忑，杨炎硬着头皮越过了鬼门关，继续向崖州走去。

事实证明，杨炎的预感最终成为现实，崖州注定成为他永远到达不了的地方。就在他离崖州还有一百多里时，李适派出的杀手已经追上了他，然后和先前杀死刘晏一样，杨炎最终也被缢杀。

也许是冥冥之中自有天意，这个世界似乎总是有规律的。

杨炎，一个才学俱佳的人，死于自己的偏执、皇帝的猜忌、小人的陷害，让世人为之叹息。

……

建中二年（781 年）十一月，杨炎的首级被传回京城长安。李适看到杨炎的首级后，终于露出了久违的笑容，在他看来这既是对杨炎的惩罚，同时也是自己立威的手段。但就在他觉得权威日盛的时候，这位年轻的皇帝也充分暴露了自己性格中容易被人左右和猜忌、冲动的缺点，只是他的这种缺点在当时正被朝廷内的一致赞颂声所掩盖。

然而，李适的这个缺点对他在位时期的政局影响颇深，既是他误杀刘晏、杨炎的根源，同时也是使他在未来的道路上逐渐陷入灾难的深渊。

第十一章

走向灾难

李适顺利扳倒了杨炎，这让他瞬间感受到了立威的快感。从即位那天起，李适的狂妄与自大就已经为他走向灾难埋下了伏笔。无论是刘晏还是杨炎，李适对付他们还是绰绰有余，毕竟都是手无缚鸡之力的朝臣，他们的命运时刻掌握在李适的手中。但缺少历练的李适对于那些彪悍的割据藩镇，居然也采取了强硬的态度，这让刚刚恢复平稳的大唐帝国瞬间再次陷入动乱之中。

建中二年（781 年）正月，成德节度使李宝臣去世，当时谁也没有想到，李宝臣的死，居然会成为李适一朝大灾难的前奏。

一个职位引发的动乱

李宝臣本名张忠志，是范阳城内的一个奚族人，自幼被范阳守将张锁高收养，长大后由于善于骑射，勇猛有力，所以被安禄山看中选为射生官。“安史之乱”爆发后，他带领八千骑兵攻打太原劫掠太原尹杨光刿，由于立有战功，被安庆绪任命为恒州刺史。

安庆绪败亡后，张忠志一度降唐，但因为史思明迅速崛起，所以不久后他又重归史思明麾下，被授以恒州节度使的伪职。史思明死后，张忠志看到史朝义率领下的安史叛军已经是强弩之末，于是他再次降唐，被任命为检校礼部尚书、恒州刺史、成德节度使，并被赐名李宝臣。

当时作为“河朔三镇”之一，李宝臣成德节度使是河北藩镇的强悍者。李宝臣不仅拥兵自重，而且辖地的财政状况丝毫不逊于朝廷，所以根本不拿唐廷当回事儿，其意图是将土地传于子孙，建立唐廷之外的独立王国。代宗李豫在位时，对藩镇割据采取了姑息策略，而且李宝臣活着时，也不涉及传位于子的问题，但是随着李宝臣的去世，成德节度使的继承人问题开始凸显出来。

李宝臣刚刚去世，其子李惟岳就上书李适请求袭任成德节度使的职务。性格强势的李适当然不能接受，于是他在没有和朝臣商议的情况下，擅自拒绝了李惟岳的请求。

李适的态度让李惟岳十分不满，当初身为“河朔三镇”之一的魏博节度使去世时，李宝臣曾经极力劝说代宗李豫同意其子田悦承袭父位，并得到了李豫的同意。所以这一次轮到李惟岳面临这个问题时，田悦也是上奏李适极力劝说李适同意。

但李适显然不如他父亲李豫那样具备宽阔的眼界，一味的自大使他认定必须革除父皇在位时对藩镇一味姑息的前弊。即使有很多朝臣在得知李适的强硬态度后，纷纷建议李适要慎重考虑，李适也全然不理。

“以前对藩镇传子，都是按照他们的要求去任命，但叛乱却从未减少，可见对藩镇的姑息不足以平乱，反而会生出更大的祸乱，朕坚信如果这一次同意了李惟岳的请求，他早晚也会生出祸乱，任命与否其结果都是一样。”

李适看似信心十足，但显然他过高估计了当下帝国的实力，最重要的是，缺少历练的他在即将到来的动乱面前缺少足够的智慧。

李适坚持削平藩镇，让全国的藩镇大为震惊，尤其是河北、山东的藩镇尤为惊惧。因为他们知道在全国所有的藩镇中，自己实力最为强大，必定会成为李适首先下手的对象。

为了保证藩镇的独立性以及传子制度，以李惟岳为首的成德镇联手魏博节度使田悦、淄青节度使李正己准备以武力对抗唐廷。

汴州城因为城墙狭隘，正准备扩建，有许多人纷纷传言说皇帝李适准备东巡泰山。李惟岳、李正己、田悦三人得知消息后，为了防备朝廷军队入侵，纷纷调兵遣将充分做好防御准备，但他们的动作却让李适产生了误解。

三个节度使大肆调动军队备战，让李适感到无比愤怒。事实上当时李适还没有对藩镇立刻宣战的决心，但三个节度使的行为让李适误以为他们要对朝廷宣战。为了及早做准备，李适在建中二年（781 年）二月，下诏征召京西防秋兵一万两千人戍守关东地区，意图进讨关东地区的藩镇。

所谓“防秋兵”是指“安史之乱”后大唐帝国为了防备吐蕃的入侵，于每年秋季抽调各道士兵组成的到关中西部驻守的军队。当时吐蕃刚刚与大唐和解，西线暂时没有战事，所以李适征调部分防秋兵对付藩镇，可以看出李适对这次进讨藩镇的重视。

同时李适下诏在朝廷直接控制的河南地区设立永平军节度使、郑汝陕河阳三城节度使、宋亳颍三城节度使，都以朝廷大臣担任，作为对付藩镇的战略基地。

李适的一连串部署，让三镇感受到了极大的压力，在看到此战不可避免后，三镇决定率先出手，进而掌握战略主动权。

当时唐廷直接管辖的邢州（今河北邢台）和磁州（今河北磁县），由于地处太行山东端，直接楔入成德和魏博镇中间，战略地位十分重要，所以田悦决定首先攻打邢、磁二州，他派遣手下兵马使康愔带领八千人马围困邢州，又让别将杨朝光带领五千人马屯于邢州西北由河东通往河北的要道上，阻断唐廷昭义镇的援军，田悦自己则亲率数万人马全力围攻邢州首府临洺城（今河北永年县），邢州刺史李共和及临洺守将张伾据城坚守。

田悦刚刚围困住临洺的第三天，远在长安的李适就得到了消息。他知道邢州战略地位的重要性，虽然此前他有征讨藩镇的全盘计划，但现在随着田悦的率先出手，李适不得不打乱先前的计划，首先营救邢州。

于是李适下令让距离邢州不远的昭义镇节度使李抱真与河东节度使马燧一起出兵援救邢州，为了以防不测，李适还加派神策军将领李晟带领两万禁军出潼关协助作战。

由于杨朝光已经阻断了昭义镇援军的线路，而李晟从长安出发路途遥远，算是远水解不了近渴，只有身在河东的马燧，无论从哪个方面来看，都是最为有利的援军。马燧面临的问题是要东越太行山脉，只要越过了太行山，前方就是一马平川。

为了争取援救邢州的时间，马燧并没有强势出兵，而是向田悦派出使者商议停战事宜，进而迷惑叛军。而田悦则误认为朝廷惧怕他，所以同意了马燧的议和，进而不再设防。利用这样的机会，七月初三，马燧联合李抱真的人马共计八万，成功翻越太行山与山东之间的险隘关口壶关，以迅雷不及掩耳之势出现在邯郸城下，将在那里的杨朝光围了个水泄不通。

田悦正在全力围攻临洺城，当听到马燧犹如从天而降时，顿时意识到自己被马燧忽悠，他立即通知距离邯郸不远的李惟岳全力援救杨朝光。马燧得到消息后，也派出心腹大将李自良半路阻击李惟岳。

马燧明白这是“安史之乱”以后，大唐帝国第一次对藩镇用兵，而自己这一战又是首战中的首战，为了打好这第一战，他给李自良下了死命令：

“如果阻挡不住李惟岳，你只有两种选择，一是战死阵前，二是让手下人提着你的人头来见我。”

事实证明，有什么样的上司，就有什么样的手下。得到主帅的死命令后，李自良果然不负众望，成功阻击李惟岳的援军，使得其不能前进半步。马燧利用这个机会，全力进攻杨朝光，只用了三天时间，全歼杨朝光的五千人马，打通了昭义镇通往邢州的道路，同时也使自己在援救邢州的同时，避免了腹背受敌。

五天后，马燧进至距离临洺城五十里的地方。田悦知道消息后，留下部分人马继续围攻临洺城，自己率精兵前来阻击马燧。可是田悦并没意识到他犯了一个致命的错误，那就是自己已经陷入马燧和临洺城守军的夹击之中。

当田悦带领人马拉开阵势与马燧对峙时，他一定想不到留下继续围攻临洺城的那部分人马已经开始逐渐陷入被动。田悦走后，临洺城的守将张伾开始转被动防守为主动进攻，经过几次交战大败敌军，解了临洺城之围，并出兵尾随田悦大军，与马燧形成前后夹击之势。

当田悦意识到问题的严重性时，战场的局势已经不允许他再做出任何补救措施。田悦只能在唐军的前后夹击中率兵力战，但终因寡不敌众，未能打破唐军的包围圈，最终全军溃败，只带领少数几十名亲兵突出重围，连夜撤回漳水以东驻守。

马燧首战告捷，接下来他并没有给田悦任何喘息之机。虽然田悦退到漳水以东后，李正己之子李纳和李惟岳派兵一万急速增援，但马燧还是决定强渡漳水主动进攻。当时淄青军在左翼，成德军在右翼，共同对漳水河上的长桥形成合围之势。从表面形势看，马燧只要渡河就会遭到合围，但马燧却采用了避实就虚的策略，成功渡过漳水。

马燧夜间让士兵用铁链将几百辆大车连接起来，车里塞满黄土，在长桥下阻止河水流过，趁着水流变浅的时候，马燧带领人马成功涉水过河。

田悦、李惟岳等人无论如何也不会想到马燧会用这样的方法渡过漳水，当他们反应过来时，马燧的人马已经迅速向他们发起冲击。在黎明的曙光中，漳水岸边杀声震天，唐军在马燧的率领下越战越勇，此役斩杀叛军两万余人，俘虏三千余人，叛军遗尸狼藉，前后绵延将近三十里，其中李纳率领的淄青人马几乎被全歼，而田悦和李惟岳带领残部各自逃回本镇。

唐军出兵河北首战告捷！

河北战场告捷的消息很快传到了皇帝李适那里，让李适很是兴奋。此时自大的毛病继续在这位年纪已经不再年轻的皇帝身上体现出来，极度自信的李适立即下诏征发各道军队讨伐三镇。当时西自关中，西南到蜀中，南到江、淮、闽、越，北至太原，都派出军队参战，在李适的号召下，可以说战争的规模开始扩大。事实上当时李适的做法极为不明智，因为刚刚止戈的大唐帝国犹如一个大病初愈的人，是无法再经受折腾的，他并不明白一旦战争发展到一定规模，无论是谁都无法再驾驭与控制。

尤其当朔方军将领唐朝臣趁淄青节度使李正己去世，进而击败其子李纳，打通了徐州通往江淮的要道，保障了大唐帝国的物资供应线后，更加增添了皇帝李适削平藩镇的信心。于是他下令让“河朔三镇”之一的幽州平卢节度使朱滔从北方南下进攻成德镇。

朱滔是个心机深沉的人，接到皇帝陛下的诏令后，从明面上他是不能拒绝的，但朱滔本能地想到了皇帝让自己出兵，有借着平叛的名义进而削弱自己的目的，所以朱滔并没有立即发兵，而是先说降了李惟岳手下的大将张孝忠。

在朱滔的大力举荐下，皇帝李适任命张孝忠为成德节度使，与朱滔一同进讨李惟岳，这样一来张孝忠成为朱滔讨伐藩镇的一颗强有力的棋子。

八月初六，朱滔和张孝忠共同攻占成德重镇东鹿（今河北东鹿县）。李惟岳领兵一万与魏博援军意图夺回东鹿，其手下大将王武俊率领三千骑兵结成方阵准备发起冲击。朱滔并没有慌乱，而是在帛卷上画了很多大象，然后派遣一百勇士蒙在身上，在成德军前奔驰呐喊，王武俊的骑兵倒是没受多少影响，但马匹面对这么多“大象”滚滚而来，立即受到惊吓乱了阵脚。朱滔趁这个机会向王武俊发起了冲击，最终大破成德军，李惟岳被迫烧毁营垒向恒州退去。

继马燧之后，朱滔取得了唐军在河北战场的第二场胜利。

李惟岳逃回恒州后，朱滔并没有乘胜追击。李惟岳本有机会收拾人马重新反攻，但他的猜忌性格最终决定了他必然走向败亡的道路。

这次与朱滔和张孝忠一战，王武俊作为援救东鹿的主力部队，可谓惨败而归。但战争的胜负有其深刻和复杂的原因，不能将所有责任都归结到主帅身上，更何况战局依然胶着，李惟岳目前应该做的是稳定军心。

但李惟岳的性格决定了他必然会猜忌王武俊，在李宝臣刚刚去世时，有人就向李惟岳进谗言说王武俊想要投降朝廷，导致李惟岳对王武俊进行严密监视。这次援救东鹿，李惟岳本不想派王武俊出战，但很多人劝李惟岳说王武俊的儿子王士真是其妹夫，派王武俊出战，他一定会奋力拼杀。李惟岳算是硬着头皮同意了，但王武俊惨败而归，这不禁让本就猜忌心颇重的李惟岳再次怀疑王武俊是不是故意战败。

问题的关键是，李惟岳的心中所想，王武俊已经猜到了。

当时李惟岳逃回恒州后，其驻守赵州的部将康日知率众投降，李惟岳为了再次试探王武俊的忠心，决定派其出兵夺回赵州。

对于李惟岳而言这是很好的试探，而对于王武俊而言这犹如小鸟脱离了牢笼，鱼儿重新回到江河。

建中三年（782 年）正月，王武俊决定投降朝廷，于是他率军从赵州回师突袭恒州。当时其子王士真身在恒州城内，听到父亲反戈一击的消息后，立刻打开城门迎接。黎明时分，王武俊率领数百名骑兵突袭节度使府门，将毫无准备的李惟岳擒获。

当时王武俊想将李惟岳献给皇帝李适，却遭到了手下人的反对，他们的理由是，如果李惟岳见到皇帝陛下，一定会将叛逆的罪名也加到王武俊身上，为了以防万一，决不能让李惟岳见到皇帝。

王武俊最终采纳了手下人的建议，将李惟岳缢死在戟门外，然后派人将其首级送往长安。

李适看到李惟岳的首级后大为高兴，要知道这是自他即位以来首次对藩镇用兵，就取得这样的大捷，这让李适更加坚信自己先前的决策无比英明。

成功击败李惟岳让李适更加坚信这个帝国在他的带领下是有能力平定藩镇的，而李惟岳只是开头的一个。

“继续采取强硬的姿态，不愁藩镇不灭！”

这是李适当时唯一的想法。

事实上，纵观当时的河北、山东形势，只有身在魏州的田悦还没有被彻底击败，但已经是强弩之末。而淄青节度使李正己死后，其子李纳固守濮州，也已经是孤立无援。反叛的各镇或归降，或势单力孤，可以说唐廷的军队取得了平定藩镇开局阶段的胜利。但就在很多人认为平定藩镇、实现天下太平已经指日可待的时候，在如何处置战后河北局势的问题上，李适犯了根本性的原则错误，最终致使形势迅速逆转。

战局逆转

建中三年（782年）二月二十一日，在河北战场刚刚取得大捷的李适，忽然下诏任命张孝忠为易、定、沧三州节度使，王武俊为恒冀都团练观察使，康日知为深赵团练观察使，将德州和棣州划给朱滔，并让他收兵返回本镇。

李适这一连串安排的用意在于将成德镇分而治之，进而避免强藩的出现。当时德、棣二州还在淄青节度使李纳的手中，李适将这两个州划分给朱滔，事实上是想让朱滔继续出兵进攻李纳，这样既可以加强对李纳的攻击力量，又可以不让朱滔的势力过分扩大。

表面上看来，这是个一箭双雕的策略，既加强了以李适为首的唐朝中央政府的权威，以及对河北藩镇的控制力，又巧妙地安排了原成德镇的降将张孝忠和王武俊。

不可否认，李适的安排可谓煞费苦心，但这个心高气傲的皇帝当时明显忽略了一个至关重要的问题，那就是这对于他自己而言是一个好策略，但朱滔和王武俊却未必这么看，而且以目前唐朝中央政府的威信力来看，他的这封诏书究竟会有谁能够不折不扣地执行，同样是个问题。

李适的诏书一经发布，就遭到了朱滔和王武俊的强烈反对。

朱滔和王武俊各自有各自的理由，朱滔认为出兵讨伐李惟岳，自己的功劳最大，现在所占领的原成德镇所属的深州，应该划入自己的版图。但朝廷却让自己吐出深州这块肥肉，拱手让给康日知，而且自己还得去攻打李纳的地盘德州和棣州，在朱滔看来这实在不公平。而王武俊则认为李惟岳是他杀掉的，应该功居第一，况且自己的才干比张孝忠强很多，现在朝廷任命张孝忠做了节度使，而自己却做了低一等的都团练观察使，这让王武俊心中颇为不服。

一个是地方割据的节度使，另一个是藩镇的降将，手中都握有重兵，当唐廷中央政府力量较强时，他们会暂时归顺，而一旦朝廷势弱，当其利益与朝廷冲突时，必然会对抗中央，变为独立的大小王国，事实上这是“安史之乱”以来河北地区藩镇长期割据的结果。我们在前边分析唐代宗李豫矛盾复杂的心态时，曾经说过李豫之所以姑息藩镇的原因，可惜历经诸多历练的李豫能够看透这一点，但李适却始终无法深层次地理解。

李适的诏书点燃了朱滔、王武俊对抗唐廷的怒火，却让深陷困境的魏博节度使田悦抓住了救命稻草。

田悦敏锐地利用朱滔和王武俊的不满不断地游说他们一起联合反叛唐廷，经过一番谈判，三方相约共同起兵叛唐。

当时深赵团练观察使康日知率先得到了朱滔、王武俊要反叛朝廷的消息，他立即通知马燧上奏李适，让朝廷做好征讨的准备。但无论是皇帝李适还是朝廷大臣，其实都明白平定藩镇都还得向朱滔和王武俊借兵，而现在平定藩镇的藩镇又想要谋反，这不禁让李适对自己先前的莽撞策略产生后悔之情。

但这个世界上没有卖后悔药的，李适当时只能想出一个权宜之计，赐给朱滔通义郡王的爵位，想要拉拢他进而孤立王武俊。但精明的朱滔却丝毫不为所动，或许在朱滔的心中只有一个想法：忽悠也是要有底线的。

建中三年（782 年）四月十二日，朱滔带领大军进逼赵州，王武俊派其子王士真同时也领兵围攻赵州，攻下赵州后，朱滔率领精兵两万五千人从深州（今河北深县）出发首先到达东鹿，王武俊率领一万五千人也同时南下，与朱滔在宁晋（今河北宁晋县）会合，双方约定首先援救身在魏州的田悦。

朱滔和王武俊反叛南下救援魏州的消息传到长安后，朝廷上下顿时震惊。这宣告了河北战场平藩第一阶段的胜利完全前功尽弃，李适试图稳住朱滔的策略也没有奏效，目前唯一的选择只有一战。

五月初九，李适下诏命令朔方节度使李怀光率领朔方军与朝廷神策军一万五千人赶往魏州增援，不过和平藩第一阶段时相比，这次朝廷出兵可谓勒紧了裤腰带。

由于平藩第一阶段战事的原因，朝廷中央政府每月军费支出达到一百多万两，而国库却只能支持几个月。当时太常博士韦都宾建议向商人借钱渡过难关，得到了皇帝李适的同意。在颁布的诏书中，李适承诺等到平叛之后，朝廷会归还。

我们不能否认李适的想法过于美好，当借钱的诏书下达后，具体负责筹备钱粮的官员完全将事情办走了样，准确地说不是借而是抢。他们甚至下令强行搜查长安城中那些商家大户的货物，如有不从立即抓捕起来严刑拷打，很多人受苦不过以至于上吊自杀，即使这样才总共搜到八十余万贯钱，以至于最终将主意打到了当铺身上，将当铺的质钱也都充公，而且凡是所获得的钱帛粟麦，都由官府借走四分之一。

当时长安的很多百姓针对朝廷的野蛮做法，纷纷骚乱不平，成千上万的人拦住当朝宰相卢杞的马讨要说法。卢杞最初还耐着性子劝说百姓，到后来人围得越来越多，怨声震天，卢杞见势不妙，不得不从另一条道疾驰回到府第。

这件事情搞得皇帝李适极为头痛，事后经过统计，所有的钱财加在一起还不过两百万贯，而长安城中已经是民穷财尽，再也榨不出什么油水，这么点钱还不够藩镇一个县的军费开支，怎么能够支撑平藩大业的开展？

就在李适无计可施之时，淮南节度使陈少游的上奏为李适出了一个权宜之计，虽然他的计策算不上高明，但和先前朝廷官员的不断抢钱相比，已经算是相当不错了。

陈少游建议李适将本道的税钱增加20%征收以供军需，让李适将这个方法普及到唐廷所能控制的各道之中。李适见奏十分高兴，立即批准，同时提高盐的售价，每斗卖到二百钱，虽然从刘晏到杨炎进行整顿后，盐价从没有超过一百一十文一斗，现在上涨了将近一倍，也引起了百姓的不满，但至少比先前明抢富豪财物的做法要好很多。

就这样，李适暂时凑够了平藩的军需开支，在一片艰难窘迫中，唐军开始了平藩的第二阶段战事。

朱滔和王武俊南下援救魏州，让田悦绝处逢生。此时官军方面李怀光也领兵和正在围困魏州的马燧会合，李怀光想要速战速决，而马燧因为魏州城防坚固，想要打持久战，结果双方僵持不下，李怀光独自领兵出战，在魏州近郊的永济渠畔击败了朱滔的人马。

李怀光刚刚到达魏州就旗开得胜，让已经围困魏州一年多的马燧很是不爽，在马燧看来，李怀光这是一种挑衅，自己围困魏州一年多依旧是老样子，而李怀光刚来就打了胜仗，传到皇帝那里，自己岂不成了废物？

夹杂着某种自私心理，马燧带着自己的人马在没通知李怀光的情况下，悄无声息地从魏州后撤二百里，只留下李怀光的人马独自面对朱滔、王武俊和田悦三路人马。

即使知道马燧撂挑子后，李怀光也没有退却，他依然带着人马突袭朱滔的大营，但终因寡不敌众，被赶来救援的王武俊打了个措手不及，军队被打成两截，彼此不能救援，最终大败而逃，很多士兵争先跳进永济渠想要游到对岸，结果被淹死的不计其数，渠水为之堵塞。更有很多人因为逃命而互相踩踏，可以说李怀光这次损失了大半人马。

而身在二百里之外的马燧虽然得到消息想要救援，但因为离得过远，而且担心被切断后路，所以只得坚守不出。但第二天他便后悔自己的选择，因为朱滔等人已经掘开永济渠，将渠水引入王莽古河，滔滔流水淹没了官军的退路。

这下马燧慌了神，因为害怕自己的人马被全歼在这里，马燧向朱滔派出使者，表示只要让自己的人马平安返回本道，自己可以上奏皇帝，请求将河北地区交给朱滔来管辖，得到了朱滔的答应，但王武俊却偏偏反对，不愿就此休战，最终一直到七月份这件事情也没能达成一致。马燧还是在朱滔的帮助下从魏州撤退，涉水退到西部的魏县。朱滔见马燧成功撤退，才假装同意王武俊继续和官军作战的意见，尾随马燧在魏县东南扎营与其隔水对峙。

官军在河北平藩的第二阶段战事，首战因为马燧和李怀光不能有效合作而招致惨败，使得河北战区的形势再次严峻起来。最重要的是田悦见到自己绝处逢生，认为朝廷不足为虑，另外也很感激朱滔的救援，所以他想尊奉朱滔为王。

田悦的想法让朱滔很是高兴，但朱滔认为称王这件事情并不应该只有自己独享，大家应该一起称王，正所谓有福同享，有难同当。于是建中三年（782 年）十月十一日，朱滔等人在魏州城外筑坛祭告上天，正式宣布称王，朱滔自称冀王，田悦自称魏王，王武俊自称赵王，三个人共同迎请李纳为齐王，众人共推朱滔为盟主。同时仿照唐朝中央政府的中书、门下省设置两曹，官吏的设置一律模仿唐朝中央官制。

朱滔等人结盟称王，等于宣告了皇帝李适平定河北藩镇第一阶段战事的胜利彻底前功尽弃，最重要的是这个事件带来了另一个辐射效应，那就是淮西节度使李希烈看到朱滔等人占了大便宜后，立即加入朱滔等人的队伍，公开反叛唐廷。

骨鲠之臣

李希烈本是辽西人，少年时在淮西节度使李忠臣手下效力，由于屡立战功被李忠臣收为养子，并从偏将的位置提升为左厢都虞候之职。大历十三年（778 年），李希烈利用李忠臣不修军政的机会，在淮西镇发动兵变逐走李忠臣，当时皇帝李豫面对这种生米已经煮成熟饭的局面，无奈地委任李希烈为淮西节度使留后。李适即位后，正式授予其节度使之职。

从李希烈驱逐养父李忠臣的事件可以看出，李希烈是个狼子野心的人，并且素有反叛之心。当他看到朱滔、王武俊、田悦在河北地区越闹越欢后，再也按捺不住骨子里的野心，开始与淄青节度使李纳联络，准备袭击朝廷控制下的汴州。李希烈叛变的消息已经开始传出去，东南地区向长安运输的粮食物资担心被李希烈劫掠，都不敢从他控制的许州和蔡州经过，只能从淮水的另一条支流蔡河转运。朱滔知道李希烈也要反叛唐廷的消息后，立即派使者前往许州，劝李希烈称帝。

朱滔的做法颇有些当年孙权劝曹操称帝的味道，这明显是将李希烈放在火架上去烤。李希烈虽然不如曹操雄才大略，但他明白朱滔意欲何为，所以他没有贸然听从朱滔的忽悠，而是自称“天下都元帅”。

李希烈自恃兵强马壮公开反叛后，连克汝、郑二州，由于他的辖地比之朱滔等人更接近东都洛阳，所以当时在听到李希烈即将打来时，东都洛阳的老百姓发生了恐慌，很多人携家带口逃出城隐匿于山谷之中，就连东都留守郑叔则也从城中撤退至城外的西苑，以备随时逃命。

河北战场形势已经十分严峻，李希烈又在河南闹出了乱子，让皇帝李适顿时陷入了焦头烂额之中。平定河北让朝廷已经是穷得叮当响，如何应对河南的形势，这是摆在李适面前的一道难题。

李适找到宰相卢杞商议，卢杞看出了李适的为难，甚至不想再用强兵征讨，于是这个阴险狡诈的宰相为李适出了一个计策。

“李希烈虽然是员骁将，但平日就恃功骄横，手下将士不敢对他进谏，以至于今日叛乱。如果选用儒雅的重臣前去反复开导他，讲明逆顺祸福，臣认为李希烈一定会诚心悔过，这样可以不用出兵就能平息叛乱。”

“爱卿认为谁可以胜任呢？

“三朝元老重臣颜真卿忠正刚直，名重海内，人所信服，正是当此重任最合适的人选。”

颜真卿一门忠烈，骨鲠之臣，却因为卢杞的只言片语，决定了其悲剧性的命运！

卢杞之所以推荐颜真卿前去开导李希烈，并不是因为他真的看中颜真卿的能力和威望，而是因为他和颜真卿素来不睦，甚至说颜真卿对他形成了一种掣肘。

自从“安史之乱”颜真卿在河北地区掀起浩大声势，进而转战投奔唐廷以后，在朝廷内可谓德高望重。但颜真卿并不是那种权力欲很强的人，所以二十多年来在朝廷之内他不是十分显眼。他冷眼看尽了李辅国、程元振、鱼朝恩的兴风作浪，也经历了元载、刘晏、杨炎短暂的风生水起，不过这一切对于颜真卿而言，似乎都如过眼云烟，在朝廷之内他始终平静如水，一直到卢杞谗杀杨炎之后。

在颜真卿看来，无论是刘晏还是杨炎，都为国家做出过贡献，就连专权的元载也选定了才能俱佳的杨炎作为接班人，也算做了件对得起皇帝的事情。但对于卢杞，颜真卿却始终鄙视，原因在于很长时间以来，他看不到卢杞到底有什么贡献。

没有贡献也就罢了，阴险狡诈，打击异己，谗杀杨炎，这一切都让刚正不阿的颜真卿十分看不惯，所以他与卢杞的矛盾不可避免。不过，卢杞虽然是当朝首席宰相，但颜真卿的资历和威望是卢杞无法比拟的。所以表面上卢杞对颜真卿是退避三舍，可是卢杞的为人决定了他不可能善罢甘休，终于在如何对待李希烈的问题上，他找到了机会。

建中四年（783 年）正月十七日，李适下诏派颜真卿出使许州宣慰李希烈，诏书一经颁布，所有人都知道这是卢杞的借刀杀人之计。

颜真卿虽然也明白这是卢杞在报复自己，但他丝毫没有犹豫，稍加准备后就起程前往许州，因为他早已经抱定了必死的决心。在他看来，颜家一门忠烈，尤其是哥哥颜杲卿死于叛军之手，自己决不能退缩，辱没颜家的名声。

当时宣武节度使李勋上奏皇帝李适，认为以李希烈的为人，颜真卿此去必死无疑，朝廷不仅损失了一位元老大臣，李希烈也不会因此而罢兵，朝廷这样做等于是自寻奇耻大辱。

李勋的上奏让处于焦头烂额之中的李适恍然大悟，他急忙派人试图追回颜真卿。但一切都为时已晚，就在追赶的人刚刚上路一天后，颜真卿已经到达了许州。

李希烈知道颜真卿此番前来的用意，当颜真卿面对他宣读皇帝的诏令时，他故意让养子带着一千多名士兵拿着明晃晃的刀剑，在颜真卿周围示威，并不断地谩骂，好像要把颜真卿的肉割下来吃掉一样。李希烈本以为颜真卿会露出惊恐之色，但让他想不到的是，颜真卿居然脸色如常，脚下丝毫没有移动半寸，仿佛身边的人与他无关一样，巍然挺立在原地朗声宣读诏书。

李希烈立即被颜真卿的气场所震慑，他下令让士兵们退去，然后让颜真卿先到待客的馆驿中住下。

李希烈十分清楚颜真卿在朝廷中的地位，现在完全可以利用这个机会，戏耍这位刚正不阿的大臣，羞辱一下唐廷。

于是，李希烈利用一次宴会的机会，开始了自己的计划。

当时李希烈宴请朱滔、王武俊、田悦、李纳等派来的使者，席间自然少不了颜真卿。李希烈一边喝酒作乐，一边让前来助兴的倡优不断唱着辱骂朝廷的戏文，这下点燃了颜真卿胸中的怒火。

当时颜真卿拍案而起，用手点指李希烈道：

“元帅应该还算是朝廷的大臣吧，怎么会做出这样无礼的举动呢?”

言罢，颜真卿准备拂袖离去。

就在宴会陷入极度尴尬的氛围时，一个声音从颜真卿的身后传来：

“早就听说颜真卿的大名，现在元帅正准备做皇帝而颜太师却来到了这里，这不是上天赐给元帅一个宰相的最佳人选嘛！哈哈哈！”

说话的人是朱滔派来的使者。

颜真卿本想头也不回地离去，但朱滔使者的话让刚正不阿的颜真卿如鲠在喉，他立即转身斥责说话的那个使者。

“你们听说过痛骂安禄山而死的颜杲卿吗？告诉你们，他就是我的兄长。他首先在河北举兵抗击安史叛军，后来虽然被安禄山抓住，却骂贼不绝于口，我现在年近八十官至太师，我对朝廷的忠心天地可鉴，早已把生死置之度外，怎么会受你们的威胁利诱?”

颜真卿说得慷慨激昂，让在场的每一个人无不心惊！

当然在所有人当中最为心惊的当数李希烈。

事实上李希烈并不在乎颜真卿的语调有多高，他最在意的是颜真卿话语中透露出的讯息。

在李希烈看来，如今的藩镇割据是因为“安史之乱”才形成的，而自己现在跟着朱滔、王武俊、田悦等安史叛将反叛朝廷。颜真卿通过他哥哥的例子，明显是在告诉他朝廷对待这些安史叛将和对待安禄山、史思明等人没什么区别。

所以，颜真卿说完后，李希烈动了杀机。

只是这个时候李希烈并没有下定必杀颜真卿的决心，真正使他下定决心的原因是他手下大将周曾想要拥立颜真卿为节度使。

李希烈在整治了周曾之后，将颜真卿押往自己的老巢蔡州囚禁。而蔡州注定成为颜真卿生命的最后一站，在蔡州的日日夜夜里，颜真卿不断地向西遥望，他并不因自己失去自由而恐慌，相反却对自己没能完成使命而自责。

颜真卿清楚地知道，李希烈是绝不会让自己活着回去的，已经预感死亡将近的他挥笔写下了给皇帝李适的遗表，并为自己作好墓志铭和祭文，他经常告诉看守他的人，囚室的西墙下就是他的归宿，死后只要把他埋在那里就可以了。

李希烈之所以这么长时间没有杀掉颜真卿，是因为他始终怀有一种矛盾的心理，一方面他始终没有丢掉争取颜真卿的想法，另一方面也想通过羞辱这个德高望重的三朝老臣，满足他的虚荣心。

李希烈本以为随着时间的推移，颜真卿或许会改变，但无论是威逼还是利诱，颜真卿的不屈不挠让李希烈一次次地产生挫败感，尤其当李希烈想要称帝去询问颜真卿该遵循什么仪式时，颜真卿的回答让李希烈很是羞愧。

"老夫耄矣，曾掌国礼，所记者诸侯朝觐礼耳!"

这是句振作朝廷权威的话语，同样这句话也彻底激怒了李希烈。

兴元元年（784 年）八月，李希烈得知其弟李希倩被朝廷处死后。恼羞成怒，联想起颜真卿对他的不敬，终于，在囚禁颜真卿一年零八个月后，下令将他无情地杀害。

颜真卿至死都表现出一身傲骨，就像当年他的哥哥颜杲卿临死时一样，真正做到了威武不能屈。

威武不屈，以死明志千古恨!

千百年来人们争相传颂颜真卿的坚贞不屈，当历史的尘封往事渐渐被黄沙所掩埋后，颜真卿那大义凛然、临危不惧的品格却犹如一片绿洲，在黄沙滚滚中傲然凸显。

值得一提的是，在人们争相传颂颜真卿可歌可泣的事迹时，他那无比绝伦的书法成就被保留至今天，并自成一体，称为"颜体"，与唐代另一位书法大家柳公权并称“颜柳”。

苏轼曾云：“诗至于杜子美，文至于韩退之，画至于吴道子，书至于颜鲁公，而古今之变，天下之能事尽矣。”

是的，我们可以感受到《祭侄文稿》的字字泣血，也可以感受到《颜家庙碑》的恭谨严整，还可以体会到《多宝塔碑》的瑰丽多变和《颜勤礼碑》的端庄遒劲，无愧于“点如坠石，画如夏云，钩如屈金，戈如发弩，纵横有象”的评价。

颜真卿，一个义薄云天的人，一个视死如归的人，让后人无比敬仰。

关于颜真卿的评价有很多，但在我看来最能体现他价值的，当数下列这几句话：

立坚实骨体，求雄媚书风。
究字内精微，求字外磅礴。
臻神明变化，与生命烂漫。

泾原兵变

李希烈在囚禁侮辱颜真卿的同时，并没有停止反叛唐廷的步伐，在联合卢龙、成德、魏博、淄青四大藩镇后，他开始向唐廷控制的地区发起了攻击。

李希烈接连攻下汴州、汝州，致使唐廷的经济重心江淮地区与长安的主要交通线路——汴渠被阻断。幸好长江中下游还在唐廷的控制中，由江淮运往长安的物资只能改道沿长江而上，到鄂州（今湖北武昌）转入汉水，再经汉水支流丹江入武关，最后进入关中。

虽然当时唐廷的物资生命线暂时勉强保住，但对于李适来讲，这种缝缝补补又一年的做法，只能是权宜之计，如果不能平定叛乱，那么长江中下游也早晚会落入叛军的手中。李适作为皇帝，既然平藩的决心已下，就断然不能放弃，如果妥协，不仅使朝廷的权威进一步低落，更会让藩镇的势力急剧膨胀，这对李适本人强化皇权是个沉重的打击。

但继续坚持的话，必须有强大的财力做支撑，而当时朝廷由于军费开支浩大，中央财政已经到了濒于崩溃的境地。据史料记载，当时长安城中每斗粟米已经卖到一千钱，国家太仓就连供应皇帝和六宫的膳食，也仅能维持十天。

在这种情况下，主管财政的判度支赵赞建议征收“间架税”渡过难关。所谓“间架税”是指按房屋的好坏分为上中下三等，每间上等房屋征收两千，中等征收一千，下等征收五百，税吏亲自挨家挨户统计征收。

为了保障这项政策能够贯彻实行，朝廷规定隐藏一间的将处以极刑，并且每千钱交易额征收五十钱的税，如果隐匿一百钱以上的，不仅处以六十以下杖刑，而且罚钱两千，同时奖励告密者。

李适本以为这项措施一经颁布，会征收上来不少税钱，但让他想不到的是，“间架税”的出台，不仅没有征收到多少税钱，反而使长安城中顿时陷入混乱。百姓怨恨之声闻于远近，最关键的是因为国库空虚，一场更大的动乱开始酝酿成形。

建中四年（783 年）十月，李希烈围困襄城，李适征调关中西部的泾原诸道军队开赴关东救援。十月初二，泾原节度使姚令言率领五千人马来到长安，准备稍事停顿等领到军饷后再向关东进发。

这一天长安城内雨雪霏霏，寒风刺骨，对于远道而来的那些泾原士兵而言，最希望的就是能够得到皇帝陛下发给的赏赐，以便赡养家小。当他们翘首企盼皇帝陛下的赏赐时，朝廷一点表示的意思也没有，而且第二天他们从长安城郊离开时，犒劳他们出征的居然是糙米和素菜，连一点肉末也没看见，这些士兵并不知道朝廷已经穷得叮当响，在他们看来，朝廷是看不起他们这些泾原来的士兵。

于是，士兵们的愤怒开始爆发了。

“我们将要上前线去赴死，朝廷居然连饭都不让我们吃饱，我们怎么能卖命去抵抗叛军的刀枪啊！听说皇宫里金银绢帛堆积如山，我们不如自己取来用吧！”很多人不断叫嚣着喊道，然后这些士兵张起旗帜，迅速聚拢起将近一万人，全副武装地向长安城皇宫方向而来。

当时泾原节度使姚令言正在宫中向李适辞行，部下兵变的消息传来后，姚令言飞驰前去安抚乱兵，当行到长安城东的长乐坡时与士兵们相遇，姚令言本以为士兵们看见他后，会暂时平息怒火，可还没等姚令言开口，迎头就迎来了士兵们射来的箭，姚令言下意识地侧身闪过，他不顾生命危险，伏在马背上冲进士兵队伍中间，然后高声喊道："大家仔细想一想，只要东征立下功劳，何愁没有富贵？大家千万不能做这种灭族的事情啊！"

然而，士兵们的愤怒已经不能用话语安抚住，姚令言的喊声很快淹没在人群之中，士兵们强拥姚令言和他们一起向京城皇宫方向继续前行。

长乐坡发生的事情，皇帝李适很快得到了消息。当得知这次兵变是因为士兵没有得到赏赐而发生时，李适立即下令赏赐泾原士兵们每人绢帛两匹，并派宦官前去告知，可是宦官刚和泾原士兵相遇，就被乱箭射杀。

就在这来去之间，士兵们已经进入了长安东北的通化门。李适以为射杀宦官是因为士兵们认为赏赐太少，所以拿出皇宫内库金银绢帛二十车赏赐给士兵们。可是就在那些金银绢帛刚刚装好车还没来得及出发时，乱兵已经进入皇城，李适在内宫已经隐约听见士兵的呐喊声，这时李适才意识到事情发展到如此地步，已经不再是赏赐所能解决的问题了。

事态的发展，完全出乎李适的意料，为了以防万一，李适急调禁军将领白志贞召集禁军守卫皇宫，但等了半天也不见一个人到来，此时乱兵已经进入皇宫南门，李适情急之下只得带领部分皇室成员和几个妃子从玄武门出逃。

值得一提的是，从此时开始，李适一生中最为颠沛流离的逃亡生活开始了。

由于禁军护驾不力，致使李适仓皇出逃来不及征召随行人马，身边只有曾在东宫服侍过李适的两个宦官窦文场、霍仙鸣带领百余名宦官和郭子仪之子郭曙带着十几名亲兵随行。一直到李适逃出长安城外，时任右龙武军使的令狐建才带着麾下四百名士兵仓促赶来护驾，李适当时就是在这么一小股兵力的保护下，一路向咸阳而去。

在李适仓皇出逃后，宰相卢杞见乱兵冲进皇宫，被迫从中书省的后墙翻墙而逃。禁军将领白志贞，御史大夫于欣，户部侍郎赵赞，翰林学士陆贽、吴通微等从玄武门接连逃出，在得知皇帝陛下前往咸阳后，众人到咸阳和李适会合。

皇帝和大臣的仓皇出逃，让皇宫中陷入一片混乱，乱兵进入皇宫后，立即进入正殿含元殿，看到殿内空无一人后，士兵们意识到皇帝可能已经逃走，于是争先冲进府库，抢夺金银财宝，直到搬运不动方才罢休。

在这些人中间最为尴尬的当数节度使姚令言，这个被迫上了贼船的将军，此刻恐怕是跳进黄河也洗不清了。于是在看到无法抽身后，他和士兵们商议在目前京城如此混乱的局势下，必须有人出来稳定局面。

在姚令言看来，当时身在京城并能够控制局面的人，似乎只有朱滔的哥哥朱泚。

幽州卢龙节度使朱泚自从大历九年（774 年）九月到达京城请求留下后，便被代宗李豫外派出镇关中西部的奉天行营，以防备吐蕃侵扰。后来又任命他为陇右节度使和泾原节度使镇守凤翔，那么他所遗留的幽州卢龙节度使的职位便由其弟朱滔担任。

身为朱滔的哥哥，朱泚十分明白弟弟反叛朝廷意味着什么。事实上早在反叛之初，朱滔就曾经派人在发髻中藏蜡丸书信送给朱泚，想要让他一起反叛朝廷。结果被河东节度使马燧截获呈献给皇帝李适，李适立即召朱泚将蜡书交给他看，朱泚诚惶诚恐地叩头请罪，虽然李适当时并没有责怪朱泚，但这件事情过后，李适便将朱泚留在了京城，没有让他踏出过京城半步。

显然李适已经将朱泚列入了重点“关照”的对象，当然这也让问心无愧的朱泚心中很是不爽。

泾原兵变李适仓皇逃出长安时，翰林学士姜公辅提醒过李适，认为朱泚曾经担任过泾原军统帅，因为其弟朱滔反叛被陛下软禁在京城，心中肯定十分不满，陛下必须带上朱泚一起走，或者将他杀掉免除后患，如果留他在京城，泾原的士兵一定会拥立朱泚重新复出。但由于当时形势危急，李适只说了句“来不及了，以后从长计议”，便匆匆逃出了长安。

事实证明，姜公辅的预言十分准确，曾经做过泾原节度使的朱泚，一定是姚令言首先想到的人，无论从哪个角度来看，朱泚都是最合适的人选。

十月初四清晨，姚令言带领泾原士兵在大明宫东北的白华殿，共同迎立朱泚为统帅，进而稳住了长安城混乱的局面。

朱泚复出的第一天便张贴布告，要求那些没来得及逃出长安的朝廷官员必须来自己这里报到，违令者立斩不饶。那些官员只得灰溜溜地出来拜见朱泚，当时很多朝廷官员看到朱泚稳住长安的局势后，认为这个人是朝廷的功臣，于是纷纷建议朱泚立即迎回皇帝李适。

面对朝臣的建议，坐在宝座上的朱泚始终冷笑不语，很多人不知道朱泚的葫芦里究竟卖的什么药，事实上所有人都想不到重新复出只是朱泚实现野心的第一步。

奉天保卫战

朱泚事实上并不想迎回李适，不仅不想迎回，他还明白国无二主的道理，在重新复出的朱泚看来，此时是报复李适的最好时机，联合弟弟朱滔等人反叛唐廷，咸鱼翻身的朱泚开始下定决心。

大多数朝臣猜不到朱泚内心深处的想法，但当时光禄卿源休看透了朱泚的心思。于是他不失时机地告诉朱泚，上天已有符命，朱氏将有天下，劝朱泚赶快称帝，必定会得到诸多藩镇的拥戴。

源休说这番迎合朱泚的话，并不仅仅因为他是个溜须拍马的人，而是因为建中三年（782 年）在唐廷与回纥关系十分紧张的情况下，源休冒着生命危险出使回纥，但回来后却被嫉贤妒能的宰相卢杞仅仅授予光禄卿的职位。这让源休十分不满，这次劝朱泚称帝，也算是源休寻找实现自我价值的另一途径。

在源休的帮助下，朱泚得到了很多在李适身边郁郁不得志的朝臣，例如检校司空、同平章事李忠臣，太仆卿张光晟，工部侍郎蒋镇，都官员外郎彭偃等人全被朱泚重新起用。

朱泚在很短的时间内，迅速组建了为自己服务的临时朝廷，这种局面的出现，一方面说明李适对待藩镇轻举妄动、急躁求治的施政方针已经遭到从中央政府到地方很多政治势力的反对，并以泾原兵变为标志宣告破产；另一方面也表明朱泚这种宽厚的政策，一旦进入政治舞台中心，便使他与皇帝李适形成鲜明的对照，所以会成为很多官僚一个新的选择。

与朱泚那边风生水起相比，已经逃出长安暂时在咸阳避难的皇帝李适此时显得颇为窘迫。早在泾原兵变的三年前，一个名叫桑道茂的术士就告诉过李适，说他不出三年的时间会有暂离宫廷之厄，而奉天有天子气象，那个时候可能会成为李适的避难所，所以现在应该加强对奉天城的修筑。

当时李适采纳了桑道茂的建议，直到此次逃出长安，李适又忽然想起了桑道茂当年所说的话，不禁唏嘘不已，于是决定前往奉天避难。

奉天就是今天陕西的乾县，武则天和高宗李治合葬的乾陵就在其辖地之内。事实上李适决定逃往奉天，内心也有祈求先祖保佑的意味，可就在他刚到奉天没几天，就得到了朱泚在长安称帝的消息。

建中四年（783 年）十月初八，朱泚在长安大明宫宣政殿举行登基仪式，自称大秦皇帝，同时任命姚令言为侍中，李忠臣为司空，源休为中书侍郎兼首席宰相，彭偃为中书舍人。没有来得及逃出长安的李唐皇室成员，纷纷表示抗议，却遭到了大肆诛杀。据史料记载，在几天之内被朱泚杀掉的李唐皇室的王子、王孙达一百七十七人之多。

初步巩固了自己的地位后，朱泚在源休的建议下，开始向奉天进攻。

此时身在奉天的李适身边仅有不到万余人保护，当得知朱泚叛变准备进攻奉天的消息后，立即派使者到河北向攻打田悦的唐军告急。结果马燧率领人马回救奉天，由此开始了奉天保卫战。

十月初十，朱泚留下李忠臣守卫长安后，亲自率领大军向奉天进军。邠宁镇留守韩游环和庆州刺史论惟明得知奉天危急，急忙各自带领三千人马援救奉天，走到礼泉（今陕西礼泉）时，正好与朱泚的大军不期而遇。论惟明本想和叛军交战，却被韩游环阻止，在敌强我弱的情况下，韩游环迅速带领人马绕过朱泚的大军，急速进入奉天城，但即使是这样，由于目标太过明显，在韩游环和论惟明刚刚进入奉天后，朱泚率大军已经到了奉天城下。

叛军将奉天城围得水泄不通，韩游环见固守不是长久之计，于是率军主动出击，在东门城外与叛军展开激战。但朱泚的人马声势浩大，韩游环费尽九牛二虎之力，也只有招架之功，无奈之下被迫退回城中。朱泚趁机向东城门发起冲击，唐军在城墙之上抵挡着叛军的攻城，双方展开了一场激战。虽然唐军接连打退叛军的几次攻城，但叛军丝毫没有退缩的迹象，守城将领浑瑊见死守不是办法，于是利用城内几辆装有干草的大车，命令士兵们推车塞住城门，然后点燃干草，顿时城门之下烈火熊熊，趁着这个机会浑瑊带领士兵趁着火势直冲朱泚的中军大营，叛军万没想到唐军会直冲过来，顿时阵脚大乱，被迫后撤三十里安营扎寨。

唐军虽然勉强打退了叛军的进攻，但并没有解除叛军对奉天的包围之势。而且守卫奉天的唐军兵力远不及朱泚人多势众，如果就这样守下去，奉天城沦陷是早晚的事情。

迫于奉天城形势危急，李适急令距离奉天较近的灵武镇留后杜希全带领人马入援。杜希全即将到达时，李适召集朝臣商议杜希全究竟该走什么样的路线才能避过朱泚的大军进入奉天城内。

当时浑瑊认为奉天城西北的漠谷道险谷峡，叛军容易在那里埋伏，不如从乾陵北面绕过，行军到奉天城东北扎营，这样可以与城内遥相呼应。但卢杞却认为，从乾陵边上通过，会惊扰陵寝，现在奉天危急，杜希全究竟是个什么想法，谁也拿不准，所以一定要谨慎。

生性本就多疑的李适最终还是采纳了卢杞的建议，让杜希全从漠谷行军。但事实证明，朱泚早已经在通往奉天的各个要道埋下伏兵，其中就包括漠谷。

十一月初三，杜希全带领一万人马经过漠谷时，遭到了朱泚人马的伏击。叛军用弓弩巨石在山上向峡谷内的杜希全的人马进攻，杜希全损失惨重，不得已退到榷州（今陕西彬县）驻扎，第一波援救奉天的人马就这样在李适和卢杞君臣二人的猜忌之下，被朱泚轻而易举地打败。

奉天城从十月初被围到十一月初为止，一个月的时间城中粮食已经基本耗尽，李适派人出城打探敌军的情况，得到的消息是朱泚完全没有退却的意思，这期间叛军也曾几次攻城，但均被唐军打退，后来朱泚干脆来个围而不打，目的就是想困死李适。

在这种极端困难的条件下，十一月初八李怀光领兵五万从河北启程赶赴奉天援救，渡过黄河后在朱泚身后的蒲津城驻扎。

与此同时，身在河北助战的神策军将领李晟也带领人马赶来援救。由于叛军将奉天通往关东的道路封死，所以李晟只能翻越太行山的飞狐关（在今山西涞源县），昼夜兼程经代州（今山西代县）雁门关南下，从河中府西渡黄河进入关中，进驻长安以北的东渭桥，在朱泚的西侧形成威胁。

两天后，神策军兵马使尚可孤领兵三千从武关（今陕西商南县）成功偷袭朱泚在要道埋伏的守军后，进占长安东南的蓝田（今陕西蓝田）。镇国军节度使骆元光趁着朱泚围攻奉天之际，领兵从潼关收复长安东侧的华州（今陕西华阴县），成功扼制住了朱泚大军东去的要道，朱泚多次派兵攻打骆元光，却因为分兵太少未能得手。

从战略角度来看，潼关和华州的成功坚守，对于阻断朱泚与身在河北、河南战场的田悦、王武俊等人的联系具有十分重要的意义，可以说由于各路援军的援救，唐军在战略上渐渐对朱泚形成合围之势。

朱泚十分清楚奉天城对于每一路人马的关键意义，如果奉天陷落李适被俘，则意味着唐军无论有多少路援救人马也是白搭。所以他不顾留守长安的李忠臣的一再求援，决定集中全力攻陷奉天，为了攻陷奉天朱泚将可以利用上的攻城利器全部用上，但由于李适曾经对奉天城加固，使得朱泚一连五次的进攻均被打退。

十一月十四日，朱泚改变策略，由先前的集中攻打一门，改为分兵攻打各门，其中着重攻打南门。韩游环知道朱泚是想分掉奉天城的兵力，于是率领人马在城东北部严密布防。转天叛军利用云梯开始向城墙逼近，朱泚为了防止出现首次攻城时遭遇的火攻，提前让士兵用浸湿的毯子覆盖在云梯上，并悬挂水囊防止城上投下火种，叛军人多势众，爬上云梯开始登城，守城将士拼命向下射箭和投掷火炬，但因为朱泚事先做了准备，所以对云梯基本没有损伤，与此同时叛军在奉天城各门均采用此种方法攻城，本就兵力极少的守城唐军不得已与登上城头的叛军展开肉搏战。

身在行宫之内的李适隐约可以听见厮杀声，这位缺少历练的皇帝担心城将陷落，不禁痛哭起来。虽然守城的士兵一次次大量砍杀已经登上城头的叛军，但由于连日作战伤亡极大，看起来奉天城似乎危在旦夕。

就在这危急存亡关头，李适得到了一个至关重要的消息，进驻蒲津的李怀光正在向奉天急速赶来，其先头部队已经到达泾阳（今陕西泾阳县）。

李怀光的到来让李适看到了一丝希望，于是他发布诏书鼓舞奉天军民坚守城池，告诉他们李怀光带领人马即将前来援救，在这样的一种鼓舞下，奉天城始终在坚守，终于在五天后迎来了李怀光的人马。

李怀光率军从蒲津关直指长安北面的泾阳（今陕西泾阳县），沿着关中平原北面向西突进，十一月二十日，进抵奉天以东的醴泉（今陕西礼泉），由于其行军速度极快，完全超出了朱泚的预料，所以其在要道埋伏的人马被李怀光成功偷袭，进而形成李怀光与奉天城对叛军的夹击之势。

直到那时为止，叛军围攻奉天城一连四十余天也已经呈现出疲态，所以在得知李怀光前来援救后，朱泚担心受到前后夹击，不得已下令撤回长安。

值得一提的是，朱泚撤走的时候，奉天城内已经弹尽粮绝，如果李怀光再晚到两天，奉天城定会陷落。

李适被困奉天是他平生最危险的关头，由于他在对待河北、河南藩镇的决策上浮躁冒进，从而犯下了一个又一个战略错误，使自己几乎陷于绝境，更让大唐帝国自“安史之乱”以来第二次险遭覆没。

奉天城解围后，很多朝臣纷纷上表向李适祝贺，但汴滑行营兵马使贾隐林却上疏李适，提出了不同意见：

“陛下性太急，不能容物，若此性未改，虽朱泚败亡，忧患还在前头。”

事实证明，贾隐林的眼光十分独到，他所说的话在不久的将来即将变为现实。

第十二章
动乱余波

避难山南

李怀光从河北迅速率兵入援解救了奉天之围，使得李适转危为安，这让李适十分高兴。但李怀光生性鲁莽，在从河北向关中进军的途中，经常对手下人说，宰相卢杞、户部侍郎赵赞、神策军使白志贞都是奸佞之徒，现在天下大乱都是这帮人造成的，等到解了奉天之围面见天子时，一定请求诛杀他们。

这些话很快传到了宰相卢杞等人的耳朵里，由于李怀光手握重兵，所以以卢杞为首的朝臣们很惧怕李怀光。奉天解围之后李怀光认为自己立下大功，皇帝李适一定会用最高礼仪接见自己。而李适的本意也是如此，但卢杞等人却担心李怀光见到李适后，会真的请求皇帝陛下诛杀自己，所以卢杞、赵赞一起面见李适，开始为李怀光挖坑。

“李怀光解了奉天之围，确实立下了大功，现在朱泚士气低落，如果能让李怀光一鼓作气收复长安，则可以一举平定叛乱。但现在要是让李怀光觐见陛下，他在奉天停留时间过长，等到朱泚做好了防守长安的准备，再想收复恐怕就不容易了啊！”

李适刚刚摆脱奉天之围的尴尬处境，生性急躁的他无时无刻不惦记长安的情况，听到卢杞等人的建议后，李适认为很有道理。于是没有过多思考，就下诏告诉李怀光不必觐见，迅速领兵进驻长安西面的西渭桥，和神策军将领李晟共同收复长安。

李怀光收到皇帝陛下的诏书后，彻底愤怒了！

作为郭子仪的老部下，李怀光在李适即位后逐渐冷落郭子仪的情况下，心中始终存有心结。虽然李适并没有用“站队”的概念来看待李怀光，依然重用他，但性格直率的李怀光依然为老上司郭子仪打抱不平，认为郭子仪受到冷落是因为卢杞、赵赞等人向皇帝进谗言的结果，他始终想为郭子仪报仇，所以才说出请求皇帝诛杀卢杞等人的话语。

现在皇帝陛下居然都不和自己见上一面，这让李怀光十分恼怒，而且感到前途黯淡，于是在简单整顿兵马后，李怀光离开了奉天，在长安西郊咸阳屯兵不动。

进驻长安西郊后，李怀光迟迟没有收复长安的意思，他向李适上疏陈述卢杞等人的卑劣行径，希望李适能够警醒。诸多朝臣也纷纷上疏，认为现在国家动荡卢杞等人有不可推卸的责任。在李怀光和诸多朝臣的努力下，十二月二十九日，李适不得已下诏贬卢杞为新州（今广东新兴县）司马，白志贞为恩州（今广东恩平）司马，赵赞为播州（今贵州遵义）司马。

按说李适已经做出了姿态，但李怀光在咸阳足足屯兵两个月，丝毫没有向长安进军的迹象。这两个月的时间使得朱泚在长安重新稳住阵脚，将国号改为“汉”，自称汉元天皇。

看到朱泚逐渐强大，让逼迫皇帝的李怀光内心十分不安，在他看来，目前皇帝还需要自己平叛，所以自己有充分的利用价值。如果朱泚一旦败亡，自己定会遭到秋后算账，于是他开始有了叛唐之心，秘密地与朱泚开始联系。

李适见李怀光迟迟不肯动兵，多次派使者前去督促，但李怀光总是找理由推三阻四，这让李适十分不满。为了防止出现变故，李适让神策军将领李晟带领人马进驻咸阳，名义上归李怀光统辖。但李晟察觉出李怀光有异心，上疏请求李适让自己移军长安西渭桥驻扎，却并没有得到李适的批准。不过，李适这次吸取了一些先前的经验教训，并没有立即动怒，而是让翰林学士陆贽去咸阳宣慰李怀光。

名为宣慰，实为窥探。

应该说陆贽很好地完成了李适交给的任务，回来后为李适提出了一个对后来战局发展影响深远的建议。

陆贽在宣慰李怀光的同时，他看到了李怀光虽然按兵不动，但其内部并不是铁板一块，每次部下提出迅速进兵长安的建议时，都会遭到李怀光的痛斥，而且对于李晟的到来，李怀光显得十分轻视。

陆贽认为现在皇帝李适已经对李怀光十分容忍，但李怀光的所作所为对李适实乃大不敬，如果现在不采取措施节制他，一味姑息求安，恐怕最后变故难测。现在李晟请求移兵，李适应该赶快同意，否则李晟的人马定会被李怀光兼并。

陆贽的建议得到了李适的批准，于是李晟得以从咸阳撤出，后来的事实证明，正是李晟的人马挽救了再一次深陷困境的李适。

李适对于李怀光的态度可谓十分矛盾，他意图前往咸阳督军各镇收复长安，却被李怀光认为是效仿汉高祖游云梦。所谓汉高祖游云梦是指汉高祖六年（公元前201年），有人上报韩信谋反，结果刘邦采用陈平的计策，巡游云梦泽大会诸侯，等到韩信前来拜见的时候，一举擒获韩信。

李怀光认为李适前来咸阳恐怕也怀有当年刘邦的想法，所以加紧了叛唐的准备，在给李适的各种奏疏中言辞颇为不逊。

李怀光的态度让身在奉天的李适大为惶恐，不过他并没有意识到是自己决定前往咸阳的想法让李怀光忧虑。在李适看来，李怀光越来越不敬的态度，恐怕是他怀疑有人在自己面前进谗言，为了打消李怀光这种顾虑，李适在兴元元年（784年）二月二十三日，特地下诏升迁李怀光为太尉，并赐他免死铁券。

李适本以为外贬卢杞等人和升迁李怀光的官职，会安抚住李怀光，但事实却是当使者到李怀光那里宣读诏书和赐给铁券时，李怀光愤怒地将铁券扔在地上，然后说了句彻底与朝廷决裂的话：

“皇上难道怀疑我吗？人臣造反赐给铁券，怀光没有造反，今天却赐铁券给我，这是要我造反啊！”

使者连夜回到奉天将李怀光的态度告诉李适，李适听后大为惊讶，他本来指望自己一连串的忍耐，会换来李怀光的悔过，却事与愿违。现在的局势是朱泚在长安仅有自保的可能，但李怀光如果回师反攻奉天，那将是天大的麻烦。

所以，李适产生了离开奉天的想法。

当时韩游环在奉天掌兵，韩游环是李怀光的老部下，所以李怀光派使者和韩游环联络，想让他在奉天叛变，充当自己的内应。一直对唐廷忠心耿耿的韩游环上报李适，并建议李适名义上继续提升李怀光的官职，但罢去其兵权，让各军将领不再受他的调度，这样即使李怀光发动叛乱，危害也会减轻，但对这个建议，李适始终摇摆不定。

李怀光动员韩游环造反，可是迟迟等不到这个老部下的行动。于是在二月二十六日他又准备派遣部将赵升鸾潜入奉天，让他在奉天城中充当内应。可是赵升鸾也将李怀光的计划报告给了奉天城中的浑瑊，鉴于李怀光距离奉天实在太近，浑瑊建议李适立即前往梁州避难。

梁州即是今天的汉中地区，位于秦岭南坡和大巴山之间，当时与关中地区的交通以栈道相连，可谓险阻异常，而且距离长安更为遥远。

李适其实是不想去梁州的，但在朱泚和李怀光的双重压力下，似乎也只有这一条较好的退路，所以他只能委曲求全地前往梁州避难。

离开奉天城的那一天，当走到渭水河准备南渡的时候，李适遥望京城长安的方向，不住地对身边的大臣哽咽地说道：朕之此行，莫同永嘉之势，言罢李适的眼泪夺眶而出。

当时谁都明白李适是在比喻自己未来可能会像东晋的司马睿那样偏安一隅，其实朝臣们心中对今后何去何从，以及平定叛乱重回长安同样怀有深深的忧虑，这个问题犹如沉重的石头压在李适及其诸多朝臣的心上。

李适在前往梁州的路上一度想效仿先辈李隆基避难成都。如果不是神策军将领李晟极力劝阻，恐怕当时大唐帝国的命运就会是另外一番景象了。

收复长安

李适在李怀光的威胁下前往山南避难的消息传到长安后，留在长安的诸多唐朝官员顿感唐室复兴无望，纷纷出来投靠朱泚，可以说朱泚在长安已经将自己的“国家”经营得有模有样。

反观李怀光这边，却是另外一番景象，威逼皇帝李适避难山南之后，他的许多部下认为李怀光实属大逆不道，所以纷纷背叛了他，其势力日益缩小。先前朱泚看到李怀光实力强劲还颇为忌惮，等到李怀光犹如秋天的蚂蚱时，朱泚于是用皇帝的身份给李怀光下诏，将他当作自己的臣子。面对朱泚的欺辱，李怀光十分愤怒，但苦于实力无法与之相抗，于是烧掉军营向东进发，抢掠关中东部的泾阳（今陕西泾阳县）等十二个县，最后撤到黄河东岸的河中府（今山西永济县）驻扎。

李怀光和朱泚反目，对李适是个好消息，但当时很多军队不是按兵不动坐观其变，就是跟随李适一同前往山南，能留在关中坚持抗敌的只有神策军将领李晟。李适在前往山南的路上时，让李晟的部将向其传达口头诏命，任命他为尚书左仆射、同中书门下平章事，就是希望李晟能够跟随自己前往山南护驾。但李晟接到口谕后，却哭拜在地说道：“长安是京城，是大唐的根基所在，如果都跟随陛下去避难，那谁来收复长安呢？”

也就是从此时开始，李晟下定决心无论如何也要收复长安迎回皇帝。

我们不能否认李晟的决心，也不能否认李晟的兵马之强壮，但其四周皆为强敌，呈现孤军独挡强寇之势。处在这种劣势之中，李晟依然信心十足，忠于朝廷之心不衰。当时李晟面对周围复杂的形势，决定采取孤立朱泚，拉拢李怀光的策略。他在给李怀光的书信中用词极其谦卑，暂时稳住了李怀光，使自己减少一个强敌，同时委派判官张彧临时担任京兆尹，让他选择一批官吏前往渭北地区征收赋税。

短短十多天的工夫，张彧在其辖地征收到了大量的税钱，使得李晟的部队得到充足的保障。看到军饷大致齐备后，李晟召集军队决定将收复长安付诸实际行动。

兴元元年（784年）五月，李晟鉴于自己的人马逐渐丰足，而朱泚在长安仅有自保之力，以为收复长安的时机已到，遂在五月二十日召集人马誓师进军。

为了以迅雷不及掩耳之势突袭长安，李晟决定以叛军主力盘踞的苑北为突破口，直接攻打朱泚所在的皇宫。为此他特地和在长安外围协同作战的浑瑊、骆元光、尚可孤约定，几路人马一起在长安城郊会合。

五月二十五日，李晟进逼长安东北光泰门近郊。转天李晟正在指挥部队修筑营垒，朱泚看到李晟的人马原地未动后，企图趁官军立足未稳发起冲击。

看到叛军有行动迹象后，李晟迅速布置口袋阵，派人前往城下挑战。朱泚果断命令部队出城迎战，结果不慎钻进了口袋阵，两军在长安城外展开一场激战，最终以朱泚大败逃回城中结束。

李晟首战告捷，这让他平添了很多信心，但李晟同时也明白以自己目前的能力和朱泚展开一场攻城大战是不行的，准确地说长安城下的这一战是为了迷惑朱泚，让朱泚认为李晟准备打一场攻城战。

事实上，李晟的心中另有打算。

三天后，他带领人马开始向长安苑城发起冲击，在进攻之前李晟命人在夜间推倒数十丈苑墙以扫清障碍，天明时亲率主力部队前进。朱泚显然没有预料到李晟可能会从苑墙下手，所以当李晟推倒苑墙后，仅有数十名叛军当即砍倒树木立成栅栏，然后从中射箭阻挡官军。

面对这种情况，李晟亲自督军，冒着生命危险带领数十名亲兵，冒着飞来的箭矢冲上前去，拔开栅栏杀入禁苑。叛军见状立即溃退，只有叛将姚令言率部抵抗，唐将唐良臣率领步兵与姚令言的人马进行肉搏战，姚令言寡不敌众逐渐向白华门撤退。

此时身在皇宫之内的朱泚得知李晟领兵攻进苑城，吓得魂不附体，他实在没有想到李晟居然会以推倒苑墙的方式攻进来，这等于他苦心布置的准备抵抗李晟攻城的几万大军已经形同虚设。

情急之下，朱泚首先想到了逃跑，匆忙召集几十名护卫后，急如丧家之犬般逃出皇宫。途中与同样溃退的姚令言相遇，两个人带领残兵败将几千人一路向西逃去。

李晟随后进驻大明宫含元殿西边的右金吾仗院内，在简单整顿军纪之后，便向身在梁州的李适传去捷报。

李适得到消息的一瞬间竟然喜极而泣：

“李晟将军是上天为了社稷而生的，绝不是为了我啊！”

兴奋之下的李适立即命令浑瑊、韩游环带领人马拦截朱泚。

朱泚从长安逃出后，开始准备向东和田悦等人会合，无奈潼关被官军占领，最后决定前往吐蕃求救，但刚走到泾州（今陕西泾县）的时候，朱泚发现身边只剩下百余名亲兵。

最关键的是，泾州守将田希鉴看到朱泚大势已去闭门不纳。

“你的官职是我授给你的，怎么能在危难之时背叛我呢?”当朱泚知道田希鉴拒绝自己进城时，气得在城下破口大骂。随后他便让士兵焚烧城门，想要强行进城。田希鉴一边命令城头上的士兵对着朱泚放箭，一边将朱泚曾经赐给他的节度使节杖扔到城下。

“都还给你!”田希鉴说完后转身下城而去。

朱泚的人马在城下不断抵挡着从城头上射下来的箭矢，当士兵们看到田希鉴将节杖扔下城头后，都知道朱泚已经是大势已去，所以瞬间开始倒戈。面对这种尴尬的局面，朱泚只得带领少数亲兵以及朱氏家族众人慌忙向北逃窜。

当朱泚走到彭原（今陕西宁县）时，部将梁庭芬看到朱泚已经穷途末路，突然发动兵变。朱泚在逃跑中被箭矢射中坠马，梁庭芬砍下朱泚的头颅前往泾州请降，一场几乎再一次拦腰斩断李唐王朝的叛变，最终以朱泚之死落下帷幕。

兴元元年（784 年）六月十九日，李适从汉中启程返回京城长安。同样翻越秦岭的艰辛，但这次李适的心情显然与来时不同，其中既有对自己君临万邦但失守京城，险些断送祖宗基业的惭愧，也有对李晟、浑瑊等人浴血奋战击败叛军的感激，更有历尽艰险重返京城的喜悦。

但生性多疑的李适在诸多复杂的心绪中，同样掩藏着担心经历这次动乱后，群臣对自己统率无能心存轻视，以及对诸多功臣功高震主后如何统御的忧虑。

不过，眼下能够再次回到长安，李适心中更多的还是兴奋、欣喜之情。七月十三日当李适到达长安近郊时，李晟、韩游环、浑瑊等将领率军迎接。当时十余万人马浩浩荡荡，行进在从凤翔进入长安的大道上，李适的心情固然十分兴奋，但从这段颠沛流离的艰辛中，这位本就缺少历练的皇帝究竟能吸取到什么教训呢?

因为这个问题会对大唐王朝的未来产生至关重要的影响，甚至关系到整个帝国的命运。

分化

前边我们详细介绍了李适因为强行平藩而引起的动乱差一点导致大唐帝国再一次被拦腰斩断，那个时候在帝国的版图上，关中地区可谓刀光剑影。事实上朱泚在长安发动叛乱，李适出逃奉天以及避难山南的时候，河北的局势也发生了重要的变化。从某种角度而言，这个变化对李适重返长安起到了积极作用，这一变化主要是昭仪镇节度使李抱真促成的。

李抱真是唐朝开国初年间接导致西凉李轨灭国的安兴贵后代。“安史之乱”爆发后，安氏家族耻与安禄山同姓，肃宗李亨赐其姓氏为“李”，李抱真的哥哥李抱玉在代宗李豫时期做到了泽潞节度使，大历十三年（778 年）去世后，弟弟李抱真继任泽潞观察使留后之职。

泽潞地区在今天的山西南部长治和晋城地区，是扼守河北、河南、山西地区的要冲，战略地位十分重要。李抱真接任之后，仔细分析当时河北的形势，认为“河朔三镇”早晚会生出变乱，而泽潞处在交通要冲之地，定会受到波及，应当建立一支强大的军事力量。所以他上任伊始就颁布政策，每三个成年男子中选出一个有勇力的人，给予免除赋税的待遇，由官府发给刀剑、弓矢等武器作为乡兵，农闲时乡兵们进行军事训练，年底进行考核，按成绩进行赏罚。这样经过三年的时间，李抱真训练成了一支足足拥有两万人的强劲部队，同时他还不断修造铠甲制造战具，优化武器装备。随着时间的推移，昭义镇的军队逐渐成为一支劲旅雄视太行山以东地区，甚至被人认为是帝国之最。

田悦、朱滔等人在河北发动叛乱时，李抱真作为征讨河北藩镇的主力部队，参加了不少战斗，可是当泾原兵变的消息传到河北后，身在魏县行营征讨田悦的唐军闻讯大惊，皇帝被迫逃亡，讨伐河北藩镇的行动自然也就无法再继续，为平定河北藩镇而成立的魏县行营也被迫宣告解散。当时李怀光回援奉天，马燧退守太原，李抱真则退守太行山以东靠近泽潞两州的临洺城。

李抱真虽然撤退到临洺城，但他并没有丧失信心，尤其当他得知王武俊并不满意朱滔对自己的态度时，李抱真果断决定利用这个矛盾来分化瓦解叛军。他让亲信参谋贾林以投降的名义前往王武俊那里进行劝降，虽然最终没有达到目的，但李抱真许诺可以让王武俊得到朝廷任命的合法官职时，王武俊还是有些动心的，就这样双方开始了秘密的往来。

田悦见唐军突现一盘散沙的局面时，为了尽快消灭在河北战场上的唐军，他派使者游说王武俊，让他带领人马和朱滔一起围攻临洺城。结果这个消息被李抱真及时探听到，李抱真立即派人赶在田悦使者的前边游说王武俊，说临洺城易守难攻，轻易不会被攻破，田悦之所以让你攻打临洺城，其实是在消耗你的兵力。

双方本就私下往来密切，所以王武俊听从了李抱真的话，拒绝了田悦的要求，于建中四年（783 年）十月十八日率兵北归。

直到现在为止，李抱真可以说成功分化了河北藩镇，使得田悦和王武俊开始产生裂痕，这无疑对河北的局势是一个至关重要的影响。但随着后来局势的发展，我们可以看到李抱真可以做得更好。

朱泚在长安称帝后，曾经派使者告诉其弟朱滔，让他在河北一定要坚持住，只要坚持住，最后兄弟俩一定会在洛阳会师（当与卿会于洛阳），而后又立朱滔为皇太弟，这让朱滔十分高兴，随后他向回纥借兵意图帮助哥哥攻打洛阳，虽然最终借来的人马不多，但至少可以壮壮士气。

朱泚在长安的所作所为，让身在河北的李抱真很快得到了消息，在他看来，朱泚和朱滔的联合，让据守在河北、山西地区的唐军有可能陷入东西夹击之中。为了摆脱这种局面，李抱真再次派人游说王武俊，意图用他这颗棋子来牵制叛军。

李抱真派使者为王武俊仔细分析了形势，他说朱滔自起兵起来，对待盟军很是轻蔑。本来自古以来河北地区就没有成立过国家，这片地方最多就是块封地，但现在朱滔在河北称王，在西边依仗哥哥朱泚，北边又向回纥借兵，其意图是想吞并河朔地区，这不是让王武俊老实做他的臣子就万事大吉那么简单。而且王武俊英勇善战，朱滔根本无法相比，本来可以做唐廷的忠臣，就是因为朝廷宰相处理问题有失误，才导致王武俊最终反叛。如果他能和昭义镇联合，共同讨伐朱滔一定会成功，朱滔覆灭，朱泚也不会坚持太久，这样还能做唐廷的忠臣。如果迟疑不决，等到诸镇人马平定了叛乱，将军再想行动那就彻底晚了。

显然，李抱真是在进一步利用王武俊和朱滔的矛盾来进行游说。他坚信自己这一番晓之以理动之以情的话语一定能打动王武俊，因为在他的话里不仅奉承王武俊贬低朱滔，而且让王武俊感觉走上反叛的道路是迫不得已，其本质还是想做个忠臣的。

事实证明，李抱真的话极具煽动性，当王武俊听完这一大串分析后，他猛地拂衣而起，然后说道：

“两百年的天子我都不能臣服，怎么会向那个田舍儿（朱滔）屈膝称臣呢?”

自此之后，王武俊与李抱真和马燧暗中结为兄弟，但表面上依然对朱滔称臣，并派使者向朱滔祝贺朱泚称帝，进而迷惑朱滔。

奉天解围后，在李抱真的建议下，李适为了孤立朱泚、朱滔兄弟，派使者前往河北地区答应赦免田悦、王武俊等人的罪过，于是田悦、王武俊等人利用这个契机答应归降朝廷。但田悦和王武俊为了给自己留后路，表面上没有解除和朱泚、朱滔的联盟。

朱滔为了配合身在长安的朱泚尽快打败关中的唐军，派使者前往魏州游说田悦，让他派兵和自己一起南渡黄河进攻汴州（今河南开封），进而缓解朱泚的压力。但田悦却再三找理由不出兵，不过他明白这只是权宜之计，未来自己该何去何从，这是摆在他面前的一个大问题。

为此田悦秘密召集亲信幕僚商议今后的去向问题，就是在这次会议上，幕僚许士则的一番话让他找到了方向。

许士则认为朱滔和哥哥朱泚以及另一个部将朱希彩曾经一起发动兵变，杀死李怀仙后，拥立朱希彩为节度使，但没过多久朱滔又诛杀朱希彩，拥立哥哥朱泚。朱泚担任节度使后，朱滔力劝朱泚进京，事实上是为了夺掉朱泚的权力。这一连串的事情，说明朱滔是个狼子野心的人，所以田悦首先是不能信任朱滔的。

既然不能信任，那么接下来就要采取应对之策。许士则建议田悦一定不要开城迎接朱滔进城，如果开城迎接，以朱滔的为人，田悦很可能会被活捉。但同时也不能生硬地回绝朱滔，可以表面上答应出兵汴州，暗中却要加紧提防。如果朱滔的人马来到，可以找借口派个部将带领少部分人马跟着朱滔出征，这样对外没有失去报德的名声，对内也不会有措手不及的隐患。

许士则的建议对于田悦的现状来讲，算是上上之策，而且田悦本身已经有降唐的想法，只是迫于朱滔解围的恩情，不能公开与其决裂。恰好此时王武俊听说朱滔邀请田悦共同出兵汴州的消息后，急忙派人游说田悦不可动摇降唐的念头。在反复权衡和王武俊联合的利害关系后，田悦终于下定决心反叛朱滔。于是他采纳许士则的建议稳住朱滔，派人给朱滔回话，表示自己会遵守共同出兵汴州的约定。

建中四年（783 年）十二月，几乎在李适避难山南的同一时间，朱滔在取得田悦同意出兵的承诺后，率领范阳的步兵、骑兵五万人，回纥军队三千人从幽州南下，据史料记载当时朱滔运输物资的车辆前后绵延达到四十里，在冬天的平原上卷起滚滚烟尘，可见朱滔这次出兵可谓志在必得。

于是，在关中地区烽烟不断的同时，中原地区的藩镇大战又拉开了序幕。

朱滔败亡

朱滔领兵南下，沿途所经过的地区王武俊和田悦表面上供应十分充足。不过，在进兵的过程中，朱滔得知李希烈已于建中四年（783 年）底攻陷汴州，并以汴州为都城，自称大楚皇帝，改元武成。

汴州已经让李希烈捷足先登，所以朱滔只得改道前往田悦所在的魏州北面的永济（今河北馆陶县）。兴元元年（784 年）正月初五，朱滔到达永济，他派使者去见田悦，让田悦按照先前的约定，率兵与他在永济会合，然后两军共同渡过黄河。

田悦则按照许士则先前的建议回话告诉朱滔，说自己即将出兵的时候，遭到了手下士兵的反对，自己目前必须先要安抚住部下，所以只能调拨五千人马由部将孟佑带领出征。

朱滔一听便知道田悦是在玩花活，于是怒骂田悦是个忘恩负义的小人，而且他还清楚地记得田悦当时曾经许诺，朱滔替他解围后，他将把贝州赠给朱滔。不过，那个时候两个人关系处在“蜜月期”，朱滔没有接受田悦的馈赠。但现在在朱滔看来两个人已经是形同陌路，所以朱滔立即下令围攻魏州辖下的宗城、经城和冠氏县，并同时进兵贝州。

面对朱滔的来势汹汹，田悦自知难以抵挡，索性闭城固守，最终导致朱滔在田悦所辖的郡县大肆抢劫掠夺。

朱滔虽然大肆侵略田悦的领地，但因为田悦据城坚守，所以魏州城暂时没有受到威胁，可是谁也想不到田悦最终没有败在朱滔的手上，而是栽在了自己人的手上。

当时李适在梁州，为了安抚住田悦，特意让给事中孔巢父前往魏州安抚田悦。这是因为田悦自继任以来，好几次用兵失败，士兵战死者十分之六七，很多人产生了厌战的情绪，朝廷借机宣慰，进而增加田悦的威信。

应该说朝廷的宣慰让那些产生厌战情绪的士兵再次重燃斗志，同时也让田悦欣喜不已，这至少说明朝廷是十分重视他的。我们不能否认这是件好事情，但同样他也为田悦带来致命的伤害，那就是看到士兵们重燃斗志后，田悦放松了警惕，这就给了他那野心十足的堂弟田绪以机会。

田绪为人阴险，经常犯有过失，也正是因为这个原因经常遭到田悦的处罚，甚至是杖刑。于是田绪怀恨在心，意图伺机报复田悦，无奈田悦防范严密，没有机会下手。

不过，孔巢父的到来终于让田绪找到机会。

当时田悦十分满意孔巢父的宣慰，并在他到来的当晚宴请这个朝廷派来的给事中，宴会一直持续到深夜方才结束。田悦因为酒醉放松了警惕，只带着几个随从醉醺醺地返回节度使府衙，当夜他没有下令让亲兵对府衙严加防卫，从而给了田绪以下手的机会。

田绪见到节度使府衙防备空虚，便召集几十个亡命徒从府衙后院的墙上打洞杀入。由于帅府没有防备，田悦又大醉而睡，所以田绪轻而易举地杀掉田悦及其母亲、妻子等共计十余人，然后假借田悦的名义召见田悦最为器重的行军司马扈鄂、幕僚许士则入府议事。

许士则率先走进帅府，结果被乱刀砍死，扈鄂稍迟，刚走到大门口听见许士则在府里大声惨叫，知道出了乱子，于是转身逃走召集士兵准备平乱，可是田绪早已经做好准备，当扈鄂带兵赶来时，他不仅没有躲闪，反而迎上前去。

“我是先相公（田承嗣）之子，大家都受过先相公的恩惠，如果能够拥立我为主，兵马使赏钱两千贯，大将减半，士兵每人一百贯，大家放心，我的承诺五天内一定办到。”

于是，在田绪恩情策略和银元策略的打动下，士兵们纷纷倒戈，杀死扈鄂后转投田绪的麾下。田绪用了整整一夜的时间稳住了魏州城的局势，然后向孔巢父通报，孔巢父大为惊讶，但也无可奈何。为了稳住田绪，只得暂时代表皇帝李适任命田绪为魏博镇留后。等到回去奏报李适后，深陷困境的李适无暇顾及此事，只得顺水推舟任命田绪为魏博节度使。

魏州城的动乱朱滔很快得到了消息，当知道田悦在这场动乱中身首异处时，他高兴得手舞足蹈。在他看来，背信弃义的田悦是罪有应得，自己是无论如何都不能错过这个吞并魏博镇的好机会的。

于是他立即派遣部将领兵一万趁魏博内乱攻打魏州城。

别看田绪闹内乱在行，当外敌来袭时，他显得有些不知所措，情急之下只得向朱滔求和。

田悦已死，朱滔终于达到了报复的目的，所以对于田绪的态度，他采取了宽容的策略，依然承认田绪节度使的职位。不过，这样一来唐军就缺少了一个可以争取的对象，当时李抱真、王武俊都极力争取田绪，不断派遣使者对田绪重申田悦在世时和唐军定下的盟约。由于魏州处在朱滔和唐军的双重包围之下，所以田绪面对朱滔和唐军两股势力的争取开始犹豫起来。

于是，他召集幕僚商议究竟该倾向于何方，幕僚们认为大唐已经立国将近两百年，天子是天下人所尊奉的，朱滔虽然现在强盛，但终究不过是叛逆，相信灭亡之日可待，现在皇帝在梁州避难，如果魏博镇此时尊奉天子，一定会得到天子的封赏。

田绪虽然为人阴险心狠手辣，但并不是没有脑子的二杆子，他明白自己已经成为魏博镇的首脑，就必须为这个地方的所有人负责，所以他听从了幕僚们的建议，派使者向身在梁州的皇帝李适上表，表示归降唐朝，并下定决心坚守城池。

田绪刚刚上表完毕，朱滔便得到了消息。

“这个反复无常的家伙，看来和田悦是一样的货色！”

朱滔愤恨不已，如果早知道田绪阳奉阴违，他绝对不会给田绪任何喘息的机会，早就发兵荡平了魏州。在朱滔看来，现在田绪已经露出了狐狸尾巴，所以自己也不需要再顾忌什么，接下来所要做的就是撕破脸皮全力拿下魏州。

可是出乎朱滔意料的是，他亲自领兵猛攻魏州辖城贝州一个多月，其部将马是领兵围攻魏州一个多月，都无法攻取。原因就在于田绪尊奉大唐的态度，让魏州城中的每一个人重新激发斗志，进而拼死守城。

但“斗志”这种精神食粮必须是在吃饱肚子的情况下才能发挥作用的，魏州城坚持了一个多月，城中基本上已经是弹尽粮绝，田绪不得已只得向李抱真和王武俊求援。

兴元元年（784 年）四月二十八日，王武俊率军到达贝州以北的南宫县（今河北南宫市）东南，李抱真也几乎在同一时间从临洺城赶来会合。不过，由于王武俊先前曾经反叛过，李抱真对其并不放心，所以将大营驻扎在距离王武俊将近十里的地方，并下令全军严加防备，这样一来就引起了王武俊的极大反感。

李抱真明白仅仅是采取提防之策不是解决问题的办法，毕竟两股人马是来援救魏州，不是来较劲的，所以他决定亲自前往王武俊大营面见这位刚刚归降大唐的统帅。

见到王武俊后，李抱真坦诚相对，向王武俊仔细陈述了当前的形势，据《旧唐书·李抱真传》记载，当时李抱真推心置腹地告诉王武俊说朱泚、朱滔、李希烈等人实属大逆不道，事实上都想将王武俊掌控，但王武俊却没有实力驾驭这些人，如果就此臣服这些贼子，而舍弃合法的天子，那将是大错特错，更何况皇帝李适经常下罪己诏，乃有禹、汤之主的风范，王武俊不应该选择错误。

李抱真坦诚的态度，让王武俊大受感动，于是这位刚刚归降大唐尚有一丝疑虑的将军完全打消顾虑，和李抱真相约共同对抗朱滔。

五月初五，李抱真、王武俊两军行进到距离贝州城三十里的地方安营扎寨，与贝州城内的魏博镇军队形成对朱滔两面夹攻之势。朱滔顿时感受到了极大的压力，召集正在围困魏州的马是回援。当时朱滔的幕僚认为王武俊擅长野战，所以应该避其锋芒，不要与他针锋相对，最好步步为营向他逼近，并派本部的回纥人马断绝其粮道。朱滔率领主力大军依靠营垒设防，等到王武俊、李抱真粮食紧缺时再后发制人。

如果按照幕僚的建议去做，这场战争的胜负的确很难预料，可是就在朱滔犹豫不决时，马是领兵回来，朱滔顿时觉得兵力充足，各方面似乎占尽优势，所以他决定第二天与王武俊、李抱真进行决战，试图速战速决拿下魏州。

但朱滔的这个决定遭到了马是的反对，其理由是自己领兵急速赶回，士兵们已经疲劳至极，应该多休息几天再行出战。马是的人马是朱滔所有军队中最有战斗力的一支，所以马是的反对朱滔不敢不理，不过就在他再一次犹豫之时，本部的回纥将领达干请求出战。

“我回纥在本国与邻国作战时，常常只用五百骑兵就可以击败邻国的数千骑兵。自从来到唐境，我们前后接受大王赏赐的金银绢帛和牛羊美酒不计其数，现在这个关键时刻正是报答大王的时候，明天请大王在高坡观看我等为大王一举击败王武俊的骑兵。”

达干说得坚定有力，似乎有着必胜的把握，他的话让朱滔无法反驳。在看到达干信心百倍的情况下，朱滔认为可以不再只依靠马是的人马，于是他终于决定第二天进行决战。

五月初六清晨，这场决定大唐王朝在河北地区命运的决战拉开序幕，不过从整个进程来看，谁也不会想到朱滔居然会栽在这场战争中。

王武俊和李抱真得知朱滔想要进攻，便派兵马使赵琳率领五百骑兵埋伏在桑林，李抱真在其后方布阵，王武俊则率领骑兵作为前军。

两军刚一接触，回纥骑兵率先发起冲击，王武俊的应对之策是让骑兵迅速向两边让开，等到回纥骑兵冲过去到达李抱真的方阵时，李抱真的步兵弓箭手立即放箭阻拦，然后王武俊的骑兵再合成队形，从回纥骑兵的后方冲击，这等于将回纥骑兵做了汉堡包馅。

从结果来看，或许回纥骑兵过于轻敌，以至于冲上来的骑兵部队一个也没有逃出去。

而且王武俊的战法截断了回纥骑兵与朱滔大军的联系，此时赵琳也带领骑兵从林中横冲而出，回纥人马受到三面夹攻狼狈败退。王武俊趁势下令乘胜猛追，回纥骑兵的狼狈逃回，使得朱滔大军一时军心大乱，随即也跟着四散溃逃。这样一来朱滔本来比较完整的阵形就出现了很大的缺口，而且王武俊、李抱真的骑兵冲击速度很快，失去骑兵支持的朱滔大军，根本无法抵挡唐军的冲击，尽皆溃退向东而去。

这种兵败如山倒的场景，是朱滔所始料未及的，虽然他极力阻止，却已经无法挽回，无奈之下朱滔只得带领数千人马退回本部营垒坚守。

这一战朱滔总共出战三万人，除了回纥骑兵损失殆尽，自己本部人马损失了将近一万人，可谓伤亡惨重。最关键的是，朱滔自从起兵以来还未尝败绩，这一次却败在了他没放在眼里的昭义镇军队和王武俊的手上，这让心高气傲的朱滔倍感窝囊。

朱滔退回本部大营后，正好夜幕降临雾气弥漫，王武俊和李抱真两军为了慎重起见，没有立即进兵。于是王武俊驻扎在朱滔营垒的东北，李抱真驻扎在西北，准备第二天再行合围一举歼灭朱滔。

朱滔虽然打了败仗，但并没有失去理智，还算是稳得住阵脚。多年的征战经验告诉他，王武俊和李抱真突然停止进兵，一定会有什么大动作。为了慎重起见，朱滔当夜趁着雾气未散焚烧营垒，率领人马向老巢幽州退去，由于走得匆忙，以至于很多财物、兵器尽皆丢弃。

值得一提的是，在这场大战结束的二十天后，李晟就收复了长安，朱泚的败亡使得大唐王朝除去了最大的心腹之患，同时也使得朱滔成为惊弓之鸟。

朱滔在幽州每天都在惊恐中度过，他生怕李适令旗一挥，唐朝诸镇人马一起进攻幽州，如果是那样的话，朱滔根本无法抵挡，而最终以他先前的所作所为一定是死无葬身之地。虽然此后皇帝李适因为担心王武俊、李抱真趁机吞并幽州逐渐坐大，下令他们停止进攻幽州，并恢复朱滔所有的官职和待遇，但深感愧疚焦虑的朱滔还是迈不过内心深处的一道坎。

贞元元年（785 年）六月，在度过了漫长的惊恐岁月后，朱滔终究没能熬过那个炎热的夏天，在内心一片煎熬中吃下了伸腿瞪眼丸一命归西，跳梁小丑虽活跃至极，但终要谢幕离场。

朱滔死后部将刘怦因为素得人心被推举袭位，被李适任命为幽州卢龙节度使。

朱泚、朱滔的败亡标志着李适度过了最艰难的岁月，同时河北战场暂时恢复了平静。但此时的河南地区战火依旧燃烧，和朱泚、朱滔相比，虽然这股叛军不是李适绝对的心腹大患，但其实力亦不可低估，而且在所有叛将中这个人是最具有狼子野心，以及心狠手辣的。

这个人就是前边提到的，杀害颜真卿的李希烈。

平定河南

李希烈自从建中四年（783 年）十二月攻陷汴州（今河南开封）自称皇帝后，为了控制大唐王朝的财赋重心江南地区，挥兵进攻位于汴州东南两百多里的宁陵（今河南宁陵县），将战火燃向东南地区。

当时李希烈大军沿汴水而下，舟船绵延七十里，江淮地区为之震动，就连淮南节度使陈少游也畏惧李希烈的兵威，秘密派遣使者到汴州请降，并解除了辖内濠、寿、舒、庐四州的防备，等待李希烈的到来。

陈少游投降让李希烈一时间狂傲不已，他指挥大军南下宁陵，并计划最多用三天的时间攻下宁陵，然后挥军占领江淮诸地。可让李希烈想不到的是，他的大军竟在小小的宁陵县城受到了前所未有的顽强抵抗。

当时曹濮观察使命手下大将刘昌与高彦昭率领三千士兵守卫宁陵，而李希烈攻打宁陵的人马达到了五万之众，且将宁陵城团团包围，准备挖开汴渠水灌城。

在这种危急的局势下，刘昌下令让士兵在城内挖掘深沟，李希烈几次派兵准备开挖地道都被击退。就这样李希烈在宁陵城下足足待了四十五天，宁陵城居然没有被攻破，在这期间刘昌衣不解甲，昼夜在城上巡视，激励士兵坚守待援。

李希烈见到水攻无效，于是下令采取火攻，用点燃的箭矢向宁陵城头猛射。当时正值风吹向城头的方向，城楼与战棚一时间火光四起，叛军趁宁陵城头守军忙乱之际架云梯趁势登城。

宁陵另一员守将高彦昭见势不妙，亲自抓起一张弓矢，向着登城叛军一通猛射，并同时组织起弓箭手进行反击，士兵们看到主将亲自抵抗叛军，都深为感动，于是瞬间恢复了秩序，继续在刘昌和高彦昭的指挥下英勇守城。

由于刘昌和高彦昭指挥得当，士兵们拼死守卫，所以多次打退李希烈的进攻，但三千人马经过多番乱战，也是损失惨重，刘昌不得不向外围求援。

当时驻守润州（今江苏镇江）的镇海军节度使韩滉见宁陵形势危急，立即派部将王栖曜和柏良器领兵前去救援。兴元元年（784年）二月，两位主将领兵到达宁陵城外，因为被叛军阻隔，所以无法和城内取得联系。不过，王、柏二人见汴渠与宁陵城内相通，于是心生一计，选派数千名善于游泳的弓弩手，利用夜色的掩护游入宁陵城内。

王、柏二人的策略李希烈并不知晓，第二天李希烈下令再次攻城，事先进入城中的数千弓弩手在城楼上万箭齐发，叛军纷纷坠城而亡，一时间伤亡惨重，不得已向后撤退。由于李希烈的大营距离宁陵城不远，有几支箭甚至射到了在后方督战的李希烈大营之外。当他看到箭矢上的标记后，他猛然间意识到宁陵城一定是来了援军，由于不能立即辨明援军的数量以及行军路线，为了慎重起见，李希烈解除了对宁陵城的包围，撤回汴州。

事实上，在我看来，李希烈当时疑心过重，因为从整个战局来讲，他依然掌握着主动权，撤回汴州固然让他保存了实力，但也同样让他在此后的战局中逐渐陷入被动。

江淮地区终于得到保全，这对于大唐王朝在河南进行的平叛战争具有十分重要的意义。随着在关中、河北接连取胜，整个战争的形势开始出现逆转，官军进而对李希烈形成压制之势。李希烈在看到进兵江淮无望后，为了夺回战场的主动权，十一月开始向汴州南方的陈州（今河南淮阳）进兵，但由于准备并不充分，在陈州城下再次遭到了宋亳节度使刘洽的部将刘昌和曲环的顽强阻击。结果主将翟崇被擒，损失了三万人马，最重要的是当时驻守滑州（今河南华县）的李希烈部将李澄看到李希烈连战连败后，突然易帜降唐，并领兵攻陷汴州，最终迫使李希烈率众逃回老巢蔡州（今河南汝南）。

李希烈从起兵以来，攻城略地，兵锋甚盛，却因为过于轻敌败在小小的宁陵城下，又因为过于急功近利，最终转回了原点回到了老巢蔡州。虽然李希烈进兵受阻，但并没有元气大伤，当时河南的大部分地区依然在其掌控之中。

针对李希烈依然猖獗于河南的现状，皇帝李适十分忧虑，为此他向时任翰林学士的陆贽征求方略。陆贽就此为李适做出了详细的分析，陆贽的分析既是平定李希烈的策略，更是平定整个藩镇之乱的战略规划。

陆贽认为在战乱逐渐平定之后，最重要的是保持安定收拾人心，万万不能被人摸透急于平定叛乱的情绪。如果被人摸透了情绪，那很多人就会认为官军所向无敌，建议乘胜调集军队进攻李希烈。这样李希烈一定会派人劝诱河北的藩镇，大肆宣扬李适不追究藩镇的态度是权宜之计，到时王武俊、田绪、刘怦很可能会起兵响应，国家将会再次陷入无休止的战乱之中。

针对李希烈作乱的现状，陆贽认为李希烈的内心未必没有降唐的意愿，只是他已经窃据皇帝的称号，如果降唐也担心李适不会饶过他，所以只能硬着头皮一条道走到黑。现在李希烈退回本部，而且朱泚、朱滔已经败亡，李希烈基本上已经成为孤军，朝廷只要让各个藩镇守好自己的疆土，不让李希烈有机可乘，相信用不了多久李希烈就会走向穷途末路。

陆贽的分析和建议其实就是政治上孤立，让其自乱方寸。

果然，贞元二年（786 年）三月，李希烈试图做困兽之斗，领兵再次攻打郑州，结果被义成节度使击败，自此之后只得固守蔡州一隅之地。由于其处境和先前的反差实在太大，不久后李希烈忧惧生病。

贞元二年（786 年）四月，李希烈暴病而亡，其子严密封锁消息秘不发丧，并准备诛杀父亲的老部下，提拔那些拥护自己的年轻将领，但此事事关重大，所以迟迟商议未定。

也就是在这个时候，李希烈集团内部已经是阴云密布，事实上当李希烈之子密谋发动政变的时候，他已经是螳螂捕蝉，却不知道黄雀在后。

事情是因为一个女人而起，这还得从李希烈的肆意妄为说起。

早在攻取贝州时，李希烈听说汴州户曹参军窦良的女儿桂娘十分美丽，便派士兵到窦家将桂娘抢到府中做妾。事实上李希烈并不了解桂娘这个女子，准确地说这是一个十分有心计的女子，当时面对李希烈的威逼，桂娘并没有反抗，临走前还宽慰其父母，并发誓一定要消灭叛贼，让父亲得到皇帝陛下的赏赐。

桂娘就这样成为李希烈的小妾，由于她为人机灵，善于察言观色，所以深受李希烈的宠爱，如果说最初李希烈只是想占有桂娘，那么随着时间的推移，他逐渐真的爱上了这个女人，以至于他的很多谋划只告诉桂娘一个人，甚至连他的正房妻子也不告诉。

都说恋爱中的女人智商为负数，事实上在我看来男人也不例外。

李希烈是真的爱着桂娘，但桂娘的心中只有两个字，那就是“复仇”。

桂娘通过平常的仔细观察发现李希烈的部将陈先奇虽然深受重用，但似乎总是有意降唐。于是在李希烈从汴州退回蔡州后，桂娘在李希烈面前夸奖陈先奇，并愿意和陈先奇的夫人结为姐妹，进而好让陈先奇更加效忠李希烈。

但事实上，桂娘的本意是想接近陈先奇，然后尽快策反陈先奇降唐。

桂娘通过陈先奇的夫人不断劝说陈先奇尽快降唐，这样使得陈先奇暗中开始筹备策划，也就是在这时，李希烈吃下了伸腿瞪眼丸一命归西。

李希烈之子严密封锁消息，让桂娘敏锐地判断出接下来可能会发生什么，恰好此时有人进献含桃，于是桂娘趁机禀告李希烈之子，请求将含桃送一些给陈先奇的妻子。

李希烈之子断然不会想到桂娘一个女流之辈会玩什么花活，所以毫不犹豫地同意了，就是这样一个不是机会的机会让桂娘抓住了。

桂娘用帛书写下李希烈的死讯，然后用蜡封好，夹在含桃中送到陈先奇那里，这样一来李希烈的死讯算是公开了。

“杀进府中去!”

这是当时陈先奇唯一的想法。

第二天，陈先奇和副将薛育带领一千人马迅速包围节度使府。李希烈之子见到陈先奇来势凶猛，知道老爹的死讯已经泄露出去，于是跪在地上请求陈先奇。

“只要你们拥戴我为主，我愿意去掉帝号，仍然做节度使。”

“你的父亲大逆不道，天子已经下令必须诛杀!”

陈先奇面对李希烈之子的央求，并没有心软，随即不待其起身，便一刀砍下他的头颅，然后指挥士兵血洗李希烈的府中，杀死其全家七十余口人，而且陈先奇没有忘记抬出李希烈的尸首，将其拖到街道上示众。

相信李希烈如果地下有知，他一定会为自己最后如此悲惨的下场而羞愧不已。

李希烈，一个残忍凶狠的人，兴于藩镇动乱，毁于欲望难填，其中桂娘这个烈女子起到了推波助澜的作用。后世的大诗人杜牧撰写了《窦烈女传》，详细记载了窦氏桂娘的事迹，让后人知道了在枭雄李希烈败亡的过程中这个女子所做的贡献。

如果颜真卿在天有灵，相信可以瞑目了！

平定河中

当建中时期的动乱渐次平息，大河南北关陇上下的烽烟将要消失之际，在长安东北三百多里的河中府，依然有一支叛军盘踞在那里，成为皇帝李适的心头大患。

河中府即是今天山西的永济县，在黄河东岸与关中地区隔河相望。地处汾河下游，土地肥沃，又有盐池之利，全盛时期拥有人口五十五万，是长安和北都太原之间的交通必经之路，历来是大唐帝国的经济和战略要地。“安史之乱”后，朝廷在这里设立河中节度使，管辖河中府与周围的晋州（今山西临汾）、绛州（今山西新绛）、慈州（今山西吉县）和blank州（今山西隰县）一府四州之地，军事和经济实力较为强大，是关中在东北方面的重要屏障。

这个地方由解围奉天之乱却遭到皇帝李适猜忌而出走的李怀光占据。

自从兴元元年（784 年）以来，李怀光因在关中叛乱受挫，率领本部人马占据河中后，又出兵攻占河中北面的绛州与黄河西岸的同州（今陕西大荔），逐渐形成一股强大的割据力量，观望关中地区官军与朱泚叛军的形势变化。

最初李怀光是稳坐钓鱼台静观其变，但兴元元年（784 年）七月李晟收复长安后，李怀光的内部开始产生变化。判官高郢劝说李怀光趁京城光复之际，向皇帝李适请罪重新归顺朝廷，李怀光同意了其建议，派儿子李璀前往长安觐见李适，李适虽然对李怀光的反叛心有余悸，但鉴于战乱刚刚平定，为了息事宁人同意了李怀光的归降，派孔巢父前往河中宣慰李怀光，并加封其官职。

不过，让李适想不到的是，他的这个决定不但给孔巢父带来了杀身之祸，而且使李怀光的归降功败垂成。

七月十八日，孔巢父从长安来到河中，向李怀光宣读皇帝的亲笔诏书。李怀光由于是请降，所以穿着白色素服带领部下跪在地上恭敬地听孔巢父宣诏。按照惯例，孔巢父可以让李怀光重新穿上官服，表示朝廷的宽大与恩惠，就在面对这个本可以尽释前嫌的机会时，孔巢父却犯了一个致命的错误。

孔巢父站在那里宣诏，丝毫没有让李怀光重新穿上官服的意思，对于经常出使藩镇的孔巢父来讲，是不可能忘记这个环节的，唯一的解释就是他过于趾高气扬，内心深处瞧不起李怀光。

我是钦差我怕谁?

可是孔巢父恰恰忽略了一点，站在他面前的是一群生猛的武夫。

“太尉无官矣!”李怀光身后一个响亮的声音响起，随即他的部下都猛地从地上站起。

孔巢父并没意识到问题的严重性，当他宣诏完毕后，又说了句不合时宜的话语:

“李怀光将要赴京请罪，大家看谁能够代替他统领军队呢?”

在我看来，置孔巢父于死地的正是这句话。

李怀光虽然是朝廷的反叛者，但在朔方将士中素有威信。当时他的许多部下听到孔巢父的话语，都认为朝廷是有意剥夺李怀光的军权，于是愤怒地一拥而上，没等反应过来孔巢父就已经身首异处。

“朝廷根本就是想置太尉于死地，与其这样不如反抗到底!

“对!反抗到底!”

李怀光的诸多部下高声喊着，刚才发生的事情对于李怀光具有非常大的触动。李怀光的心中本就对孔巢父没什么好感，几个月前孔巢父出使魏博镇，结果田绪发动兵变诛杀了田悦，李怀光始终认为这是孔巢父在搞鬼，现在自己的部下杀掉了孔巢父也未必不是件好事。

杀掉孔巢父意味着李怀光只能在对抗朝廷的道路上走到黑，当然这对于他来讲或许本身就是件愿意的事情。

河中府发生的悲剧宣告李适争取李怀光归降的做法彻底失败，接下来不出意料的肯定是大兵讨伐。

八月，李适任命浑瑊为河中、绛州节度使，河中、同华、陕虢行营副元帅，在太原的河东节度使马燧为晋、慈、隰节度使，先管内诸君行营副元帅，从南北两面夹攻李怀光。

当时马燧率领步、骑人马三万，由晋州出发向南进攻，首先攻取绛州的属县稷山、龙门、夏县等地，迫使大批李怀光的守军投降，由于马燧出兵迅速，使得绛州成为一座孤城。到十月为止，马燧攻下绛州外城，守将达奚小俊见城破在即，利用夜色弃城而逃。攻下绛州后，马燧率领人马沿黄河东岸南进，在河中府以北的陶城（今山西永济）击败李怀光主力骑兵部队，不过官军虽然大获全胜，但李怀光驻守蒲州仍旧拼死抵抗，一时间马燧进兵受阻，战事陷入胶着状态。

事实上纵观当时朝廷的整个形势，速战速决是最为有利的，一旦陷入胶着的战局，则意味着朝廷失掉了主动权，因为当时帝国上下正遭受着前所未有的灾荒。

就在上一年的秋天，太行山以东遭受了前所未有的蝗灾袭击，从太行山东到大海的河北平原上，蝗虫遮天蔽野，不仅庄稼，就连地上的青草树叶也几乎被吃光。转过年来刚刚过完元旦，一场罕见的大雪席卷关中地区，天气骤然酷寒，长安城中随处可见冻死的百姓。这场大雪过后还没等百姓们缓过神来，从春季开始一直到八月中旬，关中地区居然滴雨未落，长安城郊外的灞水和浐水只剩下涓涓细流，京城长安内外的井水完全枯竭。

面对灾难频至的局面，皇帝李适不断拨款赈灾，可是与严重的蝗灾、雪灾、旱灾相比，更严重的是关陇、河北、河南地区发生了大饥荒，粟米涨到每斗十文钱，李适把皇室的内帑全部拿出赈灾也不够。然而祸不单行的是贞元元年（785 年）四月十五日夜间，江陵的度支院失火，烧毁了存积待运关中的赋税钱谷百余万，让本来想用这批物资赈灾的朝廷损失惨重。据史料记载，当时不仅普通百姓，就连中央政府也几乎无法维持正常运转，国家仓库中存储的粮食和货币仅够十七天之用，更别说什么拿出军饷支援前线。

由于灾荒严重，皇帝李适不断下罪己诏，当时许多朝臣上疏请求停止征讨李怀光，暂时缓解朝廷的财政危机。面对朝臣们给予的压力，李适一时间犹豫不决，当领兵收复长安的李晟得知消息后，上疏李适万万不可在此关键时刻赦免李怀光。李晟的奏疏很长，概括起来他的理由就是诸多藩镇尽数平灭，只剩下李怀光还在作乱，如果停止征讨就会让他逐渐坐大，而国家现在四周形势并不平稳，如果不平定李怀光，日后遇到与邻国发生战事，李怀光定会成为国内的不安定因素。

当时远在河东的马燧得知李适犹豫是否继续征讨李怀光的问题时，立即命令部队暂驻原地，然后自己率领数百名亲兵昼夜奔驰到京城，面见皇帝李适上奏万万不可赦免李怀光。

“陛下！李怀光凶顽异常，如果现在赦免他，以后陛下就再难以号令天下，现在眼看大功即将告成，怎么能够半途而废呢？臣保证再有一个月就可剿灭李怀光，请陛下万万不可下令停止征讨。”

马燧说得言辞真切，让李适瞬间重拾信心，于是在看到李晟和马燧两位重臣极力主张讨伐的情况下，李适决定继续征讨李怀光。

八月初一，马燧返回河东前线，立即布置发动对河中府的进攻。河中府以北的长春宫，是李怀光主力部队据守的重要据点，李怀光派大将徐廷光领兵六千守卫。长春宫本是大唐皇帝设在河中的行宫，周围宫城高耸，防卫森严，易守难攻。马燧认为如果长春宫不能攻下，李怀光仍然可以继续坚守下去，那么这场战争就会陷入旷日持久之中，所以他决定先从长春宫下手。

马燧明白长春宫有重兵把守，如果强攻恐怕一时间未必能够攻下，当得知长春宫的守将是徐廷光时，马燧嘴角露出了笑容，因为十多年前徐廷光曾经是马燧的老部下。

有了这样一层关系，马燧决定劝说徐廷光归顺朝廷，兵不血刃地拿下长春宫，在马燧看来，以自己的威望，还是能让徐廷光敬服的。

为了表现出足够的诚意，马燧转天仅带领三五个随从来到城下，高叫徐廷光的名字。不出马燧所料，当徐廷光听到曾经的老上司马燧来到后，立即在城楼上向马燧下拜，如果当时不是因为各为其主，徐廷光很可能会出城相见。

“我是皇上派来的，廷光啊！你不应该拜我，应该向西跪拜！”马燧因势利导地说道。

徐廷光听出了马燧话语中的含义，于是向西跪拜在地。

“你们都是朔方将士，不应该毁了郭老元帅的英名！”在看到徐廷光没有产生抵触情绪后，马燧进一步诱导着说道，他口中的“郭老元帅”显然是指德高望重的郭子仪。

因为马燧知道，在朔方军人的眼中，郭子仪具有无人企及的威望。

"安史叛乱以来，朔方将士为国建功，至今已经三十余年，在所有的军队中功绩最高，怎么会忽然间置祖辈和父辈的功勋于不顾，做出背叛朝廷应该灭族之事呢？如果你们听从我的，不但可以免除祸患，还可以获得富贵。"

马燧说完，环顾城上的徐廷光等人，见众人都低头不语，似显出尴尬，马燧继续说道：

"如果大家担心我所说的不实诚，现在我们与你们相隔不远，你们可以用箭射我。"

言罢，马燧敞开衣襟闭上眼睛挺身而立。

霎时间，城头上徐廷光等人被马燧真诚的话语打动了，马燧在这些人心中本来就具有崇高的威望，再加上这样一番颇为煽情的话语，徐廷光等人内心着实感动。

"我等愿归顺朝廷！"

徐廷光眼里噙着泪水伏在地上说道，左右的人也跟着他一起跪拜在地。

长春宫就这样在马燧的几句话之间，被兵不血刃地收复。第二天徐廷光下令打开城门迎接马燧进城，马燧为了表示诚意，仅带几名卫士入城受降，丝毫没有任何防备，这更让徐廷光等人大为感动。

八月初十，马燧与浑瑊、韩游环率领人马逼近河中府，进至河中府的外围焦篱堡，李怀光的守军不战而降。焦篱堡的失守让李怀光彻底失去与河中府外围诸郡的联系。八月十二日，马燧带领八万官军开始向河中府主城发起进攻。

当时河中府分为两城，河西为西城，河东为东城，两城隔黄河相望，中间有浮桥相连。官军从东西两面合围东西两城，李怀光由于失去了与外界的联系，所以军心动摇，城池即将陷落的谣言传遍城中，东城传言西城已经被攻破，西城传言东城已经投降，在这样一种惶恐的氛围中，李怀光见大势已去，遂在府内自缢而亡。

李怀光的死意味着河中地区被彻底平定，李怀光的部将牛名俊砍下其头颅出城投降。从马燧出兵到攻下河中府，只用了二十七天，实现了对皇帝李适的承诺。河中府的平定使唐廷消除了最后一个心腹之患，从建中二年（781 年）春天开始，一直到贞元元年（785 年）夏天，历时四年多的时间，遍及黄河流域的战乱终于结束。

李适因为反对河北藩镇的传子制而一怒发动平藩战争，最初以全国兵力讨伐三镇，几乎取得决定性胜利。但他没有想到由于决策失误，这场战争差点演变成一场几乎覆亡大唐帝国的灾难。

经过四年多的战乱后，李适仿佛又回到了原点，那就是不得不承认河北藩镇的传子制度，来换取河北藩镇的顺从，这对李适似乎是莫大的讽刺。最关键的是经历了这场动乱，本就风雨飘摇的大唐帝国再次呈现衰败之势，它不仅让百姓们深陷战争的浩劫，更让很多人对帝国昔日无限繁华产生怀念，以及对帝国未来深深地忧虑。

第十三章
贞元治乱

分歧

当河北、河南和关中地区藩镇叛乱引起的大风暴将近平息时，李适君臣的注意力开始转向财政和经济问题。因为从建中时期（780—783 年）延续到贞元初年的自然灾害和战乱，已经极为严重地破坏了社会经济，也将帝国的财政推向崩溃的边缘。据《旧唐书·德宗纪》记载，从建中元年（780 年）到贞元四年（788 年），地震、蝗灾、旱灾、水灾等灾难加起来将近十次，天灾人祸相继降临，不但百姓们流离失所，就连皇帝李适的膳食都受到了极为严重的影响。当动乱初平，李适君臣所面临的最紧迫的问题，就是如何解决财政的窘困。

贞元二年（786 年）夏天，由于东南漕运粮食没有及时运到关中，关中和京城长安的所有粮库都见了底儿，就连拱卫李适的禁军口粮也无法发放到位，当时很多士兵产生了抵触情绪。李适得到报告后，害怕再一次发生泾原兵变式的动乱，所以极为忧虑。就在局势将要失控的时候，时任镇海军节度使的韩滉从驻地润州（今江苏镇江）运来三万斛大米，暂时解了朝廷的燃眉之急。李适当时高兴得几乎掉下眼泪，他兴奋地对太子李诵形容韩滉的这三万斛大米让他们父子又重新找到了生路，可见当时李适已经窘困到什么程度。

不过，李适明白韩滉的大米也仅仅是解燃眉之急，如何让帝国摆脱财政危机才是解决问题的关键。为了扭转这种局面，从贞元二年（786 年）起，李适的施政重心开始由平定藩镇叛乱转向最为紧迫的财政问题，其中施政重心转移的标志是贞元二年正月崔造出任宰相。

崔造，河北安平（今河北安平县）人，年轻时以博学闻名，李豫在位时与韩会、卢东美、张正则结为好友，经常在一起谈论国家大事，以辅佐君主为志向，被时人称为“四夔”。“夔”是传说中尧舜时代的良臣，由此可见当时人们对崔造的看重。

崔造能够进入仕途还应该感谢浙西观察使李栖筠，当时李栖筠十分欣赏崔造的才能，将他征辟为幕僚，由此崔造进入仕途。不过，在李豫当政时期以及李适即位初年，由于政治风云的变幻，崔造的仕途之路并不顺畅，始终没有进入帝国官场的高层。

不过，命运之神总是垂青有才能和有准备的人，朱泚之乱成为崔造命运的转折点。当时他担任建州（今福建建阳县）刺史，听到泾原兵变皇帝李适仓皇出逃的消息后，他立即写下檄文，派人飞速送到相邻的几个州，约请他们共同招募军队，以备朝廷随时调遣平叛。崔造在本州招募了两千人马，虽然还没等奔赴长安，朱泚之乱已经被平定，但他的忠诚却被李适得知，于是李适在返回京城后，立即征召崔造进京担任吏部侍郎兼给事中。

一年后，崔造由于在其位善于决断，能够独当一面，所以被皇帝李适提拔进入宰相班子，同时原官职照旧不变。当时很多人都赞叹崔造在官场是青云直上，而皇帝李适之所以破格提拔崔造，也是希望他能够竭尽所能在解决帝国财政危机方面做出成绩。

事实证明，崔造没有辜负李适的期望，进入宰相班子伊始，就向李适提出改变当时的财政体制来解决帝国的财政危机。

崔造之所以提出改变财政体制，是因为从李豫时期到李适即位初期，唐朝中央的财政管理实际上已经形成度支和盐铁转运使两套系统。度支掌管农业税收，即通过“两税法”征收货币和粮食、绢帛等实物上缴朝廷。盐铁转运使掌管工商税和漕运事务，主要负责东南地区海盐的专卖，并将江淮地区两税征收的粮食漕运到京城长安。

崔造由于长期在江南地区担任地方官，所以十分熟悉一些地方的“钱谷诸使”在财政收入上欺瞒朝廷的情况，崔造认为这是导致帝国财政陷入危机的首要原因。同时他认为由于度支、盐铁已成为独立的中央财政系统，宰相对财政的控制正在逐渐削弱，这是造成帝国财政危机的第二个原因。因此他建议废除度支和盐铁使，将这些人的权力移交宰相直接主管，同时恢复“安史之乱”前的旧制度，让全国各地通过两税法征收的粮食货币，由各道和各州直接运送长安。

事实上，这等于是取消了当年刘晏创立的中央直接经营漕运的做法。

当时李适由于对崔造极为信任，所以同意了他的建议，立即委派户部侍郎元琇主管盐铁，户部侍郎吉中孚主管度支，宰相班子成员齐映主管兵部、李勉主管刑部，刘滋主管吏部和礼部，崔造则主管涉及帝国财政问题的关键部门户部和工部。李适的这个安排实际上主要是将财政管理体制恢复到“安史之乱”以前，不过让李适想不到的是，就在他刚刚安排好一切后，便有人找上门来表示强烈反对。

反对的人正是此前不久运送来三万斛大米的韩滉。

韩滉是李隆基时期宰相韩休的儿子，少年好学，性格精明强干，因为父亲的缘故没有经过科举考试便进入仕途，由于名声颇好，很多藩镇屡次聘请他担任幕僚。李豫当政时期韩滉由地方官跻身中央官职，历任吏部员外郎、给事中、尚书右丞等职。

大历六年（771 年），韩滉出任户部侍郎、判度支之职，他在这个职务上的表现，既让他作为理财家而声名鹊起，同样也暴露出他性格上的弱点。

据《旧唐书·韩滉传》记载，韩滉在职位上对下属约束极严，不允许有丝毫的欺诈和渎职行为发生。虽然他掌管度支事务，但对手下却极为苛刻，不仅不给予恩惠，反而在处理政务时，往往将手下的一些小过失说成是原则性的大错误，这让很多人对他产生了怨恨。

由于韩滉树敌过多，以至于在大历十二年（777 年）因为关中的水灾检核不实问题，遭到了诸多同僚的弹劾，被排挤出朝廷外调为苏州刺史，不久又转任润州刺史兼镇海军节度使。

韩滉虽然被排挤出朝廷，但对大唐的忠心并没有改变。泾原兵变李适仓皇出逃，韩滉在自己的辖区内努力训练军队保境安民，保证朝廷的财赋之区在动荡中依旧安宁，从整个战略角度来看，这无疑对大唐危而复安具有十分重要的意义。

更何况那三万斛大米让李适犹如重新找到了生路。

由于韩滉表现出色，贞元元年（785 年）正月，李适任命韩滉兼任江淮转运使，韩滉由此掌握了转运江淮物资的大权。但就在这个时候，崔造却偏偏提出了财政体制改革的建议，这当然让性格本就刚烈的韩滉十分不满，而且从利益角度而言，韩滉也必须坚决反对。所以他对崔造提出的新型财政管理体制发难，不能不引起朝廷上下的震动。

韩滉很精明，他没有将攻击的矛头指向宰相崔造，而是指向主持盐铁事务的户部侍郎元琇。元琇为了解决京城货币流通缺乏、物价昂贵的问题，准备从江淮一带收集现钱四十万贯，并委派韩滉转运至关中，韩滉就是利用这样一个机会开始发难。

韩滉上疏李适说从江淮运送一千钱到京城，运费需要一万钱，国家不仅没有赚钱，反而损失了很多。李适由此召问元琇事情的来龙去脉，元琇立即解释说一千钱的重量相当于一斗米，从江淮运到京城的运费只需要三百钱。

对于如此专业的问题，皇帝李适只能听信大臣的汇报。于是他下令催促韩滉立即运钱到京城，没想到韩滉找出一系列理由推诿不执行，搞得李适也是无可奈何。

事实上无论是李适还是崔造都忽略了一点，那就是由于盐铁转运诸使主掌财政自“安史之乱”以来已成惯例，成为帝国财政体制不可缺少的部分，如果没有这些人的支持，改革是不可能成功的。

韩滉不过是其中的代表！

由于韩滉这样的盐铁转运使的抵制，崔造的改革形成一纸空文。反观韩滉却从江淮源源不断运来粮食，即使皇帝李适再有理想和魄力，也必须首先填饱肚子，所以随着时间的推移，崔造的改革逐渐被废止。

崔造就这样在郁闷之中一病不起，与他这边逐渐消沉相比，韩滉那边可谓一帆风顺。贞元二年（786 年）十一月，李适将韩滉从江淮调到京城，正式以宰相身份参与朝廷事务决策。十二月初二，李适下令以韩滉兼任度支、诸道盐铁转运使之职，事实上这标志着李适彻底否定了崔造的改革。

但韩滉并不准备就此罢休，为了打击报复崔造，他上疏李适请求罢免崔造和元琇的职务，认为如果留他们在京城，早晚有一天他们会报复自己，李适不得已将两个人贬出京城。

朝廷中没有了崔造，韩滉等于扫除了自己面前的障碍，于是他开始按照自己的想法大刀阔斧地施政。虽然性格刚烈，但韩滉最擅长的就是发现和使用人才，早在江淮地区任职时，韩滉所征辟的幕僚都能让他们发挥出最大的潜能，可是就在他刚刚准备招募人才时，却突然病逝，此时距离他来到长安仅仅两个月的时间。

韩滉的突然去世，使他没有机会在崔造之后进一步解决帝国的财政问题。而继任宰相张延赏虽然颇有才干，但因为在吐蕃入侵时，力主与吐蕃修好，结果遭到吐蕃人反水而引咎辞职，未能在财政问题上有更多的表现。

可以说自平定藩镇以来，李适意图重振帝国的财政，其主观意识是好的，但他的性格造就了他不能长期信任一个人，崔造的结局就是最好的证明。即使韩滉没有去世，其最终的结果也未必能好到哪去，不过李适不会意识到自己猜忌的性格才是造成改革失败的根本原因。

当时在李适看来，即使没有了韩滉，财政的问题也还是必须解决的，放眼望去适合做这个事情的人只有李泌，于是他起用已经历经三起三落的李泌进入宰相班子，协助处理财政问题。

不过，让李适想不到的是，自此之后包括李泌在内的几任宰相，由于种种原因始终没有彻底解决帝国财政危机的问题。

结症

李泌被常衮排挤出京城后，一直到建中四年（783 年）泾原兵变时才被李适召回到身边。贞元元年（785 年）被任命为陕虢观察使，韩滉去世后，李适让李泌进入宰相班子，承担起解决帝国财政危机的重任。

李泌接任时正逢吐蕃入侵，为防备吐蕃的进攻，唐朝在关中西部派了大量的防秋兵，军饷费用十分浩大。面对如此艰难的形势，李泌向李适提出了解决财政危机的建议。

李泌认为实行“两税法”以来，地方藩镇、州县大都违法征税，加上朱泚叛乱后，各地争着增加税赋，对犯罪吏民征收罚金，把收入作为征募军队防卫辖地的军饷。朱泚叛乱平定后，各镇的地方官因为害怕非法征税的丑行被发现，都不敢向朝廷报告。现在朝廷应该宣布赦免他们的罪过，但必须让他们将那些非法征来的税钱，除去地方使用的份额外，一律上缴朝廷，这样就可以暂时解决军费开支不足的问题了。

李泌的这种方法仅仅局限于应对吐蕃的入侵，从实际的效果来看还算不错，但李泌没有想到另一个严重的问题随之而来。

当时唐军集结在关中西部防御吐蕃的兵力达到十七万之多，每年食用二百零四万斗粟米。而当时关中的米价为每斗一百五十钱，因此每年防秋兵的军粮费用高达三百零六万两。由于藩镇之乱刚刚平定，加以天灾不断，不仅朝廷无法支付这笔巨额经费，就算是将各地方非法征收的税钱全部上交，也买不够这么多军粮，原因只有一个，那就是这是个无底洞。

这种情况李适十分忧虑，甚至考虑裁减防秋兵力以减轻军粮负担，为此李泌经过严密的调研向李适提出如下建议：

现在吐蕃人用牛向原州（今陕西固原县）和会州（今甘肃靖远县）一带运输军粮，粮食运完后，那些牛就基本上没有用了，应建议立即调拨左藏库中陈旧的布帛染成彩布，通过党项人作为中间人调换牛，每头牛用不了两三匹布就可以换来。用十八万匹布可以换回六万头牛，再命令各个冶炼作坊铸造农具并出借麦种，分赐给诸军镇，让他们招募士卒，开垦荒地播种，同时规定在转年小麦收成时加倍偿还，剩余的小麦官府按照比市价增加五分之一的价格收买，转年春天如法行事。

当时李适对于边镇的农垦情况并不十分了解，所以对李泌的建议有些犹豫。李泌看出了李适的顾虑，所以他进一步为李适算了一笔经济账。

李泌将自己的调研结果详细为李适讲解，那就是关中沿边一带土地肥沃但荒芜已久，如果开垦播种收成一定很好，等到戍卒获得利益后，转年愿意耕种的人会更多。而边境地区居民稀少，士兵们吃的又是国家的粮食，收获的粟米没有地方出售，价格一定会跌落很多。如果官府名义上加价收购，实际上比现在的军费开支要少很多。

李适听完后大喜过望，于贞元三年（787 年）三月开始下诏实行，经过一年多的实际运作，朝廷的财政收入稳步提升，戍守边境的军队供应得到充足的保证。

可惜李泌那个时候已经是接近古稀之年，长时间的操劳使他的健康状况急剧恶化，贞元五年（789 年）三月，一生极具传奇色彩的李泌在家中病逝，他的财政改革措施也随之寿终正寝。在李泌之后对李适一朝财政施政策略影响较大的是宰相陆贽。

贞元八年（792 年）四月，陆贽进入宰相班子，由此开始了新一轮的财政改革措施。

和李泌不同的是，陆贽出任宰相的时候，国家虽然没有战乱，但河南、河北、江淮地区大面积出现暴雨灾害，河南、河北、山南、淮南诸道四十多个州出现大洪水。黄河下游到长江中下游的广大地区一片汪洋，被淹死的人多达两万，而且供应唐王朝赋税之地的江淮损失惨重。

与之对应的是关中地区天气较好，所以收成颇丰，针对这种情况，陆贽特地为李适上了一封名为《清减京东水运收脚价子缘边州镇储蓄军粮事宜状》的奏章。这篇奏章收录在《全唐文》中，大致意思是利用关中丰收的机会，让受灾的江淮地区停止向关中运送粮食，将粮食以每斗下降百分之三十的价格兑换成钱财上缴朝廷，然后朝廷再用这些钱收购关中地区的粮食，一部分用于赈灾，另一部分增加对西北军镇的供应。

李适采纳了陆贽的建议，这使得李泌去世后，朝廷的财政改革再现曙光，李适对陆贽大为赞赏，同时将他提拔为首席宰相。

但是，利用关中粮食丰收的机会，及时增加西北边境的军队储量，这种做法也仅仅是治标不治本。更为严重的经济财政问题，是“两税法”实行以来，出现了严重的跑偏现象和种种弊病。

例如，“两税法”实行以后，最初还能够按照规矩执行。但到了贞元年间，由于社会开始安定，商品经济有了较大的发展，对货币流通的需求开始增加，但朝廷铸造的铜钱却没有增加。结果由于货币流通规律调节，货币开始增值，显示出“钱重货轻”的现象。

但百姓交纳的两税税钱数量，依旧是按照建中元年（780 年）确定的标准执行。建中元年每匹绢价三千二百钱，而贞元中期每匹绢价格跌到一千六百钱，所以“两税法”实行之初每年只需交纳一匹绢，这时至少需要交纳两匹才够纳税，虽然表面上看税额没有增加，但百姓的实际负担却加重了一倍以上。

最关键的是，当时朝廷经常派使者直接向朝廷各部门和各个藩镇索取财物，这种做法称为“宣索”。朝廷各部门和藩镇转而将这些负担加在老百姓身上，但由于天灾人祸不断，百姓大量逃亡，使得各地方税收大量减少。而“两税法”又以征收税额为考核标准，所以很多地方虚报户口，将一户分为三户上报，等于一户需要上交三户的税额，这样使得没有逃亡的百姓赋税负担更加沉重。

贞元十年（794 年）的夏天，李适也感觉如果这种局面不彻底改观，或许会发生更大的祸乱，于是他询问宰相陆贽有没有什么办法。值得一提的是，这是李适在位期间至关重要的一次可以改变帝国财政危机的机会，同时也是最后一次。但因为李适的性格原因，最终他还是错过了。

当时陆贽向李适提出了五点建议：

一、两税征收废除以铜钱为计算标准，改为以布帛为计算标准。

二、地方官以增加户口、税额和垦田作为考核标准。

三、延长纳税的期限。

四、征收的茶税钱用来设置义仓以备赈灾之用。

五、国家赋税的标准要高过兼并之家收取农民地租的标准。

陆贽对这五条建议都做了详细的说明，由于篇幅所限我们不再赘述，这五条建议有对租庸调制的赞誉，也有对限田主张的批评，但更多的还是对“两税法”实行以来的种种弊病，给予了最深刻的分析，而且对于怎样缓和财政危机提出了可行性见解。

不过，让陆贽想不到的是，这次李适居然将他的奏疏束之高阁。事实上李适的这种态度，与他身边出现了另一个宠臣有关。

这个人的名字叫裴延龄。

裴延龄，河东永济（今山西永济）人，少时才学俱佳，曾经辑录过裴骃所注的《史记》，因而被华州刺史董晋聘为判官，后来因为受到杨炎的赏识被调入京城，担任太常博士之职，开始了京官生涯。卢杞、崔造担任宰相期间，裴延龄格外受到赏识，因而其仕途也颇为顺利，先后升任膳部员外郎、集贤直学士和判度支之职，尤其是判度支一职，直接掌握中央的财政收支，虽然其任期短暂，但为裴延龄未来受到李适的信用，重掌帝国财政大权奠定了坚实的基础。

不过，裴延龄的缺点是为人较为轻率，后来受到宰相张延赏的厌恶被贬为著作郎以及司农少卿等闲职。

裴延龄真正崛起的标志是在贞元八年（792 年）七月，当时户部尚书判度支班宏去世，宰相陆贽推荐湖南观察使李巽接任。李适最初同意了，可是不久改变主意想让裴延龄接任。结果遭到了陆贽的反对，陆贽认为裴延龄虽然才学俱佳，但人品是个大问题，如果让他掌握帝国财政大权，恐怕会引起朝野震荡，同时也会影响皇帝陛下的声誉。

但李适显然不这么认为，这个性格倔强、刚愎自用的皇帝坚持自己的想法，立即启用裴延龄为户部侍郎判度支，他的这个做法为陆贽树立了一个实力强劲的政敌。

裴延龄的崛起标志着陆贽开始逐渐受到皇帝的冷落，而造成这种局面一方面源于裴延龄的运作，另一方面源于陆贽自身的性格。

陆贽具有典型的君子之风，这是他最大的优点，但身处官场这也是他致命的弱点。例如，各地方官进京时，都会派使者向主管官员送礼，凡是送给陆贽的都被其一概退回，搞得使者们很是尴尬。李适劝说陆贽稍加变通，一些小礼品、小礼物还是可以收下的，不然的话显得不通情理，好像拒人于千里之外一样。

但陆贽有着自己的一番理论，他认为送礼这件事是个无底洞，究竟什么是大，什么是小很难界定，与其这样还不如一概不收，这样时间长了那些送礼的人也就习惯不送礼了，朝廷的风气自然而然地就会转变。

陆贽的话虽然是君子的正论，但无论哪个朝代的官场都不是陆贽想象的这样简单。仅仅是他不收礼这套理论，就让皇帝李适感觉陆贽实在有些偏执，于是在贞元九年（793 年）五月，李适将右仆射贾耽、尚书右丞卢迈都充实进宰相班子，事实上等于分散了陆贽的权力。

李适的这个举动让裴延龄嗅到一丝不利于陆贽的气氛，于是这个曾经受到陆贽排挤的判度支决定扳倒陆贽。

在这种情况下，陆贽尽管依旧忠心耿耿地向皇帝进言，但往往适得其反，而裴延龄因为能言善辩，善于迎合，渐渐得到李适的宠信。

当时由于群臣畏惧裴延龄受到宠信，都不敢告诉皇帝裴延龄的荒诞无知。只有陆贽因受到过李适的敬重，仍旧不厌其烦地向李适进言，请求撤换裴延龄的判度支之职。但陆贽的进言却让李适感觉陆贽是嫉贤妒能，反而对裴延龄更加宠爱。

针对这种情况，陆贽似乎感受到了来自裴延龄的威胁，于是他决定在裴延龄出手之前，倾全力对裴延龄进行一击。

但是，陆贽却没有料到这次主动进攻彻底断送了他的前程。

贞元十年（794年）十一月初三，陆贽为李适上了一封弹劾裴延龄的奏章，历数裴延龄的罪恶：

“裴延龄以聚敛财富为长策，擅长阴谋诡计，甚至以这些为荣，他就像尧帝时的共工氏，鲁国的少正卯一样。陛下如果认为裴延龄受到诽谤，可以让他申辩，如果知道他行为荒诞，就不应该纵容他。裴延龄仰仗陛下对他的宠爱，不再有任何畏惧之心，戏弄朝廷如同儿戏，有如秦时的赵高。他的肆意妄为京城之人全部知晓，上到公卿大臣，下到市井百姓，现在都在议论他的是非。希望陛下明鉴！”

在奏章的最后，陆贽加上了一句话：

“臣担任宰相，官位已经达到顶点，完全知道附会顺从的道理，这样也会免受重责，但出于良心不死，虽想不闻不问，但实在做不到。”

奏章写好后，陆贽长舒了一口气，这是他一生中用力最深的一封奏章，在陆贽看来，应该能够打动皇帝陛下。

但陆贽显然过于天真，他奏章中的“但出于良心不死，虽想不闻不问但却实在做不到”，完全激怒了李适。

难道只有你陆贽有良心吗？你的话分明是在说皇帝没有良心！

三天后，裴延龄得到了消息，于是他开始在李适面前不断攻击陆贽，说陆贽这是有意专权。

专权！

这两个字明显触动了李适的神经，于是贞元十年（794年）十二月二十三日，李适下诏罢免陆贽的宰相职务，改任为太子宾客的闲职。但裴延龄似乎并不想就此善罢甘休，在对待政敌的态度上，这个狂妄之人从来都是一踩到底。

在陆贽被罢相后，裴延龄上奏李适说陆贽现在内心颇多怨言，公开说度支欠禁军的军粮马料，进而动摇军心。正好没过几天李适在禁苑打猎，恰好有禁军将士对李适诉说度支不拨马料的事情，李适认为裴延龄所说属实，于是再次下诏贬陆贽为忠州（今四川忠县）别驾。

陆贽的政治生涯就此终结，此后再也没能回到朝廷，裴延龄可谓大获全胜。

但是，裴延龄无论如何也不会想到，他的胜利是一个不能持久的胜利，裴延龄什么都算到了，只有一样东西没有算到，那就是自己的身体健康。

终于在陆贽被外贬的一年半后，裴延龄在一次宴会上忽然中风倒地，再也没能起来。

有人说裴延龄一生荒诞，以至于死法都有些荒诞色彩。也有人说他算计陆贽损了阴德，以至于鬼上身最终要了他的命。

不管舆论如何，裴延龄机关算尽，却最终也没能进入宰相班子，或许这就是他的命运。

对于李适而言，无论是杨炎、崔造还是陆贽，事实上几任宰相都没能彻底解决帝国的财政危机。而究其根本原因不是这几位宰相能力不够，是因为皇帝李适对他们始终怀有猜忌之心，而不能长期任用。

《旧唐书·德宗纪》上有一段话是对李适最客观公正的评价：

> 知非竟逐于杨炎，而受佞不忘于卢杞。用延赏之私怨，夺李晟之兵符，取延龄之奸谋。罢陆贽之相位，知人则哲，其若是乎！贞元之辰，吾道穷矣。

事实上在我看来，即使韩滉、裴延龄没有突然去世，其最终的结局或许也会和崔造、陆贽的命运一样，被李适贬黜。而这一切都源于李适那无端的猜忌之心，我想这才是贞元时期帝国财政危机问题始终得不到彻底解决的症结所在。

宦官掌兵

李适在位的贞元时期，可谓一个政局特殊的时代，不仅因为帝国财政捉襟见肘，最重要的是宦官开始掌握实权，这个标志从宦官获得皇家禁军神策军的永久控制权开始。

之所以会造成这种局面，我们还得从唐朝禁军的发展说起。

唐代的中央禁军创建于李世民的贞观初年，当时帝国受到突厥的严重威胁，李世民为了训练一支精锐的军队，选择善于射箭的士卒百余人，分批次在玄武门值班，亲自率领他们骑射打猎，当时称为“百骑”。贞观十二年（638 年）李世民在玄武门设置左右屯营，称为“飞骑”，全部由魁梧有力，乘骑娴熟的良家子弟组成。

到了武则天时期，中央禁军的规模开始扩大，将“百骑”改为“千骑”。中宗李显时期又改“千骑”为“万骑”，并分为左右营，李隆基发动“唐隆政变”诛杀韦皇后，其利用的班底就是“万骑”。

李隆基即位后，将“万骑”分为左、右龙武军，以功臣子弟充任军官士兵，成为皇帝的亲信戍卫部队。可是由于开元、天宝时期府兵制的严重破坏，在唐初作为守卫京城的南衙禁军，兵源日益困难，地位不断下降，终于被北衙禁军所取代。

“安史之乱”爆发后，李隆基西逃入蜀，京城长安的混乱局面使中央禁军系统建制受到严重破坏，一直到李亨即位后，禁军系统才开始重建。从李亨到李适即位的三十多年中，北衙禁军陆续设置和恢复左右羽林军、左右龙武军、左右神武军等，加上左右神策军，共计十军，总称为北衙十军，重新成为皇帝直属的禁卫部队。

代宗李豫在位时，神策军开始崭露头角，终于压倒其他北衙禁军，成为中央禁卫军的绝对主力。前边我们介绍哥舒翰的时候，曾经详细说过神策军的来历，在代宗李豫受到吐蕃人的威胁时，神策军在保卫李豫的过程中起到了至关重要的作用。当时鱼朝恩率领神策军屯驻长安宫城北面的禁苑中，禁苑是防卫长安和皇帝安全的心腹之地，当时神策军屯驻此地，从某种角度而言显示了其地位超越其他禁军，成为皇帝的心腹禁军，自此之后神策军开始飞黄腾达。

前边我们说过李辅国、程元振等宦官掌控过神策军，但那个时候他们还只是掌握一部分，也就是说皇帝还有制约他们的其他禁军力量。但到了李适在位时，由于他趋于极端的性格，在朱泚之乱平定的过程中，进一步造成大唐帝国另一个祸患源头，那就是宦官完全出掌神策军。

一群身体残缺不全，觊觎心态颇重的人，却掌握了足以改变政局的力量，他们不打出个沧海桑田才怪，哪怕是他们的身后洪水滔天。

由于神策军在朱泚之乱中，曾经护送皇帝李适先后避难奉天和山南梁州立下汗马功劳，所以李适返回京城后，对神策军也格外优待。据《资治通鉴》记载，当时神策军仰仗皇帝的恩宠非常骄横，在长安城内肆意欺凌百姓，甚至侮辱官员，但凡有人反抗，就是一顿鞭打。因此即使是府县州官也无法制约神策军，甚至有些富户往往向神策军将领行贿，将自己挂名在神策军之下。

不过，神策军虽然已经备受恩宠，但李适对掌控这支军事力量的宦官，还没有恩宠到顶点。于是在贞元十二年（796 年）六月，李适决定进一步提高宦官对神策军的统辖权威，任命心腹宦官窦文场、霍仙鸣分别为左右神策军护军中尉。

李适的这个决定是继鱼朝恩掌控神策军之后，宦官再一次出掌神策军，与鱼朝恩不同的是，宦官这一次掌控的期限是——永久！

宦官掌握神策军，不仅使宦官势力和地位在朝廷内陡然而升，同时通过宦官们的努力，神策军的实力也不断增强。贞元时期西北边防军每年防御吐蕃需要驻扎大量的防秋兵，前边我们说过由于帝国财政捉襟见肘，使防秋兵的物资供应经常不足，而神策军当时虽然也驻扎在关中西部防秋，但其供应却十分充足，赏赐也很优厚。所以沿边的将领往往以各种借口向朝廷申请隶属神策军的管辖之下，这样每年可得的供应可以超过先前供应的三倍。据统计到了贞元末年隶属于神策军管辖下的军队多达十五万人，而这又对宦官们具有反作用力，那就是宦官在朝廷内的地位再也难以撼动。

大诗人白居易当时有感于宦官的志骄意得，写了一首《秦中吟·轻肥》以讽刺宦官们的所作所为：

意气骄满路，鞍马光照尘。
借问何为者，人称是内臣。
朱绂皆大夫，紫绶悉将军。
夸赴军中宴，走马去如云。
樽罍溢九酝，水陆罗八珍。

果擘洞庭橘，脍切天池鳞。

食饱心自若，酒酣气益振。

是岁江南旱，衢州人食人！

除此之外，由于皇帝李适对藩镇的不信任，贞元时期宦官不仅直掌中央神策军，而且被派到各地担任监军。虽然早在李隆基时期已有宦官担任监军的做法，但贞元时期宦官担任监军已经开始独立指挥各地的一部分军队。

例如，宣武镇（今汴州、河南开封等地）监军俱文珍，在任内自己设置亲兵一千人以做护卫。贞元十五年（799 年）二月，宣武节度使董晋去世，李适下诏以行军司马陆长源继任节度使，可是陆长源性格暴躁，经常辱骂士兵，结果士兵们反水杀死陆长源，宣武镇即将陷入动乱之中。

监军俱文珍因为距离宣武镇不远的宋州节度使刘逸准长期担任过宣武镇守将，对那里的情况比较熟悉，所以写信急召刘逸准进兵宣武镇平叛。等到平叛结束后，俱文珍上奏李适正式任命刘逸准为宣武节度使。

从俱文珍的例子我们可以看出，由于李适的撑腰，宦官在贞元时期开始真正掌握兵权，甚至可以独立调动各地方的军队，这在大唐帝国的历史上是前所未有的事情。虽然李适的初衷是想让这些家奴替自己加强集权，但后来的事实证明，随着时间的推移，宦官们不仅没有为他们的主子分忧，反而却恶政不断，直至他们运用所掌控的军队在朝廷内为所欲为，甚至是擅权废立皇帝。

据理力争

贞元二十一年（805 年）正月初一，李适在长安大明宫含元殿举行了盛大的朝贺仪式，外戚、诸王、朝臣都齐聚含元殿，向李适祝贺新年。端坐在宝座上的李适在这一年已整整做了二十五年皇帝，刚即位时的削平藩镇、振作朝纲的雄心早已经烟消云散，此刻已成为一个白发苍苍的垂暮老人，但毕竟经历动乱风雨、千钧一发，能够维持至今已经实属不易。

面对群臣的赞颂祝祷之声，李适的脸上没有一丝微笑，只有悲切的面容。尤其是距离皇帝宝座较近的宰相等大臣，还能看到他脸上流下了泪水，顿时含元殿的气氛变为一片肃然。

“陛下今天这是怎么了？”

群臣们在底下议论纷纷，知道内情的人则做出神秘的样子告诉消息迟钝的同僚，皇太子李诵因为中风，丧失了说话的能力，今天不能前来参加含元殿的庆典。

这一日的庆典活动在一片哀怨的氛围中不欢而散，很快太子李诵病重的消息传遍了整个朝廷，顿时整个朝廷陷入一片愁云之中。

也正是在这一天，李适的悲切之情终于压倒了他的健康，他和儿子李诵一样开始卧床不起。也许是前半生的经历与动荡的坎坷影响了他的健康状况，李适的身体以惊人的速度衰弱下去。当时谁也想不到，贞元二十一年（805 年）正月初一的这次朝会，居然会是这个老人作为皇帝会见群臣的绝响。当时皇帝和太子同时身患重病，帝国上下为之震动，因为这在大唐帝国的历史上还是史无前例的。所有人都不知道未来会发生什么，更不知道自己的命运还能不能由自己掌控，他们所能做的就是加强皇宫的守卫，以防发生不测。

贞元二十一年（805 年）正月二十三日，李适在经历与病魔顽强斗争二十三天后，走完了他的人生之路，在长安大明宫会宁殿去世。这一天距离他六十四岁的生日仅仅只有四个月的时间，十个月后他的孙子宪宗李纯将他安葬在崇陵，庙号德宗。

我们不能否认李适当上皇帝后，重用杨炎实行“两税法”使他的帝王之路有一个精彩的开局。但性格急躁，刚愎自用让他杀刘晏、杨炎，随后在对待藩镇的态度上过于轻率，导致差一点陷入灭顶之灾，幸好诸多忠臣名将齐心协力平定叛乱，才让大唐帝国逐渐衰微的国运延续下来。

纵观李适的一生，“性格决定命运”这句话是最好的诠释。

李适已经去世，按照礼法太子李诵顺理成章地应该继承皇位，可是由于这位太子殿下已经几乎成为残废之人，让这样一个人去治理国家，这无异于痴人说梦，很多人都不看好太子李诵，甚至有人公开提出了疑问。

事实上，李诵自从出生之后，走过的道路颇为不平坦。除了跟随他父皇李适经历诸多战乱艰险，最重要的是他的太子之位并不稳固。

李诵被立为太子以前的生活状况史料记载不多，我们只是知道他被册封为宣王，建中元年（780 年）被立为皇太子时，已经十九岁。此时的他已经初为人父，在他立为太子的前一年即大历十三年（778 年）二月，他的长子李纯降生。

李诵是唐朝所有皇帝中，在储君位置上待的时间最长的一位皇帝，共计二十六年。在这二十六年中，他亲身经历了藩镇叛乱的混乱和烽火，也耳闻目睹了朝廷大臣的倾轧与攻讦，在政治上逐渐走上了成熟。史书上对他的评价是“慈孝宽大，仁而善断”。

除此之外他对各种技艺学术很是上心，对于佛教经典也有涉猎，写得一手好字，尤其擅长隶书。每逢父皇做诗赐予大臣和方镇节度使时，一定是命李诵书写。

在李诵二十六年的太子生涯中，最为出彩的当数建中四年（783 年）泾原兵变时的表现。

当时他随父皇李适出逃避乱时，李诵执剑殿后护送李适出城，随后在四十多天的奉天保卫战中，面对朱泚叛军的进逼，他常身先士卒登城拒敌。将士们在他的督促激励下，无不奋勇杀敌，取得了奉天保卫战的胜利，确保了父皇李适的安全。

兴元元年（784 年）李诵跟随父皇李适重返长安，住进了大明宫的少阳殿。

李诵的太子生涯不像唐朝前期的诸多皇太子那样波折不断，动辄被废，之所以说他的太子之位并不稳固，是因为贞元三年（787 年）八月的郜国大长公主之狱事件，险些把他推向灭顶的深渊。

郜国大长公主是肃宗李亨的女儿，皇帝李适的姑母，最初嫁给杨玉环的三姐虢国夫人之子裴徽，裴徽死后又改嫁给驸马都尉萧升，但不久后萧升也病逝，郜国大长公主此后就再也没有嫁人。

虽然这位长公主没再嫁人，但其此后的情感经历颇为丰富，在朝官中物色了好几位情人，这些人经常出入长公主府第，其中包括太子詹事李升、蜀州别驾萧鼎、彭州司马李万、丰阳令韦恪等人。

不久有人告发大长公主淫乱，并且召集巫师在家中大行压胜之法，李适一怒之下将郜国大长公主下到大狱之中。按说这件事情本来和太子李诵没什么关系，但当时李诵娶了郜国大长公主与萧升所生的女儿，等于郜国大长公主既是李诵的姑奶奶，同时也是他的岳母。

有了这样一层关系，太子李诵当然脱不了干系，更何况李适还是个猜忌心颇重的人。

李适当时将太子李诵训斥一顿，搞得李诵十分尴尬，情急之下只得请求与萧妃离婚，与其划清界限。

面对李诵的请求，李适当时没说什么，而是径直回到内宫，急召时任宰相的李泌进宫。

事实上，在李适的心中此时已经有了废掉李诵的想法，之所以没有做出决定，是因为废立太子事关重大，他必须听听朝臣的意见。

事实证明，如果没有李泌的进宫，李诵的太子之位很可能已经不保。

“舒王李谊近来已经长大成人，性格宽厚仁孝，而且温和仁慈。”

李适见到李泌后，便开门见山地说道。他口中的舒王李谊本是李适之弟李邈之子，由于李邈早死，所以李适将李谊过继到自己这里，对其十分宠爱，不仅与李诵同时封王，并且任命他为平叛元帅，领兵讨伐李希烈，泾原兵变的时候，太子李诵负责殿后，而负责在前边开路的就是舒王李谊。

李泌是何等精明之人，他听出了皇帝陛下的言外之意，于是他下定决心无论如何也要努力保住李诵的太子之位。

“陛下应该不至于如此吧，您只有这个大儿子，怎么想废掉儿子另立侄子呢?”

既然皇帝陛下开门见山，所以李泌也不再遮掩。

“是谁告诉你李谊是我侄子的?”李适有些动怒。

“陛下难道忘了吗? 大历初年的时候有一天陛下告诉臣又多了一个儿子，臣问为什么，陛下说是舒王过继到了您的膝下。”

听李泌说完后，李适恍然大悟地点点头，开始低头沉默不语。

李泌十分明白此时李适处于一种矛盾之中，正是这种矛盾的心态让李泌有机会直言。

“陛下如果连自己的亲生儿子都信不过，怎么可能会信任侄子呢? 舒王虽然仁孝，但如果被立为太子，陛下恐怕今后就不要再指望他孝顺了。”

显然，在李适听起来，李泌的话颇为尖刻，不过李适不想采取强硬的姿态斥责李泌，因为那样就会失去今天召李泌来见的初衷。

“你难道不爱自己的家族吗?”李适准备变换一种方式，对李泌施加压力。

“陛下！臣正是深爱自己的家族，所以才和陛下将话说得这么透彻，如果今天臣顺从陛下，确立舒王的储君地位，未来有一天陛下一定会后悔。到时陛下会责问臣，陛下会说‘朕让你担任宰相就是为了让你为朕分忧，可是你却一味顺从朕，导致选错了储君，失去了儿子，朕今天也要杀死你的儿子’。如果真的到了那个时候，臣的家族受牵连还是小事情，最重要的是陛下已经没有机会再重新选择了。”

李泌说完跪在地上连连叩头，脸上已经淌满泪水。

面对李泌的诚恳态度，本想刹住李泌锐气的李适，此时已经将神色缓和下来，虽然他性格急躁，刚愎自用，但他并不糊涂，眼前的李泌虽然言辞激烈，但李适听得出来，这是一个忠臣对自己泣血的忠告。

“事已至此，爱卿说朕该怎么办呢?

“陛下！建宁王李倓的悲剧无论如何不能再重演啊！”

“建宁王的事情朕十分清楚！”

李适的神色越来越缓和，不过他思考片刻后，仍然不死心，于是开口问李泌：

“爱卿能不能告诉朕，贞观和开元年间都曾经废过太子，为什么没有亡国呢?”显然，李适进一步变换策略，开始以实例质问李泌。

“陛下！这正是我要详细说的。”

“哦？愿闻其详！”

“从前承乾太子谋反，太宗皇帝都没有擅自废掉他，而是召集百官商议如何处置，最终也没有杀掉他，而是同时将他和魏王李泰废掉，以绝后患。至于开元年间的太子李瑛，天下人都知道是冤死的，后来就连玄宗皇帝也追悔莫及，这些都是后代应该引以为戒的，陛下千万不要效仿。”

李泌说完后观察了下李适的反应，见李适神色平静后，他接着说道：“陛下从前让太子在大明宫中的蓬莱池与我相见，我观察太子的容貌绝不是残忍奸邪的人，恐怕还过于柔弱仁慈，而且太子从贞元以来一直住在少阳殿，就在陛下寝殿的旁边，从未与外界接触，怎么会有异心呢？如果陛下怀疑太子，请召集众臣一起对东宫的侍臣进行审问，如果太子有异心必定会发现证据，到时陛下可以废掉太子，但同时恳请陛下也废掉舒王，立皇太孙为储君，那么百代之后的皇帝依然是陛下的子孙。”

李泌说完后，跪在地上将头叩在地上不再抬起。李适闭着眼睛一言不发，此刻殿内的气氛颇为凝重，但无论是李适还是李泌都知道，今天君臣二人的对话将决定太子李诵的前程。

“爱卿先下去吧，朕会慎重考虑的！”

李泌走了，李适陷入了深深的思考之中。

李泌的一番话语，让李适从郜国大公主事件中似乎恢复了些理智。他也明白天下没有不信任儿子而信任侄子的道理，只是他的猜忌之心让他瞬间蒙蔽了心智，使他差一点做出了错误的选择。

如果没有李泌，准确地说如果不是因为李适内心矛盾而召见李泌，李诵的前程可能就此断送。只是最终在面对国家未来兴衰的问题上，李适克服了自身致命的弱点，让他没有做出轻率的举动。

或许这就是出于父爱的一种本能！

一天后，李适单独召见李泌，他将自己的决定告诉了李泌。

“如果不是爱卿及时进言，朕几乎犯了大错，太子仁孝绝不会有什么异心，从今以后无论任何事朕都会和你商量。”

……

贞元三年（787 年）八月，李适下令将郜国大长公主的情夫李万杖杀，并将萧升与郜国大长公主的五个儿子全部流放岭南，两年后风流的郜国大长公主在幽禁中死去，萧妃也随即被杀，因为李泌的据理力争，李诵保住了太子之位。

不过，李诵虽然保住了太子之位，但其内心深处与父皇李适产生了深深的隔阂，这次的经历，让他明白了韬光养晦的意义所在，于是在这之后的很多年里，一直到李适去世为止，关于李诵的活动，史书记载的很少。

但贞元二十一年（805 年）李适去世后，本来应该顺利即位的太子李诵，其是否应该顺利继承皇位却遭到了很多人的质疑，其中最大阻力来自宦官。

据《新唐书·顺宗本纪》记载，贞元二十一年（805 年）正月二十三日傍晚，李适在会宁殿弥留之际，诸王都侍奉在病榻前，唯独太子李诵没有前来，这也是李适临死前最为伤心的一件事。

很多人认为当时李诵身染中风可能行动不便，但就在那一天的下午，李诵还能抱病出九仙门召集众大臣议事，可见在父皇傍晚病危时，李诵完全可以去做生死诀别，但直到李适去世，也没见到李诵的面。

在我看来，李诵身体的病不是大问题，心理上与父皇的隔阂才是最根本的原因。

就在李适去世的当天，宦官们紧急召见翰林学士郑絪和卫次公等人到宫内的金銮殿起草遗诏。我们知道遗诏中最重要的内容就是谁来继承皇位，在朝官们的眼中，太子李诵当然是继承皇位的不二人选。但就在那一天的起草遗诏过程中，宦官们却提出了不同意见，这也再次体现了李诵的地位并不稳固的现状。

暗流涌动

"内宫之中正在商议立谁为皇帝，这件事情现在还没有最终确定！"

当郑絪和卫次公准备在遗诏上写下李诵继承皇位时，一个响亮的声音忽然响起，郑絪和卫次公顺势望去，说话的人是个宦官。

宦官此言一出，在场的所有朝官都为之震惊，因为在这些饱受圣贤礼法教育的朝官们看来，已经做了二十六年储君的太子李诵，理所当然地应该继承皇位。

可是，现在宦官的地位已经不同于从前，所以当宦官说完后，虽然朝官们内心十分不悦，但没有人站出来反驳，而且很多人在揣测宦官所说话语的用意，是否宦官和舒王已经勾结在一起？还是因为太子李诵病重，先皇去世前改变了初衷？

由于这些未知的问题，朝官们采取了隐忍的态度，可是就在朝官们寂然无声时，卫次公突然高声说道：

"太子虽然有病，却是先皇的长子，身居储君之位已经二十多年，朝廷内外早已归心，如不继承大统，有违礼法，就算是万不得已时，也应该立太子的长子广陵王（宪宗李纯），如若不然，天下必定大乱。”

卫次公看出了苗头不对，立即将话挑明，同时也在告诉宦官即使不是李诵即位，也应该是李诵的儿子即位，绝不能出现其他人。

“对！太子确实应该继承大统！”

“是啊！太子才是不二的人选啊！”朝官们见卫次公带头讲话，便纷纷附和，宦官见朝官们意见统一，于是不再坚持，李诵即位终于成为定局。

在皇位继承人这个敏感的问题上，无论是谁那个时候都不能随便发表意见，因为这牵涉到各方的利益以及诸多人的前途。我坚信宦官当时说继承人还没有最终确定，绝对不是信口开河，事实上关于李诵的即位问题，是一桩历史谜案，倒不是纠结李诵究竟是不是合法的继承人问题，而是宦官当时说继承人未定，一定有幕后推手，也就是究竟是什么人在商量想剥夺李诵的皇位继承权？

要弄清这个问题，我们必须分析当时各种政治势力，看看哪种势力可以从中获取最大的利益。

第一种势力：宦官。

李适去世时掌握神策军左右中尉的是宦官杨志廉和孙义荣，孙、杨二人属于“固宠骄恃”式的人物，之所以能够掌握禁军，完全依靠两个人对李适的不断献媚，并没有什么政治才能，真正有些政治才能，并且掌控诸多宦官的是俱文珍。

俱文珍忠于李适这毋庸置疑，但这并不代表他没有野心，显然以俱文珍的脑子完全能够意识到，太子李诵接班是顺理成章的事情，自己并没有拥戴之功。而且李诵即位后，先皇宠信的宦官还不知道会是个什么前程，所以从宦官的角度来讲属于前途迷茫型，这股政治势力对李诵的即位，应该是抵制的态度。

第二种势力：后宫。

李适的皇后王氏，也就是太子李诵的生母早在贞元二年（786 年）即去世，当时主掌后宫的是韦贤妃，据《新唐书·德宗贤妃韦氏传》记载：“帝宠重之，后宫莫不师其行。”可见韦贤妃在后宫中属于说一不二的人物，从她的封号来看，韦氏应该是比较贤明的，但这只是皇后王氏去世后，她成为后宫唯一主宰后的表现。事实上在王皇后活着的时候，韦贤妃不断和王皇后争宠，如果不是因为她无子，皇后的位置还不知道会落到谁的头上。

现在太子李诵即将即位，这对于韦妃而言无疑会是致命的打击，而且从其结局来看，在李诵即位后，韦贤妃请求到李适的陵园侍奉其神灵，这在唐朝的后妃中是独一无二的。白居易在他的诗作《新乐府·陵园妾》中写道：出宫一闭无开日，未死此身不令出。只要进入陵园，实际上等于被幽禁。

显然韦贤妃当时已经预料到如果李诵即位，自己绝不会有好下场，所以她这一派由于自身实力有限，相比于宦官而言，属于坚决抵制型。

第三种实力：诸王。

太子在继承皇位的道路上，最大的竞争对手便是诸多王子，当时诸王中最具有竞争力的当数舒王李谊，这位在泾原兵变中为李适在前开道的王子，是颇具才能的。而且李适曾经还动过想立李谊继承大统的念头，这对于李诵而言无疑是摆在身边的一颗定时炸弹。但从李泌力保李诵的态度来看，李谊虽然才能俱佳，但因为身份，在朝臣中并没有根基。

不过在朝臣中没有根基，并不等于没有竞争力。因为当时左右政局的并不仅仅是朝臣，如果舒王李谊即位，对于韦贤妃而言最为有利。而李谊想要即位，又必须借助掌握禁军的宦官一派，在我看来，和后宫、宦官两种政治势力相比，李谊不仅是抵制型，更是主动竞争型。

可以说当时除了朝臣一派是李诵的坚决支持者，宦官、后宫、舒王李谊对李诵即位都有抵触心理。如果说这三个派别在当时可能想联合，也并非危言耸听。这三种势力一旦成功结盟，无疑将会为李诵即位制造出大麻烦。

那么，我们不禁要问，既然宦官、韦贤妃和李谊已经看到了李诵即位会影响本派的政治利益，那他们应该立即联合才对，为什么在起草遗诏时，卫次公的高声辩解，居然会让李诵成功即位，难道真的只因为李诵是合法的储君吗？如果是那样，人类历史上就不会出现一次又一次的血腥争夺皇位事件，如玄“武门之变”。

仔细阅读史书，我们可以从史料上找到些蛛丝马迹，那就是上述三个派别在对待李诵即位的问题上，确实有过联合之意，但从结果上来看，并没有付诸阻止李诵即位的行动。

关于这一点，我们要从结局来看，前边我们说过韦贤妃在李诵即位后进入陵园被幽禁。而事实上舒王李谊的结局也好不到哪里去，就在宪宗李纯即位后，也就是李诵做皇帝仅仅十个月后李谊忽然死去。史料没有记载其具体的死因，但李纯对于这个有政治野心的叔叔该如何对待，颇为耐人寻味。

所以，透过他们的结局来看，李诵很可能已经察觉到了三个派别当时有联合之意，所以即位后展开报复行动。虽然他很快病逝，儿子李纯继续完成老爹未完成的遗志，不过宦官派别是个例外，因为在李纯的即位过程中，宦官俱文珍有拥立之功，这一点我们会在后边详细说到。

在我看来，李诵的即位虽然合乎礼法，但当时特殊的朝廷局势，使李诵的即位之路事实上并不平坦，可以说在这个过程中充满着未知的变数，表面看一片坦途，实则是暗流涌动，甚至是充满杀机。

最后一个问题，之所以三个派别没有立即采取行动制止李诵即位，或许是因为李适去世得过于突然，以至于三个派别没有来得及制订出可行的计划，而当时朝廷又必须有新君即位；或许是因为他们没有必胜的把握，乃至于不敢轻举妄动，不管怎样宦官在起草遗诏时的那声高喊，至少透露出了他们底气并不足。

贞元二十一年（805 年）正月二十四日，由卫次公等人起草的遗诏正式在大明宫宣政殿向百官宣布。正月二十六日，在长安的太极殿举行了隆重的皇帝登基典礼，李诵在百官的礼赞和盛大的仪仗中，正式登上皇位。

对于李诵而言，虽然此时他已经因为中风口不能言，但他心中实在是百感交集，二十六年的储君生涯弹指一挥间，此刻终于能够登上皇帝的宝座。李诵当时在宝座上用力地向所有朝臣点头，眼睛早已湿润。

李诵成功即位，让所有朝臣为之欢呼雀跃。在李诵短暂的十个月皇帝日子里，这位已经病重的皇帝并不是瞩目的焦点，真正在李诵即位后，走向前台的是李诵即位前的东宫太子集团的诸多人。

之所以会提到这个集团，是因为这个集团在走向前台后，俨然成朝廷的主流派，并揭开了革新政治的序幕，史称“永贞革新”。在短短三个月内，这个集团在李诵的支持下，对贞元时期的各种弊政进行了改革，虽然

"永贞革新"短暂且很快夭亡，但它却在那个特殊的形势下，左右了大唐帝国的政局。

纵观当时东宫集团的所有人，李诵虽然地位最高，但真正让这个集团做大做强，并成为"永贞革新"真正具体实施者的，当数"颇读书，班班言治道"的王叔文。

永贞革新

王叔文，越州山阴（今浙江绍兴）人，善于下围棋，但这个人的志向并不是只想成为一个围棋大师，而是具有很高的政治理想。最初李适任命王叔文以棋待诏的身份到东宫陪太子李诵下棋，当时李诵对王叔文这个侍臣并不重视。但王叔文想在政治方面有所建树，于是他利用陪李诵的机会，经常对李诵谈论民间的疾苦，使身居在深宫的李诵逐渐了解了许多平民百姓的情况。久而久之李诵对这个棋友有些刮目相看，于是逐渐让王叔文参与谋划东宫的具体事务，并让他的书法老师王伾协助王叔文。

对于李诵提供的这个良好平台，王叔文可谓尽心尽力。那个时候在王叔文看来，太子李诵是未来的皇帝，如果自己能够把握机会，未来在李诵登上皇位后，自己有可能会成为辅弼之臣，所以从现在开始他必须组建一个团队，一个以自己为核心的团队。

有了这样一个目标，王叔文开始四处物色合适的人选。但让他想不到的是，正所谓踏破铁鞋无觅处，得来全不费工夫，一个偶然的机会，他的组建团队之梦居然瞬间实现，在这之中一个叫韦执谊的人起了关键作用。

韦执谊，京兆长安人，出身于一个世代官宦的家族，自小聪明活泼，才华出众，十七岁进士及第，而后参加制科测试名列前茅，授为左拾遗。左拾遗官职虽然不高，但因为经常与皇帝见面，所以是官员最好的晋身之阶。韦执谊在二十岁那年便因为在左拾遗的官职上干得出色，被李适授为翰林学士。

在一次宴会上，太子李诵向父皇李适进献了一幅佛像。李适当即让韦执谊为佛像写赞诗，然后又让太子李诵赐给韦执谊绢帛以作酬劳。宴会结束后，韦执谊前往东宫向太子李诵致谢，就在这次致谢的过程中，李诵将王叔文引荐给了韦执谊。

韦执谊的东宫之行，成为王叔文与他结交的开始。王叔文对这个十分具有才气的翰林学士十分敬重，两个人一来二去结成挚友。在此后的日子里，韦执谊为王叔文引荐了诸多名士，让王叔文的团队迅速壮大。

在韦执谊为王叔文引荐的诸多名士中，最为知名的当数柳宗元和刘禹锡。

柳宗元，字子厚，河东（今山西永济县）人，出身官宦世家，父亲曾任太常博士和侍御史。柳宗元年少时史书评价他："聪警绝众，尤精西汉诗骚，下笔构思，与古为侔，精裁密致灿若贝珠。"二十多岁时，柳宗元登进士第，并应制举考试中的博学鸿辞科，被授予校书郎之职。后来与韦执谊交好，被引荐成为东宫集团成员，随后柳宗元为王叔文引荐了自己的挚友刘禹锡。

刘禹锡，字梦德，彭城（今江苏徐州）人。祖父、父亲都做过州县官员，也是一个世代的官宦家庭。贞元九年（793 年）二十岁时进士及第后，也应制举考试中的博学鸿辞科，被淮南节度使杜佑聘为掌书记。贞元十九年（803 年），杜佑调任中央进入宰相班子，刘禹锡也随之来到长安，被授予监察御史的官职。由于他和柳宗元同是贞元九年的同科进士，又因为年龄相仿，所以在刘禹锡来到长安后，很快和柳宗元结成了挚友。柳宗元成为东宫集团成员后，将刘禹锡也引荐给王叔文，一经对话王叔文就称赞这个年轻的后生具有宰相之器。

此外，除了柳宗元和刘禹锡，当时王叔文和韦执谊还积极网罗天下名士，例如韩泰、陈谏、韩晔、凌准、程异等人在王叔文和韦执谊的积极拉拢下，都成为东宫太子集团的成员。

李诵成功即位后，在他的支持下，以王叔文、王伾为核心的东宫太子集团开始走向前台。而永贞元年（805 年）二月初六李诵下达贬黜李实的诏书，则揭开了东宫集团成员"永贞革新"的序幕。

李实时任京兆尹，本是李唐皇族子孙，贞元十九年（803 年）担任京兆尹后，为了得到皇帝李适的恩宠，李实大肆搜刮民脂民膏，并横征暴敛，使关中地区百姓怨声载道。贞元二十年（804 年），关中发生大旱，而李实却向李适报告说庄稼生长一切良好。依据他的汇报，李适下令照常收取关中百姓租税，搞得百姓们只得拆卖房屋凑足税金上交。

贞元二十一年（805 年）初，当时李适已经下令免去关中百姓拖欠官府的三十万贯租税。但李实为了追求政绩，下令照常收租，如果不能及时上交则要实行笞仗刑罚，就连京兆府下属的官吏未能交租也要受到处罚。仅在李诵服丧的半个多月内，李实就在自己的府衙内打死了十多个欠租的百姓。

李诵一登上帝位，王叔文立即上奏请求罢免李实。诏书刚刚颁布时，长安城的百姓们齐聚京兆府前，捡起石头和砖块藏在袖子里，准备等李实出门后一起砸死这个暴官。如果不是李实事先得到消息从后门溜出，恐怕他这条命就交待在自己的府衙门前。

李实被贬黜，开启了“永贞革新”的序幕。二月十一日，李诵任命韦执谊为宰相，十一天后又任命王叔文为起居舍人兼翰林学士，王伾为左散骑常侍兼翰林学士。这样继王叔文成功组建东宫集团后，李诵又搭建了一个以韦执谊为核心的朝廷事务决策集团。

在此后的几个月内，这个集团继续实行革新，使得朝廷风气为之一新。

细数“永贞革新”的具体改革事务，大致可以分为三个部分。

一、在一些敏感问题上革除旧制

永贞元年（805 年）二月二十四日，李诵在大明宫宣布大赦天下，在王叔文、韦执谊等人的建议下，诏书宣布免除百姓所欠官府的租税，又规定各藩镇今后不得在国家规定的两税之外，额外加征各种苛捐杂税。同时禁止藩镇以“进奉”的名义，向皇帝进献各种金银珍宝和锦绣异物。对于百姓最为痛恨的贞元时期的弊政如“宫市”和“五坊小儿”予以废除。贞元时期与吐蕃战争中擒获的俘虏都放回吐蕃，并要求官员对时政有什么意见可以直言上封事。

二、去除奢华

贞元后期李适的宫廷生活堪称奢华，仅是供他娱乐的女乐官就多达千人。李诵即位后下令释放后宫的三百名宫女和六百名掖庭教坊女乐，并让她们的亲戚可以到九仙门迎接。当时长安的百姓纷纷聚众围观，那些女乐重见天日脱离苦海的喜悦欢呼，让永贞新政得到了百姓的拥护。

三、打击宦官势力

东宫集团与宦官集团从一开始就是水火不容的两股势力，所以东宫集团在实施新政的时候，并没有忘记打击排挤宦官势力。当时韦执谊建议李诵裁减宫中闲杂人员，停发内侍郭忠政等十九人俸钱，都得到了李诵的支持。

除此之外，东宫集团意识到宦官拥有兵权是对朝廷巨大的威胁，所以计划从宦官手中夺回禁军兵权，这是革新措施的关键，也是关系革新派与宦官势力生死存亡的步骤。为了防止宦官作乱，王叔文任用老将范希朝为京西神策诸军节度使，用韩泰为神策行营行军司马。宦官发现王叔文意图夺取他们的兵权，于是大怒说："如果他的计划实现，我们都要死在他的手下。"同时立刻通知神策军诸军不要把兵权交给范、韩二人，所以东宫集团夺回禁军兵权的目标未能实现。

值得一提的是，当时包括王叔文在内的所有人都想不到，没有夺回禁军兵权居然会成为他们这个政治势力走向覆亡的关键因素。

三月十七日，经王叔文的建议，李诵颁布诏令任命杜佑为度支及诸道盐铁转运使。第二天李诵又让王叔文出任度支盐铁转运副使，掌握财政实权。而后王叔文任用程异和陈谏协助管理财政，程异曾经担任过盐铁转运使，陈谏此前担任仓部郎中判度支案，两个人都是精通财政的官员，事实上王叔文已经将帝国财权抓到了手中。

至此，东宫集团的权势达到顶峰。

当然顶峰往前一步即是悬崖！

前边我们说了很多永贞革新实施的新政，这些都是让人拍手称赞的事情，然而随着永贞革新的逐步实施，东宫集团的弱点也同时开始暴露。具体来说就是东宫集团成员权力基础薄弱，在此基础上他们的改革堪称是"休克疗法"，这种方法的特点是见效快，但往往不能长久。

这一切都从这个集团的内讧开始，"堡垒是从内部开始攻破的"这句话用在东宫集团身上，实在是再合适不过了。

步履维艰

东宫集团达到权势的顶峰，但皇帝李诵的中风后遗症却越来越严重，只能偶尔在内殿接见群臣，群臣也只能是远远瞻望，就连宰相班子成员也无法与李诵当面议事。李诵病情如此严重，也就使他无法亲自决策很多事宜，这也让东宫集团逐渐失去最强有力的支持，而前边所说的东宫权力基础薄弱，正是指的这一点。

更为严重的是，由于李诵口不能言，群臣不能亲自面对皇帝奏事，李诵的意思只能通过宦官和嫔妃传达给群臣，这实际上就造成了李诵与东宫集团之间的隔离与孤立，为后来宦官俱文珍等人假借皇帝名义发号施令，打击东宫集团创造了条件。

东宫集团失去了李诵的强有力支持后，在改革的过程中，很多人同时也失去了相关约束，进而导致盲目骄傲自大，甚至有个别人接受贿赂为人求官，也让那些反对派和宦官抓到攻击的口实。

据《资治通鉴》记载，东宫集团的成员当时商议事情完全是一唱一和，而不听其他朝臣的意见，互相吹捧互相称赞。例如，王叔文称赞王伾是周公，王伾恭维王叔文是伊尹，还有谁是诸葛亮、谁是管仲，等等，很是扬扬自得。官员的任免完全是拍脑门儿决定，凡是和东宫集团走得近的，都受到提拔，甚至一天之中任命好几个官员。

这样一来，以王叔文为核心的东宫集团成员十几家的门前，日夜车马喧闹像市井一样，很多人为了求见王叔文、王伾等人，不惜夜间排队睡在周围的酒馆、饼铺里。其中最为过分的是王伾，这位仁兄为了收取贿赂，专门制作了一个大柜子用以存放贿赂来的金银财宝，而且夫妇两个人晚上在柜子上面睡觉。

上述这段记载虽然有夸张的成分，但东宫集团由于失去约束乃至为所欲为是确有其事。例如柳宗元、刘禹锡和曾任御史中丞的武元衡关系不好，同时由于武元衡反对东宫集团为所欲为，因此王叔文擅自将武元衡贬为太子左庶子。

东宫集团的为所欲为，让很多朝官十分不满，而且东宫集团的大多数人既非大族门阀，也非科举出身，社会地位较低，在很多朝官看来，这些人的发迹不过是运气好罢了。所以受到很多朝官的排斥，例如侍御史窦群在拜访王叔文的时候，就讥讽王叔文在当年李实权倾一时的时候，只能在路边看热闹。

王叔文和王伾，一因围棋、一因书法发迹，这在正统科举出身的那些朝官看来，简直让人匪夷所思，即使韦执谊、柳宗元和刘禹锡是科举出身，却因为参加东宫集团，而受到朝官们的排斥。针对东宫集团，当时朝官们形成了反对派，俗话说得好，凡事都有左中右之分，事实上从很多方面来看，王叔文和王伾因为眼界狭窄，并没有注意争取中间派的支持，这也是东宫集团最终走向绝对孤立的原因。

随着反对派们日益增加的压力，东宫集团的内斗终于开始，起因则是对待反对派究竟该走什么样的路线问题。

王叔文是强硬派，主张全力打压，直到反对派都变成顺从派。而韦执谊因为身居宰相，比其他人站得更高，所以想走中间路线，在很多事情的处理上都反对王叔文的意见。例如宣歙观察使巡官羊士谔公开反对王叔文，王叔文知道后愤怒将其下狱，并准备以李诵下诏的方式将其处斩。但韦执谊反对这样做，王叔文最终不得已只好将羊士谔贬为汀州（今福建宁化县）尉。

事实上韦执谊并不是想当叛徒，他曾经派人私下向王叔文解释过，他的本意是想更妥善地解决问题。显然韦执谊当时已经意识到了失去李诵强有力的支持，东宫集团已经开始步履维艰，如果再不联合某些人，恐怕东宫集团的日子未来会日益艰难。

从这一点来看，以围棋发家的王叔文与正统科举出身的韦执谊相比，政治韬略根本不在一个档次。

韦执谊态度的转变，让王叔文异常愤怒，事实上王叔文和韦执谊的矛盾在李诵即位后的人事安排上就已经埋下了隐患。

王叔文是东宫集团的实际缔造者，在李诵即位前东宫集团一直以王叔文为核心。但李诵即位后，任命科举出身的韦执谊为宰相，这等于在东宫集团处理政务上，成了以韦执谊为核心。不过，这也不能怪李诵的人事安排不妥，因为无论如何李诵也不可能让以围棋发家的王叔文担任宰相，那样会让朝官们笑掉大牙，同样王叔文也不能服众。当时东宫集团中资历较为显赫的，又是科举出身的只有韦执谊，可以说李诵的选择虽然是无奈之举，但并不为错。

当东宫集团步调一致时，这个问题还不明显，一旦出现矛盾，这个问题便凸显出来。现在韦执谊和王叔文在对待反对派上，出现了路线之争，尤其让出身本就低微的王叔文十分不满。为了报复韦执谊，王叔文诟骂韦执谊背信弃义。也就是从这时起，东宫集团不再是铁板一块，开始产生裂痕。

东宫集团的内斗让那些反对派们敏锐地察觉到扳倒东宫集团的时机已然到来，于是他们逐渐形成联合之势，同时王叔文诟骂韦执谊的莽撞行为，也将韦执谊推向了反对派阵营。

贞元元年（805 年）四月十四日，剑南西川节度使韦皋上表李诵，请求让皇太子李纯监国，在奏表中韦皋详细说明了让李纯监国的理由，那就是皇帝陛下的病情短时间不易恢复，而太子李纯已经长大成人，且聪慧贤明，让太子监国是避免让繁多的政务受到阻滞。

在为皇帝上表的同时，韦皋也写信给太子李纯，在信中详细列举了以王叔文为首的东宫集团的诸多劣迹，希望李纯成功监国后，能够驱逐东宫集团成员，进而委任贤良人才。

事实上，韦皋突然上表请求李纯监国，并不是拍脑门儿的决定，在他的背后是一个强大的政治势力在支持着他，其中就包括宦官和诸多朝臣。

当然，韦皋能够勇敢地站出来，其中一个重要的原因在于他和王叔文产生了不可调和的矛盾。

已经做了二十年剑南西川节度使的韦皋，看到东宫集团得势后，便产生了要为自己谋利益的想法。为此他派副使刘辟出使长安，私下拜会王叔文，希望王叔文能够让自己统辖剑南三川，但他的这个想法遭到了王叔文的拒绝。

可以说韦皋当时掀起了一股反对的浪潮，当时以韦皋为榜样，荆南节度使裴均、河东节度使严绶相继上表，要求皇太子李纯监国和罢免东宫集团成员。进而朝廷内的宦官、门阀、科举出身的很多官僚和地方藩镇迅速结成联盟，以各种方式对皇帝李诵及东宫集团成员施加巨大的压力，例如，宰相班子成员贾耽和郑珣瑜称病在家不上朝，拒绝处理政务，就连韦执谊的岳父太常卿黄裳也劝韦执谊上表请李纯监国。

面对反对派施加的巨大压力，李诵和王叔文等人并没有轻易屈服。王叔文与度支郎韩泰等人商议，决定铤而走险采取直指反对派要害的行动，那就是夺取宦官所掌握的禁军兵权。

在前边我们说过王叔文夺取禁军兵权失败的过程，那就是遭到了宦官们的坚决抵制，如果说此前双方仅仅是停留在骂战层面上，反对派势力仅仅是想通过皇帝李诵罢免王叔文来达到目的的话，那么王叔文想要夺取禁军兵权则彻底激怒了宦官势力。

于是以俱文珍为核心的宦官势力随即对王叔文展开了极端报复行动。五月二十三日，俱文珍假借李诵的名义下诏，免去王叔文翰林学士的职务，只保留其户部侍郎和度支盐铁转运副使的职务，这对于王叔文来讲是个致命的打击。因为丢掉了翰林学士的职务，就意味着不能进入翰林院议事，也就等于失去了进宫面见皇帝参与决策的资格。

俱文珍的这一招可谓将王叔文排挤出了中枢机构。

当然，对于俱文珍而言这还远远不够，仅仅十天后一个意外的机会降临到俱文珍的身上，不用俱文珍出手，王叔文不得不离开京城回到老家，因为他的母亲身患重病即将离世。

按照唐代的礼法和惯例，官员的父母去世，官员必须立即辞职回家安葬父母，并为父母服丧三年，称为丁忧。除非皇帝有特殊的诏令，不允许官员回家，称为夺情。显然在东宫集团如此步履维艰之下，王叔文如果离开了朝廷，东宫集团或许就此陷入灭顶之灾。

现在李诵已经不能独立控制朝廷，指望皇帝夺情已不现实。

无奈之下，王叔文试图做最后的努力，他终于低下了他那高傲的头颅，向反对派释放和解的信号，为此他特意在翰林院宴请反对派核心成员，其中就包括俱文珍。

在这场宴席上，王叔文几乎是在用恳求的语气，希望反对派们能够高抬贵手奏请皇帝李诵夺情。然而没有人去理会他，宴会在一片沉重的气氛中匆匆结束。

第二天，王叔文收拾行囊离开京城回家服丧，让他想不到的是踏出京城后他就再也没能回来。

王叔文的离去，使东宫集团失去了绝对靠山，同时也加剧了东宫集团内部的分裂。韦执谊见大势已去，及时脱身投靠朝官集团。王伾为了能够让王叔文重新回来，还在不断做着努力，他每天去拜访宦官和宰相班子成员，希望王叔文服丧三年后重新起用他，王伾曾经一连三次上疏，请求重新起用王叔文，但都石沉大海，没有任何回音。

于是心灰意懒的王伾在一天晚上利用在翰林院值班的机会诈称中风，

然后命人抬自己回家，从此之后远离了朝廷。

王叔文、王伾的相继离去，意味着东宫集团彻底土崩瓦解，同时也注定了皇帝李诵的命运，俱文珍等宦官趁李诵病重，断绝了他与外界的联系，并不断逼迫李诵同意让太子李纯监国，在这样的一种窘境中，李诵被迫同意让李纯监国。

七月二十八日，李诵下达了让李纯监国的诏书，这一天距离李诵登上皇位仅有六个月零两天的时间。

五天以后自感身体恢复无望的李诵，决定下诏宣布退位，令李纯继承大统，李诵自称太上皇，退居兴庆宫。李诵同时将贞元二十一年改为永贞元年，这也使得李诵成为唐代历史上独一无二的在退位后才更改自己年号的皇帝。

八月初九，李纯在长安大明宫宣政殿举行了登基仪式，正式成为大唐的第十一任皇帝。

一个经历了独自两代人和革新保守两派生死搏斗的短暂时代，随着李纯登上大位而拉下了历史帷幕，但东宫集团成员的命运却并没有就此宣告终结。

尾声

在太子李纯接受父皇李诵传位的第二天，即永贞元年（805 年）的八月初五，李纯就迫不及待地颁布了第一个诏令，将王叔文贬为渝州（今四川重庆）司户参军，王伾贬为开州（今四川开县）司马。在诏令中李纯详细开列了王叔文和王伾的罪名，但实事求是地讲，这篇诏令并没有反映出李纯对“二王”如何仇视。

事实上，李纯下令贬黜“二王”，一是平息反对派的声音，二是因为东宫集团成员曾经力劝李诵暂缓立太子。

《新唐书·杜佑传》记载：（王叔文）欲摇东宫，冀杜佑为助，佑不应，乃谋逐之，未决而败。

上面这段记载说明了王叔文在立太子问题上，是不同意立李纯的，而且向杜佑求助，杜佑没有答应，王叔文于是想要驱逐杜佑，只是没等来得及行动，自己便被迫离开了朝廷。

从李纯后来对宦官俱文珍的态度可以看出，他对在自己即位问题上起过关键作用的宦官大为提拔，累次升迁俱文珍的官职，最终让俱文珍做到了右卫大将军、知内侍省。元和八年（813 年）俱文珍去世时，李纯还曾给其开府仪同三司的官职，可见李纯对宦官的敬重。

李纯贬黜“二王”，总算是出了胸中这口恶气。但反对派的声音并没有停止，在这些反对派看来，“二王”只要活着就有东山再起的机会，唯有他们死了，这个世界才算彻底消停。李纯无奈之下在贬黜“二王”的一年后，下令“二王”在贬所自杀。王伾没赶上诏书送到便病逝，而王叔文则没那么幸运，他在自己的贬所内，向着长安的方向拜了三拜后，然后整理衣冠从容赴死。

王叔文，我们不能否认他的政治理想，但因为底蕴过浅，加上失去皇帝强有力的支持，终于倒在了残酷的政治斗争面前，成为政治祭坛的牺牲品。正如后世王夫之评价他所说的那样：器小而易盈，气浮而不守。

“二王”作为东宫集团的核心成员虽然已被扳倒，但李纯和反对派们同样没有放过东宫集团的其他成员。此后李纯将东宫集团其他成员分别贬到偏远地区做刺史，但反对派们认为这样处罚过轻，永贞元年（805 年）十一月十四日，李纯下诏贬韩泰为虔州（今湖南赣州）司马，韩晔为饶州（今江西波阳）司马，柳宗元为永州（今湖南零陵）司马，刘禹锡为朗州（今湖南常德）司马，陈谏为台州（今浙江临海）司马，凌准为连州（今湖南连县）司马，程异为郴州（今湖南郴县）司马。

值得一提的是，韦执谊虽然早已经与东宫集团划清了界限，但他早先与东宫集团的渊源实在过深，终究也没能逃脱被贬黜的命运，被李纯贬为崖州（今海南琼山）司马，不久后死于贬所。

至此，李诵时代的东宫集团彻底退出了历史舞台，后世称他们被贬的过程为“二王八司马事件”。

东宫集团的彻底瓦解，最为痛心的当数太上皇李诵，当他得知自己那个时代星光璀璨的东宫集团成员，每个人居然会落得如此下场，躺在病床上的李诵不禁老泪纵横，而情绪失控的他此时也感到自己走到了人生的尽头。

元和元年（806 年）正月十九日，仅仅做了不到一年皇帝的李诵病逝于兴庆宫，终年四十六岁。事实上李诵的理想和灵魂，早在两个月以前就已经消逝在长安宫城的迷茫与黑暗之中。

五个月后，李纯正式确定父皇的庙号为顺宗，第二年顺宗皇帝李诵被葬在丰陵。

随着东宫集团的瓦解和太上皇李诵的病逝，李纯的时代已然到来，这位史书上记载刚明果断的皇帝会以怎样的姿态开始他的时代呢？这是当时留在朝臣们心中巨大的疑问。

或许谁也不会想到，这位从老爹手中顺利接班的皇帝，居然延续了先祖太宗皇帝、玄宗皇帝的伟业，他的时代是继“贞观之治”、“开元盛世”之后的又一个盛世局面，史称“元和中兴”。

图书在版编目（CIP）数据

唐朝那些事儿．伍，藩宦祸乱卷 / 冬雪心境著．—北京：中国工人出版社，2013.6

（历史新阅读丛书）

ISBN 978-7-5008-5548-4

Ⅰ．①唐…　Ⅱ．①冬…　Ⅲ．①中国历史—唐代—通俗读物　Ⅳ．① K242.09

中国版本图书馆CIP数据核字（2013）第139810号

唐朝那些事儿.伍　藩宦祸乱卷

出 版 人	李庆堂
责任编辑	王学良　李　倩
责任校对	张圣南
责任印制	栾征宇
出版发行	中国工人出版社
地　　址	北京市东城区鼓楼外大街45号　邮编：100120
网　　址	http://www.wp-china.com
电　　话	（010）62350006（总编室）　（010）62005039（出版物流部） （010）82075934（社科文艺分社）
发行热线	（010）62005049（电话）　（010）62005042（传真）
经　　销	各地书店
印　　刷	三河市国英印务有限公司
开　　本	710毫米×1000毫米　1/16
印　　张	22.25
字　　数	340千字
版　　次	2013年11月第1版　2024年5月第31次印刷
定　　价	36.80元